Literarische Formen der Philosophie

Literarische Formen der Philosophie

Herausgegeben von
Gottfried Gabriel und Christiane Schildknecht

J. B. Metzlersche Verlagsbuchhandlung
Stuttgart

CIP-Titelaufnahme der Deutschen Bibliothek

Literarische Formen der Philosophie / hrsg. von Gottfried
Gabriel u. Christiane Schildknecht. - Stuttgart : Metzler, 1990
    ISBN 3-476-00690-5
NE: Gabriel, Gottfried [Hrsg.]

ISBN 3-476-00690-5

Dieses Werk einschließlich aller seiner Teile ist urheberrechtlich geschützt.
Jede Verwertung außerhalb der engen Grenzen des Urheberrechtsgesetzes
ist ohne Zustimmung des Verlages unzulässig und strafbar.
Das gilt insbesondere für Vervielfältigungen, Übersetzungen, Mikroverfilmungen
und die Einspeicherung und Verarbeitung in elektronischen Systemen.

© 1990 J. B. Metzlersche Verlagsbuchhandlung
und Carl Ernst Poeschel Verlag GmbH in Stuttgart
Satz: Typobauer Filmsatz GmbH, Ostfildern-Scharnhausen
Druck: Gulde-Druck GmbH, Tübingen
Printed in Germany

Inhalt

VII Einleitendes Vorwort

    GOTTFRIED GABRIEL (Konstanz)
1 Literarische Form und nicht-propositionale Erkenntnis in der Philosophie

    HARALD FRICKE (Fribourg)
26 Kann man poetisch philosophieren?
Literaturtheoretische Thesen zum Verhältnis von Dichtung und Reflexion am Beispiel philosophischer Aphoristiker

    THOMAS ALEXANDER SZLEZÁK (Würzburg)
40 Gespräche unter Ungleichen
Zur Struktur und Zielsetzung der platonischen Dialoge

    DIETER TEICHERT (Konstanz)
62 Der Philosoph als Briefschreiber
Zur Bedeutung der literarischen Form von Senecas Briefen an Lucilius

    THOMAS RENTSCH (Konstanz)
73 Die Kultur der quaestio
Zur literarischen Formgeschichte der Philosophie im Mittelalter

    CHRISTIANE SCHILDKNECHT (Konstanz)
92 Erleuchtung und Tarnung
Überlegungen zur literarischen Form bei René Descartes

    BERND GRÄFRATH (Konstanz)
121 Vernünftige Gelassenheit
Zur Bedeutung der Dialogform im Werk David Humes

    CATHERINE WILSON (Eugene, USA)
139 Subjektivität und Darstellungsform als Problem von Kants Transzendentaler Methodenlehre

    ULRICH GAIER (Konstanz)
155 Herders Abhandlung über den Ursprung der Sprache als »Schrift eines Witztölpels«

    SORAYA DE CHADAREVIAN (Konstanz)
166 Die Auflösung der cartesianischen Begriffswelt
Zur literarischen Form bei Merleau-Ponty

    CHRISTIANE SCHILDKNECHT
178 Bibliographie zur literarischen Form der Philosophie

189 Personen- und Sachregister

Einleitendes Vorwort

Die Philosophie steht von Anfang an zwischen Dichtung und Wissenschaft. Sie hat nicht nur die Poesie immer wieder ablösen wollen, sie sollte selbst auch ihrerseits immer wieder in Wissenschaft aufgehen. In ihrem Versuch, sich von der Dichtung zu unterscheiden, hat sie sich verwissenschaftlicht, und in ihrer Sorge, von dieser vereinnahmt zu werden, hat sie sich poetisiert. Und es ist auch geschehen, daß man ihr als weder-Dichtung-noch-Wissenschaft das Existenzrecht überhaupt abgesprochen hat. Die Stellung der Philosophie zwischen Dichtung und Wissenschaft, ohne doch eines von beiden ganz und gar zu sein, kommt zum Ausdruck in ihren mannigfachen Formen zwischen Gedicht und Lehrbuchform. Die in diesem Band versammelten Beiträge gehen anhand verschiedener Autoren aus verschiedenen Epochen, zwischen Altertum und Gegenwart, den Gründen für die Wahl so unterschiedlicher Darstellungsformen nach. Literarische Formen der Philosophie schließen in diesem Sinne alle Darstellungsformen ein, derer sich die Philosophie im Laufe ihrer Geschichte bedient hat, beschränkt allerdings auf verschriftlichte Formen. »Literarisch« ist deshalb hier im weitesten Sinne von »Literatur« zu verstehen, in dem auch wissenschaftliche Literatur »Literatur« zu heißen verdient, und nicht nur in dem engeren Sinn von Literatur als Poesie.

Angesichts der Vielfalt dieser Formen stellt sich die Frage nach ihren Funktionen. Mögliche gegensätzliche Auffassungen repräsentieren die – deshalb vorangestellten – Beiträge von G. Gabriel, der die besondere erkenntnisvermittelnde Funktion literarischer Formen hervorhebt, und H. Fricke, der eine solche Funktion grundsätzlich bestreitet und den Begriff der Erkenntnis hier durch die »schwächeren« Begriffe der Erfahrung und des Lernens ersetzt wissen will. In dem Spektrum dieser Möglichkeiten bewegen sich auch die anschließenden Beiträge. Literarische Formen der Philosophie lassen zunächst an die besonderen Gattungsmerkmale von Texten denken. In solchen Fällen ist das Moment der Form naturgemäß von Interpreten nicht übersehen worden; aber dennoch: nicht immer ist seine Funktion hinreichend oder auch nur richtig gewürdigt worden. Dies nachzuweisen, unternehmen in Einzelanalysen die Arbeiten von Th. A. Szlezák für die Platonischen Dialoge, D. Teichert für die Briefform bei Seneca, Th. Rentsch autorübergreifend für die mittelalterliche Form der Quaestio, Chr. Schildknecht für die im Verbund auftretenden Formen von Autobiographie, Monolog, Dialog und Lehrbuch bei Descartes, G. Gabriel und B. Gräfrath für die Dialogform bei Berkeley bzw. Hume. In anderen Fällen, in denen den Texten keine so klar umrissene Gattungsform eigen ist, diese vielmehr mit der Darstellungsstrategie des Textes zusammenfällt, hat man den Zusammenhang von Form und Methode erst recht übersehen. In diesem Sinne kommt C. Wilson zu einer Neubewertung der umstrittenen Methodenlehre in Kants »Kritik der reinen Vernunft«. U. Gaier sucht für Herders Schrift »Über den Ursprung der Sprache« nachzuweisen, daß deren scheinbar unmethodisches Vorgehen positiv zu lesen ist als ein inszenierendes Arrangement verschiedener Diskursformen, verschiedener »Logiken« von Sinnlichkeit, Imagination und Rationalität, die erst in ihrer Gesamtheit einen ganzheitlichen Weltbezug garantieren. Ähnliches ist, so S. de Chadarevian, bei Merleau-Ponty festzustellen. Der »tastende Charakter« und die scheinbar schwankende Argumentationsstruktur verdankt sich hier dem Bemühen, die Überwindung des cartesianischen Dualismus von »innen«, durch eine interne Auflösung konkurrierender Positionen in Wissenschaft und Philosophie zu leisten.

Was die hier zusammengestellten Beiträge verbindet, ist der Gedanke, daß die literarische Form der Philosophie dieser nicht bloß äußerlich ist, daß die Darstellungsform vielmehr eine methodische Funktion hat oder doch haben kann. Umgekehrt betrachtet stellt die Untersuchung solcher Beispiele, in denen die Form Methode hat, den Versuch dar, die Vielfalt philosophischer Erkenntnis- oder Erfahrungsvermittlung exemplarisch sichtbar zu machen. Eine solche Untersuchung impliziert nicht, daß die Unterschiede von Literatur und Philosophie aufgehoben werden, schon gar nicht, daß damit der methodische Anspruch philosophischer Texte infrage gestellt wird. Gerade umgekehrt soll die häufig übersehene methodische Bedeutung literarischer Formen in der Philosophie zur Anerkennung gebracht werden, möge es sich dabei nun um Erkenntnismethoden oder Lernmethoden handeln. Ein solches Verständnis tritt in Widerspruch zu zwei Mißverständnissen. Widersprochen wird sowohl der Auffassung, daß die Verwendung literarischer Formen in der Philosophie *bloß* rhetorisch sei und deren Inhalte sich auf propositionale Gehalte reduzieren lassen (Szientismus) als auch der entgegengesetzten Auffassung, daß eine solche Verwendung das Rhetorische *auch* der Philosophie zeige und diese somit in ihrem systematischen Anspruch relativiere (Dekonstruktivismus). Die behandelten Exempel zeigen, daß die Tradition beiden Auffassungen bereits darin überlegen war, daß ein Bewußtsein für die methodische Funktion der literarischen Form bestand, verbunden mit dem Bemühen, über einen zu engen Erkenntnis- bzw. Erfahrungsbegriff hinauszukommen.

GOTTFRIED GABRIEL (Konstanz)

Literarische Form und nicht-propositionale Erkenntnis in der Philosophie

Gegenstand dieser Untersuchung ist, ganz allgemein gesprochen, die Philosophie als Literatur. Die literarischen Formen der Philosophie sollen dabei allerdings nur insoweit in den Blick kommen, als sie selbst Ausdruck einer bestimmten Auffassung von Philosophie und deren Methode sind. Es versteht sich, daß in Fällen, in denen eine entsprechende Abhängigkeit von literarischer Form und philosophischer Methode besteht, die Nichtbeachtung dieser Form zu einem Mißverständnis des philosophischen Gehaltes führen muß. Belege für solche Mißverständnisse reichen von der Interpretation Platons bis zur Interpretation Wittgensteins. Im folgenden werden einige sehr unterschiedliche Beispiele für den Zusammenhang von Methode, Form und philosophischem Gehalt vorgeführt (oder manchmal auch nur angedeutet). Die Darstellung folgt jedoch einem ganz bestimmten Leitgedanken, indem die Behandlung der Einzelfälle uns zwangsläufig zu der Frage nach der Stellung der Philosophie selbst (zwischen Literatur und Wissenschaften) und den Formen philosophischer Erkenntnis führen wird. Der Leitgedanke ist, Argumente für eine Erweiterung des Erkenntnisbegriffs über den Begriff der propositionalen Erkenntnis hinaus beizubringen. Damit wird einer einseitigen Orientierung der Philosophie an der Wahrheit im Sinne der Aussagenwahrheit entgegengetreten. Dieser Wahrheitsbegriff als solcher soll jedoch keineswegs in Frage gestellt werden, auch nicht für die Philosophie. Dies sei hier betont, weil eine Formulierung wie »Philosophie als Literatur« sonst leicht den Anschein einer »dekonstruktiven« Gleichmacherei von Philosophie und Literatur erwecken könnte. Das Gegenteil ist jedoch der Fall. Mit der Unterscheidung von propositionaler und nicht-propositionaler Erkenntnis wird auch der Schein von Plausibilität verschwinden, der den Dekonstruktivismus sonst umgibt in seiner Absetzung von einer an den Wissenschaften ausgerichteten Philosophie mit deren Gleichsetzung von Erkenntnis und propositionaler Erkenntnis, d.h. Aussagenwahrheit. Worauf es also ankommt, ist eine Erweiterung des Erkenntnisbegriffs im Sinne einer größeren Vielfalt, einer Unterscheidung *verschiedener* Erkenntnisweisen.[1]

---

1 Die vorliegende Untersuchung setzt hier frühere Arbeiten des Verfassers fort. Ein unmittelbarer Anschluß besteht zu: Über Bedeutung in der Literatur. Zur Möglichkeit ästhetischer Erkenntnis, Allgemeine Zeitschrift für Philosophie 8 (1983), Heft 2, S. 7-21. Zum besseren Verständnis des Leitgedankens sei auf diesen Aufsatz verwiesen.
Für anregende Beiträge und Diskussionen möchte ich an dieser Stelle den Teilnehmern meines im Wintersemester 1982/83 an der Universität Konstanz veranstalteten Seminars über »Literarische Formen der Philosophie« Dank sagen. Eine erste kürzere Fassung des vorliegenden Textes wurde im Konstanzer Philosophischen Kolloquium im Januar 1986 vorgetragen. Die beharrliche Weigerung meiner Freunde und Kollegen, sich überzeugen zu lassen, ist der endgültigen Fassung

Bevor wir uns der Frage nach der Notwendigkeit einer solchen Erweiterung ausdrücklicher annehmen können, gilt es, sich den Beispielen zuzuwenden, um einen ungefähren Überblick zu bekommen. Dieser Überblick kann hier nur skizzenhaft erfolgen, die Darstellung selbst wird daher auch, mit Kant zu reden, zunächst etwas »rhapsodisch« ausfallen und, was die historische Abfolge der Beispiele anbelangt, einen leichten Zickzackkurs einschlagen. Grenzen wir zunächst den Bereich möglicher Beispiele ein.

»Philosophie als Literatur«

Die Formulierung »Philosophie als Literatur« ist hier nicht so gemeint, daß auch die Behandlung philosophischer *Inhalte* in *Form* von Literatur eingeschlossen ist. Es geht also nicht um Fragen der Art, wie bestimmte Dichter und Schriftsteller philosophische Gedanken in ihren Dramen, Romanen usw. aufgenommen haben. In diesem Sinne ließe sich z.B. der Einfluß von Schopenhauers Willensmetaphysik in Thomas Manns Romanen feststellen oder auch, weniger weltanschaulich, die Verarbeitung von J. Lockes Assoziationstheorie in Laurence Sternes »Tristram Shandy«. Autoren, die Literatur und Philosophie in ihrer eigenen Person miteinander verbinden, möchten sich hier ganz besonders zu Vergleichen ihrer »zwei Seelen« eignen (J. P. Sartre). Doch, wie gesagt, solche Untersuchungen sind im folgenden nicht im Blick. Philosophie *als* Literatur meint hier nicht Philosophie *in* Literatur, sondern Philosophie, *sofern* sie Literatur ist. Und diese Bestimmung ist hier zunächst in dem ganz neutralen Sinne zu verstehen, in dem auch wissenschaftliche Literatur zur Literatur gehört. Damit ist bereits eine Beschränkung auf schriftliche Philosophie, auf philosophische *Texte* vorgenommen. Diese Beschränkung ist überhaupt nicht selbstverständlich, wie wir seit Platons Schriftkritik wissen. Eine weitere Einschränkung schließt sich an:

Philosophen haben, sofern sie überhaupt bei der Verleihung des Nobelpreises bedacht worden sind, den Nobelpreis für Literatur bekommen, wie z.B. so unterschiedliche Autoren wie Rudolf Eucken und Bertrand Russell. Allerdings hat Russell diesen Preis gerade nicht für seine eigentlichen Hauptwerke in Logik und Erkenntnistheorie, sondern für seine eher »literarische« Produktion erhalten. (Vermutlich hätte auch Kant kaum eine Chance mit seinen drei »Kritiken« gehabt, allenfalls mit seiner populären »Anthropologie in pragmatischer Hinsicht«). So gesehen scheint unserem Sprachgebrauch die paradox anmutende Regel zugrundezuliegen, daß nicht jede Literatur »literarisch« zu heißen verdient. Wir verwenden das Substantiv »Literatur« auch als schlichten Gattungsbegriff, das Adjektiv »literarisch« dagegen als eher wertenden Begriff (Beurteilungsbegriff). Weil dies so ist, möchte ich bemerken, daß die Wortverbindung »literarische Form« dieses Wertungsmoment zunächst nicht einschließt.

---

hoffentlich zugute gekommen. Diese ist erstmals in einem von R. Brandt (im März 1987 in der Herzog August Bibliothek Wolfenbüttel) organisierten Symposium »Die literarische Form philosophischer Werke« vorgelegt worden.

Neutral gesagt sind mit den literarischen Formen der Philosophie die Darstellungsformen und sprachlichen Darstellungsmittel gemeint, derer sich die Philosophie bedient hat und bedient. Nach solchen Formen gefragt, wird jedem vermutlich als erste die Dialogform, in Erinnerung an Platons Dialoge, in den Sinn kommen. Dies ist ein Indiz dafür, daß wir bei literarischen Formen meist an *Abweichungen* von den gewöhnlichen Formen denken. Deshalb eine letzte Neutralisierung: Eine Bestandsaufnahme literarischer Formen der Philosophie hat auch die gewöhnlichen akademischen Formen, wie Zeitschriftenaufsatz, Lehrbuch und Dissertation, einzuschließen. Auch hier gibt es bemerkenswerte Unterschiede. Eine philosophische Dissertation ist etwas anderes als ein philosophisches Lehrbuch. Mit der Vorlage eines Lehrbuchs der Philosophie, z. B. einer Einführung in die Philosophie, wird man nicht promoviert. Der Grund ist, daß man von einer Dissertation einen »wissenschaftlich beachtenswerten Beitrag [...] zur wissenschaftlichen Forschung« verlangt (Promotionsordnung der Universität Konstanz, § 8). Um dieses Verlangen einzulösen, bedarf es gleichzeitig einer bestimmten Darstellungsform. Im Falle der Dissertation ist diese geradezu normiert. Die Normen betreffen in erster Linie den Umgang mit Zitaten, das Anmerkungswesen (oder -unwesen) usw., schließlich aber auch sprachliche und stilistische Mittel. Auch ohne daß es eigens gesagt würde, ein dozierender Stil ist einer Dissertation nicht angemessen.

Wissenschaftliche Darstellungsformen und deren Verweigerung (Wittgenstein)

Unter dem angekündigten Titel werde ich gewiß keine Anleitung zum Abfassen philosophischer Dissertationen vortragen, ich habe nur zur Verdeutlichung dessen, was alles unter literarischer Form zu fassen ist, ein extremes Beispiel heranziehen wollen. Daß selbst Dissertation und Lehrbuch als Beispiele nicht so unwesentlich sind, wie es auf den ersten Blick erscheinen mag, wird sofort deutlich, wenn wir in historischer Perspektive allgemein fragen, ab wann es eigentlich so etwas wie wörtliche Zitate, Anmerkungen oder auch Inhaltsverzeichnisse und Register gibt. Sicher ist das Auftreten dieser Darstellungsformen ein Anzeichen einer bestimmten veränderten Auffassung von Diskursivität, und bezogen auf die Philosophie werden wir wohl ohne Übertreibung davon sprechen dürfen, daß es einhergeht mit der Verwissenschaftlichung von Philosophie als einer akademischen Disziplin. Diese Entwicklung ist bekanntlich selbst ein Thema der Philosophie. Man denke nur an Schopenhauers Polemiken gegen die Universitäts-Philosophie. Eine Aufarbeitung dieser Entwicklung könnte recht gut mit einer historischen Bestandsaufnahme der wissenschaftlichen »Vertextungsformen« von Philosophie beginnen.

Als exemplarischen Beleg dafür, daß die Verwendung dieser Formen im Zusammenhang mit einer bestimmten Auffassung von Philosophie zu sehen ist, möchte ich Wittgenstein anführen. Dieser ist ein eindrucksvolles Beispiel dafür, wie (in der Umkehrung) eine Ablehnung der Verwissenschaftlichung von Philosophie einhergeht mit einer Verweigerung entsprechender Darstellungsformen. Sein Vorwort zum »Tractatus« beginnt mit der Feststellung:

»Dieses Buch wird vielleicht nur der verstehen, der die Gedanken, die darin ausgedrückt sind – oder doch ähnliche Gedanken – schon selbst einmal gedacht hat.«

Hierauf folgt (in Gewicht gebende Gedankenstriche eingeschlossen) eine *negative* Schlußfolgerung, die Form betreffend: »Es [dieses Buch] ist also *kein Lehrbuch*«. Und dieses Bekenntnis zur »Subjektivität« wird dann fortgesetzt mit der Weigerung:

> »[...] darum gebe ich auch *keine Quellen* an, weil es mir gleichgültig ist, ob das, was ich gedacht habe, vor mir schon ein anderer gedacht hat.« (Hervorhebungen G.G.)

Wittgensteins Buch genügt also weder den formalen Bedingungen eines Lehrbuchs, noch denen einer Dissertation, und nicht einmal eine »Abhandlung« ist es, obwohl der ursprüngliche Titel »Logisch-philosophische Abhandlung« (später latinisiert »Tractatus logico-philosophicus«) dieses vorgibt. Daß Wittgenstein trotzdem mit seinem Buch sozusagen »notpromoviert« worden ist, um die notwendigen formalen Voraussetzungen für die Übernahme der ihm in Cambridge angebotenen Stelle zu erfüllen, bestätigt nur das Gesagte. Die Kuriosität der Prüfungssituation war allen Beteiligten bewußt. Berichten zufolge beendete der »Kandidat« Wittgenstein die Prüfung damit, daß er die Bemerkungen seiner Prüfer Russell und G. E. Moore, sie verstünden einiges in seinem Buche noch nicht, mit dem Trost quittierte, sie sollten sich nichts daraus machen, aber sie würden es *nie* verstehen.

Zitat und Pyrrhonische Skepsis (Montaigne, Bayle)

Verfolgen wir noch ein wenig die literarische Form des Zitats. Als Angabe von Quellen war sie uns als Indiz wissenschaftlicher Explizität und Rechenschaft erschienen, um den eigenen Beitrag, aber auch den eigenen Standpunkt in apophantischer Form deutlich hervortreten zu lassen, im Sinne der Frage: Was wird von dem Verfasser gegen wen, auf der Grundlage welcher Untersuchungen anderer *behauptet*? Ganz anders als diese Wissenschaftsform des Zitats ist die Kunstform des Zitats zu beurteilen. Als philosophisch bedeutsames Beispiel sind hier Montaignes »Essais« zu nennen, dieses klassische Werk moderner Subjektivität zwischen den »Confessiones« von Augustinus und dem »Discours de la Méthode« und den »Meditationes« von Descartes.

Die Grundstimmung der »Essais«[2] ist bestimmt durch »die Tatsache, daß kein Satz unbestritten oder jedenfalls keiner unbestreitbar bei uns Geltung hat« (S. 224). Die Haltung ihres Verfassers ist die Pyrrhonische Skepsis mit dem praktischen Ziel eines ausgeglichenen, möglichst ungestörten Lebens. Nicht Wissen, sondern Selbsterkenntnis dient dem Erreichen dieses Zieles. Für den theoretischen Bereich (des Urteilens) sieht Montaigne das bekannte Problem des Selbstwiderspruchs des Skeptikers in der folgenden Weise:

> »Die skeptische Philosophie der Pyrrhoniker kann offenbar ihre Grundüberzeugung in keiner Weise sprachlich formulieren; denn dazu brauchte sie eine neue Sprache: unsere Sprache besteht aus lauter positiven Aussagen, und diese vertragen sich nicht mit ihrer Lehre: wenn sie sagen »Ich zweifle«, hat man sie gleich gefangen; sie müssen zugeben, daß sie »zweifeln«. [...] Ihre Idee läßt sich weniger mißverständlich in dem Fragesatz formulieren: »Was weiß ich?« Das ist für mich der Sinnspruch auf einer Waage.« (S. 217)

---

2 Die »Essais« werden in deutscher Übersetzung zitiert nach der Auswahl von A. Franz, Stuttgart 1980. Seitenangaben im Text beziehen sich auf diese Ausgabe.

Sinnspruch und Symbol der Waage hat sich Montaigne selbst zu eigen gemacht. Nicht in der Lage, »eine sichere Wahl zu treffen« (S. 227), kann er sich nicht zwischen Alternativen entscheiden. Gründe und Gegengründe unseres Wissens halten sich so »die Waage«, daß keine der beiden Seiten das Übergewicht bekommt. (Auch Descartes beschreibt später in seinen Meditationen das Durchgangsstadium der Urteilsenthaltung im Rahmen seines methodischen Zweifels in derselben Weise im Bilde der Waage.) Montaignes pyrrhonische Unentschiedenheit findet ihren Ausdruck darin, wie er mit Meinungen (Behauptungen, Urteilen) umgeht. Er behauptet selbst nicht, jedenfalls nicht in der Weise, daß Begründungen verlangt werden könnten. Er will nicht einmal »belehren«, sondern »erzählen« (S. 287); er gibt aber zu denken, indem er fremde Behauptungen zitierend arrangiert. Aufschlußreich sind im Blick auf das uns hier interessierende Formproblem Montaignes Reflexionen über sein Verfahren:

»Der Leser möge seine Aufmerksamkeit nicht auf den Stoff, sondern auf die Struktur meiner Zitate richten: er soll beurteilen, ob ich bei meinen Entlehnungen die richtige Auswahl so getroffen habe, daß meine Idee dadurch stärker und deutlicher hervortritt, die Idee, die immer von mir kommt; denn ich lasse die anderen sagen, was ich nicht so gut ausdrücken kann; sei es, daß meine Sprache oder mein Verstand nicht die nötige Kraft dazu besitzt.« (S. 197)

Dabei sind Montaignes Zitate verdeckt. Er gibt, wie er hervorhebt, »absichtlich nicht an, von wem sie genommen sind« (ebd.). Bei einem wissenschaftlichen Text käme solche »Intertextualität« der Vertuschung geistigen Diebstahls gleich; hier haben wir es aber mit einer anderen Textart zu tun, mit »Versuchen«, wie der Titel sagt, mit »bloß tastenden Versuchen der Selbsterkenntnis« (S. 286). Die pyrrhonische Unentschiedenheit des Verfassers findet ihren adäquaten Ausdruck in der literarischen Form der Zitat-Montage. »Unsere Sprache besteht aus lauter positiven Aussagen«, hatte Montaigne beklagt (vgl. die oben ausführlich zitierte Stelle, S. 217). Diese der pyrrhonischen Grundüberzeugung widerstreitende apophantische Struktur der Sprache wird durch sein Verfahren des Zitierens unterlaufen, und damit trägt es von formaler Seite zur Einheit von literarischer Form und philosophischem Inhalt bei.

Der Verweigerung des Zitats und der Quellenangabe (Wittgenstein) und der Verwendung des Zitats unter Verweigerung der Quellenangabe (Montaigne) läßt sich die Beachtung beider an die Seite stellen, ohne daß es sich dabei um das übliche wissenschaftliche Verfahren des Zitierens handeln würde. Im Rahmen seines Wörterbuchs – auch das Wörterbuch ist eine sehr interessante und gar nicht so einfache literarische Form – scheint P. Bayle (»Dictionnaire Historique et Critique«, 1. Auflage 1696/97) einen Gebrauch von Zitaten und Quellenangaben zu machen, der in ähnlich ausgeklügelter Weise wie bei Montaigne die pyrrhonische Unentschiedenheit durch »Ausgewogenheit«, d.h. gute Verteilung der Argumente zu erzeugen sucht. Die durchgehende Belegung einander widerstreitender *fremder* Theorien stützt indirekt die *eigene* Theoriefeindlichkeit und soll das Denken des Lesers von eventuellen dogmatischen Ansprüchen befreien: Zitieren als Therapieren.

Damit möchte ich die Betrachtung des Zitats beenden. Es ist hoffentlich deutlich geworden, wie vielfältig die Aspekte selbst einer so trivial erscheinenden literarischen Form sein können. Seine interessantesten Züge verdankt das Zitat wohl dem Umstand, daß es einem Dinge zu sagen erlaubt, ohne sie selbst vertreten zu müssen. Hier ist die

Quelle insbesondere seiner subversiven Möglichkeiten. Als Zwischenergebnis läßt sich festhalten, daß bereits der Umgang mit dieser Klein- oder Teilform Belege für den Zusammenhang von literarischer Form und philosophischer Methode abgibt.

Essay und Unsagbarkeit (Adorno)

Folgen wir nun dem geläufigeren Verständnis literarischer Formen als den Formen im Großen und fragen damit nach den literarischen Gattungen der Philosophie. Nachdem feststeht, daß auch Lehrbuch, Dissertation, Wörterbuch und verwandte Formen zu diesen Gattungen zu zählen sind, nennen wir einige Gattungen, die literarisch im engeren Sinne sind: Da kommen als die geläufigsten vor allem Dialog, Aphorismus und Essay in Frage. Weil wir mit ihm schon begonnen haben, bleiben wir zunächst beim Essay. Terminologisch scheint diese Gattung nicht sehr bestimmt zu sein. Im Gegensatz zu Montaignes »Essais« (Plural!) ist z. B. J. Lockes »Essay [Singular!] concerning human understanding« in seinem Aufbau und in seiner Sprache von einem »normalen« philosophischen Werk kaum verschieden. Locke unterscheidet, behauptet, beweist und widerlegt, bedient sich also der diskursiv-argumentativen Form, wie wir sie in der Wissenschaft kennen und erwarten. Der in der Titelbezeichnung »Essay« angedeutete *Versuchs*charakter unterstreicht lediglich den im Text branchenüblich zum Ausdruck gebrachten Topos der Bescheidenheit, ohne der tatsächlichen Darstellungsform zu entsprechen. Um dem Essay als bewußter Form nachzuspüren, müssen wir uns an andere Autoren halten. Ich möchte als Beispiel Adorno anbieten. Zeitlich und sachlich weit genug von Montaigne entfernt verbindet beide Autoren, daß die Form des Essays tatsächlicher Ausdruck ihrer philosophischen Methode und Überzeugung ist.

Betrachten wir als Text Adornos »Ästhetische Theorie«. Hier sind wir in der angenehmen Lage, daß Adorno selbst die Beschreibung der von ihm gewählten literarischen Form mitliefert. Sie findet sich in den Essays (die Bezeichnung »Aufsatz« wage ich nicht zu verwenden) »Der Essay als Form« und »Parataxis« (zu Hölderlin); ferner in Briefen, die im editorischen Nachwort zur »Ästhetischen Theorie« zitiert werden.[3]

Adornos eigene Schreibweise ist die der Parataxis, d.h. der Reihung von Gedanken im Unterschied zu deren logischer Unterordnung. Ausgebildet findet er sie in Hölderlins Odenstrophen. »Sie [die Odenstrophen] nähern aber als reimlose in ihrer Strenge paradox sich der Prosa« (Schriften, Bd. XI, S. 470). Die Wahl dieser Form wird als Verweigerung gedeutet, als Ausdruck von »gegen Harmonie sich Sträubendes« (S. 473). Hölderlins Verweigerung wird sodann in den Prozeß der »Dialektik der Verinnerlichung im bürgerlichen Zeitalter« gestellt, in dem die »Sublimierung primärer Fügsamkeit [...] zur Autonomie« als »jene oberste Passivität« schließlich »ihr formales Korrelat in der Technik des Reihens fand« (S. 475f.). Lassen wir die Kühnheit dieser Deutung außer acht, so ist sie doch aufschlußreich für Adornos Selbstverständnis. Sie erlaubt es uns, seine Übernahme

---

3 »Der Essay als Form« und »Parataxis« werden nach der Ausgabe von Adornos Schriften, Bd. XI zitiert. Seitenzahlen ohne weitere Angaben beziehen sich auf diesen Band. Verweise auf die »Ästhetische Theorie« (ÄT) beziehen sich dagegen auf die Einzelausgabe (stw).

der »Technik des Reihens« als literarische Form seiner »Negativität« zu begreifen. Der Verweigerung des Reims (als angenehmer Anschauung) bei Hölderlin korrespondiert bei Adorno (auf der Seite des Begriffs) die Verweigerung der diskursiven Ordnung. Der methodische Sinn der Reihung tritt deutlich hervor in »Der Essay als Form«. Der Essay »suspendiert [...] den traditionellen Begriff von Methode« (S. 18). Nicht nur »verweigert er die Definition seiner Begriffe« (S. 19), er verfährt geradezu »methodisch unmethodisch« (S. 21). Die diskursive Über- und Unterordnung von Begriffen und Argumenten, »die lückenlos durchorganisierte Wissenschaft« (S. 14), also das, was man im Konstruktivismus die »methodische Ordnung« nennt, tragen nach Adorno, der hier logische und politische Unterordnung sowie logische und politische Abhängigkeit kontaminiert, »die Spur repressiver Ordnung« (S. 15). Auf der Gegenseite trägt auch »begrifflos anschauliche Kunst« diese Spur. Gegen die Trennung von Begrifflichkeit und Anschaulichkeit als falschen »Idealen des Reinlichen und Säuberlichen« (S. 14) sucht Adorno eine Ästhetisierung der Begrifflichkeit zu setzen, wie dies denn auch der Titel »Ästhetische Theorie« besagt, in dem paradoxerweise die Eigenschaft »ästhetisch« einer Theorie zugeschrieben wird. Adornos zwanghafte Angst vor der Herrschaft bloß begrifflicher Logik und der Gefälligkeit bloß anschaulicher Kunst bringt all die Eigentümlichkeiten (und auch Manieriertheiten) seines Stils hervor, von den ständigen grammatischen Inversionen, die er auch bei Hölderlin mit Bedacht vermerkt (S. 476), bis zur Verdichtung (Poetisierung) fremdester Fremdwörter. (Daß Adorno die Inversion insbesondere an den Wörtchen »sich« und »nicht«, also den sprachlichen Zeichen der Reflexivität und Negativität ausläßt, sei am Rande als vermutlich nicht zufällig angeführt.) Den Eigentümlichkeiten im Kleinen (im Satzverband) entspricht im Großen (im Textverband) das Fehlen jeder auf Ordnung bedachten Gliederung. Auch wenn man in Rechnung setzt, daß die »Ästhetische Theorie« ihre abschließende Form nicht mehr gefunden hat, hier hätte sich kaum etwas geändert. So ist selbst eine ursprüngliche Kapiteleinteilung von Adorno später wieder aufgegeben worden. Es finden sich weder Überschriften noch Paragraphenzählung. Die formale Gliederung beschränkt sich auf Absätze und Zwischenräume. Ein Inhaltsverzeichnis war anscheinend nicht vorgesehen, die vorangestellte »Übersicht« ist eine Hinzufügung der Herausgeber (ÄT, S. 544). Die Lektüre des Textes bestätigt, ein Einstieg ist an beliebiger Stelle möglich. Die Herausgeber sagen selbst: Nachträglich geschriebene Einfügungen ließen sich nicht zuordnen, »fast immer boten sich mehrere Stellen zur Eingliederung an« (ÄT, S. 543f.). Das in der zweiten Auflage angehängte Begriffsregister wird mit den Worten entschuldigt:

»So inadäquat Adornoschen Texten ihre Verzettelung nach Stichwörtern ist, im Fall der dickichthaft verschlungenen »Ästhetischen Theorie« dürfte das Register eine legitime Hilfe bieten.« (In der vorgelegten Form ist es keine Hilfe!)

Es folgen nun einige weitere charakteristische Zitate aus »Der Essay als Form«. Dort heißt es (über den Essay):

»[...] Der Gedanke schreitet nicht einsinnig fort, sondern die Momente verflechten sich teppichhaft.«
»Alle seine Begriffe sind so darzustellen, daß sie einander tragen, daß ein jeglicher sich artikuliert je nach den Konfigurationen mit anderen.«
»[...] Er erstellt kein Gerüst und keinen Bau.« (Schriften, Bd. XI, S. 21)

Es folgt eine ausdrückliche Zurückweisung von Descartes' methodischen Regeln (2–4) des »Discours de la Méthode«, und wieder taucht der negativ-dialektische Hintergrund auf:

> »Er [der Essay] denkt in Brüchen, so wie die Realität brüchig ist, und findet seine Einheit durch die Brüche hindurch, nicht indem er sie glättet. Einstimmigkeit der logischen Ordnung täuscht über das antagonistische Wesen dessen, dem sie aufgestülpt ward.« (S. 25)

Die Negation der logischen Ordnung ist aber nicht bloße Negation:

> »Denn der Essay befindet sich nicht im einfachen Gegensatz zum diskursiven Verfahren. Er ist nicht unlogisch; gehorcht selber logischen Kriterien insofern, als die Gesamtheit seiner Sätze sich einstimmig zusammenfügen muß [...] Nur entwickelt er die Gedanken anders als nach der diskursiven Logik. Weder leitet er aus einem Prinzip ab noch folgert er aus kohärenten Einzelbeobachtungen. Er koordiniert die Elemente, anstatt sie zu subordinieren; und erst der Inbegriff seines Gehalts, nicht die Art von dessen Darstellung ist den logischen Kriterien kommensurabel.« (S. 31f.)

Diese Ausführungen wird man zwar nicht im Sinne einer wirklichen Gattungstheorie des Essays lesen dürfen (so etwas wäre Adorno wohl auch nicht in den Sinn gekommen), aber doch als vorgreifenden Kommentar zur literarischen Form der »Ästhetischen Theorie«. Adorno bestätigt dies, wenn er von den besonderen Formproblemen und Darstellungsschwierigkeiten der »Ästhetischen Theorie« in Briefen schreibt (vgl. dazu die beiden von den Herausgebern zitierten Briefstellen, ÄT, S. 541):

> »Interessant ist, daß sich mir bei der Arbeit aus dem *Inhalt* der Gedanken gewisse Konsequenzen für die Form aufdrängen, die ich längst erwartete, aber die mich nun doch überraschen. Es handelt sich ganz einfach darum, daß aus meinem Theorem [!G.G.], daß es philosophisch nichts ›Erstes‹ gibt, nun auch folgt, daß man nicht einen argumentativen Zusammenhang in der üblichen Stufenfolge aufbauen kann, sondern daß man das Ganze aus einer Reihe von Teilkomplexen montieren muß, die gleichsam gleichgewichtig sind und konzentrisch angeordnet, auf gleicher Stufe; deren Konstellation, nicht die Folge, muß die Idee ergeben.«

> »Sie [die Darstellungsschwierigkeiten] bestehen [...] darin, daß die einem Buch fast unabdingbare Folge des Erst-Nachher sich mit der Sache als so unverträglich erweist, daß deswegen eine Disposition im traditionellen Sinn, wie ich sie bis jetzt noch verfolgt habe (auch in der ›Negativen Dialektik‹ verfolgte), sich als undurchführbar erweist. Das Buch muß gleichsam konzentrisch in gleichgewichtigen, paratakischen Teilen geschrieben werden, die um einen Mittelpunkt angeordnet sind, den sie durch ihre Konstellation ausdrücken.«

Anknüpfen möchte ich an die letzte Bemerkung. Der hier angesprochene Mittelpunkt wird in dem vorausgegangenen Zitat als »die Idee« gekennzeichnet, als die Idee *des Werkes*, werden wir ergänzen dürfen. Was aber ist diese Idee? Nun, Adorno benennt sie nicht, und es versteht sich von selbst, daß er eine solche Nennbarkeit bestreiten würde. Angesprochen ist damit das Problem der Unnennbarkeit, der Unsagbarkeit, des Unaussprechlichen. Dieses Problem ist es, dem die literarische Form der »Ästhetischen Theorie« Rechnung zu tragen versucht.

Die Anerkennung des Unsagbaren kann viele Gründe oder besser, Hinter-Gründe haben. Nach allem, was Adorno zum Verhältnis von Anschauung und Begriff sagt, wird der Hintergrund bei ihm dort zu suchen sein, wo bei anderen die sogenannte intellektuelle Anschauung einrückt. Intellektuelle Anschauung wird nicht positiv als Erkenntnisweise in Anspruch genommen, ist aber doch in einer Theorie, die selbst ästhetisch zu sein vermeint, intendiert und in der literarischen Form der Parataxe *via negationis* der Möglichkeit nach reklamiert und als Sehnsucht bewahrt.

Formen der Subjektivität (Augustinus, Descartes, Kierkegaard)

Unsere Bestandsaufnahme läuft bislang darauf hinaus, daß die *Betonung* der literarischen Form im engeren Sinne der Kunstform aus einer Gegenbewegung zur wissenschaftlichen Form der Philosophie erwächst. Als *ein* wesentlicher Hintergrund dieser Bewegung darf das Problem der Unsagbarkeit angeführt werden. Bevor wir hier zu weiteren Differenzierungen kommen, verfolgen wir zunächst eine andere Linie.

Lassen sich die »Essais« von Montaigne auch der genannten Gegenbewegung zurechnen, das Motiv ihrer literarischen Form ist doch sehr verschieden von demjenigen der »Ästhetischen Theorie«; es ist der ihnen eigene Aspekt der Subjektivität. Dieses Stichwort war bereits gefallen. Doch auch Subjektivität kennt viele literarische Ausdrucksformen, und die Verschiedenheit dieser Ausdrucksformen kennzeichnet umgekehrt auch die Verschiedenheiten der zum Ausdruck gebrachten Subjektivität. Man vergleiche die »Essais« Montaignes mit Augustinus' »Confessiones« und Descartes' »Discours«. In allen drei Texten spricht der jeweilige Verfasser von sich selbst. Montaigne erklärt, daß es ihm eigentlich *nur* um Selbstkenntnis zu tun ist, allerdings in exemplarischer Absicht, mit Blick auf das »Menschsein« (vgl. Essais, S. 286). Gott tritt bei ihm als *Instanz* nicht auf. Bemerkenswert ist in dieser Hinsicht ein direkter Vergleich von Augustinus mit Descartes. Sind die »Confessiones« ein exemplarisches Bekenntnis vor Gott und den Menschen, um den Menschen zu zeigen, daß es möglich ist, zu Gott zu kommen, so ist der »Discours« ein exemplarisches »Bekenntnis« vor der Kirche und den Menschen, um den Menschen zu zeigen, daß es möglich ist, »zur Vernunft« zu kommen. Die literarische Form der »Confessiones« wird bei Descartes säkularisiert, die Subjektivität ist eine selbstbewußte Subjektivität, und man sieht sehr deutlich, wie schwer sich Descartes mit dem durch die Form vorgegebenen Topos der Bescheidenheit tut. Bemerkenswert ist in diesem Zusammenhang Descartes' Feststellung in der »Widmung« der »Meditationen«, wonach der Ruhm Gottes es rechtfertige, von den eigenen *Leistungen* zu reden. Augustinus spricht dagegen ganz im Gegenteil von seinen eigenen *Verfehlungen*. Für Augustinus und Descartes gilt, daß Gotteserkenntnis durch (nach) Selbsterkenntnis erfolgt; aber: Gotteserkenntnis ist bei Augustinus Endzweck, bei Descartes Durchgangsstadium für die Wahrheitsvergewisserung. So ist wohl auch die formale Gliederung der »Meditationen« kein Zufall, besonders da Descartes eine Zuordnung der einzelnen Meditationen zu einzelnen Tagen vornimmt. Gott hat die Welt in sechs Tagen erschaffen. Descartes zerstört die Welt erkenntnistheoretisch und baut sie aus der *Selbst*erkenntnis wieder auf, in sechs Meditationen an sechs aufeinanderfolgenden Tagen.

Es versteht sich, daß die Traditionen der Unsagbarkeit und der Subjektivität noch andere Formen hervorgebracht haben als die bislang betrachteten. Dies gilt auch für die Verbindung beider Traditionen. Ein besonders charakteristisches Beispiel dürfte aber wohl Kierkegaards Kultur der Innerlichkeit mit deren Darstellungsformen der »indirekten Mitteilung« sein. (Der Plural ist hier deshalb angebracht, weil sich Kierkegaard bei der indirekten Mitteilung verschiedener literarischer Gattungsformen bedient.) Genannt zu werden verdient in diesem Zusammenhang aber auch Lichtenberg, der bereits den Gedanken der Indirektheit auf den emphatischen Punkt und in der Form seiner Aphorismen auch zur Anwendung gebracht hat:

> »Wie es denn wirklich an dem ist, daß Philosophie, wenn sie für den Menschen etwas mehr sein soll als eine Sammlung von Materien zum Disputieren, nur indirekte gelehrt werden kann.« (Schlußsatz von »Amintors Morgenandacht«)

Unsagbarkeit in dem Sinne, daß die direkte (diskursive) Mitteilung als Form des Wissens nicht möglich ist, kommt nach Kierkegaard ethischen (und religiösen) Wahrheiten zu. Träger dieser Wahrheiten ist keine Gemeinschaft von Wissenschaftlern, keine »scientific community«, sondern das persönliche (existentielle) Ich. Die direkte Mitteilung des Ethischen ist nicht nur unmöglich, sie verfälscht sogar dessen Wesen; »denn dozieren heißt, es unethisch mitteilen.« (Die Tagebücher. Eine Auswahl, ed. H. Gerdes, Düsseldorf 1980, S. 135). Die Mitteilung des Ethischen darf deshalb nicht die Form der »Mitteilung eines Wissens«, sie muß die Form der »Mitteilung eines Könnens« haben, eines praktischen Wissens, wenn man so will. Ethisches »Wissen«, wenn man das Wort noch gebrauchen will, ist jedenfalls kein propositionales Wissen in dem Sinne, daß man es durch die Anerkennung einer Aussage als wahr erwirbt. Weil man die (indirekte) Mitteilung des Könnens und Könnensollens in die (direkte) Mitteilung eines propositionalen Wissens verwandelt hat, ist, so Kierkegaard, »das Existentielle ausgelöscht« (Tagebücher, S. 135). Diese »Grundverwirrung der heutigen Zeit« (ebd.) sucht Kierkegaard aufzulösen, in angemessener literarischer Form zu unterlaufen, z.B. durch absichtliche »ironische« Irreführung des Lesers. Äußeres Kennzeichen dieser Irreführung sind die »Pseudonyme«. Die indirekte Mitteilung gibt Uneigentlichkeit, »Betrug« vor, um das Gegenteil beim Leser »geburtshelferisch« zu erreichen (S. 144f., 146).

Unsagbarkeit und der Sprachmodus des Zeigens

Kehren wir nach unserem Seitenweg durch die Subjektivitätsthematik zu dem Problem der Unsagbarkeit und dessen Bewältigung durch die literarische Form zurück. Hier sind weitere Differenzierungen notwendig. Unsagbarkeit ist das Leitmotiv der Wahl ihrer jeweiligen literarischen Form sowohl für Kierkegaard als auch für Adorno. Bei Kierkegaard ist es die Unsagbarkeit des Ethischen, bei Adorno die Unsagbarkeit der intellektuellen Anschauung. Bei Kierkegaard liegt die Betonung auf dem Nicht-sagen-*dürfen*, bei Adorno auf dem Nicht-sagen-*können*. Unsagbarkeit impliziert natürlich nicht, daß man überhaupt nichts sagen könne. Auch wenn man das Unsagbare nicht sagt, so kann man doch etwas anderes sagen und das Unsagbare meinen, mitmeinen oder anzielen. Unsagbarkeit impliziert also nicht generelle Schweigsamkeit, sondern allenfalls Schweigsamkeit darüber, *wovon* man nicht sprechen kann (vgl. Wittgensteins Schlußsatz des »Tractatus«). Wir können den Gedanken der Unsagbarkeit aber auch noch schwächer verstehen, und zwar so, daß man selbst *von* dem Unsagbaren sprechen kann, aber nicht im Sprachmodus des Sagens, sondern in einem anderen Sprachmodus, z.B. dem des Zeigens.

Was sich zeigt, zeigt sich nun aber nicht unbedingt in einem *Sprach*modus. Es darf also das Zeigen selbst nicht vorschnell an Sprache gebunden werden. Wenn sich »das Mystische« zeigt (Wittgenstein), so wohl nicht in der Sprache, sondern in der Anschauung (Kontemplation). Um das Zeigen als *Sprach*modus zu fassen, können wir auf Kierkegaards Ausdruck »indirekte Mitteilung« zurückgreifen. Wenn diesem Ausdruck eine weitere Bedeutung gegeben wird als er ursprünglich (auf den Bereich des Ethischen beschränkt) hat, so läßt sich der Sprachmodus des Zeigens eingliedern in eine übergreifende Mitteilungsform der Indirektheit, die beansprucht, mehr (oder anderes) zu meinen als sie explizit sagt (sagen darf oder sagen kann). Kierkegaard meinte etwas anderes als er sagte, Adorno meinte mehr als er sagte, und Wittgenstein meinte, was er nicht sagte:

»Ich wollte nämlich schreiben, mein Werk [der »Tractatus«] bestehe aus zwei Teilen: aus dem, der hier vorliegt, und aus alledem, was ich *nicht* geschrieben habe. Und gerade dieser zweite Teil ist der Wichtige.« (Brief an von Ficker Oktober/November 1919)

»Übersichtliche Darstellung« und synoptische Schau (Wittgensteins »Philosophische Untersuchungen«)

Die Schriften Wittgensteins sind besonders eindringliche Belege dafür, wie wesentlich die Beachtung der literarischen Form für das richtige Verständnis philosophischer Texte sein kann. So hat die Nichtbeachtung der Form des »Tractatus« zu dem Mißverständnis seiner positivistischen Lesart beigetragen.[4] Und die Nichtbeachtung der Form der »Philosophischen Untersuchungen« hat das Mißverständnis von deren linguistischer Lesart hervorgebracht, veranlaßt durch Bemerkungen wie die folgende (Philosophische Untersuchungen, § 116):

»Wenn die Philosophen ein Wort gebrauchen – ›Wissen‹, ›Sein‹, ›Gegenstand‹, ›Ich‹, ›Satz‹, ›Name‹ – und das *Wesen* des Dings zu erfassen trachten, muß man sich immer fragen: Wird denn dieses Wort in der Sprache, in der es seine Heimat hat, je tatsächlich so gebraucht? – *Wir* führen die Wörter von ihrer metaphysischen, [literarisches Komma! G.G.] wieder auf ihre alltägliche Verwendung zurück.«

Wenn Wittgenstein sich durch das betonte (in Kursivdruck hervorgehobene) »Wir« von »den« Philosophen (und seiner eigenen »Tractatus«-Vergangenheit) abzuheben sucht, so ist die angesprochene Zurückführung auf die »alltägliche Verwendung« doch nicht Ausdruck einer vordergründigen Lust am Trivialen (wie man sie unter linguistischen Wittgensteinianern bisweilen findet), sondern Ausdruck einer Sehnsucht nach nicht-entfremdeter gelingender Praxis, die dann allerdings mit einer *hintergründigen* Lust am Trivialen einhergeht. Diese Hintergründigkeit ist es, die auf die Tradition der Metaphysik *via negationis* verweist. Auf oder vor diesem Hintergrund gewinnen Wittgensteins Analysen erst ihre Bedeutung (vgl. §§ 118 und 119). Ohne ihn würde die Ersetzung von »Erklärungen« durch »Beschreibungen« in der Tat auf einen linguistischen Deskriptivismus hinauslaufen.

---

4 Über den »Tractatus« habe ich an anderer Stelle ausführlich geschrieben: Logik als Literatur? Zur Bedeutung des Literarischen bei Wittgenstein, Merkur 32 (1978), S. 353–362. Deshalb beschränke ich mich hier auf die Behandlung der »Philosophischen Untersuchungen«.

Was sich durch die metaphysikkritischen, negativen Analysen positiv durchhält, ist kein fest begrenztes Thema, auch nicht eine inhaltlich zu bestimmende richtige Sicht der Welt, wie noch im »Tractatus«, intendiert ist eine Sicht*weise* von Welt, eine bestimmte »Art, wie wir die Dinge sehen« (§ 122). Die Bestimmtheit ist damit eine solche der Form, weniger des Inhalts. Ihr entspricht die literarische Form der »übersichtlichen Darstellung«, die den vielfältigen Einzelanalysen des späten Wittgenstein die Einheit der Perspektive verleiht. In dieser Darstellungs*form* findet Wittgensteins »Weltanschauung« ihren angemessenen Ausdruck (§ 122):

> »Es ist eine Hauptquelle unseres Unverständnisses, daß wir den Gebrauch unserer Wörter nicht *übersehen*. – Unserer Grammatik fehlt es an Übersichtlichkeit. – Die übersichtliche Darstellung vermittelt das Verständnis, welches eben darin besteht, daß wir die ›Zusammenhänge sehen‹. Daher die Wichtigkeit des Findens und des Erfindens von *Zwischengliedern*.
> Der Begriff der übersichtlichen Darstellung ist für uns von grundlegender Bedeutung. Er bezeichnet unsere Darstellungsform, die Art, wie wir die Dinge sehen. (Ist dies eine ›Weltanschauung‹?).«

Gelungen ist Wittgenstein die übersichtliche Darstellung nicht in dem Maße, wie er sie selbst wünschte. Über »Landschaftsskizzen« sei er nicht hinausgekommen, schreibt er im Vorwort zu den »Philosophischen Untersuchungen«. Wenn dieses Eingeständnis kein indirektes Bekenntnis zur literarischen Form des Fragments sein soll, ist anzunehmen, daß hier der (von Schopenhauer übernommene) kontemplative Grundzug des »Tractatus« in neuer Form wiederkehrt, daß die übersichtliche Darstellung, in Wittgensteins Bild bleibend, eine synoptische Schau der ganzen Landschaft anstrebt. (Die Parallelisierung von »Erkennen« und »Sehen«, bzw. »Schauen« hat Wittgenstein durchgehend beibehalten.)

Von hier aus eröffnet sich eine überraschende Übereinstimmung zwischen dem späten Wittgenstein und Adorno. (Wenn die Anwendung des Transitivitätsgesetzes hier nicht zu kühn anmuten würde, möchte man sogar eine *coincidencia oppositorum* bei deren Stammvätern Schopenhauer und Hegel vermuten!)

Kontemplative Erkenntnis (Wittgenstein im Vergleich mit Adorno und Schopenhauer)

Die Herausgeber der »Ästhetischen Theorie« kommentieren (ÄT, S. 541), daß Adornos philosophische Parataxis »dem Hegelschen Programm eines reinen Zusehens« gerecht zu werden suche. Diese Beschreibung ließe sich nach dem im vorigen Abschnitt Gesagten, bei Ersetzung von »Hegel« durch »Schopenhauer«, auf die »Philosophischen Untersuchungen« übertragen. Bestätigt wird diese These durch einen Vergleich der Darstellungsformen, in den wir als *tertium comparationis* zu Wittgenstein und Adorno auch Schopenhauer einschließen wollen.

Bilden die »Philosophischen Untersuchungen« und die »Ästhetische Theorie« in sprachlicher Hinsicht geradezu Gegensätze[5], die formale Anordnung der Texte erweist sich

---

5 Diese Gegensätze machen es wohl unmöglich, beide Autoren gleichermaßen zu schätzen. Wie die Sympathien des Verf. verteilt sind, dürfte kaum verborgen geblieben sein. Als besonders krasses Fehlurteil der »Gegenseite« sei hier H. Marcuses Kommentar zu dem Stil der »Philosophischen Untersuchungen« angeführt (Der eindimensionale Mensch, 1967; zitiert nach K. Wuchterl/A.

jedoch als sehr verwandt. Adorno erläutert, wie wir bereits gesehen haben, seine parataktische Komposition in der Weise, daß deren Teile »um einen Mittelpunkt angeordnet sind, den sie durch ihre Konstellation ausdrücken« (ÄT, S. 541). Nicht als identischen Mittelpunkt einer eher kreisenden Denkbewegung, wie Adorno, aber auch als identisch, als denselben (ganzheitlichen) Zielpunkt nämlich des je Gemeinten, beschreibt Wittgenstein den Gegenstand seiner Mitteilung:

> »Jeder Satz, den ich schreibe, meint immer schon das Ganze, also immer wieder dasselbe und es sind gleichsam nur Ansichten eines Gegenstandes unter verschiedenen Winkeln betrachtet.« (Vermischte Bemerkungen, S. 22)

In Absetzung von der Reihung der Aphorismen im »Tractatus«, die sich dort gewissermaßen als Sprossen zu einer »Leiter« zusammenfügen[6], fährt Wittgenstein dann fort:

> »Ich könnte sagen: Wenn der Ort, zu dem ich gelangen will, nur auf einer Leiter zu ersteigen wäre, gäbe ich es auf, dahin zu gelangen. Denn dort, wo ich wirklich hin muß, dort muß ich eigentlich schon sein. Was auf einer Leiter erreichbar ist, interessiert mich nicht.
> Die erste Bewegung [die des »Tractatus«, G.G.] reiht einen Gedanken an den anderen, die andere [die der »Philosophischen Untersuchungen«, G.G.] zielt immer wieder nach demselben Ort.« (ebd.)[7]

Auch Schopenhauer[8] betont, in der Vorrede zur ersten Auflage von »Die Welt als Wille und Vorstellung«, die (ganzheitliche) Identität des von ihm Mitgeteilten. Dieses sei »ein

---

Hübner, Wittgenstein in Selbstzeugnissen und Bilddokumenten, Reinbek 1979, S. 143): »Der Stil, in dem dieser philosophische Behaviorismus [!] sich darstellt, wäre einer Analyse wert. Er scheint sich zwischen den Polen päpstlicher Autorität und gutmütiger Anbiederung zu bewegen. Beide Tendenzen sind bruchlos verschmolzen in Wittgensteins immer wiederkehrendem Gebrauch des Imperativs mit dem intimen und herablassenden ›Du‹.« Die Beurteilung dieser zu Recht hervorgehobenen Stilelemente nimmt sich ganz anders aus, wenn man erkennt, daß mit dem »Du« Wittgensteins alter ego angesprochen ist: »Ich schreibe beinahe immer Selbstgespräche mit mir selbst. Sachen, die ich mir unter vier Augen sage.« (Vermischte Bemerkungen, Frankfurt 1977, S. 147) Die Therapie, der Wittgenstein die Philosophen unterzieht, ist zu einem wesentlichen Teil Selbsttherapie: »Die Arbeit an der Philosophie ist [...] eigentlich mehr die Arbeit an Einem selbst. An der eignen Auffassung. Daran, wie man die Dinge sieht.« (a.a.O., S. 38)
6 Vgl. dazu Verf., Logik als Literatur?, S. 361.
7 Diese aus den »Vermischten Bemerkungen« herausgezogenen Stellen (aus dem Jahre 1930) gehören zu einer früheren Fassung des gedruckten Vorworts der »Philosophischen Bemerkungen«, einer Vorstufe zu den »Philosophischen Untersuchungen«. Vgl. dazu, was R. Rhees in seiner »Anmerkung des Herausgebers« zur »Philosophischen Grammatik«, dem chronologischen Verbindungsstück zwischen den »Bemerkungen« und den »Untersuchungen« notiert: »In seiner Umarbeitung [der »Philosophischen Grammatik«, G.G.] hat Wittgenstein jede Einteilung in Kapitel oder Abschnitte weggelassen; ebenso die Paragraphennumern und die Inhaltsangabe. Warum, wissen wir nicht.« Eine mögliche Antwort ergibt sich aus unserer Analyse. Wittgenstein wollte zumindest im Innern die Reste der Lehrbuchform austilgen, die der Titel noch mitzuführen schien: »Mein Buch könnte auch heißen: Philosophische Grammatik. Dieser Titel hätte zwar den Geruch eines Lehrbuchtitels, aber das macht ja nichts, da das Buch hinter ihm steht.« (zitiert nach R. Rhees a.a.O.).
8 Schopenhauer wird zitiert nach der Ausgabe der »Sämtlichen Werke«, ed. W. von Löhneysen, Stuttgart/Frankfurt a.M. ²1968. Verweise erfolgen unter Verwendung des Kürzels ›W‹ und römischer Ziffern für die Bandnummern.

einziger Gedanke«, der sich »von verschiedenen Seiten betrachtet« (Wittgenstein: »Ansichten eines Gegenstandes unter verschiedenen Winkeln betrachtet«) als Metaphysik, Ethik und Ästhetik zeige (W I, S. 7). Im Unterschied zu einem »System von Gedanken«, das einen »architektonischen Zusammenhang« verlange, müsse ein einziger Gedanke »so umfassend er auch sein mag, die vollkommenste Einheit bewahren« (ebd.). Von den Teilen seiner Mitteilung dürfe deshalb der Sache nach – Schopenhauer verwendet hier den Begriff des Organismus – »keiner der erste und keiner der letzte« sein. Anderseits müsse das Buch »eine erste und eine letzte Zeile« haben (ebd.): »folglich werden Form und Stoff hier im Widerspruch stehn.« (a. a. O., S. 8).

Erinnern wir daran, daß Adorno mit nahezu denselben Worten seine »Darstellungsschwierigkeit« in der »Ästhetischen Theorie« (mit der Konsequenz paratakischer Darstellung) beschreibt, daß »die in einem Buch fast unabdingbare Folge des Erst-Nachher« unverträglich sei mit seinem »Theorem, daß es philosophisch nichts Erstes gibt« (ÄT, S. 541). Der »Widerspruch« (Schopenhauer) oder die »Darstellungsschwierigkeit« (Adorno) besteht mit Blick auf unsere früheren Ausführungen darin, daß das Medium der Mitteilung, die Sprache, sich in der Zeit erstreckt, der mitgeteilte Inhalt aber ein Überblicken aller Teile der Mitteilung *auf einmal*, in synoptischer Schau, verlangen würde.[9] Schopenhauer gibt seinen Lesern deshalb auch den Rat »das Buch zweimal zu lesen« (W I, S. 8). Da der Widerspruch notwendigerweise besteht, man darf sagen, durch die Natur der Anschauungsform der Zeit zustande kommt, an die Sprache und Denken gebunden sind, kann auch die Wahl einer besonderen Darstellungsform ihn nicht beheben, sie kann ihm nur gerecht zu werden suchen. Obwohl Schopenhauer nicht so weit geht wie Adorno und Wittgenstein und im Vergleich zu beiden unvergleichlich geradliniger argumentiert, vermeidet auch er bis in die formale Textanordnung hinein die Systemform des »architektonischen Zusammenhangs« mit dessen gliedernden Über- und Unterordnungen.

> »Schon der organische, nicht kettenartige Bau des Ganzen macht es nötig, bisweilen dieselbe Stelle zweimal zu berühren. Eben dieser Bau auch und der sehr enge Zusammenhang aller Teile hat die mir sonst sehr schätzbare Einteilung in Kapitel und Paragraphen[10] nicht zugelassen; sondern mich genötigt, es bei vier Hauptabteilungen, gleichsam vier Gesichtspunkten des einen Gedankens, bewenden zu lassen.« (W I, S. 8f. Vgl. Wittgensteins Zustimmung in seinen Vorlesungen 1930–1935, Frankfurt 1984, S. 199)

Adornos und Wittgensteins Darstellungsformen hatten wir in Verbindung gesehen mit den Konzepten von intellektueller Anschauung und Kontemplation. Schopenhauer, dem wir die wohl überzeugendste erkenntnistheoretische Beschreibung des reinen Zusehens in der kontemplativen Einstellung verdanken (»Die Welt als Wille und Vorstellung«, I, §§ 33ff.; II, Kap. 30), hat die kontemplative Erkenntnis selbst jedoch der Kunst und

---

9 Zum theologischen Hintergrund des Konzepts der »Schau« vgl. T. Rentsch, Der Augenblick des Schönen. Visio beatifica und Geschichte der ästhetischen Idee, in: H. Bachmaier/T. Rentsch (eds.), Poetische Autonomie? Zur Wechselwirkung von Dichtung und Philosophie in der Epoche Goethes und Hölderlins, Stuttgart 1987, S. 329–353.
10 Die einzige Feinstrukturierung in der ersten Auflage besteht aus »Trennungslinien«, die Schopenhauer in der zweiten Auflage durch Paragraphenzählungen ersetzt hat, um von dem neu hinzugekommenen, aus Ergänzungen bestehenden II. Band auf den I. Band verweisen zu können (vgl. W I, S. 21).

gerade nicht der Philosophie zugewiesen, wohl deshalb, weil sie zwar durch Kunst nichtdiskursiv, d. h. anschaulich, *vermittelbar*, aber diskursiv nicht *mitteilbar* ist: »Allein die Philosophie soll *mitteilbare* Erkenntnis, muß daher Rationalismus sein.« (»Über Philosophie und ihre Methode«, W V, S. 17) Allerdings dürfte für Schopenhauer selbst gelten, was er treffend dem Rationalismus zubilligt:

>»Inzwischen mag oft genug dem Rationalismus ein versteckter Illuminismus zum Grunde liegen, auf welchen dann der Philosoph wie auf einen versteckten Kompaß hinsieht, während er eingeständlich seinen Weg nur nach den Sternen, d. h. den äußerlich und klar vorliegenden Objekten richtet und nur diese in Rechnung bringt. Dies ist zulässig, weil er nicht unternimmt, die unmitteilbare Erkenntnis mitzuteilen, sondern seine Mitteilungen rein objektiv und rationell bleiben.« (a. a. O., S. 18)

Schopenhauer wäre nicht Schopenhauer ohne den folgenden Zusatz:

>»Hingegen das laute Berufen auf intellektuelle Anschauung und die dreiste Erzählung ihres Inhalts mit dem Anspruch auf objektive Gültigkeit desselben, wie bei Fichte und Schelling, ist unverschämt und verwerflich.« (ebd.)

Der Zusammenhang von philosophischem Gedanken und literarischer Form bei Schopenhauer, Adorno und Wittgenstein läßt sich nun dahingehend einheitlich bestimmen, daß alle drei intellektuelle Anschauung bzw. kontemplative Erkenntnis als »versteckten Kompaß« in Anspruch nehmen und daß es dieser Kompaß ist, der allen dreien ihren der Form nach verwandten Kurs (oder meinetwegen auch »Diskurs«) diktiert.[11] Wenn dieser Kompaß in Wittgensteins »Philosophischen Untersuchungen« sozusagen mehr »versteckt« erscheint als im »Tractatus«, so liegt dies daran, daß Wittgenstein später noch entschiedener der »großen Versuchung« widerstanden hat, »den Geist explicit machen zu wollen« (»Vermischte Bemerkungen«, S. 24), gemäß seiner Forderung, »daß der Geist eines Buchs sich in diesem zeigen muß, und nicht beschrieben werden kann«:

>»Denn ist ein Buch nur für wenige geschrieben, so wird sich das eben dadurch zeigen, daß nur wenige es verstehen. Das Buch muß automatisch die Scheidung derer bewirken, die es verstehen, und die es nicht verstehen. [...]
>Willst Du nicht, daß gewisse Menschen in ein Zimmer gehen, so hänge ein Schloß vor, wozu sie keinen Schlüssel haben.« (a. a. O., S. 23)

In Wittgensteins Bild gesprochen hätten wir in der literarischen Form nun doch einen Schlüssel zum richtigen Verständnis; aber eben nicht explizit, sondern indirekt, also wiederum nur für denjenigen, der die Form *als Schlüssel* erkannt hat! Und daß es hier etwas aufzuschließen gibt, ein »Geheimnis«, wie Schopenhauer den »versteckten Kompaß« nennt (W V, S. 18), trifft auch für den späteren Wittgenstein zu, wie eine Bemerkung aus dem Jahre 1931 belegt:

>»Das Unaussprechbare (das, was mir geheimnisvoll erscheint und ich nicht auszusprechen vermag) gibt vielleicht den Hintergrund, auf dem das, was ich aussprechen konnte, Bedeutung bekommt.« (a. a. O., S. 38)

---

11 Vgl. auch die Darstellung von A. Wellmer, Zur Dialektik von Moderne und Postmoderne. Vernunftkritik nach Adorno, Frankfurt 1985, insbesondere S. 98f. Im Unterschied zu Wellmer wird hier ein »transdiskursives« Moment als Gemeinsamkeit von Adorno und Wittgenstein, auch dem späten, bestimmt.

Die Vielfalt der Formen als Methodenproblem der Philosophie

Die hier vorgetragenen Gedanken waren bislang eher hermeneutischer Art. Sie sollten den tatsächlichen Zusammenhang von literarischer Form, philosophischer Methode und philosophischem Gehalt an Beispielen belegen und für den interpretierenden Umgang mit philosophischen Texten nutzbar machen. Die eigentliche Grundsatzfrage ist dabei bislang nur angeklungen: Wollen wir in systematischer Hinsicht mit Blick auf die Methoden der Philosophie das Zugeständnis einer Vielfalt literarischer Formen und damit auch der Methoden der Philosophie machen? Sollen wir z. B. Autoren wie Kierkegaard, Wittgenstein und Adorno darin zustimmen, daß sie so etwas wie das Unsagbare in Anspruch nehmen und danach ihre Weise zu philosophieren ausrichten? Noch direkter gefragt, gibt es Unsagbares überhaupt? Steht einer (auch »versteckten«) Inanspruchnahme intellektueller Anschauung oder kontemplativer Erkenntnis, einer Ergänzung oder gar Ersetzung sukzessiven Denkens durch simultanes Schauen (im Sinne von Wittgensteins Aufforderung, nicht zu denken, sondern zu schauen) nicht entgegen, daß auch Sehen letztlich an zeitliche Sukzession gebunden ist (Kant)? Und könnten wir mit einer aus solchen Gründen gebotenen Kritik entsprechender Erkenntnisformen nicht auch deren Darstellungsformen verabschieden? Das gleiche gilt für die früher betrachteten Formen. Historisch könnten wir feststellen, daß Pyrrhonismus und Skeptizismus sich bestimmter Formen bedienen, wenn diese Positionen aber Irrtümer darstellen, so haben wir ihre literarischen Ausdrucksformen zwar (aus hermeneutischen Gründen) zur Kenntnis, aber (in *systematischer* Hinsicht) nicht ernst zu nehmen.

Andererseits möchte es angehen, daß wir einen Text nur deshalb systematisch ernst nehmen können, *weil* wir von seiner Form absehen. Vielleicht liest man Anselms so genannten »ontologischen Gottesbeweis« anders, wenn man bedenkt, daß er eingebettet ist in die literarische Form des Gebets (»Proslogion«): Er wäre dann möglicherweise gar kein »Beweis« (auch für Ungläubige), sondern eine Selbstvergewisserung für bereits Gläubige im Sinne des »fides quaerens intellectum«. Diese hermeneutisch wohl nicht unberechtigte Zurücknahme des Beweisanspruchs würde Anselms Argument dann allerdings auch einiges von dem Gewicht entziehen, das es in der philosophischen Tradition gehabt hat, sofern dieser Tradition an Beweisen gelegen ist. Die Frage wird in diesem wie in anderen Fällen sein, ob die jeweilige Vereinnahmung des Autors eine Reduktion darstellt, bei der wesentliche Dinge verloren gehen. Die Entscheidung dieser Frage muß dem Einzelfall überlassen bleiben. Unsere These besagt, daß bei dieser Entscheidung das Formproblem als Methodenproblem Berücksichtigung zu finden hat. So führt uns die Betrachtung der literarischen Formen der Philosophie, wie eingangs angekündigt, auf die Frage nach der Methode der Philosophie selbst. Der Umstand, daß man sich überhaupt, und zwar als Philosoph und nicht z. B. als Literaturwissenschaftler, mit der Frage nach der literarischen Form der Philosophie befaßt, ist Anzeichen dafür, daß man diese Frage nicht bereits im Sinne der Beweisform als beantwortet betrachtet. Zwar sind auch die beweisenden Formen der Philosophie im Sinne unserer Eingangsüberlegungen literarische Formen (im weiteren Sinne), hauptsächlich betrachtet wurden jedoch bislang solche Formen, die gerade der Beweisform entgegenstehen. Selbst Autoren wie Wittgenstein und Adorno, die sich des Arguments bedienen, tun dies doch nicht in *beweisender*, sondern in *aufwei-*

sender Absicht. Und man muß nicht Adornos absurd-negative Einschätzung argumentativer Logik teilen, um zu erkennen, daß grundlegende philosophische Einsichten sich nicht nur auf Argumenten gründen.

Diese Erkenntnis ist selbst eine grundlegende philosophische Einsicht und scheint mir, *weil* sie grundlegend für das Verständnis der Philosophie ist, insbesondere selbst zu denjenigen Einsichten zu gehören, deren Anerkennung argumentativ nicht erzwingbar ist. Was kann man in einem solchen Falle dann überhaupt argumentativ tun? Man kann sich um größere Plausibilität bemühen. Ich werde deshalb im folgenden ausführlicher als die bisherigen Beispiele gerade einen solchen Text behandeln, der dem hier aufgeworfenen Problem des Verhältnisses von Argument und Einsicht in literarischer Form Rechnung zu tragen sucht, Berkeleys »Drei Dialoge zwischen Hylas und Philonous«. Damit vervollständigen wir gleichzeitig unsere Bestandsaufnahme um ein Beispiel der bislang noch gar nicht berücksichtigten Dialogform. Unsere hermeneutische These, daß die Nichtbeachtung der literarischen Form zu Mißverständnissen des philosophischen Gehaltes führt, wird dabei einmal mehr Bestätigung finden.

Argument und Einsicht (Berkeleys »Drei Dialoge«)

In den »Drei Dialogen zwischen Hylas und Philonous«[12] hat Berkeley seine erkenntnistheoretischen Gedanken, die er zuvor in seiner »Abhandlung über die Prinzipien der menschlichen Erkenntnis« veröffentlicht hatte, noch einmal, aber in veränderter literarischer Form dargestellt. Der äußere Grund war die enttäuschende Aufnahme der »Abhandlung«. Berkeleys Freund und Kritiker Sir John Percival bestätigt nach der Lektüre, daß die Umarbeitung gelungen sei: »The new method you took by way of dialogue, I am satisfied has made your meaning much easier understood.« (Brief vom 18. 7. 1713, W II, S. 156). In den »Dialogen« geht Berkeley so vor, daß er seine eigene Position durch den Dialogpartner Philonous gegen die von dem anderen Dialogpartner, Hylas, vorgebrachten Gegenargumente verteidigen läßt. Die literarische Form des Dialogs kann naturgemäß das Verhältnis von Argument, Gegenargument und Gegengegenargument durchsichtiger machen und so die möglichen Gegenargumente *antizipierend* zurückweisen. Hierin sieht Sir Percival denn auch den Vorzug der neuen Berkeleyschen Darstellung, und er fügt hinzu:

> »I am equally surprised at the number of objections you bring and the satisfactory answers you give afterwards, and I declare I am much more of your opinion then I was before.« (ebd.)

Rein quantitativ gefaßt darf man dieses Lob allerdings auch bereits Berkeleys »Abhandlung« zollen, die nach der Darlegung des Immaterialismus detailliert auf mögliche Ein-

---

12 Seitenzahlen ohne weitere Angaben beziehen sich auf die von W. Breidert herausgegebene deutsche Übersetzung der »Dialoge« (Hamburg 1980). Verweise auf die englische Ausgabe der »Werke« (ed. A. A. Luce/T. E. Jessop) erfolgen unter Verwendung des Kürzels ›W‹ und römischer Ziffern für die Bandnummern.

wände eingeht (§§ 34–84), bevor weitere Konsequenzen gezogen werden. Insofern ist es nicht die Anzahl der antizipierten Einwände, sondern die Art und Weise, wie diese eingebracht werden, was die Stärke der »Dialoge« gegenüber der »Abhandlung« ausmacht.

Obwohl die »Dialoge« keine offenen Dialoge sind, sondern apologetischen Charakter haben, sind sie doch keineswegs so aufgebaut, daß Philonous einfach direkt die Thesen Berkeleys vortrüge, Hylas mögliche Einwände vorbrächte, und Philonous dann wiederum Berkeleys Widerlegung dieser Einwände besorgte. Wenn es so wäre, hätte Berkeley nicht mehr als eine didaktisierende Aufbereitung der »Abhandlung« in Form von Rede und Gegenrede vorgelegt.[13] Die »Dialoge« sind jedoch mehr. Wenigstens in *ästhetischer* Hinsicht ist dies auch anerkannt worden, am emphatischsten vielleicht von A. C. Fraser:

»English philosophical literature contains no work in which literary art and a pleasing fancy are more attractively blended with subtle argument than these ›Dialogues‹.«[14]

Jahrzehnte später bestätigt in ähnlicher Weise T. E. Jessop den »Dialogen« Einheit von Anmut und Vernunft (union of grace and reason) (W II, S. 154) und nennt sie »the first conspicuously successful philosophical dialogue in English« (W II, S. 155). Faßt man die Stimmen der Interpreten zusammen, und die beiden genannten Kenner und Herausgeber der Schriften Berkeleys dürfen hier stellvertretend stehen, beruht der Wert der »Dialoge« darauf, daß in ihnen literarische Form und philosophischer Inhalt eine gelungene Verbindung eingehen und eine »Mischung« (Fraser) oder »Einheit« (Jessop) ästhetischer und argumentativer Qualitäten hervorbringen. Darüber hinaus scheint man der literarischen Form aber keine besondere, etwa *methodische* Bedeutung beigemessen zu haben. Selbst ein so bedeutender Berkeley-Forscher wie A. A. Luce meint, daß (neben den anderen späteren Schriften) auch die »Dialoge« zur »wesentlichen Argumentation« der »Abhandlung« nichts hinzufügen.[15] Damit wird unterstellt, daß das »Mehr« einzig in zusätzlichen *Argumenten* bestehen könne. Eine weitergehende Betrachtung liegt aber nahe, wenn man bedenkt, daß Berkeley durch intensive Lektüre Platons angeregt wurde, die Dialogform zu wählen (vgl. Breidert, S. XXXII; ferner Jessop, W II, S. 156). Ausgehend davon, daß die Dialogform bei Platon Ausdruck von dessen Einschätzung philosophischer Methode ist, bietet sich eine analoge Frage bei Berkeley an. Nun hat Berkeley die Form der Abhandlung später nicht etwa zugunsten der Dialogform zurückgezogen, sondern die »Dialoge« gemeinsam mit der »Abhandlung« als deren Anhang veröffentlicht (in der Ausgabe von 1734). Doch stützt gerade dieses Vorgehen die Vermutung, daß die »Dialoge« vielleicht etwas haben oder leisten, das die »Abhandlung« nicht hat oder leisten kann, und das zu Tage tritt, wenn man beide nacheinander liest (vgl. Brief an S. Johnson vom

---

13 Dies scheint z. B. die Auffassung des Herausgebers der deutschen Ausgabe der »Abhandlung«, A. Klemmt, zu sein, wenn er die »Dialoge« schlicht als »halbpopuläre Darstellung« der Hauptgedanken der »Abhandlung« charakterisiert. Eine Abhandlung über die Prinzipien der menschlichen Erkenntnis, ed. A. Klemmt, Hamburg 1957, S. VI, vgl. ferner S. LVIIf.
14 A. C. Fraser, Berkeley, Edinburgh/London 1912, S. 79.
15 A. A. Luce, Berkeley's Immaterialism, London u. a. ²1950, S. V f.

24. 3. 1730, W II, S. 294 oben). In diesem Sinne würde gelten, daß die literarische Form der »Dialoge« ihrem Inhalt auch *methodisch* nicht bloß äußerlich ist, sondern dem Charakter der von Berkeley mitgeteilten philosophischen Erkenntnis gerecht zu werden sucht.

In der »Abhandlung« war Berkeley direkt auf seine Lehre des Immaterialismus zugesteuert und hatte trotz erwarteter Mißverständnisse[16] nicht genügend in Rechnung gesetzt, daß in der Philosophie eine zwingend erscheinende Argumentation nicht unbedingt auch *überzeugend* wirkt, insbesondere dann nicht, wenn die Auffassungen des Autors den Lesern auf den ersten Blick fremd erscheinen müssen.[17] Obwohl Berkeley auch in den »Dialogen« bemüht ist, »durch Vernunftgründe zu überzeugen« und »die strengsten Gesetze des Schließens peinlich zu beachten« (Vorwort zur ersten Auflage, S. 7), scheint er sich bewußt geworden zu sein, daß es nicht der »Zwang der Logik« (ebd.) allein ist, der die Annahme seines Immaterialismus bewirken kann. Immerhin mutet er seinen Lesern zu, die Welt ganz anders zu sehen, als sie sie bislang gesehen haben, gekürzt nämlich durch den (metaphysischen) Begriff der Materie. Aufschlußreich ist hier Berkeleys Einschätzung des Mitteilungsproblems, das er im Vorwort thematisiert. Wenn er als Sinn der »Dialoge« angibt, die in der »Abhandlung« »niedergelegten Grundlehren klarer und ausführlicher abzuhandeln und in ein neues Licht zu setzen« (S. 6), so deutet die Licht-Metaphorik hier einen über das Argument hinausgehenden Aspekt von Erkenntnis als, wie wir sagen können, *Einsicht* an. Während seines Aufenthaltes in Amerika schreibt er mit Bezug auf seine frühen Schriften an Samuel Johnson (d. i. der amerikanische Theologe und Philosoph, nicht der berühmte englische Lexikograph, der bekanntlich zu den »uneinsichtigen« Lesern Berkeleys gehörte), er wundere sich nicht, daß seine Leser bei der ersten Lektüre nicht vollständig überzeugt (thoroughly convinced) seien (Brief vom 25. 11. 1729, W II, S. 281). Im folgenden beansprucht er nur, »Winke für denkende Menschen« (hints to thinking men) gegeben zu haben, und empfiehlt, wie schon früher für seine »Dialoge« (Vorwort, S. 8), eine zwei- oder dreimalige Lektüre seiner Schriften. (Vgl. die entsprechende Empfehlung Schopenhauers!)

Berkeley gesteht damit zu, daß der Leser sich mit den Gedanken seiner Schriften selbst denkend vertraut machen muß, um sie einsehen zu können. Das heißt, daß er nicht erwartet, die zu vermittelnde Einsicht schrittweise fortschreitend, Argument an Argument reihend, zu erzeugen. So betont er am Schluß des Vorworts zu den »Dialogen«, daß es darauf ankomme, »die Verbindung und Anordnung« der Argumentationsteile zu begreifen (S. 8). Den Grund für die Schwierigkeit, seine Gedanken nicht in linearer Abfolge direkt mitteilen zu können, sieht Berkeley u. a. in der Sprache. Bemerkenswert ist, daß er dabei nicht nur eigene Unzulänglichkeiten zugesteht, sondern als eine *allgemeine* Schwie-

---

16 Vgl. Vorwort zur ersten Auflage der »Abhandlung« (W II, S. 23), nicht in der deutschen Ausgabe von A. Klemmt enthalten.
17 Stellvertretend sei hier D. Hume genannt, der Berkeley in diesem Sinne Genialität (»that very ingenious author«) attestiert, aber von dessen Argumenten meint, daß sie keine Überzeugung hervorriefen (»produce no conviction«). Enquiry Concerning Human Understanding, XII, I, Anm.

rigkeit hervorhebt, daß unsere Sprache für die Mitteilung philosophischer Gedanken nicht geeignet sei.[18] So heißt es von seinen eigenen Gedanken:

> »What you have seen of mine was published when I was very young, and without doubt hath many defects. For though the notions should be true (as I verily think they are), yet it is difficult to express them clearly and consistently, language being framed to common use and received prejudices. I do not therefore pretend that my books can teach truth.« (Brief an Johnson vom 25. 11. 1729, W II, S. 282)

Berkeleys Einstellung zur Sprache hat bereits die zwiespältigen Züge späterer Sprachkritik, wie wir sie insbesondere bei Wittgenstein vorfinden. Einerseits will man von der metaphysischen Sprache in Wissenschaft und Philosophie zur Alltagssprache zurückführen (»*Wir* führen die Wörter von ihrer metaphysischen, wieder auf ihre alltägliche Verwendung zurück.«[19]), andererseits muß man durch die Verwirrungen dieser Sprache doch hindurch und sich auf sie einlassen, was den eigenen Untersuchungen ihre Absonderlichkeiten verleiht (»Nur wenn man noch viel verrückter denkt, als die Philosophen, kann man ihre Probleme lösen.«[20]). Diese Untersuchungen selbst tragen daher zwangsläufig den Charakter dessen an sich, wogegen sie kämpfen. Dabei liegt das, was man vermitteln will, jenseits dessen, was man auf dem Wege dorthin vorbringt. So ist, was Wittgenstein vermitteln will, nicht eine propositionale Erkenntnis, sondern eine Einstellung oder Sichtweise. Im Ansatz finden wir diese Auffassung auch bei Berkeley, wenn er sagt, daß seine Bücher die Wahrheit nicht *lehren* können (Schluß des obigen Zitats). Schließlich ist auch bei ihm die Rückführung auf den alltäglichen Sprachgebrauch damit verbunden, den menschlichen Geist von seiner »Verwirrung« zu »befreien« (Dialoge, S. 6) und zur natürlichen Weltauffassung zu führen. Dem normalen Gebrauch (common use) der Sprache korrespondiert bereits bei Berkeley der gesunde Menschenverstand (common sense). Den therapeutischen Anspruch seiner Philosophie unterstreicht besonders schön die folgende Passage aus den »Dialogen«:

> »Und wenn auch einigen vielleicht die Überlegung unbehaglich vorkommt, daß sie nach einem Kreislauf durch so viele verfeinerte und ungewöhnliche Begriffe dahin gelangen sollten, wie andere Leute auch zu denken, so finde ich doch diese Rückkehr zu den einfachen Eingebungen der Natur nach der Wanderung durch die wilden Irrgänge der Philosophie nicht unerfreulich. Es ist wie die Heimkehr nach einer langen Reise; mit Vergnügen blickt man auf mancherlei Schwierigkeiten und Wirrnisse, die man erlebt hat, zurück, und genießt in gemächlicher Ruhe fortan sein Leben befriedigter.« (S. 7)

---

18 Vgl. dazu bereits H. Rauter, »The Veil of Words«. Sprachauffassung und Dialogform bei George Berkeley, Anglia 79 (1961), S. 378–404. Rauter versucht einzig aus Berkeleys Auffassung vom »Wesen der Sprache« abzuleiten, warum dieser von der Form der Abhandlung zu derjenigen des Dialogs übergegangen ist. Durch den Wechsel der Form habe sich Berkeley neben der Logik der Ideenmitteilung auch die Rhetorik der Ideenlenkung zunutze machen können. Der Dialog dürfe »statt nach bloßer Mitteilung auch nach Überredung streben« (S. 404). Im Unterschied zu Rauter werden wir an die Stelle von Überredung eine Hinführung treten lassen, die nicht nur Berkeleys Auffassung von der Sprache, sondern auch der Natur seiner Einsicht gerecht zu werden verspricht.
19 L. Wittgenstein, Philosophische Untersuchungen, § 116.
20 L. Wittgenstein, Vermischte Bemerkungen, Frankfurt 1977, S. 143.

Dieses Verständnis bringt es mit sich, daß an die Stelle der Lehre eine *Hinführung* zu treten hat. Entsprechend beansprucht Berkeley auch nur, die Entdeckung der Wahrheit zu veranlassen, eine Entdeckung, die die Forschenden (»inquisitive men«) schließlich selbst vollziehen müßten (»by consulting *their own* minds, and looking into *their own* thoughts«, Brief an Johnson vom 25. 11. 1729, W II, S. 282, Hervorhebung G.G.). Diese Einschätzung nimmt Berkeley insgesamt für seine frühen Schriften vor, also sowohl für die »Abhandlung« (vgl. bereits die analoge Einschätzung im § 25 der »Einführung«) als auch für die »Dialoge«; die »Dialoge« aber tragen dieser betont hinführenden (anagogischen) Funktion seiner Philosophie darstellerisch in ihrer literarischen Form angemessener Rechnung. So wird die Dialogform genutzt, um im argumentativen Verhalten des Hylas die eingefahrenen, fest verwurzelten Vorurteile in ihrer Rolle sichtbar zu machen, wie sie auch den Leser daran hindern, Berkeleys Gedanken als Überzeugung anzunehmen, obwohl (aus der Sicht Berkeleys) alle Argumente für sie sprechen. Die *Hinführung* selbst wird so noch einmal *vorgeführt*. Ausdrücklich thematisiert der Dialog denn auch das Auseinandertreten von Argument (als *Grund*) und Überzeugung (als *Zustand*), wenn Berkeley den Hylas, dem die Gegenargumente längst ausgegangen sind, schließlich selbst feststellen läßt:

»Nun bleibt allein eine Art unerklärlichen Widerstrebens zu überwinden, das ich gegen deine Ansichten bei mir verspüre.« (S. 137)

Und nachdem Hylas auch dieses Widerstreben schließlich überwunden hat und am Ende des Dialogs von Philonous-Berkeleys Sicht der Dinge *überzeugt* ist (»I am clearly convinced that I see things in their native forms«), begreift er umgekehrt doch nicht genau, wie dieser Zustand des Überzeugtseins (»the state I find myself in at present«) argumentativ erreicht worden ist (»though indeed the course that brought me to it I do not yet thoroughly comprehend«).

Die bisherigen Überlegungen lassen sich dahingehend zusammenfassen, daß die literarische Form der »Dialoge« methodisch dem Charakter der zu vermittelnden Einsicht entspricht. Diese Einsicht können wir als eine Form *nicht-propositionaler Erkenntnis* bestimmen. Besonders bemerkenswert ist, daß Berkeley nicht nur diskursiv, sondern sogar argumentativ im strengsten Sinne des Wortes vorgeht. Dabei bedient er sich explizit der propositionalen Form der Erkenntnis, er *behauptet* den *Satz* »esse est percipi«, erkennt aber an, daß die *Einsicht* in die Wahrheit dieses Satzes durch *Argumente* allein nicht erzwingbar ist.[21] Obwohl Berkeley also propositional vorgeht, kommt dieser Propositionalität doch eine anagogische Funktion zu. Das Ziel dieser Propositionalität ist letztlich ein bestimmter *Zustand*, wie wir gesehen hatten, eine *propositionale Einstellung*, wie man heute sagen würde. Und eine propositionale Einstellung ist selbst nicht-propositional.

Nun könnte man Nicht-Propositionalität in diesem Sinne als Ziel jeder Argumentation angeben, weil jede Argumentation *überzeugen* will. Wesentlich ist deshalb die Feststellung, warum die propositionale Einstellung des Überzeugtseins im Falle des Berkeleyschen

---

21 Vgl. zum Verhältnis von Argument und Einsicht in der Philosophie die treffenden Ausführungen von F. Waismann, Wie ich Philosophie sehe, in: ders., Was ist logische Analyse?, ed. G.H. Reitzig, Frankfurt 1973, S. 143f.

Hauptsatzes »esse est percipi« charakteristischerweise nicht erzwingbar ist. Der Grund ist, daß die Wahrheit dieses Satzes mehr ist als die Wahrheit irgendeines Satzes. Dieser Satz betrifft nicht irgendeine *einzelne* Tatsache *in* der Welt, sondern unsere Sicht *von* der Welt, der *ganzen* Welt nämlich. Mit der wirklichen Einsicht in die Wahrheit eines solchen Satzes geht entsprechend eine Veränderung unserer Weltsicht, unseres Weltbildes einher, und zu einer solchen einschneidenden Veränderung ist mehr notwendig als die schrittweise Anerkennung von Argumenten.

Ein derartiges Verhältnis von Argument und Einsicht wird sich über unser philosophisches Beispiel hinaus dahingehend verallgemeinern lassen, daß auch in den Wissenschaften Grundeinsichten auf nicht-propositionalen Voraussetzungen beruhen. Hierauf hat bereits, T.S. Kuhn vorgreifend, der Naturwissenschaftler E. Mach in einer Berkeley sehr verwandten Weise hingewiesen, indem er die Schwierigkeiten einer logisch-propositionalen Vermittlung seiner forschungsleitenden antimetaphysischen natürlich-wissenschaftlichen »Weltauffassung« thematisiert hat. In seiner »Analyse der Empfindungen«[22] bemerkt er, daß deren Einzelergebnisse zwar anerkannt worden seien, die »Grundansicht« aber, die zu ihnen geführt habe, »meist verworfen wurde« (S. 289). Und er fährt dann fort:

»Es ist dies kein Wunder. Denn der Plastizität meines Lesers werden sehr starke Zumutungen gemacht. *Einen Gedanken logisch begreifen und denselben sympathisch aufnehmen, ist zweierlei.* Die ordnende und vereinfachende Funktion der Logik kann ja erst beginnen, wenn das psychische Leben in der Entwicklung weit fortgeschritten ist, und schon einen reichen Schatz von instinktiven Erwerbungen aufzuweisen hat. *Diesem instinktiven vorlogischen Bestand von Erwerbungen ist nun auf dem Wege der Logik kaum beizukommen.*« (S. 290, Hervorhebungen G.G.)

Für notwendig hält Mach hier stattdessen einen »psychologischen Umbildungsprozeß« (ebd.), eine Einstellungsänderung, wie wir weniger psychologisierend sagen könnten. Die Einstellung, um deren Vermittlung es geht, ist derjenigen von Berkeley durchaus verwandt, wenn man von dessen theologischem Hintergrund einmal absieht (vgl. Mach selbst S. 295 u. 299). Sie ließe sich als kontemplativer Sensualismus charakterisieren. Hier haben die wissenschaftlichen Untersuchungen Machs ihre »vorlogischen«, eben nicht-propositionalen Voraussetzungen. Wo es um die Vermittlung dieser Voraussetzungen geht, bedient sich Mach nicht-argumentativer Darstellungsformen, nämlich Beschreibungen oder gar persönlicher Erzählungen, in denen bestimmte Grunderlebnisse vergegenwärtigt werden. Es sind insbesondere *Fußnoten* (vgl. S. 3, 10, 11), die auf diese Weise einem erinnernden oder vergewissernden Einvernehmen mit dem Leser dienen, ohne welches es unmöglich wäre, »auf Zustimmung zu rechnen« (S. 290).

Kehren wir nach dieser vergleichenden Zwischenüberlegung zu Berkeleys »Dialogen« zurück. Wie wir gesehen hatten, entspricht der anagogischen Funktion, die diese für den Leser haben sollen, im Text selbst die stellvertretende Hinführung des Hylas zur Sicht des Philonous. Abschließend sei an diesem Beispiel noch einmal vorgeführt, zu welchen Mißverständnissen es führt, wenn man die methodische Funktion einer literarischen Form verkennt.

---

22 Zitiert nach: E. Mach, Die Analyse der Empfindungen und das Verhältnis des Physischen zum Psychischen, Jena ⁹1922 (repr. mit einem Vorwort von G. Wolters, Darmstadt 1985).

Ein angeblicher Widerspruch in Berkeleys »Drei Dialogen« und dessen Auflösung

B. Silver hat in einem Aufsatz[23] zu zeigen versucht, daß ein Widerstreit besteht zwischen den Deutungen, die Berkeley der Gesichtswahrnehmung durch Mikroskope im ersten und dritten Dialog gibt. Berkeleys Auffassung (vgl. bereits »Neue Theorie des Sehens«, § 85) ist die, daß uns das Mikroskop »in eine andere Welt« versetzt, die mit unserer normalen Sehwelt gesetzmäßig verknüpft ist. Diese Verknüpfung darf nach Berkeley aber nicht so gedacht werden, daß bloßes Auge und Mikroskop uns verschiedene Erscheinungsweisen *desselben* an sich existierenden materiellen Gegenstandes liefern. Insbesondere besteht Berkeley (völlig zu Recht) darauf, daß die Welt des Mikroskops nicht etwa die eigentliche oder wahrere Welt gegenüber unserer normalen Wahrnehmungswelt ist. Diese Position nimmt Philonous-Berkeley auch im dritten Dialog (S. 120f.) ein. Silver behauptet nun, daß Berkeley im ersten Dialog (S. 29f.) ein Argument (gegen die Unterscheidung von scheinbaren und wirklichen Farben) bringt, das entgegen seiner sonstigen Auffassung voraussetzt, daß wir durch Auge und Mikroskop *denselben* Gegenstand sehen. Silver schreibt:

> »Berkeley's defense of the congruity between his own philosophy and common sense in the Third Dialogue is inseparably tied to his claim that we do not see the same object with a microscope that we see without it. But this claim cannot follow from anything he says about microscopes in the First Dialogue since there he maintains precisely the opposite position, namely, that microscopes do give us a sharper view of the same macroscopic object. Clearly, what Berkeley says in the Third Dialogue about common sense and the separate and distinct characters of all visual objects or ideas should be supported by or at least be consistent with what he argues for in the First Dialogue; but this is not the case.«[24]

Auf den ersten Blick und isoliert betrachtet könnte es so scheinen, als mache Berkeley tatsächlich die ihm unterstellte Voraussetzung, weil sein Sprecher Philonous folgenden Schluß äußert:

> »Folglich muß angenommen werden, daß die mikroskopische Darstellung am besten die wirkliche Natur des Gegenstandes, oder was dieser an sich ist, aufzeigt.« (S. 30)

Ausdrücklich bezieht sich Silver auf diesen Satz, wenn er meint feststellen zu können, »both Philonous and Hylas take it to be obvious that microscopes proved us that sharp and penetrating view of an object«.[25] Wenn Philonous diesen Schlußsatz *äußert*, so bedeutet dieses aber nicht, daß er ihn *behauptet*. Zwar behauptet er, daß dieser Schlußsatz aus bestimmten Vordersätzen folgt; aber der tatsächliche Übergang von den Vordersätzen zum Schlußsatz ist bekanntlich nur zulässig, wenn die Vordersätze tatsächlich gültig sind, bzw. von den Dialogpartnern anerkannt werden. Es scheint, daß Silver Berkeley-Philonous mißverstanden hat, indem er die illokutionäre Rolle der Äußerung des Schlußsatzes fälschlicherweise als behauptend gedeutet hat, so daß er nun schließen zu können meint,

---

23 B. Silver, The Conflicting Microscopic Worlds of Berkeley's Three Dialogues, Journal of the History of Ideas 37 (1976), S. 343–349.
24 Silver, S. 348f.
25 Silver, S. 347 unten.

daß Berkeley auch die stillschweigende Voraussetzung dieses Schlußsatzes (und seiner Vordersätze) habe anerkennen müssen, nämlich die Identität von makroskopischem und mikroskopischem Gegenstand. Was Silver in seiner Deutung verkennt, ist die interne Struktur der Argumentation, die gerade im ersten Dialog mit ihrer Aufdeckung von Aporien einen anagogischen Charakter hat. Wesentlich ist, daß die Verwendung des Mikroskopbeispiels im ersten Dialog eingebettet ist in eine *reductio-ad-absurdum*-Argumentation, die (S. 28) damit beginnt, daß Hylas meint, zwischen wirklichen und scheinbaren Farben unterscheiden zu können.[26] (Silver dagegen läßt die *reductio-ad-absurdum* erst S. 31 beginnen.)[27] Für das Gelingen einer *reductio-ad-absurdum* kommt es darauf an, daß der Opponent aus den Auffassungen und Voraussetzungen des Proponenten absurde Konsequenzen ableitet. In unserem Fall sucht Philonous, Hylas' Unterscheidung von scheinbaren und wirklichen Farben, und damit die Auffassung, daß es Farben gibt, die externen (materiellen) Gegenständen inhärieren, *ad absurdum* zu führen. Die Absurdität besteht hier in einem Verstoß gegen den Satz vom ausgeschlossenen Widerspruch, daß nämlich derselbe Gegenstand eine bestimmte Farbeigenschaft hat (unter makroskopischen Bedingungen) und nicht hat (unter mikroskopischen Bedingungen). Entsprechend dieser Argumentationslage kann Silver zu Recht feststellen, daß sich der absurde (widersprüchliche) Schlußsatz nur unter der *Voraussetzung* der Gegenstandsidentität ergibt. Dieses bedeutet aber nicht, daß Philonous als Opponent diese Voraussetzung mittragen müßte. Vielmehr will Philonous den Hylas auf der Grundlage von dessen »eigenen Zugeständnissen« (S. 29) in die Aporie des Skeptizismus führen. Würde man die Position von Hylas dadurch zu stärken versuchen, daß man die Gegenstandsidentität nicht als zugestanden annähme, so wäre damit dem Realismus (Materialismus) des Hylas bereits auf dieser Stufe des Dialogs die Grundlage entzogen. Deshalb läßt Berkeley den Philonous diese Voraussetzung des Hylas erst im dritten Dialog verneinen, wenn es darum geht, Hylas aus seiner skeptischen Verwirrung durch positive Alternativen zu befreien. Der angebliche Widerstreit in Berkeleys »Dialogen« löst sich also im Rahmen unserer Deutung so auf, daß der methodischen Bedeutung der literarischen Form im Sinne der Anagoge auch dialog*immanent* ein anagogischer Aufbau entspricht.

Schlußbemerkungen

Anhand von Beispielen aus der Geschichte der Philosophie wurde zu zeigen versucht, daß es *prima facie* unangebracht wäre, irgendeine literarische Form aus methodischen Gründen für die Philosophie auszuschließen. Dies gilt auch und gerade, wenn man an dem Erkenntnisbegriff in der Philosophie festhält. Die Anerkennung einer Vielfalt von *möglichen* literarischen Formen besagt daher nicht, »anything goes«. Und es bleibt in jedem Falle die Frage nach der Angemessenheit von Form und Inhalt. Insbesondere die Universitätsphilo-

---

26 Der Sinn von Berkeleys Aufhebung dieser Unterscheidung ist nicht, daß die angeblich wirklichen Farben bloß scheinbare sind, sondern daß umgekehrt die angeblich bloß scheinbaren Farben wirklich sind. Hier zeigt sich bereits, daß Berkeley gerade nicht, wie er häufig mißverstanden wird, Illusionist ist.

27 Vgl. Silver, S. 345.

sophie wird sich tunlichst selbst gewisse Beschränkungen in der Wahl ihrer Formen auferlegen, zumal ihr eine eigene Form der indirekten Mitteilung zur Verfügung steht: die *Thematisierung* auch solcher Formen der Philosophie, die sie sich selbst zu versagen hat. Dabei hat sie das Formproblem überhaupt als Methodenproblem sichtbar zu machen; denn *hierin* wird man Adorno (Der Essay als Form, S. 12) zustimmen können:

»In der Allergie gegen die Formen als bloße Akzidentien nähert sich der szientifische Geist dem stur dogmatischen.«

Wir haben anzuerkennen, daß nicht nur Wissenschaft, sondern auch Kunst Erkenntnis vermittelt, und die Philosophie steht von Anbeginn zwischen beiden. Insofern hat sie Teil an der propositionalen Erkenntnis der ersteren und an der nicht-propositionalen der letzteren. Dabei darf eine solche Gegenüberstellung nicht so verstanden werden, als sei die wissenschaftliche Erkenntnis auf die propositionale und die ästhetische Erkenntnis auf die nicht-propositionale beschränkt. Vielmehr können wir es z.B. in der Literatur auch mit Aussagenwahrheiten zu tun haben, sofern wir diese nicht mit Tatsacheninformationen gleichsetzen. Andererseits darf man für die Wissenschaften den Erkenntniswert vorpropositionalen Unterscheidungswissens nicht unterschlagen, wie dies meistens in der Wissenschaftstheorie mit ihrem Verständnis von Definitionen als willkürlichen Sprachfestsetzungen geschieht. Diese Dinge dar- und klarzustellen, ist Aufgabe einer Wissenschaften und Künste gleichermaßen einbeziehenden Erkenntnistheorie, die dann auch unsere Frage nach den literarischen Formen der Philosophie bereichsübergreifend in die Frage nach den Darstellungsformen von Erkenntnis überhaupt einzubeziehen hätte.

HARALD FRICKE (Fribourg)

Kann man poetisch philosophieren?

Literaturtheoretische Thesen zum Verhältnis von Dichtung und Reflexion am Beispiel philosophischer Aphoristiker

> Schmähe! schmeichel! schmolle! schmachte!
> Schmücke dich mit fremden Federn
> Bade dich in Nonsensbädern
> Aber dichte nie Gedachte
>
> – nicht Gedachte sollste dichten! [...]
> Tüftel nicht in Kommentaren
> Lass das: uns die Welt verklaren ...
> Dichter, dichte uns Gedichte!
>
> WOLF BIERMANN: *Dichtkunst*

Thesen:

(1) Es gibt keine ›nicht-propositionale Erkenntnis‹, wohl aber nicht-propositionales ›Lernen‹ – auch in der Philosophie.

(2) Die literarische Form kann deshalb keinen Beitrag zur Argumentation und damit zur philosophischen Theorie eines Textes leisten.

(3) Die literarische Form kann aber den Leser stärker ins Philosophieren hineinziehen als jeder argumentierende philosophische Text.

(4) Poetische Elemente und Strukturen sind notwendig, aber nicht hinreichend für das Erzielen solcher nicht-propositionalen Lerneffekte.

(5) Jede propositionale philosophische Erkenntnis (und nur diese!) läßt sich äquivalent in einen anderen Wortlaut und eine andere Verlaufsstruktur transformieren.

(6) Es kann somit keine ›philosophischen Aphorismen‹ geben, sondern nur literarische Aphorismen zu philosophischen Themen.

(7) Solche literarischen Aphorismen von philosophischen Köpfen provozieren das ›Symphilosophein‹ des Lesers; ihre Anregungskraft ist deshalb stärker und dauerhafter als bei argumentierenden philosophischen Texten.

Zur Erläuterung dieser Thesen sind zunächst einmal zwei begriffliche Klärungen erforderlich. So läßt die übliche Redeweise von der »literarischen Form« philosophischer Werke zwar ein dankenswert großes Spektrum an Möglichkeiten offen, verbirgt jedoch in sich eine fundamentale Ambiguität: Wollen wir mit dem Wort »literarisch« hier ganz allgemein die schriftliche Form, also jedwede schriftstellerische Gestaltung eines philosophischen Textes bezeichnen – oder sollen damit jene (freilich zahlreichen) Sonderfälle ausgezeichnet werden, in denen Philosophen sich spezifisch ästhetischer, also traditionell poetischer Ausdrucksmittel bedienen?

Reinhard Brandt hat in seiner Einleitung zu einer einschlägigen Wolfenbütteler Tagung 1987 für die erstgenannte Interpretation plädiert und mit seiner Betonung einer »fundamentalen Differenz von Philosophie und Dichtung« sogar die im engeren Sinne dichterischen Formen philosophischer Darstellung ausschließen wollen: Philosophische Schriften »bleiben immer theoretisch-diskursiv« und damit spezifisch verschieden »von Dichtungswerken, die ihre Themen und Thesen [...] nicht theoretisch legitimieren, sondern ästhetisch vergegenwärtigen« (freilich läßt er dann doch wieder spezifisch poetische, nichtdiskursive Formen wie den fiktionalen Dialog oder den begründungslosen Aphorismus und hochpoetische Autoren wie Platon, Rousseau, Nietzsche und sogar Lichtenberg zu). An anderer Stelle[1] hat Brandt vorgeschlagen, »unter dem Begriff der literarischen Form vier Momente zu verstehen: 1. Die literarische Gattung des Werks 2. der Stil [sic] 3. die Disposition 4. die Beziehungen dieser drei Momente aufeinander.« Hier sieht es freilich zum einen so aus, als kehre das Kernproblem durch die Hintertür der leicht zirkulären Bezugnahme auf die »literarische Gattung« ungelöst wieder; zum zweiten vermag ich Brandts Optimismus nicht zu teilen, diese Gliederung könne »so lange als notwendig und vollständig gelten, bis eine empirische Falsifikation vorgeführt wird« – wie sollte dies bei einem Definitionsvorschlag, zumal einem strukturell so vagen, denn möglich sein? Kritisierbar scheint mir eine solche Begriffsbestimmung vielmehr unter Gesichtspunkten der Zweckmäßigkeit zu sein.

Denn wenn Brandt selbst in seiner Tagungseinleitung von philosophischen Texten verallgemeinernd sagt: »in jedem Werk stellt sich der Gedanke in einer bestimmten Form dar und wäre, würde man diese ändern, nicht mehr derselbe«, so gilt dies, gemäß der traditionsreichen und wohlbegründeten poetologischen Theorie der ›Unübersetzbarkeit‹, gerade nicht allgemein für jede schriftstellerische, sondern nur für eine spezifisch poetische Form philosophischer Werke. »Würde des Verses: fehlt *ein* Wort, so ist alles verfehlt« – man würde dieses literaturtheoretisch treffende Diktum von Paul Valéry[2] erheblich über-

---

1 R. Brandt, Die literarische Form philosophischer Werke, Universitas 40 (1985), S. 545–556, hier S. 546f.
2 P. Valéry, Windstriche. Aufzeichnungen und Aphorismen, übers. v. B. Böschenstein u.a., Wiesbaden 1959, S. 168.

strapazieren, wollte man es, selbst in erweitertem Sinne, auch noch auf den Wortlaut und die gegliederte Darbietung der Sachargumentation diskursiver philosophischer Abhandlungen von Aristoteles über Kant bis Carnap anwenden. Soll es in der Philosophie nicht bloß um eine Spielart verbaler Selbstbefriedigung, sondern um das Ziel intersubjektiver Wahrheit gehen, so müssen ihre Gedanken schon nach Tarskis berühmtem semantischen Adäquatheitskriterium (im Grunde einer reinen ›Übersetzungs-Theorie der Wahrheit‹) in wenigstens zwei logisch unabhängigen Sprachstufen formulierbar sein, sich also von der Fixierung an genau eine Ausdrucksweise ablösen lassen. Andernfalls geriete man rasch auf ähnliche Abwege wie die Bemerkung des späten Heidegger (in seinem zu Lebzeiten nicht freigegebenen SPIEGEL-Interview), daß man eigentlich nicht auf Französisch, sondern nur auf Deutsch oder auf Griechisch philosophieren könne.

Zur Vermeidung all solcher Schwierigkeiten möchte ich hier vorschlagen, zwei deutlich verschiedene Typen der schriftstellerischen Form philosophischer Arbeiten zu unterscheiden: Da ist zum einen die ›Didaktische Form‹ – also all die begründeten Entscheidungen innerhalb der konventionell geregelten (oder gegebenenfalls auch terminologisch explizit eingeführten) sprachlichen und textuellen Präsentationsformen – in Hinsicht etwa auf die Wortwahl, den Satzbau, die Disposition, die Choreographie von Beispielen, auf Art und Umfang der expliziten Bezugnahme auf andere Philosophen. Diese didaktische Form ist gewiß ein wichtiger Aspekt philosophischer Texte; aber sie gehört nicht zur philosophischen Substanz und läßt sich prinzipiell durch andere didaktische Formen salva veritate et analyticitate ersetzen.

Aus prinzipiellen literaturtheoretischen Gründen unübersetzbar und somit substantiell ist demgegenüber die ›Poetische Form‹ eines philosophischen Werkes – also seine gegebenenfalls vorhandenen sinnvollen Sprachverstöße, seine funktionstragenden (aber nicht terminologisch geregelten) Abweichungen von implizit geltenden Sprachnormen im weitesten Sinne: Fiktionalisierung erzählender oder auch dramatisch-dialogischer Art, Gebrauch von Genres der Kunstprosa wie Aphorismus, Essay oder Lehrbrief, Versifikation im Epigramm oder umfangreichen Lehrgedicht, schließlich alle Formen der Uneigentlichkeit von Metapher oder Allegorie über die Spielarten der Ironie bis zum eingeschobenen Gleichnis und zur parabelhaften Gesamt-Maskierung. Gemeinsamer Grundzug all solcher poetischen Formen ist jenes Verfahren, das Aristoteles als ›exalláxai‹, das der Russische Formalist Šklovskij den Kunstgriff der ›ostranenije‹ und das Brecht den ›Verfremdungs-Effekt‹ genannt hat: Durch sprachliche ›Entautomatisierung‹ wird auch der philosophische Leser zum mitschöpferischen Ausfüllen der spezifisch poetischen ›Leerstellen‹ oder ›Unbestimmtheitsbeträge‹ und damit zu grundsätzlicher Distanz seinen eigenen Positionen gegenüber gezwungen. In dieser ›poetic ambiguity‹, in dieser literarisch erzeugten asystematischen Mehrdeutigkeit liegt einerseits eine Chance: der Leser kann im günstigsten Fall subjektiv mehr lernen – andererseits ein Risiko: eine philosophische Erkenntnis mit Anspruch auf intersubjektive Verbindlichkeit läßt sich in der Regel nicht mehr identifizieren.

Wenn ich nun im folgenden meine Thesen vorrangig an der poetischen Form des literarischen Aphorismus und ihrer Rolle in der Philosophie exemplifiziere, so bedarf es auch hier zunächst einer kurzen Verständigung über meine terminologische Verwendung dieses Gattungsbegriffs. Da ich mich darüber an anderer Stelle sehr ausführlich geäußert habe³, kann ich mich hier auf die Erläuterung des für philosophische Zusammenhänge entscheidenden Unterschieds zwischen der Textsorte ›Thesen‹ und der Textsorte ›Aphorismen‹ beschränken. Denn Thesen teilen zunächst einmal mit Aphorismen stets die notwendigen Definitionsmerkmale der Prosaform und der Nichtfiktionalität, ebenso wie die alternativen (also mindestens teilweise zu erfüllenden) Definitionsmerkmale der Beschränkung auf einen einzigen Satz, der Pointiertheit und der konzisen Formulierung (wobei »konzis« hier nicht ›kurz‹, sondern ›verkürzt‹ bedeutet).

Aber Aphorismen werden außerdem auf textlinguistisch normabweichende Weise miteinander verkettet, stehen nämlich ›co-textuell isoliert‹ und können deshalb in ihrer Abfolge beliebig vertauscht und auch ohne Verständnisprobleme für den Nachbar-Aphorismus weggelassen werden; dagegen besteht zwischen Thesen zum wenigsten semantische Kohärenz (oft sogar syntaktische oder strukturelle Kohäsion) im Sinne argumentativen Fortschreitens von einer These zur nächsten, deren Reihenfolge deshalb keineswegs beliebig ist. Äußeres Kennzeichen dafür bildet die normalerweise explizit angegebene – oder im Gegensatz zu Aphorismen im Nachhinein begründet mögliche – Numerierung von Thesen (wie sich ja auch die berühmte Dezimalzählung des »Tractatus logico-philosophicus« entgegen Wittgensteins Ankündigung nicht auf die grammatischen »Sätze«, sondern auf die Thesen des Buches bezieht). Titel oder selbstgewählte Gattungsbezeichnung spielen hierbei selbstverständlich keine Rolle: Auch wenn kürzlich ein Wirtschaftsmagazin im Inhaltsverzeichnis »Aphorismen vom Arbeitskreis Hochschule/Wirtschaft« ankündigte⁴, findet der Leser an der entsprechenden Stelle der Zeitschrift unverkennbar kohärent aufeinander folgende Thesen. Kurz: Thesen sind eine didaktische, Aphorismen sind eine poetische Textsorte.

Die historisch frühesten Kandidaten für Aphorismen in der Philosophie sind natürlich die »Fragmente der Vorsokratiker«, die man in der Forschungsliteratur oft wie selbstverständlich als Aphorismen eingeordnet finden kann⁵ – besonders häufig in Bezug auf Heraklit. Dessen berühmt gewordene Aussprüche wie »Alles ist eins«, »Der Krieg ist der Vater aller Dinge« oder »Man steigt nicht zweimal in denselben Fluß« muten ja in der Tat sehr aphoristisch an. Doch sie sind nicht in demselben aphoristischen Sinne ›Fragmente‹ wie etwa diejenigen Fr. Schlegels. Heraklit und mit ihm die anderen, chronologisch etwas ungenau so genannten ›Vorsokratiker‹ wie Thales, Parmenides, Zenon von Elea oder Demokrit haben so wenig Fragmente geschrieben, wie antike Bildhauer ihre Statuen ohne Kopf geformt haben: sie sind uns nur fragmentarisch überliefert. Wir kennen die Vorsokratiker nicht aus ihren eigenen Schriften, sondern nur aus Zitaten daraus bei anderen Autoren – etwa bei Aristoteles, seinem Schüler Theophrast und seinem Kommentator Alexander von Aphrodisias; in den Apophthegmata-Sammlungen von Plutarch oder von Diogenes Laertius und Stobaios; und in den medizinischen Sammelwerken von Hippokrates und Galen. Allein aufgrund zufälliger Überlieferungsverluste also können wir die Äußerungen dieser Autoren heute nur noch so lesen wie Fragmente; dies gerade gibt

---

3 H. Fricke, Aphorismus, Stuttgart 1984, bes. S. 1–24.
4 Innovatio. Forum für Wirtschaft und Gesellschaft 11/12 (1986), S. 3 bzw. 17f.
5 Z. B. in: G. Neumann (ed.), Der Aphorismus. Zur Geschichte, zu den Formen und Möglichkeiten einer literarischen Gattung, Darmstadt 1976 (= Wege der Forschung 356), S. 112, 139, 147, 294.

ihnen allerdings erst ihre Offenheit für ganz divergierende und ebendeshalb auch schwer widerlegbare Interpretationen durch moderne Philosophen wie Heidegger.

Neben den Vorsokratikern sind auch viele griechisch-römische Moralphilosophen wie Epikur, Seneca oder Mark Aurel der Aphoristik zugeschlagen worden[6]; bei Prüfung der erhaltenen Originaltexte jedoch findet man davon leider nicht die Spur. Lediglich Epiktets berühmtes »Handbüchlein der Moral« - gelegentlich auch »die Aphorismen Epiktets« genannt[7] - scheint hier eine Ausnahme zu machen: Diese später auch von den spanisch-französischen Moralisten vielgelesene Kollektion von moralischen Empfehlungen hat eindeutig co-textuell isolierte Struktur. Doch die stammt nicht von Epiktet – sein Schüler Arrian hat im Unterricht sogenannte ›Diatriben‹ als fingierte Ansprachen zu Übungszwecken mitgeschrieben, und eine Blütenlese daraus ergab dann posthum das »Handbüchlein«.

Die Scholastik bewahrt uns vor solchen Enttäuschungen: Hier waren nimmermüde Systematiker am Werk, deren schulmäßig deduktive und gelegentlich mathematisch subtil durchstrukturierte[8] Traktate den Gedanken an Aphoristisches gar nicht erst aufkommen lassen. Am Anfang der neuzeitlichen Philosophie dagegen steht mit Bacons »Novum Organum« ein aphorismengeschichtlich höchst bedeutsamer Text; er gehört freilich mit seinen 180 »Aphorismi« strukturell unzweideutig zu den ›Thesen‹ in der medizinisch-naturwissenschaftlichen Lehrsatz-Tradition des Corpus Hippocraticum, dessen »Aphorismoí« trotz dieses namengebenden Titels noch keine literarischen Aphorismen im Sinne der oben erläuterten Gattung darstellen. Nur dem äußeren Anschein nach aphorismenähnlich sind auch manche Teile des philosophischen Werkes von Leibniz, besonders die wichtigen »fragments inédits« (in der Zusammenstellung von Couturat); der Titel verrät schon, daß es hier genau wie bei den numerierten »Reflexionen« von Kant einfach um die bei schreibenden Menschen fast unvermeidlichen nachgelassenen Notizen und Entwürfe geht – dies war nicht etwa Leibnizens Art zu philosophieren, die sich eher schon in der Sonderform von Briefen niederschlägt, die Leibniz wirklich an gelehrte oder hochadlige Zeitgenossen geschickt hat und die deshalb zu Recht hier einmal die vorderen und nicht erst die letzten Bände der Werkausgabe füllen.

Ausdrücklich als Buchtitel hat »Philosophische Aphorismen« zuerst wohl Ernst Platner 1776 verwendet – freilich als so offenkundigen Etikettenschwindel, daß schon Jean Paul murrte: »Platner [...] gab unter dem Namen Aphorismen ein wirkliches System«[9] und daß Fichte seinen Vorlesungen zur Wissenschaftslehre Platners Werk als systematischen Leitfaden zugrunde legen konnte. Einen ähnlich weitherzigen Gebrauch des »Aphorismen«-Titels hatte Hegel noch 1829 in einer Rezension von Göschels »Aphorismen über Nichtwissen und absolutes Wissen« zu bemängeln:

---

6 Z.B. ebd., S. 112, 150, 181, 293, 295, 370.
7 Ebd., S. 295.
8 Einen extremen Fall solcher mathematisch-symmetrischen Durchstrukturierung kann man z.B. bei Raimundus Lullus finden; vgl. dazu R. Imbach/H. Méléard (eds.), Philosophes Mediévaux des XIIIe et XIVe siècles, Paris 1986, S. 218–221.
9 Jean Paul, Sämtliche Werke. Hist.-krit. Ausg. v. E. Berend u.a., Weimar 1927ff., Bd. I. 16, S. 453.

»Aphorismen mochte der Herr Verfasser seine Betrachtungen [...] nur darum nennen, weil er sie nicht in die förmlichere Methode der systematischen Wissenschaft und in abstraktere Ausführlichkeit gefasst hat. Sonst steht der Vortrag innerhalb der besonderen Materien und Gesichtspunkte, welche betrachtet werden, in gründlichem Zusammenhange.«[10]

Einen einwandfrei aphoristischen Text finden wir endlich bei Søren Kierkegaard: Als begeisterter Leser von Lichtenbergs Sudelbüchern leitete er 1843 sein Buch «Entweder – oder» mit isolierten und vielfältig pointierten »Diapsalmata« ein (in Anlehnung an musikalische Zwischenspiele bei Psalmversen). Manche unter ihnen handeln auch von der Philosophie:

»Was die Philosophen über die Wirklichkeit sagen, ist oft ebenso irreführend, wie wenn man bei einem Trödler auf einem Schilde liest: Hier wird gerollt [sc. gemangelt]. Würde man mit seinem Zeug kommen, um es rollen zu lassen, so wäre man genasführt; denn das Schild steht bloß zum Verkaufe aus.«[11]

Genau genommen ist das nun aber keine Philosophie, sondern eine gelungene Satire auf die Philosophen. Und die meisten anderen dieser Bemerkungen sind erst recht unphilosophisch: Selbstbeobachtungen, Ausdruck seiner Depressivität (die dann wieder ironisch kommentiert wird), dazu Bemerkungen über Musik, Dichter und Dichtungen. Damit soll nun nicht etwa Kierkegaards Bedeutung für die Philosophie in Abrede gestellt werden – sein anregender Einfluß auf die Hegel-Kritik, die Existenzphilosophie, die Ästhetik ist unbestreitbar, und selbst Adorno hat seine Habilitationsschrift über Kierkegaard verfaßt und bis 1963 mehrmals erweitert. Aber die »Diapsalmata« sind keine ›philosophischen Aphorismen‹, sondern literarische Aphorismen in ganz normaler, bunter Mischung – nicht anders als später bei Elias Canetti, den man ungeachtet der bedeutenden Reflexionen seines Buches »Masse und Macht« wohl nicht zu den ›Philosophen‹ im üblichen Wortsinne zu zählen hat und der doch auch in seine jüngste Zusammenstellung aphoristischer »Aufzeichnungen« geistreiche Kommentare zur Philosophiegeschichte einstreut:

»Philosophen, in die man sich verzettelt: Aristoteles.
Philosophen, durch die man niederhält: Hegel.
Philosophen zum Aufblähen: Nietzsche.«[12]

Gerade umgekehrt verhält es sich mit Schopenhauers »Aphorismen zur Lebensweisheit« von 1851: Ein philosophisches Werk, aber alles andere als Aphorismen – obwohl manche Blütenlesen-Bändchen das ihren Lesern weismachen möchten und obwohl das sogar manche literaturwissenschaftlichen Aphorismen-Forscher behaupten.[13] Dies ist eine völlig systematische Abhandlung Schopenhauers: angefangen bei der umständlich begründeten »Grundeintheilung« in die Kapitel »Vom dem, was Einer ist« bzw. »... was Einer hat« bzw. »... was Einer vorstellt« etc. bis zur durchweg kohärenten Argumentation, in der die Grundthesen ständig paraphrasiert, erläutert und insgesamt – entgegen seinen eigenen

---

10 G.W.F. Hegel, Werke, ed. E. Moldenhauer/K.M. Michel, Frankfurt 1970, Bd. XI, S. 353.
11 S. Kierkegaard, Gesammelte Werke, übers. v. E. Hirsch, Düsseldorf 1964ff., Bd. I, S. 34.
12 E. Canetti, Das Geheimherz der Uhr. Aufzeichnungen 1973–1985. Auszugsweiser Vorabdruck in: Neue Zürcher Zeitung vom 31. 1. 1987, S. 67.
13 S. Anm. 5, S. 140f., 284.

Stilmaximen – geradezu geschwätzig vorgetragen werden. Auch das V. Kapitel »Paränesen und Maximen« reiht die moralischen Mahnungen nicht etwa aus eigener Feder aphoristisch aneinander, sondern sie werden aus anderen Schriftstellern zitiert und dann in zusammenhängendem Diskurs kommentiert; der Textsorte nach ähnelt dies sehr den Sprichwort-Essays der Erasmus-Tradition, des Talmuds und besonders des von Schopenhauer übersetzten Gracián. Allenfalls also könnte man sagen, daß hier nicht *in*, sondern *über* Aphorismen zur Lebensweisheit gesprochen wird.

Wenn ich von Schopenhauer nunmehr zu seinem zeitweiligen Anhänger und noch weit berühmteren ›Aphoristiker‹ Nietzsche übergehe, so kann ich dies nicht ohne ähnlich generelle philosophische Vorbehalte tun, wie sie Reinhard Brandt in seiner erwähnten Einleitung formuliert hat. Obwohl mich selbst die frühe Lektüre des »Zarathustra« zum Studienfach Philosophie gebracht hat, hat mich ebendies philosophische Studium dann zu Frege und Wittgenstein gebracht – und damit zu der Einsicht, daß es nicht philosophische Qualitäten, sondern daß es die literarischen Qualitäten Nietzsches waren, die mich seinerzeit an ihm fasziniert hatten. Nietzsche ist kein Philosoph; das macht ihn für Philosophen so unwiderstehlich.

Mit dieser Einschränkung also nun zu Nietzsches aphoristischem Werk – und damit zugleich zu dessen Grenzen. Denn unausrottbar wird immer wieder auch der »Zarathustra« dazugerechnet, in Aphorismus-Sammlungen umgewandelt bzw. in Anthologien aufgenommen[14] – obwohl Nietzsche das Buch ausdrücklich als »Dichtung und keine Aphorismensammlung« bezeichnet hat[15] und obwohl vor allem der Text unmißverständlich dagegen spricht. Im »Zarathustra« sind alle Einzelelemente so sorgfältig und artistisch in das Werkganze integriert wie in kaum einer zweiten Dichtung der Weltliteratur; denn das Epische, Allzuepische an diesem Buch, der vermeintliche ›erzählerische Rahmen‹, ist in Wahrheit der fiktionale Kern des Werks – wer den Gang der Handlung nicht beachtet, versteht die Reden Zarathustras und ihren durchaus beschränkten jeweiligen Stellenwert falsch, und wer die Reden nicht genau liest, vermag bald der Handlung nicht mehr zu folgen. Nietzsche liefert hier nämlich eine fiktionalisierte Autobiographie seiner philosophischen *Entwicklung* und nicht eine statische Verkündigung seiner gegenwärtigen *Lehre*. So ist »Also sprach Zarathustra« (mit dem heimlichen Untertitel ›Der Wille zur Pracht‹) keine Aphoristik und auch keine Philosophie, sondern Nietzsches Antwort auf Bayreuth: Der erste Propagandist und später glühendste Feind Wagners entwirft in Worten ein Gesamtkunstwerk aus szenischer Handlung, eingelagerten Liedern und Tänzen sowie sorgfältig aufgebauten Bühnenbildern für jeden Auftritt (wie dem in der Morgensonne vom Berg – oder vom Grünen Hügel? – herabschreitenden Zarathustra) und möchte »den ganzen Zarathustra unter die Musik rechnen«.[16] Wer aus dieser »unendlichen Melodie«[17] einzelne Sequenzen wie etwa die häufig als Nietzsches eigene Meinung mißverstandene ›Lehre vom Übermenschen‹ herauslöst, hat nur nicht bemerkt, daß Zarathustra im

---

14 So z.B. in: G. Fieguth (ed.), Deutsche Aphorismen, Stuttgart 1978, S. 156f.
15 Eine Zusammenstellung von Belegen und ihre Mißachtungen gibt: B. Greiner, Friedrich Nietzsche. Versuch und Versuchung in seinen Aphorismen, München 1972, S. 9ff.
16 F. Nietzsche, Werke. Kritische Gesamtausgabe von G. Colli/M. Montinari, Berlin 1967ff., Bd. VI. 3, S. 333.
17 Ebd. Bd. IV. 3, S. 60.

4. Buch diese seine frühere Fortschrittseuphorie vom ›höheren Menschen‹ ausdrücklich verwirft und zugunsten der ›ewigen Wiederkehr des Gleichen‹ hinter sich läßt. Und wer die Rede »Von alten und jungen Weiblein« als Aphorismen behandelt[18] und z.B. das berüchtigte Peitschen-Diktum isoliert verwendet, mißachtet dabei den Umstand, daß der Ausspruch ja keineswegs zufällig gerade einem ›alten Weiblein‹ als Rollenprosa in den Mund gelegt wird.[19]

Auch nach vollständigem Abzug des »Zarathustra« bleiben jedoch noch vier Werke Nietzsches mit großen Aphorismen-Sammlungen übrig. Doch gilt es auch hier zu beachten, »daß bei weitem nicht alles, was in Nietzsches Aphorismenbüchern steht, Aphorismen im strengen Sinne sind«:[20] kapitelweise angeordnete Abhandlungen, kurze oder längere Essays, punktuell polemisierende Glossen und sogar Gedichte wechseln mit Aphorismenketten unterschiedlicher Länge. Teils stehen diese deutlich abgesondert, wie die ›Sprüche und Zwischenspiele‹ im Buch »Jenseits von Gut und Böse«, die ›Sprüche und Pfeile‹ in der »Götzendämmerung« und die Anhänge ›Vermischte Meinungen und Sprüche‹ bzw. ›Der Wanderer und sein Schatten‹ zu Nietzsches erster aphoristischer Veröffentlichung »Menschliches, Allzumenschliches«; in deren neun ›Hauptstücken‹ wie auch in der »Fröhlichen Wissenschaft« finden sich hingegen die aphoristischen Ketten in loser Folge zwischen die Essay-Sammlungen gestreut. Und mit der lange gepflegten Fiktion eines nachgelassenen aphoristischen Hauptwerks »Der Wille zur Macht« hat die Kritische Werkausgabe gründlich aufgeräumt: Es handelt sich um Entwürfe und Vorstudien zu den publizierten Werken. So wie also Nietzsches stark rhetorische Gedankenführung ohne konstante philosophische Position zwischen verschiedenen Standpunkten fluktuiert, so changiert auch der Gattungscharakter seiner Bücher ziemlich ungreifbar zwischen Aphorismen, verknüpften Sentenzen, Thesen, satirischen Glossen und Kurzrezensionen, zwischen Prosa und Lyrik, zwischen Sachtext und selbststilisierender Fiktion.

Während sich bei Nietzsche somit doch große und offenkundig wesentliche Teile seines Gesamtwerks in aphoristischen Formen niederschlagen, kann man das für Adorno so nicht behaupten – trotz der »Minima moralia«. Denn wenn Habermas einmal von seinem Lehrer schreibt: »Sein Hauptwerk ist eine Sammlung von Aphorismen. Sie darf getrost, als sei sie eine Summe, studiert werden«[21], so mag dieses vielzitierte Diktum zwar in der hintersinnigen Anspielung auf den ›Doctor angelicus‹ Thomas von Aquin treffend sein (wobei freilich offenbleibt, ob es um Adornos ›Summa theologiae‹ oder um seine ›Summa contra gentiles‹ sich handelt); die Klassifikation als »Sammlung von Aphorismen« ist aber blind für die demonstrative Subtilität in der Textkomposition des Musikers Adorno. Die an die Sonatenform angelehnten drei Teile enthalten zunächst je 48 ›Essays‹ – sowohl ihrer Länge nach (zwischen 0,5 und 3, durchschnittlich 2 Druckseiten) als auch im Sinne seiner eigenen Ausführungen zum »Essay als Form«[22]; der Schlußteil ist erweitert um eine dreiteilige ›Coda‹, zur Absetzung beginnend mit erstmals numerierten »Thesen gegen den

---

18 S. Anm. 14, S. 156f.
19 S. Anm. 16, Bd. VI. 1, S. 82.
20 H. Häntzschel-Schlotke, Der Aphorismus als Stilform bei Nietzsche, Diss. Heidelberg 1967, S. 40.
21 J. Habermas, Philosophisch-politische Profile, Frankfurt 1971, S. 178.
22 T. W. Adorno, Gesammelte Schriften, ed. R. Tiedemann, Frankfurt 1970ff., Bd. XI, S. 9–33.

Okkultismus«; und jeder der drei Teile enthält strukturbildend je zwei Einschübe von 7–21 Aphorismen, durch Sammelüberschriften und Durchschüsse auch graphisch von den Essays abgehoben.

Die meisten von ihnen haben nun dem Thema nach mit Philosophie wenig zu tun – etwa das Lob auf die Pantoffeln als »Denkmale des Hasses gegen das sich Bücken« oder das Aperçu »Zille klopft dem Elend auf den Popo«. Sehr wohl mit Philosophie zu tun hat hingegen der berühmte isolierte Ausspruch: »Das Ganze ist das Unwahre.«[23] In dem aber, was hier aus Frankfurt orakelt ward, geraten wir aus besonderen Gründen an den Rand der Gattung (trotz der aphorismustypischen Umdrehung des geflügelten Hegel-Worts). Hier bleibt dem Leser nichts zur freien gedanklichen Verfügung im Sinne poetischer ›ambiguity‹ überlassen, sondern er muß die dahinterstehenden komplexen Überlegungen aus Adornos ›negativer Dialektik‹ genau kennen und nahezu sklavisch nachvollziehen, um überhaupt etwas verstehen zu können. Das bedeutet (so sehr Adorno ein derartiger Gedanke auch ferngelegen haben mag): Diese extreme terminologische (!) Abbreviatur ist kein literarischer Aphorismus, sondern eine kunstsprachliche philosophische Formel.

Auch von Wittgenstein hat man ja aus gegebenem Anlaß immer wieder behauptet, daß sich sein philosophisches Denken »in Aphorismen darstellte«[24] und aus »weitgehend aphoristisch vorgetragenen Reflexionen«[25] bestehe. Ein übriges tun hier seine Begeisterung für Lichtenberg (dessen Werkausgabe er 1933 sogar Russell schenkte[26]), seine Verehrung für den heimlichen »Tractatus«-Adressaten Karl Kraus sowie Wittgensteins in diesem Zusammenhang erfolgte Charakterisierung des eigenen Werks: »Die Arbeit ist streng philosophisch und zugleich literarisch, es wird aber doch nicht darin geschwefelt.«[27] Und in der Tat lassen sich aus dem »Tractatus« von Satz 1. »Die Welt ist alles, was der Fall ist.« bis zum abschließenden Satz 7. »Wovon man nicht sprechen kann, darüber muß man schweigen.« viele Bemerkungen mühelos zitieren *wie* cotext-freie Aphorismen (und zwar wie solche erster Güte). Aber es gibt diesen Co-Text nicht nur – die logische Zählung (und darüber hinaus mancher explizite Rückverweis) legt jeweils das Sub- oder Koordinations-Verhältnis zum Vorgängersatz wie zum Folgesatz präzise fest. Hier herrscht also keine aphoristische Isolation, sondern das Nonplusultra textlinguistischer Integration.

Die formalen wie sachlichen Umbrüche zu den Spätschriften um die »Philosophischen Untersuchungen« hat man, in Vergröberung einiger selbstkritischer Anmerkungen Wittgensteins, häufig übertrieben; so wie Wittgenstein hier der Sache nach nur konsequent an den in Tractatus 4.002 und 6.54 achselzuckend liegengelassenen Problemen weiterarbeitet, so wird auch der Schreibweise nach jeder, der im »Tractatus« mehr als die ersten und letzten Sätze liest, eine Reihe von Stellen finden, deren fragengespickter Selbstgesprächs-

---

23 T. W. Adorno, Minima moralia, Neudr. Frankfurt 1976, Nr. 72 bzw. 122 bzw. 29.
24 H. Arntzen, Aphorismus und Sprache. Lichtenberg und Karl Kraus, in: ders., Literatur im Zeitalter der Information, Frankfurt 1971, S. 323–338, hier S. 333.
25 G. Saße, Das kommunikative Handeln der Rezipienten. Zum Problem einer pragmatischen Literaturwissenschaft, in: G. Saße u.a. (eds.), Handeln, Sprechen und Erkennen. Zur Theorie und Praxis der Pragmatik, Göttingen 1978, S. 101–139, hier S. 102.
26 L. Wittgenstein, Briefwechsel mit B. Russell u.a., ed. B.F. McGuinness/G.H. von Wright, Frankfurt 1980, S. 32.
27 Ebd., S. 95.

Charakter dem des Spätwerks durchaus schon entspricht (z. B. 5.552 ff.).[28] Deshalb führt es auch bei den »Philosophischen Untersuchungen« zu nichts als Mißverständnissen, wenn man sich durch die Übereinstimmung in den alternativen Gattungsmerkmalen der Konzision und Pointierung verführen läßt, Sätze wie den folgenden[29] als selbständigen Aphorismus zu behandeln: »Die Bedeutung eines Wortes ist sein Gebrauch in der Sprache.«[30] Gerade dies wird nämlich im Vorgängersatz auf »eine *große* Klasse von Fällen [...] nicht für *alle*« eingeschränkt. Je genauer man also hinsieht, desto mehr erweisen sich die frühen wie die späten Werke Wittgensteins als eine bloß aphorismenähnlich verkleidete Theorie.

Und so wie hier hat sich der historische Durchgang allgemein als eine Kette von Fehlanzeigen entpuppt: Die Kandidaten waren entweder keine literarischen Aphorismen im Sinne einer poetischen Form, oder aber sie gehörten nicht zur Philosophie. Es sieht so aus, als sei Philosophieren als Extremform rational kontrollierten Sprechens dem poetischen, nämlich extrem offenlassenden Sprechen des Aphorismus in zentraler Weise entgegengesetzt.

Zur Überprüfung der generellen Tragweite dieses Befundes werfe ich nun noch einen knappen Seitenblick auf den ›Zauber Platons und die Folgen‹, auf die Geschichte des philosophischen Dialogs von der Antike bis hin zu solchen Texten wie Heideggers «Gespräch von der Sprache», Poppers »Self-Reference and Meaning in Ordinary Language« oder bis zu den wissenschaftsphilosophischen Dialogen des österreichischen Biochemikers und Karl-Kraus-Schülers Erwin Chargaff. Auch hier gilt es zunächst einmal differenziert zu betrachten, inwieweit die bloße Entscheidung für eine Dialog-Einteilung tatsächlich zu einer poetischen Form des Textes im Sinne dramatischer Fiktionalisierung führt. Die »Nouveaus Essais« von Leibniz beispielsweise (die ja nota bene nicht »Nouvelles Conversations« o. ä. heißen) enthalten keine der notwendigen Elemente einer dramatisch-fiktionalen Sprechsituation; bei dieser bloßen Dialog-Drapierung handelt es sich um nicht mehr als die geringfügige Namensverschlüsselung eines Exzerpts aus Lockes »Essay Concerning Human Understanding« mit absatzweise eingeschobenen Leibnizschen Kommentaren (Philalethes statt Locke, Theophilus statt Leibniz). Ganz eindeutig nichtfiktional ist auch Freges »Dialog mit Pünjer über Existenz«; laut eigenem Nachwort handelt es sich hier um das aus dem Gedächtnis angefertigte Kurzprotokoll eines authentischen Streitgesprächs ohne Mitteilung irgendwelcher handlungsmimetischer Situationsbezüge.

---

28 Zur literarischen Charakterisierung der »Philosophischen Untersuchungen« gibt es mittlerweile zwei glänzende Monographien: S. Kisro-Völker, Die unverantwortete Sprache. Esoterische Literatur und atheoretische Philosophie als Grenzfälle medialer Selbstreflexion. Eine Konfrontation von James Joyces ›Finnegans Wake‹ und Ludwig Wittgensteins ›Philosophischen Untersuchungen‹, München 1981. – H. Brunner, Vom Nutzen des Scheiterns. Eine literaturwissenschaftliche Interpretation von L. Wittgensteins Philosophischen Untersuchungen, Bern 1985. – Besonders zum »Tractatus« und seinen Beziehungen zu Karl Kraus vgl. auch: G. Gabriel, Logik als Literatur? Zur Bedeutung des Literarischen bei Wittgenstein, Merkur 32 (1978), S. 353–362.
29 Andere beliebte Fälle z. B. in: L. Wittgenstein, Philosophische Untersuchungen, Schriften, Bd. I, Frankfurt 1960, §§ 109, 119, 124, 255, S. 534.
30 Ebd. § 43.

Ebenso unmißverständlich fiktionalisiert treten demgegenüber die »Soliloquia« von Augustinus auf – freilich eigentlich in epischer Gestalt: Sie werden eingeleitet durch fiktionale Behauptungen eines Ich-Erzählers über den dann folgenden Dialog zwischen ihm selbst und seiner eigenen, allegorisch auftretenden »Ratio«. Noch eindeutiger dramatisch fiktionalisiert sind dann neuzeitliche Dialoge wie das »Gespräch über Tugend und Laster« des bedeutenden Spätaufklärers Seume, wie zahlreiche literaturtheoretische Dialoge[31], wie die massenhaft trivialisierten erbaulichen Dialoge in der pietistischen Traktätchen-Literatur[32] und vor allem wie der frühneuhochdeutsche »Ackermann aus Böhmen«, dessen deutlich partnerbezogene Sprechhandlungen zwischen einem Menschen und dem Tod (Warnung, Drohung, Beschimpfung, Gebet oder Fluch) zu einer wirklich dramenartigen Gesprächssituation führen und deshalb auch erfolgreich theatralisch realisiert worden sind.

Ähnliches hat man natürlich auch mit Dialogen Platons angestellt, etwa als Hörspiel oder auch Fernsehspiel in den Bearbeitungen des Philosophie-Professors Josef Pieper. Hier sind nun freilich aus literaturwissenschaftlicher Sicht zwei Aspekte unbedingt zu beachten. Zum einen stellt sich die literarische Einkleidung der Platonischen Dialoge bei genauerer Betrachtung keineswegs einheitlich dar – von der einfachen dramatisch-dialogischen Präsentation etwa des »Phaidros« über die Ich-Erzählung der »Politeia« bis hin zur raffiniert verschachtelten und gestuften fiktionalen Rahmenstruktur des »Parmenides«.[33] Zum anderen kann man nur davor warnen, die wirklich poetische Form der philosophischen Texte Platons zu übergehen und Platons Lehrmeinung unmittelbar aus den Dialogreden entnehmen zu wollen, indem man etwa die fiktionalisierte Figur des Sokrates platterdings als Sprachrohr seines Autors auffaßt. Bei der »Apologie«, der »Politeia« und den meisten der frühen Tugend-Dialoge mag das noch ohne größeren theoretischen Schaden angehen. Größere Probleme ergeben sich schon, wenn sich Sokrates im Dialog »Ion« gegenüber dem blasierten Rhapsoden als äußerst ironische Hebamme verhält: denn zwar nimmt Platon unmißverständlich Partei für seinen Serienhelden, doch gibt es auch zur Uneigentlichkeit der sokratischen Ironie weit mehr als nur eine mögliche Umkehrung ins ›eigentliche‹ Sprechen. Und bei anderen Dialogen sind ganz ernsthafte Zweifel an einer solchen Sprachrohr-Funktion angebracht, vom ›jungen‹ Sokrates im »Parmenides« bis hin zum dunklen Spätdialog »Sophistes«: Hier stellt Platon besonders deutlich einfach mögliche philosophische Positionen vor und durch fiktionale Rollenprosa gegeneinander – zieht sich also entschieden auf das zurück, was Martin Walser gern die ›Unbelangbarkeit des Dichters‹ nennt. Die bis heute ungebrochene Anregungskraft der Platonischen Texte scheint mir aber gerade darin begründet zu sein, daß sie über propositionale Erkenntnisse

---

31 Vgl. dazu H. Fricke, Semantics or Pragmatics of Fictionality? A modest proposal, Poetics 11 (1982), S. 439–452, hier S. 448–450
32 Vgl. dazu R. Schenda, Volk ohne Buch. Studien zur Sozialgeschichte der populären Lesestoffe 1770-1910, Frankfurt 1970, S. 413f.
33 Vgl. dazu näher H. Fricke, Norm und Abweichung. Eine Philosophie der Literatur, München 1981, S. 126f.

hinaus durch ihre poetische Form (viel lügen die Philosophen ...) in hohem Maße individuelle nicht-propositionale Lerneffekte bewirken können.³⁴

Gerade im Anschluß an die fundamental gegensätzlichen Schreibmodelle von Aristoteles (als dem Vertreter einer didaktischen Textform in Reinkultur) und Platon (als dem bis heute unerreichten Muster bedeutenden Philosophierens in poetischer Gestalt) bietet es sich an, zwei Grundtypen von philosophischen Autoren zu unterscheiden. Den einen könnte man mit einer französischen Neuerscheinung³⁵ als »philosophe-artiste«, als ›Künstler-Philosophen‹ bezeichnen; den anderen möchte ich den ›Philosophischen Wissenschaftler‹ nennen. An diesem Sachverhalt läßt sich auch dadurch nichts ändern, daß man die zwei Typen polemisch mit Euphemismen und Pejorativen etikettiert und als ›Katheder-philosophen‹ vs. ›Denker‹ apostrophiert (bzw. umgekehrt als feuilletonistische ›Begriffsdichter‹ vs. ›seriöse Kollegen‹).

Diese beiden Typen sind nicht nur in der Philosophiegeschichte immer wieder nebeneinander anzutreffen, sondern bilden bis in unsere Gegenwart hinein wirksame Alternativmodelle. Dies hat sich ebenso zufällig wie unzweideutig ergeben, als ich vor etwa zehn Jahren einmal zum Vergleich mit linguistischen, historiographischen und vor allem mit literaturwissenschaftlichen Arbeiten auch den Sprachstil einer Zufallsauswahl von zehn Beiträgen eines neueren Philosophie-Kongresses analysierte.³⁶ An Stelle einer einzigen Gaußschen Normalverteilungskurve (wie bei anderen Disziplinen) bildeten sich hier zwei klar voneinander getrennte Gruppen heraus. Fünf der zehn Philosophen verwendeten poetische Sprachelemente sehr sparsam, nämlich durchweg nur zwischen 2,5 und 3,4 Elementen pro Druckseite – und dabei überwiegend in Gestalt semantisch harmloser rhetorischer Schmuckfiguren bzw. witziger Randbemerkungen. Die anderen fünf philosophischen Autoren hingegen setzten poetische Sprachelemente statistisch hochfrequent ein – alle zwischen 11,5 und 14,0 Elemente pro Druckseite, also etwa viermal häufiger – und schöpften dabei aus dem kompletten Arsenal von ca. 40 verschiedenen Techniken uneigentlichen, suggestiv-rhetorischen oder poetisch-wortspielhaften Sprachgebrauchs.

Die beiden Gruppen lassen sich auch nicht etwa bestimmten philosophischen Schulen zuordnen (etwa der ›Analytischen Philosophie‹ und der ›Dialektik‹); sondern zur ersten Gruppe gehören auch Phänomenologen und philosophische Ethiker, während sich die extrem divergente zweite Gruppe durch gar nichts weiter verbinden läßt als durch die einheitlich ausgesprochene, freilich wohl unterschiedlich gezielte Ablehnung eines jeden ›Positivismus‹. Auch bei allen Stichproben, die ich nach Abschluß der Untersuchung (und gelegentlich auf Bestellung der betroffenen Philosophen) vorgenommen habe, hat sich

---

34 Zur Frage einer ›nicht-propositionalen Erkenntnis‹ vgl. G. Gabriels Beitrag zu diesem Band und seine Konstanzer Antrittsvorlesung: Über Bedeutung in der Literatur. Zur Möglichkeit ästhetischer Erkenntnis, Allgemeine Zeitschrift für Philosophie 8, Heft 2 (1983), S. 7–21 (sowie meine Einwände dagegen in: Wie, was und zu welchem Ende ›bedeutet‹ Literatur? Neue sprachphilosophische Ansätze zu einer poetologischen Semantik, Göttingische Gelehrte Anzeigen 234 (1982), S. 116–134). – Ähnliches auch bei W. Wieland, Platon und die Formen des Wissens, Göttingen 1982.
35 J. N. Vuarnet, Der Künstler-Philosoph, übers. v. B. Wehinger, Berlin 1986.
36 H. Fricke, Die Sprache der Literaturwissenschaft. Textanalytische und philosophische Untersuchungen, München 1977, S. 165–169 sowie 278–283.

stets eine klare statistische Zuordnung zu einer der beiden Gruppen ergeben. Ob man freilich für die philosophische Alltagsarbeit unter uns gewöhnlichen Sterblichen beide Modelle gleichberechtigt zur Nachahmung empfehlen kann, ob also poetisches Abweichen schon zur Erzeugung nicht-propositionaler Lerneffekte ausreicht, das scheint mir doch mehr als zweifelhaft: Nicht jeder kalauernde Philosophie-Doktorand hat die Anregungskraft eines Platon, eines Nietzsche oder eines Ernst Bloch.

Muß man also von ›Zwei Kulturen‹ in der Philosophie sprechen? Zumindest zeigt sich auf verschiedensten Ebenen und in verschiedensten Bereichen immer wieder ein tiefgreifender Gegensatz zwischen der poetischen Form stimulierender Ambiguität und dem philosophischen Ziel propositional formulierbarer, argumentativ begründbarer Erkenntnis. Das ist von beiden beteiligten Seiten auch immer wieder bemerkt worden. So könnte man hier z.B. nochmals den französischen Dichter und Literaturtheoretiker Paul Valéry zitieren, der jedwede dichterische Überformung der Philosophie als den Fehler kritisiert hat, »einen Maler von Seestücken mit einem Schiffskapitän verwechseln« oder auch »nach den Regeln des Damespiels Schach spielen zu wollen«.[37] Und ein allem Literarischen gegenüber so aufgeschlossener Philosoph wie Günther Patzig resümiert ähnliche Überlegungen in einer Formulierung, die ohne ihre sorgfältige Begründung im Co-Text selbst wieder stark aphorismusverdächtig wäre:

> »Dichtung und Philosophie sind zwei wichtige und schöne Dinge. Aber wie viele schöne Dinge vertragen sie keine Mischung.«[38]

In diesem Sinne fasse ich meine Fallstudien abschließend noch einmal zu Thesen zusammen:

(7') Literarische Aphorismen von philosophischen Köpfen verlangen und provozieren das ›Symphilosophein‹ des individuellen Lesers; solcher ›Leerstellen‹ wegen ist ihre Anregungskraft kurzfristig stärker und langfristig dauerhafter als bei argumentierenden philosophischen Texten.

(6') Es kann jedoch keine ›philosophischen Aphorismen‹ als Teil des eigentlichen Geschäftes der Philosophie geben, sondern nur literarische Aphorismen zu philosophischen Themen wie dem Leben, dem Schaffen oder einzelnen Formulierungen großer Denker.

(5') Jede propositionale, also sprachlich normgerecht formulierte philosophische Erkenntnis (und nur diese!) läßt sich, wie in jeder anderen Wissenschaft auch, äquivalent in einen anderen Wortlaut und eine andere Verlaufsstruktur transformieren.

(4') Poetische Elemente und Strukturen als funktionstragende Abweichungen von implizit gültigen Sprachnormen hingegen sind notwendig, aber (wegen der unbegrenzten

---

37 S. Anm. 2, S. 61 bzw. 92.
38 G. Patzig, Die Sprache, philosophisch befragt, in: Die deutsche Sprache im 20. Jahrhundert. Mit Beiträgen von G. Patzig u.a., Göttingen 1966, S. 9–28, hier S. 14.

Vielfalt möglicher poetischer Funktionen) nicht hinreichend für das Erzielen nicht-propositionaler philosophischer Lerneffekte.

(3′) Die literarische Form kann aber den Leser durch den verstörenden Effekt poetischer Verfremdung stärker ins philosophische Lernen hineinziehen und zu mehr Distanz gegenüber seinen eigenen Axiomen zwingen als jeder argumentierende philosophische Text.

(2′) Die literarische Form kann jedoch, ungeachtet solcher subjektiven Katalysator-Effekte, keinen Beitrag zur intersubjektiven Argumentation und damit zur Substanz der philosophischen Theorie eines Textes leisten.

(1′) Es gibt somit keine ›nicht-propositionale Erkenntnis‹ (mangels Kriterien zur Identifizierung der entsprechenden Erkenntnis); wohl aber gibt es nicht-propositionales ›Lernen‹ – nur lernt dabei jeder Leser, bei jeder Lektüre, je nach dem Stand seiner augenblicklichen Voraussetzungen, etwas anderes; auch in der Philosophie.

THOMAS ALEXANDER SZLEZÁK (Würzburg)

Gespräche unter Ungleichen

Zur Struktur und Zielsetzung der platonischen Dialoge[1]

(1) Der Befund

Die wichtigsten Merkmale, die jede Theorie des platonischen Dialogs sollte erklären können, die aber gerade die im 19. und 20. Jahrhundert vorherrschende Platonauffassung nur partiell zu erklären vermag, sind folgende:

(1) Die philosophischen Werke Platons stellen ausnahmslos Gespräche dar. Im Rahmen des Gesprächs sind aber auch lange monologische Reden möglich.

(2) Das Gespräch findet an einem bestimmten Ort und zu einer bestimmten Zeit statt.

(3) Die Teilnehmer sind lebensnah charakterisierte Individuen, mit wenigen Ausnahmen historisch nachweisbare Personen.

(4) Jeder Dialog hat eine Gestalt, die eindeutig die Führung im Gespräch übernimmt.

(5) Der Gesprächsführer redet jeweils nur mit einem Partner. Gespräche mit mehr als zwei Teilnehmern zerfallen in Gesprächsabschnitte, die den Gesprächsführer im Gespräch mit wechselnden Partnern zeigen. Dreiergespräche größeren Umfangs kommen nicht vor.

(6) Der Name des Gesprächsführers ist zunächst ›Sokrates‹; er ist individuell charakterisiert, wie die anderen Teilnehmer auch, freilich von Anfang an mit einer gewissen Tendenz zu idealischer Überhöhung. In den späteren Dialogen kann der Gesprächsführer auch andere Namen tragen; in diesen Fällen bleibt er als Person weniger deutlich als die Gesprächspartner.

(7) Der Gesprächsführer kann alle Einwürfe beantworten. In Gesprächen agonalen Charakters kann er alle Teilnehmer widerlegen. Selbst wird er nie widerlegt.

---

1 Leicht veränderter Text eines Vortrags, der am 26. März 1987 in der Herzog August Bibliothek Wolfenbüttel im Rahmen einer von R. Brandt (Marburg) veranstalteten Tagung »Die literarische Form philosophischer Werke« sowie am 3. Dez. 1987 an der Universität Hamburg gehalten wurde. Mein Dank gilt den Diskussionsteilnehmern an beiden Orten.

(8) Alle wirklich weiterführenden Elemente des Gesprächs werden vom Gesprächsführer eingebracht (mitunter freilich in ›maieutischer‹ Weise: er hebt ›fremde‹ Gedanken ans Licht).

(9) Das Gespräch steigert sich nicht kontinuierlich, sondern wird sozusagen ruckartig auf eine qualitativ höhere Stufe gehoben, meist im Zuge der Abwehr eines Angriffs.

(10) Der Gesprächsführer führt die Argumentation nicht zu einem organischen Ende, sondern verweist auf künftige Themen, Beweisziele, Arbeitsgebiete, deren Behandlung von der Sache her gesehen notwendig wäre, die er aber als außerhalb der Reichweite der gegenwärtigen Untersuchung liegend bezeichnet. Jeder platonische Dialog hat seine Aussparungsstelle(n).

(2) Platon über philosophisches Lehren und Schreiben

In den »Nomoi«, Platons zweitem Idealstaatsentwurf, ist wie in der »Politeia« die politische Lenkung des Staates einer kleinen Gruppe von geistig herausragenden Bürgern vorbehalten. Da der Fortbestand der kretischen Neugründung und das Wohl der kommenden Generationen von ihren Fähigkeiten abhängt, ist die Sicherung einer optimalen Ausbildung der künftigen Herrscher für die Gesetzgeber die wohl wichtigste Aufgabe überhaupt. Was werden die in strengen Ausleseverfahren ermittelten Mitglieder des »Nächtlichen Rates« (so heißt die oberste politische Behörde) lernen müssen?

Nachdem der Leser in langer Entwicklung zu dieser entscheidenden Frage hingeführt wurde, muß er schließlich erfahren, die betreffenden Lehrinhalte seien zwar nicht ἀπόρρητα, wohl aber ἀπρόρρητα – nicht ›geheim‹, aber doch ›nicht vor der Zeit mitteilbar‹ (968e2–5).[2] Und in der Tat sagt uns Platons letzter Dialog nicht, worin der höchste Punkt der geistigen Bildung, die die Lenker der Stadt erhalten sollen, bestehen wird. Der Gesprächsführer deutet nur an, daß er bei der Verwirklichung der Gründung mit konkretem Rat in diesen Dingen zur Verfügung stehen werde (969a1–3): der Leser gewinnt den Eindruck – und soll ihn offenbar gewinnen –, daß über das hier Fehlende detaillierte Ausführungen jetzt schon verfügbar wären und nur deswegen nicht gegeben werden, weil ihre Mitteilung ›vor der Zeit‹ wäre.

Welche Vorstellung von philosophischem Lehren steht nun hinter der Versicherung, es gebe Dinge, die nicht vorzeitig mitzuteilen sind? Zunächst natürlich die bei Platon immer wieder begegnende Überzeugung, daß die Hinführung zur ›Dialektik‹ und der dialektische Erkenntniserwerb selbst ein zeitraubender Prozeß sind, den man von vornherein nicht durch ein Schnellverfahren abzukürzen versuchen sollte.[3] In der »Politeia« hatte

---

2 Nom. 968e2-5 οὕτω δὴ πάντα τὰ περὶ ταῦτα (sc. Personenkreis, Lehrinhalte, Zeitplan: 968c9-e1) ἀπόρρητα μὲν λεχθέντα οὐκ ἂν ὀρθῶς λέγοιτο, ἀπρόρρητα δὲ διὰ τὸ μηδὲν προρρηθέντα δηλοῦν τῶν λεγομένων.
3 Vgl. Phdr. 246a, 272b5ff., 274a; Euthydemos 273d, 303ce, 304a; Politeia 531d; Epist. 7, 341c, 344b. Zur Deutung dieser Stellen aus dem jeweiligen Handlungszusammenhang des betreffenden Dialogs vgl. Verf., »Platon und die Schriftlichkeit der Philosophie. Interpretationen zu den frühen und mittleren Dialogen«, Berlin/New York 1985 (im folgenden zitiert als PSP).

Platon einen Zeitplan für den Einstieg in die sukzessiven Phasen der philosophischen Ausbildung skizziert (537bff.), was er hier in den »Nomoi« ausdrücklich ablehnt (968a4–6); die Vorstellung eines äußerst voraussetzungsreichen, in sich strukturierten Prozesses bleibt jedoch unverändert.[4]

Warum aber kann das, was erst später in den Seelen der Kandidaten fruchtbar werden wird, nicht jetzt schon bekannt gemacht werden? »Weil es im voraus gesagt nichts vom Bezeichneten deutlich macht« (968e4–5). Die Begründung liegt also in der Nutzlosigkeit für den nicht hinreichend eingeführten Adressaten. Der Gedanke ist nicht neu bei Platon, darf also keinesfalls als resignierte Bemerkung nach langer enttäuschender Erfahrung mit der Rezeption der Dialoge mißverstanden werden: im (relativ) frühen Dialog »Charmides« spricht Sokrates in spielerischer Metaphorik von einem φάρμακον, das er dem jungen Charmides zur Heilung seines Kopfwehs geben könnte – aber es würde doch nichts nützen, fügt er hinzu, denn es wirkt nur auf den, der seine Seele vorher ›besprechen‹ ließ (Charm. 155e). Das ›Heilmittel‹ steht auch hier bereits zur Verfügung, wird aber bewußt nicht eingesetzt, weil der Empfänger noch nicht so weit ist, es mit Nutzen zu empfangen.[5]

Aber was vielleicht nichts nützt, wenn es vorzeitig mitgeteilt wird, kann doch andererseits sicher auch nicht schaden. Wozu also die Zurückhaltung?

Der Einwand ist neuzeitlich gedacht. Es läßt sich zeigen, daß Platon die Prämisse nicht teilt – er sieht hier sogar zwiefachen Schaden: für den vorzeitig, und das heißt: ohne Verständnis informierten Adressaten, und für die Sache, um deren Mitteilung es geht.

Die Mitteilung, die ihrer Natur nach nicht Rücksicht nehmen kann auf die Vorbildung und die Eignung des Adressaten, ist die schriftliche. Diese aber ruft, nach den Worten Platons in der sog. ›Schriftkritik‹ im »Phaidros«, in den Seelen der Leser die Einbildung der Weisheit hervor, keinesfalls bewirkt sie die Weisheit selbst (Phdr. 275a7–b2). Wer solchermaßen ›scheinweise‹ geworden ist, ist sich seiner Grenzen, also seines Nichtwissens, nicht bewußt, und folglich wird er ›schwierig im Umgang‹ werden (b2). Nicht wesentlich anders, nur etwas drastischer drückt Platon den Schaden für den vorzeitigen Rezipienten im »7. Brief« aus: er neigt entweder zu ungerechtfertigter Verachtung der Sache, die er nicht versteht, oder zu leerer Einbildung.[6]

Durch einen glücklichen Zufall besitzen wir einen gut bezeugten Bericht darüber, wie eben diese Reaktion von unzureichend Vorgebildeten auf Platons mündliche Philosophie auch von Dritten beobachtet wurde: Aristoxenos erzählt, Aristoteles habe berichtet, daß die voraussetzungsreichen Ausführungen Platons über das Gute bei einem Laienpublikum

---

4 Vgl. 967de, 968d: die Mitglieder des Nächtlichen Rates müssen zunächst die Priorität des Seelischen verstanden haben, sodann die Funktion des Nus im Kosmos und die hierfür *vorauszusetzenden* μαθήματα. Die nicht näher erläuterten Lehrinhalte haben offenbar eine sachlich vorgegebene *Abfolge* (968d6–e2).

5 Zur Bedeutung der Arznei-Metapher im »Charm.« vgl. PSP, S. 141–150.

6 Epist. 7,341e4–5: [...] τοὺς μὲν καταφρονήσεως οὐκ ὀρθῆς ἐμπλήσειεν ἂν οὐδαμῇ ἐμμελῶς, τοὺς δὲ ὑψηλῆς καὶ χαύνης ἐλπίδος, ὡς σέμν' ἄττα μεμαθηκότας. (Der »7. Brief« wird hier stets nur als ergänzender Beleg verwendet; nirgends hängt ein Argument allein von ihm ab. Sollte daher eines Tages der lang gesuchte Beweis der Unechtheit doch noch erbracht werden, so bliebe das für den hier vertretenen Standpunkt ohne Konsequenzen.)

teils Geringschätzung, teils Tadel auslösten.⁷ Der Schaden für den Rezipienten ist evident: er verliert den Antrieb, sich weiter um philosophische Einsichten zu bemühen.

Gleichzeitig ist diese Geringschätzung aber, zumindest in den Augen Platons, auch ein Schaden für die Sache. Für modernes Empfinden einigermaßen unverständlich ist schon die deutlich pejorative Art, in der er vom wahllosen Sich-Herumtreiben des einmal publizierten Buches spricht.⁸ Sodann vergleicht er den philosophischen Autor, der das, womit ihm Ernst ist, schriftlich verbreiten wollte, mit einem Bauern, der Samenkörner, von denen er Ertrag erwartet, in ein Adonisgärtchen säen wollte. Ein Bauer, der Vernunft hat, tut dergleichen nicht: denn im Adonisgärtchen nimmt der Samen Schaden und bringt keine Frucht.⁹ Der philosophische Autor, der im Gegensatz zu anderen Schriftstellern stets noch ›Wertvolleres‹ (τιμιώτερα) als sein Veröffentlichtes bereit hat, wird als φιλό-σοφος in die Nähe des Gottes gerückt, der als einziger σοφός ist (Phdr. 278d).

Ähnlich heißt es im »Timaios«, die »noch höheren Prinzipien«, die hier im Monolog der Titelfigur nicht dargelegt werden, kenne »der Gott und von den Menschen der, der ihm φίλος ist« (53d6–7). Das Wesen des Demiurgos zu erkennen, so hatte Timaios gleich zu Beginn seiner Darlegung ausgeführt, ist schwer, es allen mitzuteilen, unmöglich (28c4–5). Warum soll es unmöglich sein, das Gefundene »allen zu sagen« (εἰς πάντας λέγειν)? Offensichtlich geht es nicht um prinzipielle Unsagbarkeit. Wer »dem Gott φίλος ist«, wird wohl auch das Wesen des ›Werkmeisters‹ erfahren können. Im »Timaios« wird die Zurückhaltung verfügbarer philosophischer Mitteilung zwar deutlich dokumentiert¹⁰, nicht aber ihrem Grunde nach erklärt. Die Schriftkritik hilft hier weiter: es ist ein prinzipieller Mangel jedweder Schrift, daß sie sich nicht verteidigen, sich nicht ›helfen‹ kann, wenn sie »beleidigt oder in ungerechter Weise beschimpft wird« (Phdr. 275e3–5). ›Helfen‹ kann grundsätzlich nur der Verfasser, indem er selbst das Wort ergreift (λέγων αὐτός), wobei er dann sein Geschriebenes »als geringfügig erweisen kann« (δυνατὸς τὰ γεγραμμένα φαῦλα ἀποδεῖξαι 278c6–7), ist er doch – sofern er φιλόσοφος ist – dadurch ausgezeichnet, daß er stets ›Wertvolleres‹ zur Verfügung hat als den Inhalt seiner Schriften. Platons Verhältnis zu den Gegenständen seines Nachdenkens ist offenbar von der Art, daß ihm die ungerechtfertigte Herabsetzung durch unqualifizierte Rezipienten

---

7 Aristoxenos, Harm. elem. II, S. 39–40 (ed. R. da Rios) = Testimonium Platonicum No. 7 (ed. K. Gaiser). – Zum mutmaßlichen historischen Hintergrund und zur Datierung von Platons Vorlesung »Über das Gute« vgl. K. Gaiser, Plato's enigmatic lecture ›On the Good‹, Phronesis 25 (1980), S. 5–37.
8 Phdr. 275d9–e2 ὅταν δὲ ἅπαξ γραφῇ, κυλινδεῖται μὲν πανταχοῦ πᾶς λόγος ὁμοίως παρὰ τοῖς ἐπαΐουσιν, ὡς δ' αὔτως παρ' οἷς οὐδὲν προσήκει.
9 Phdr. 276b1–277a4. – Was Adonisgärten sind, verstehen wir erst seit G.J. Baudy, Adonisgärten. Studien zur antiken Samensymbolik, Frankfurt/M. 1986 (Beitr. z. Klass. Philologie, Heft 176). Baudys Entdeckung, daß das Bepflanzen der Adonisgärten zum Testen des soeben geernteten Saatgutes für die nächste Saatperiode diente, ist von großer Bedeutung für das religionswissenschaftliche Verständnis des Kultes und des Mythos sowie für die Geschichte der Agrarwirtschaft; die Auslegung des Gleichnisses im »Phaidros« wird dadurch nicht betroffen, da Platon nicht die Testfunktion der Adonisgärten zum tertium comparationis gewählt hat (sie ist nicht einmal erwähnt), sondern die Kurzlebigkeit der so behandelten Pflanzen und vor allem den Umstand, daß sie ohne Ertrag (ἄκαρποι 277a1, Gegensatz ἔγκαρπα 276b2) bleiben: ebenso bleibt für ihn die Erkenntnisvermittlung durch das Buch unfruchtbar.
10 Vgl. auch unten Anm. 27 zu Tim. 48c.

unerträglich erscheint. Wieder sagt der »7. Brief« nichts anderes als die Dialoge, nur sagt er es deutlicher und schärfer: was Dionysios II. von Syrakus tat, indem er einige Brocken aus Platons Prinzipientheorie in seinem Buch publizierte, war ein »Hinauswerfen in Dissonanz und Unziemlichkeit«; die Dinge, die Dionysios »aus unschönem Ehrgeiz« »hinauswarf«, hätten mit Ehrfurcht behandelt werden müssen, wie Platon selbst es tat.[11] Mit dem »7. Brief« und der Schriftkritik stimmen drittens all jene Dialogstellen überein, die durch den Gebrauch der Mysterienmetaphorik unauffällig und doch unüberhörbar zweierlei andeuten: daß die Gegenstände der ὀρθὴ φιλοσοφία Ehrfurcht verlangen (so wie der athenische Bürger den eleusischen Mysterien mit Ehrfurcht begegnete), und daß der Philosoph entschlossen sein muß, seine Gegenstände nicht unnötig vor Ungeeigneten auszubreiten (so wie das Darlegen der Mysterien vor Uneingeweihten für den antiken Menschen als abwegig galt).[12]

Wem diese Einstellung nachgerade als unphilosophisch ›fromm‹ erscheint (und daher kaum wahrscheinlich bei Platon, dem Archegeten der abendländischen Philosophie), der sei daran erinnert, daß es im 4. Jh. vor Christus nicht – wie in der Neuzeit im 16. Jh. – um eine Säkularisierung des Denkens gehen konnte. Die Griechen kannten keine kirchlich-theologische Tradition, von der sie sich hätten befreien müssen. Moderne Attitüden sind hier fernzuhalten. Platon ging es, nach der ›gottlosen‹ Philosophie der Ionier und der Sophisten, eher um eine Art Theologisierung des Denkens. Und wenn die ὁμοίωσις θεῷ das Ziel ist, so ist eine fast religiös anmutende Scheu und Reverenz vor den Gegenständen der Philosophie durchaus die angemessene Haltung, mag sie auch für uns Heutige nicht mehr nachvollziehbar sein.

Für diese Haltung also ist die Herabsetzung der Philosophie durch Verständnislose für sich genommen schon etwas Negatives. Überdies kann sie der protreptischen Wirkung geeigneter Reden und Schriften Abbruch tun. Da unüberlegte und unkontrollierte Verbreitung philosophischer Einsichten aber solche negativen Reaktionen begünstigt, ist sie kontraproduktiv.

Wer die Verbreitung von Philosophie wirklich befördern will, muß mit Bedacht vorgehen. Wenn mangels hinreichender Vorbereitung Schaden für den Rezipienten wie für die Sache der Philosophie droht, so muß der sachverständige Vermittler philosophischer Gedanken vor allem eines können: »reden und schweigen, zu denen man (reden oder schweigen) soll« (λέγειν τε καὶ σιγᾶν πρὸς οὓς δεῖ, Phdr. 276a6).

Die Schrift hingegen weiß gerade dies nicht: zu wem sie reden soll und zu wem nicht (275e3). Die Schrift kann daher nicht das entscheidende Medium philosophischer Mitteilung sein. Das Buch scheint zu reden als wäre es vernünftig, kann aber auf Fragen nicht antworten: es sagt immer nur ein und dasselbe (275d4–9). Den richtigen Adressaten kann es nicht suchen, bei Angriffen und Schmähungen ist es, wie wir sahen, wehrlos, kann sich nicht ›helfen‹.

Konsequent mißt Platon das geschriebene Wort am gesprochenen; überall bleibt es

---

[11] Epist. 7,344d7-9 ὁμοίως γὰρ ἂν ἐσέβετο ἐμοί, καὶ οὐκ ἂν αὐτὰ ἐτόλμησεν εἰς ἀναρμοστίαν καὶ ἀπρέπειαν ἐκβάλλειν. Vgl. PSP, S. 394.

[12] Einweihung in Mysterien als Metapher für philosophische Erkenntnisvermittlung begegnet u. a. Phdr. 250bc, Symp. 210a, Gorg. 497c, Men. 76e, Euthyd. 277de. Vgl. Chr. Riedweg, Mysterienterminologie bei Platon, Philon und Klemens von Alexandrien, Berlin/New York 1987.

zurück hinter der »lebenden und beseelten Rede des Wissenden«, der überlegten Handhabung der »Kunst der Unterredung« im persönlichen Gespräch mit einer »geeigneten Seele« (276a5–9, 276e5–277a4). Daher kann die Benutzung des unzureichenden Mediums Schrift für den Philosophierenden nur Tändelei, Ergötzung, Spiel (παιδιά) sein.[13] Solches Spiel kann er stets, indem er sich selbst zu Hilfe kommt, durch ›Wertvolleres‹ überbieten (statt sich nur zu wiederholen wie das Buch): was er schrieb, ist von geringerer Bedeutung, nicht auf der Höhe der Kunst.[14]

Bevor wir uns vorschnell empören über solche »Abwertung« der Schrift des Philosophen, wollen wir nüchtern festhalten, daß es sich um *Platons* Abwertung handelt: sie sollte also fairerweise nicht einer bestimmten Interpretationsrichtung zur Last gelegt werden. Ferner ist festzuhalten, daß nichts im Text darauf hinweist, daß eine bestimmte Form schriftlicher Darlegung, etwa der Dialog, von Platons Kritik ausgenommen wäre.

Wichtiger als die ›Abwertung‹ ist der Hinweis auf das, womit der Philosoph die eigene Schrift ›abzuwerten‹ imstande ist. Den Vorgang, der dies (nebenher) bewirkt, nennt Platon ›sich verteidigen‹, ›sich selbst mit Worten helfen‹, ›der Darlegung (dem Argument) helfen‹ oder einfach ›helfen‹.[15] Die ›Hilfe‹ kann einer gesprochenen oder geschriebenen Darlegung gebracht werden, sie selbst erfolgt notwendig mündlich (λέγων αὐτός, Phdr. 278c6). Was sie zum Vorschein bringt, sind τιμιώτερα, ›Dinge von höherem Wert‹ als das Geschriebene (278d8).

Daß die ›Hilfe‹ für den eigenen Logos der eigentliche Schlüsselbegriff der ganzen ›Schriftkritik‹ ist, läßt sich leicht zeigen: die Unfähigkeit, sich zu helfen, faßt kurz und knapp den Mangelcharakter der Schrift zusammen, während die ›Lebendigkeit‹ und ›Beseeltheit‹ der ›Rede des Wissenden‹ gerade auf der Fähigkeit zur Hilfe beruht (275e3–5, 276a5–9). Das Helfenkönnen ist die spezifische Frucht der »Kunst der Dialektik« (276e5–277a5) und daher entscheidend für die definitorische Abhebung des Philosophen von anderen Autoren: nur wer zu seiner Schrift auch noch die Fähigkeit zu mündlicher Hilfe hinzubringt, verdient den Namen φιλόσοφος (278c4–e2).

Der Schlüsselbegriff der Schriftkritik schien den Interpreten keiner weiteren Erläuterung zu bedürfen. Man begnügte sich mit der Annahme, ›helfen‹ könne doch nichts anderes meinen als das, was auch heute noch jeder tut, der auf eine Kritik seiner Ausführungen antwortet: er behebt Mißverständnisse, glättet vielleicht überspitzte Formulierungen, bleibt aber jedenfalls bei dem Thema und innerhalb des begrifflichen Rahmens und auf dem intellektuellen Niveau, das durch die angegriffene Darlegung bezeichnet ist.[16]

Doch die bloße Übertragung unserer eigenen Vorstellungen und Erfahrungen auf

---

13 Phdr. 276de, 277e.
14 In dem Adjektiv φαῦλος mit der Bedeutung ›schlecht, schlicht, geringfügig‹ schwingt im attischen Sprachgebrauch vor allem der Gegensatz zu σοφός und κομψός mit (vgl. PSP, S. 18f. Anm. 19; bei Platon z.B. Hi. min. 369d3/6), weswegen etwa das Hendiadyoin φαῦλον καὶ ἰδιωτικόν (Hi. mai. 286e8) schlicht mit ›laienhaft‹ zu übersetzen wäre. Vor allem diese Nuance dürfte auch in Phdr. 278c6–7 τὰ γεγραμμένα φαῦλα ἀποδεῖξαι vorliegen.
15 Phdr. 275e5, 276a6, c8, 277a1, 278c5: ἀμύνασθαι (ἀμῦναι) ἑαυτῷ, βοηθεῖν (αὐτῷ), αὐτῷ λόγῳ βοηθεῖν.
16 So G. Vlastos, Gnomon 35 (1963), S. 653f. Ähnlich H.-G. Gadamer (u. Anm. 22), S. 14; vgl. auch W. Wieland, Platon und die Formen des Wissens, Göttingen 1982, S. 18, 20 u. 41.

Platon nützt auch hier nichts. Die referierte Auslegung wird schon dadurch ausgeschlossen, daß diese Art des ›Helfens‹ weder das Einbringen von Argumenten von höherem Rang (τιμιώτερα) vorsieht noch überhaupt erklären kann, inwiefern der Philosoph seine Veröffentlichung durch seine mündliche Hilfe ›als geringfügig erweisen‹ wird (beabsichtigt ist ja das Gegenteil). Daß aber die ›Dinge von höherem Wert‹ den Inhalt betreffen (und nicht etwa die Tätigkeit des Diskutierens im Vergleich mit der des Schreibens), macht der Wortlaut über jeden Zweifel hinaus klar.[17]

Zweitens wird das moderne Mißverständnis der philosophischen ›Hilfe‹ widerlegt durch die der Schriftkritik vorangehende Gedankenentwicklung des Dialogs »Phaidros«, der von Anfang an theoretisch postuliert und praktisch vorführt, daß der überlegene Logos sich grundsätzlich durch weiterreichende Perspektiven und eine umfassendere und genauere Begrifflichkeit, kurz: durch Tieferlegung der Grundlagen bzw. Höherverlegung des Argumentationsniveaus auszeichnen muß.[18] Drittens wird der nivellierenden Auslegung von βοηθεῖν vollends der Boden entzogen durch den einheitlichen Befund aller Dialoge. Immer wieder inszeniert Platon die gleiche Situation: Sokrates (oder eine andere Verkörperung des Typus des ›Dialektikers‹) muß einer eigenen (seltener einer fremden) These ›Hilfe bringen‹; sehr oft ist dabei auch das Wort βοηθεῖν (τῷ λόγῳ) verwendet; und unweigerlich führt die philosophische Hilfe zu einem Hinausgreifen über den ursprünglich gewählten Rahmen, zum gezielten Rückgriff auf τιμιώτερα im wörtlichen Sinne, d. h. auf fortgeschrittenere Denkmittel und grundlegendere Theoreme, auf ›Dinge von höherem Rang‹. Es ist nicht zu viel gesagt, wenn man feststellt, daß das βοηθεῖν τῷ λόγῳ und die Entfaltung der hierfür notwendigen τιμιώτερα das eigentliche Strukturprinzip des platonischen Dialogs ist.[19]

Aber erscheinen so nicht ›Hilfe‹ und τιμιώτερα in der Schrift – im Widerspruch zur Schriftkritik?

Ein Widerspruch läge nur dann vor, wenn ein platonischer Dialog von sich sagte, er bedürfe keiner Hilfe oder enthalte bereits selbst alle τιμιώτερα, deren er zu Stützung seiner Ergebnisse bedarf. Bekanntlich ist das Gegenteil davon der Fall: immer wieder schärft Platon dem Leser seiner Schriften ein, daß weiterführende Untersuchungen, die sachlich gerade für die hier und jetzt verhandelten Fragen unerläßlich sind, gerade hier und jetzt nicht durchgeführt werden können. Diese ›Aussparungsstellen‹, wie man sie kurz genannt hat, gehören zum Bild des platonischen Dialogs so fest wie die Individualisierung von Ort und Zeit des Gesprächs und die Zuweisung von Standpunkten und Methoden an lebensnah gezeichnete Charaktere. Die geschriebene Nachzeichnung eines oder mehrerer

---

17 Wäre die ›activity‹ des Diskutierens gemeint (so Vlastos, a.a.O., S. 654; ähnlich z.B. W.K.C. Guthrie, A History of Greek Philosophy, Bd. IV, Cambridge 1975, S. 64), so müßte der Text in 278d8 lauten: ... τὸν μὴ ἔχοντα τιμιώτερόν τι τοῦ γράφειν, statt τὸν μὴ ἔχοντα τιμιώτερα ὧν ἔγραψεν.
18 Vgl. Mus. Helv. 35 (1978), S. 18–32, bes. S. 28f.; PSP, S. 24–48, bes. S. 37ff.
19 Die siebzehn Dialoge bis zur »Politeia« einschließlich (ohne »Ion« und »Menexenos«), dazu »Nomoi«, Buch 10, habe ich unter diesem Gesichtspunkt interpretiert in PSP (s.o. Anm. 3); generell zur Bedeutung der βοήθεια-Struktur: Kap. 4 u. 5, PSP, S. 66–78. – Gleichsam die Gegenprobe zu dieser Deutung des βοηθεῖν bieten die zahlreichen Stellen, an denen andere Dialogfiguren als der Dialektiker aufgefordert sind, ihrem Logos zu helfen: sie scheitern alle – von Phdr. 278cd her gesehen, erwartungsgemäß –, denn ›sich helfen‹ kann eben nur der φιλόσοφος.

Schritte der ›Hilfe‹ steht der Schrift als dem ›Abbild‹ (εἴδωλον, Phdr. 276a) der lebendigen Rede des Wissenden durchaus zu und enthält nichts Widersprüchliches. Die Dialoge porträtieren stets Fälle von *mündlicher* Hilfe. Platon gibt ein schriftliches Modell dessen, was er unter gesprochener βοήθεια versteht. Da er das Modell aber *schriftlich* gibt, muß er zugleich zu verstehen geben, daß auch diese seine eigene Schrift – wie jede Schrift – der Hilfe bedarf. Durch Hinweise dieser Art zeigt der Autor, daß er ein klares Bewußtsein vom Mangelcharakter alles Schriftlichen hat, und zugleich, daß er nicht in Verlegenheit wäre, dem Mangel seiner Darlegung mündlich abzuhelfen. Weit davon entfernt, nebensächlich oder gar funktionslos zu sein, erweisen gerade die Aussparungsstellen den platonischen Dialog als Schrift eines φιλόσοφος, der seiner Veröffentlichung im präzisen Sinne der Schriftkritik voraus ist: er verfügt bereits über die τιμιώτερα, die die Grundlagen seiner Argumentation bilden, darum kann er den Dialog von ihnen her aufbauen als eine Gedankenentwicklung, die zu ihnen hin-, nicht aber in sie hineinführt.

Soeben verwendeten wir die grundlegendsten Strukturmerkmale des platonischen Dialogs für eine Aussage über das Verhältnis des Autors zum Werk. In der Tat ist die regelmäßige Zugrundelegung der βοήθεια-Struktur und die obligate Begrenzung der Reichweite der Erörterung mit Hinweis auf die Bedeutung des Fehlenden auf dem Höhepunkt des Gesprächs nicht denkbar ohne einen Autor, der diesen Zügen genau die Bedeutung beimaß, die ihnen die Schriftkritik gibt. Die Schriftkritik läßt aber auch werkimmanent einen Grundzug der Dialoggestaltung verstehen, der ansonsten als unverstandenes Faktum nur hingenommen werden müßte. Ich meine die bekannte Tatsache, daß in allen Dialogen ein bedeutendes Gefälle besteht zwischen dem philosophischen Entwicklungsstand des Gesprächsführers und dem seiner Partner.

Einzig der »Timaios« kennt ein solches Gefälle nicht: die vier Teilnehmer der einleitenden Unterhaltung sind offenbar als Gleichrangige vorgestellt. Nur führen diese Gleichrangigen im Hauptteil nicht etwa ein tiefsinniges Gespräch über die letzten Prinzipien der Naturphilosophie, sondern drei von ihnen hören sich geduldig, ohne jede Zwischenfrage oder Kritik, den mehrstündigen Lehrvortrag des Timaios an.[20] Trotz dieser Zusammenkunft von Ebenbürtigen bleibt also die Frage: *warum gestaltet Platon nirgends ein Gespräch von gleich zu gleich?*

Die schon erwähnten Aussparungsstellen Tim. 28c, 53d und eine dritte, noch deutlichere, an der eine an sich mögliche Darlegung der Prinzipien abgelehnt wird als unpassend für die gegenwärtige Art der Erörterung (48c), könnten Aufschluß geben. Denn wollten die philosophisch weit fortgeschrittenen Zuhörer des Timaios – unter ihnen Sokrates – mit bohrenden Fragen beginnen, so würde sich das Gespräch bald nur noch in dem Bereich bewegen müssen, den der Sprecher mit Bedacht ausklammern will. Und solche Partner könnte man nicht, wie die Gesprächsteilnehmer der »Politeia«, mit der Versicherung hinhalten, daß sie der ausgeklammerten Erörterung doch nicht gewachsen wären.[21] Selbst in der vorliegenden Form wirken zwei der Aussparungsstellen etwas künstlich; wenn Timaios verkündet, das Wesen des Demiurgos könne nicht »an alle« mitgeteilt werden, so wäre von der Dialogsituation her einzuwenden, daß er ja auch nicht »vor allen«

---

20 Der fragmentarisch gebliebene Dialog »Kritias« ist ganz wie der »Timaios« angelegt.
21 Politeia 533a1-2.

spricht, sondern vor wenigen Ebenbürtigen – aber die Einschränkung erfolgt ja auch nicht wegen der dialoginternen Hörer, sondern weil der »Timaios« zugleich ein Buch ist, das sich seinen Leser nicht selbst wählen kann. Das gleiche gilt für die Aufsparung der »noch höheren Prinzipien« für den, der »dem Gott lieb« ist (53d).

Nur wenn der Grundgedanke der Schriftkritik hinzugenommen wird, daß der Dialektiker um der Sache willen insbesondere auch verstummen können muß, weil die unzeitige Mitteilung philosophischer Erkenntnis Schaden für den Rezipienten wie für die Sache selbst zu bringen droht, läßt sich Platons Bevorzugung des Modells des ungleichen Gespanns und zugleich die Notwendigkeit der Aussparungsstellen begreifen: Partner, die noch nicht die Stufe des ›Sokrates‹ (bzw. des ›Dialektikers‹) erreicht haben, müssen nicht wie im »Timaios« (29d) um einen recht unnatürlichen Verzicht auf weiteres Fragen gebeten werden, sondern können vom Gesprächsführer souverän bis an den Punkt geführt werden, an dem er es für richtig hält, die ihnen jeweils angemessene inhaltliche Limitierung des Gesprächs zu bezeichnen, was bei dieser Figurenkonstellation – wieder im Gegensatz zum »Timaios« – mit perfekter darstellerischer Plausibilität möglich ist.

Die durchaus untypische Figurenkonstellation des »Timaios« zeigt also recht klar die Schwierigkeiten, die ein Gespräch unter Gleichen für den Autor der Schriftkritik gebracht hätte. Die Anomalie dieses Werkes befreit uns aber auch von dem weitverbreiteten Glauben, daß Platon »nur in der Nachgestaltung dialogischer Verständigung sein eigenes Denken [mitteilt]«[22] – denn der halbwegs dialogische Vorspann über Urathen ersetzt nicht die Verständigung der Teilnehmer über die Kosmologie des monologischen Hauptteils –, und von der verwandten Vorstellung, daß die dialogische Form für Platon unabdingbar sei, um den Leser in die lebendige Denkbewegung hineinzuziehen – denn wer dies behauptet, müßte konsequenterweise auch behaupten, daß der »Timaios« weniger zum eigenen Nachdenken anrege als, sagen wir, der »Menon«: eine doch wohl unsinnige Behauptung, zu deren Widerlegung ein kurzer Blick auf die Wirkungsgeschichte beider Dialoge genügt.

Zu der von Platon sonst durchwegs bevorzugten Ungleichheit der Partner fügt sich denn auch die Beobachtung, daß auch die Schriftkritik gerade dort, wo sie der Schrift die ›lebendige Rede‹ gegenüberstellt, mit einem sehr ungleichen Paar rechnet, bestehend aus einem Wissenden und einem Lernenden, wobei der Wissende den geeigneten Partner (offenbar aus einer Mehrzahl von möglichen Partnern) »ergreift«, um in seiner Seele Argumente (oder ›Reden‹, λόγους) zu ›pflanzen‹, die sich selbst und dem Urheber zu Hilfe zu kommen imstande sind.[23] Die Wahl der ungleichen Konstellation kann im Kontext der Schriftkritik nicht verwundern: die Schrift kommt in den Blick als (mangelhaftes) Mittel der Belehrung und Erkenntnisvermittlung, weswegen ihr auch auf der Seite

---

22 Die Formulierung stammt von H.-G. Gadamer, Unterwegs zur Schrift?, in: A. u. J. Assmann/Chr. Hardmeier (eds.), Schrift und Gedächtnis. Beiträge zur Archäologie der literarischen Kommunikation, Bd. I, München 1983, S. 14.

23 ὁ μανθάνων–ὁ εἰδώς Phdr. 276a5/8. Der Philosophos ist der εἰδὼς ᾗ τὸ ἀληθὲς ἔχει 278c4-5, er besitzt das Wissen vom Gerechten, Schönen und Guten 276c3 (vgl. 278a3), er ›verwendet‹ die Kunst der Dialektik (276e5–6), wenn er, λαβὼν ψυχὴν προσήκουσαν, in die Seele des Rezipienten seine lebendigen ›Reden‹ schreibt; solche Reden sind Lehrreden (διδασκόμενα), sie werden ›um des Lernens (μάθησις) willen gesprochen‹ (278a2).

des gesprochenen Wortes die analoge Situation des Lehrens und Lernens gegenübergestellt wird.[24]

Die konstitutive Ungleichheit der Gesprächspartner scheint freilich in Widerspruch zu stehen zu einigen platonischen Topoi, die dem jeweiligen Partner eine prinzipielle Gleichheit mit dem Gesprächsführer suggerieren.

(a) ›Sokrates‹ beharrt immer wieder darauf, daß er ›nichts weiß‹, und benützt sein Nichtwissen gelegentlich auch zu einer scheinbaren Gleichstellung mit der Unwissenheit des Partners (z. B. Men. 80cd). Aber gerade das sokratische Wissen des Nichtwissens ist der entscheidende methodische Vorsprung, der die Figur des ›Dialektikers‹ von allen anderen trennt und ihn befähigt, das Gespräch in die Richtung zu lenken, die ihm gut scheint. Solches ›Nichtwissen‹ bezeichnet die durch die ›Umwendung der Seele‹ (Politeia 518d, 521c) bewirkte neue Haltung zum Problem der Begründbarkeit und des λόγον διδόναι, nicht aber einen Mangel an konkreten Ideen zur Problemlösung. Vielmehr kommen, von wenigen Ausnahmen abgesehen, alle Gesichtspunkte und Begriffe, die das Gespräch sachlich voranbringen, stets vom Gesprächsführer. Mitunter kann auch Platon selbst einen Gegensatz konstruieren zwischen dem ›Nichtwissen‹ des Sokrates und seinen sachhaltigen Beiträgen, die das Gespräch erst ermöglichen: er löst den Gegensatz durch die spielerische Versicherung, der nichtwissende Philosoph habe unter fremdem Einfluß gesprochen, entweder aufgrund von Mitteilungen anderer oder kraft Inspiration durch Nymphen oder auch Zikaden.[25] Wer die inspirierenden Zikaden wörtlich nimmt, mag auch das Nichtwissen und die vermeintlich nur maieutische Rolle des Sokrates wörtlich nehmen und gegen den Wissensvorsprung des Dialektikers auszuspielen versuchen.

(b) ›Sokrates‹ führt in einem Teil der Dialoge das Gespräch in eine Aporie und versichert, auch selbst in der Aporie zu stecken. Zugleich besteht er darauf, daß man sich aus der Aporie auch herausarbeiten kann: im »Menon« zeigt er, wie Menons Diener das geometrische Problem der Quadratverdopplung löst, nachdem er auf die rechte Weise in Aporie geraten war (Men. 82b-85b). Das Beispiel ist hintergründig: denn eben dies, wie

---

24 Der Mangel der Schrift wird auch so formuliert, daß sie ἄνευ διδαχῆς bleibt (275a7). – Einer der wenigen Interpreten, die in der ausgeprägten Ungleichheit der Gesprächspartner überhaupt ein Problem zu sehen vermochten, ist Ch. Griswold, Reflections on ›Dialectic‹ in Plato and Hegel, International Philosophical Quarterly 22 (1982), S. 115–130, bes. S. 126–129; ders., Plato's Metaphilosophy, in: D.J. O'Meara (ed.), Platonic Investigations, Washington D.C. 1985, S. 1–33 (bes. S. 16); ders., Self-Knowledge in Plato's Phaedrus, New Haven 1986, S. 225. Griswold kommt einer mit Platons Selbstaussagen vereinbaren Antwort so nahe, wie dies bei Übernahme der konventionellen schleiermacherianischen Fehldeutung der Schriftkritik (der Dialog könne sich selbst verteidigen, suche sich seinen Leser selbst, könne seine eigene »Inferiorität« selbst »demonstrieren«, sei gar dem geschriebenen Wort überlegen: Self-Knowledge, S. 221–225 – zu all dem vgl. unten Abschnitt 3) überhaupt möglich ist: »Possibly he [Plato] thought that such a dialogue [sc. unter Gleichen] could not be written, at least not in a way that would have preserved his anonymity« (Self-Knowledge, S. 225). Die ›Anonymität‹ Platons ist ein (nicht neues) Mißverständnis, und daß Platon ein Gespräch fortgeschrittener Dialektiker für nicht schreibbar, besser: für nicht mit Nutzen publizierbar, hielt, ist nicht lediglich ›possible‹, sondern die sichere Grundlage für die Einschätzung des Schriftwerkes.

25 Phdr. 235c, 262d, 263d. Vgl. Men. 81a, Gorg. 493a; oder Hi. mai. 286cff., 304df.: ein ungenannter Dritter bringe Sokrates ›zu Hause‹ das philosophische Denken bei. Im »Symposion« entfaltet Sokrates ›fremdes‹ Wissen, das er von Diotima erhalten haben will.

man auf die richtige Art in Aporie gerät, oder besser: in die Aporie *versetzt* wird, ist nicht lösbar ohne den Dialektiker, der die richtige Aporie kennt, weil er sie hinter sich hat. Und Sokrates ist selbst durchaus nicht in der Aporie hinsichtlich der Quadratverdopplung. – Es ist längst schon ausgesprochen worden, daß die Aporetik der Tugenddialoge nicht denkbar ist ohne die Tugendlehre der »Politeia«.[26] Im übrigen sind die aporetischen Dialoge nicht das letzte Wort Platons. Mehr über sein Denken verraten die konstruktiven Werke, in denen der jeweilige Dialektiker kein Hehl daraus macht, daß er auch über die Dinge, die er hier gerade wegen ihrer grundlegenden Bedeutung nicht darlegt, durchaus seine ›Ansichten‹ hat.[27]

(c) Schließlich sorgt Sokrates für die Gleichstellung der Partner, indem er verheißt, mit ihnen gemeinsam zu suchen (συζητεῖν). In der Tat ist es nicht die Art des Sokrates, seinen Partnern etwas aufzuoktroyieren. Durch Fragen zieht er sie in seine Gedankenentwicklung hinein. Was freilich nicht bedeutet, daß diese Gedankenentwicklung nicht weiterhin *seine* Gedankenentwicklung wäre, oder daß die ›gemeinsame Suche‹ eine strikte Führung durch Sokrates ausschließt: bekanntlich »sucht« ja auch Menons Diener »mit Sokrates« nach der Seite des doppelten Quadrates (ζητῶν μετ' ἐμοῦ Men. 84c11). Ein platonischer Kommentar zum συζητεῖν findet sich etwa im »Kratylos«, wo Sokrates 428d1–8 einen früheren Gesprächsabschnitt, der sich betont als gemeinsame Suche gab, schlicht als eigenes Ergebnis verbucht, oder in Politeia 583c, wo Sokrates, noch ohne zu wissen, was der Partner antworten wird, bereits weiß, wie er zum Ziel kommen wird.[28]

Die durch diese Mittel erreichte ostentative Gleichstellung des Gesprächspartners, die freilich im tatsächlichen Vollzug der Unterhaltung nirgends in paritätische Gemeinsamkeit umgesetzt wird, darf gleichwohl nicht allein der üblichen ›Verstellung‹ (εἰρωνεία) des Sokrates angelastet werden. Vielmehr ist die suggerierte Gleichrangigkeit doch auch wieder ernst zu nehmen, nämlich als *Programm*. Ein Gesprächspartner, der von vorphilosophischer Unwissenheit auf die Stufe des sokratischen Nichtwissens gebracht werden könnte, wäre wohl auch zu echtem συζητεῖν fähig und könnte schließlich gemeinsam mit Sokrates in wirkliche Aporien geraten, z.B. über die ἀρχαί. In dem Maß, in dem das Ziel des Philosophierens, die »Angleichung an den Gott nach Maßgabe des Menschenmöglichen«[29] näherrückt, erlangt der Teilnehmende geistige Freiheit und selbständige Produktivität. Nur macht Platon deutlich, daß dies ein Fernziel ist, das nach langer Mühe nur dort erreicht werden kann, wo der Dialektiker auf eine ›geeignete Seele‹ traf und sie in mündlichem Gespräch fördern konnte (Phdr. 276e–277a): für schriftliche Fixierung dieses Stadiums philosophischer Kommunikation sieht er keinen Anlaß.

---

26 Vgl. W. Schulz, Das Problem der Aporie in den Tugenddialogen Platons, in: D. Henrich/W. Schulz/K.-H. Volkmann-Schluck (eds.), Die Gegenwart der Griechen im neueren Denken. Festschrift H.-G. Gadamer, Tübingen 1960, S. 261–275.
27 Politeia 506e2 τό γε δοκοῦν ἐμοί τὰ νῦν (über das Gute), Tim. 48c6 τὰ δοκοῦντα (über die Prinzipien), Nomoi 969a2 τά γε δεδογμένα ἐμοί (über die philosophische Erziehung der Mitglieder des obersten Rates).
28 Vgl. PSP, S. 214f., 302f. – Insgesamt läßt sich sagen, daß die bisherige Platonexegese den programmatischen Äußerungen über Kooperation etwas zu viel, ihrer konkreten Durchführung entschieden zu wenig Aufmerksamkeit schenkte.
29 Zum Ziel der ὁμοίωσις θεῷ vgl. Politeia 505c5, 613b1, Phdr. 253ab, Tht. 176b, Tim. 90d4, Nom. 716c6ff.

Ein adäquates Verständnis des platonischen Dialogs bedarf also in erster Linie einer strengen Scheidung zwischen dem idealen Fernziel, das im Gespräch Gleichrangiger besteht, die in gemeinsamer und freier Bemühung den Raum des vernünftigen Denkens durch Ermittlung seiner Bedingungen und Grundlagen konstituieren, und der in Platons Werken geschilderten Wirklichkeit des Gesprächs, dessen innere Struktur und dessen dramatische Spannung ganz und gar von dem Gefälle zwischen der Fortgeschrittenheit des Dialektikers und der Unentwickeltheit des Partners bestimmt wird.[30] Je tiefer die philosophischen Grundlagen gelegt werden im Ablauf der sukzessiven ›Hilfeleistungen‹, desto mehr hängt das Gespräch vom Dialektiker allein, von seinem überlegenen Wissen und seiner Bereitschaft, sich mitzuteilen, ab.[31]

(3) Abwehrreaktionen

Platons restriktive Einstellung zum Gebrauch der Schrift erwies sich als für modernes Denken, besser: für modernes *Empfinden*, nicht mehr integrierbar. Man machte sich daran, seine Äußerungen abzuschwächen, umzubiegen, wegzuinterpretieren. Dies ergab, den Hauptpunkten nach, etwa folgende Position:

1. Die eigenen Dialoge seien von der Schriftkritik nicht betroffen. Die Kritik gelte dem σύγγραμμα, und dieses Wort bezeichne eine spezifische Darstellungsform, nämlich den nichtdialogischen Traktat.
2. Mit den τιμιώτερα, die den Philosophen auszeichnen, meine Platon nicht weiterreichende Argumente und umfassendere Theoreme, sondern die Tätigkeit des Diskutierens als solche.
3. Der geschriebene Dialog weise die Mängel anderer Verschriftlichungen nicht auf. Er sei ein Buch, das seinen Charakter als Buch überwinde.
4. Insbesondere sage der Dialog dem Leser nicht stets dasselbe, vielmehr je Neues bei neuem Lesen: er könne also antworten.
5. Ferner schließe der Dialog durch die indirekte Mitteilungsform ungeeignete Leser aus: er könne sich also den Partner selbst suchen und
6. sich auch verteidigen gegen Angriffe, indem er seinen Sinn dem Unphilosophischen nicht erschließe.
7. Die Aussparungsstellen seien unverbindliche Hinweise auf vage zukünftige Projekte Platons.

---

30 Leider vermißt man diese Trennung in dem Beitrag von J. Mittelstraß, Versuch über den sokratischen Dialog, in: K. Stierle/R. Warning (eds.), Das Gespräch, München 1984 (= Poetik und Hermeneutik, Bd. XI), S. 11–27. Da Mittelstraß ein textnahes Eingehen auf bestimmte Dialogsituationen und -abläufe durchwegs vermeidet, könnte ein mit Platon nicht vertrauter Leser seines Essays leicht den Eindruck gewinnen, bei Platon würden die Ziele des idealen Gesprächs (die in z. T. schon entstellender ›Modernisierung‹ umschrieben werden) bereits im Zustand der Verwirklichung gezeigt. Eine Reflexion darauf, daß dies mit dem Grundgedanken der Schriftkritik nicht vereinbar wäre, fehlt.
31 Im Prinzip ist dies an jedem platonischen Dialog ablesbar; mit besonderer Klarheit zeigen es u. a. »Phaidon«, »Politeia« und »Nomoi«, Buch 10; vgl. PSP, S. 221 ff., 271 ff., 72 ff.

Andere versichern, sie seien ironisch gemeint. (Meistenteils zieht man es vor, sie entweder überhaupt zu ignorieren oder nur selektiv und mit tendenziösen Kürzungen zu behandeln.)

8. Überhaupt habe es bei Platon keine nennenswerte mündliche Philosophie, jedenfalls keine Theorie der Prinzipien, gegeben.

Hierzu genügt[32] es festzuhalten: Die Punkte (1) und (2) sind schon rein sprachlich unhaltbar.[33] Punkt (3) hat keinerlei Rückhalt am Text und läuft Sinn und Wortlaut der gesamten Schriftkritik zuwider. Die Punkte (4)-(6) führen die These von (3) des Näheren aus und sind daher von dem soeben genannten Einwand mitbetroffen. Sie arbeiten durchwegs mit metaphorischen Umdeutungen: wenn es z. B. heißt, der Dialog »sage« nicht stets dasselbe, so meint »sagen« hier nicht die Mitteilung eines Wortlautes, aus dem der Hörer (oder Leser) in jedem Fall selbsttätig erst einen Sinn konstruieren muß, sondern metaphorisch die Konstruktion des Sinnes selbst, die sich natürlich wandelt (daß hingegen der Wortlaut festliegt, gilt auch für den geschriebenen Dialog). Es läßt sich aber nirgends zeigen, daß Platon auf solch ein metaphorisches Verständnis seiner Aussagen hinauswollte. Im Gegenteil: daß die γραφή, die Schrift schlechthin, stets dasselbe sagt (Phdr. 275d4–9), meint mit Sicherheit, daß der Wortlaut festliegt, was zur Folge hat, daß neuen Fragen (die nicht schon im Text sind) nicht mit neuem Wortlaut begegnet werden kann. Und die persönliche Wahl des geeigneten Partners durch den Dialektiker kann nicht durch den Umstand ersetzt werden, daß bestimmte Bücher auf bestimmte Leser besonders wirken: denn die ›Wahl‹ ist hierbei immer noch die Initiative des Rezipienten, nicht des Buches. Und oft genug wirkt das Buch auf den besonders ungeeigneten Rezipienten nicht minder stark, nur leider nicht im Sinne des Autors.

Zusammen ergeben diese Punkte eine Theorie des Dialogs als einer ›aktiven‹ Schriftform, die die Fähigkeit besitzt, durch ihre besondere Anlage die Art der Rezeption zu regulieren. Ihren Zweck für die Platonexegese könnte diese Theorie allerdings nur erreichen, wenn sie auf dialogspezifische Merkmale führte: denn andernfalls hätte Platon keinen Grund gehabt, gerade die Dialogform zu bevorzugen, und andere Darstellungsformen wären ebenfalls von der Schriftkritik auszunehmen, womit diese in sich zusammenfiele. Nun ist es aber evident, daß die freie metaphorische Umdeutung der platonischen

---

32 Eine ausführliche Darstellung und Kritik der modernen Dialogtheorie findet sich in PSP, Anhang I, S. 331–375. Zur dort berücksichtigten Literatur kommen jetzt hinzu R. Burger, Plato's Phaedrus (1980; unten Anm. 49) und Ch. Griswold, Self-Knowledge (1986; oben Anm. 24), die ganz in den Bahnen des herkömmlichen Schleiermacherianismus denken. – (Aus Platzgründen ist es mir hier nicht möglich, die einzelnen Punkte aus der Sekundärliteratur zu belegen.) Grundlegend für die Kritik des Platonbildes des 19. und 20. Jahrhunderts ist H.J. Krämer, Arete bei Platon und Aristoteles (u. Anm. 46), S. 17ff.; eine vertiefte Ausarbeitung dieser Kritik, unter Einbeziehung der philosophischen Intentionen Schleiermachers sowie der erstaunlichen Fortwirkung seiner Ideen gab Krämer, Platone e i fondamenti della metafisica, S. 31–149; vgl. auch Krämer, La nuova immagine di Platone, S. 39–62.

33 Für die Griechen waren die Dialoge Platons durchaus συγγράμματα. Die Bedeutung »nichtdialogische Lehrschrift« ist eine moderne Erfindung, s. PSP, S. 376–385. – Zu τιμιώτερα s. oben Anm. 17.

Aussagen auch aus so manch anderer literarischer Form einen aktiven ›Partner‹ machen würde, der die Mängel des toten Buches im ›Gespräch‹ mit dem Leser überwindet.³⁴

Zu Punkt (7) ist zu sagen, daß es wohl kein Zufall ist, daß es von antiesoterischer Seite keine Aufarbeitung der Aussparungsstellen gibt: ihre Beweiskraft ist so erdrückend, daß nähere Beschäftigung mit ihnen zum Umdenken zwingen würde. Man kann einzelne Stellen, etwa Politeia 509c, zur Not noch für ›ironisch‹ erklären (obschon nichts im Text zu dieser Deutung einlädt) – sieht man erst den Zusammenhang der Aussparungsstellen, die diesen Dialog wie mit einem Netz überziehen, so fällt auch diese Notlösung dahin.³⁵

Punkt (8) ist mit der antiken Bezeugung der platonischen Prinzipienlehre unvereinbar.

Die geschilderte Umdeutung der Schriftkritik wird indirekt gefördert durch langlebige Vorurteile über die Gegenposition: die Berücksichtigung der Prinzipientheorie Platons führe zu einer »Abwertung« der Dialoge oder auf einen »dogmatischen« Platon oder auf eine »Geheimlehre«. Die »Abwertung« kommt indes, wie wir sahen, von Platon selbst und kann von uns, da wir die mündliche Philosophie nicht in authentischer Form besitzen können, ohnehin nicht nachvollzogen werden. Warum Platon bei mündlicher Erörterung der ἀρχαί dogmatischer gewesen sein soll als beispielsweise in der Seelenlehre, ist unerfindlich.³⁶ Vor einer Geheimlehre braucht man sich nicht zu fürchten: Platon betrachtete seine Gedanken zu den Prinzipien als ἀπρόρρητα, nicht als ἀπόρρητα (s. o. S. 41f.). Die esoterische Handhabung der philosophischen Kommunikation, die in den Dialogen schließlich dargestellt wird, ist wesentlich verschieden von Geheimhaltung: sie beruht auf der Verantwortung gegenüber der zu vermittelnden Sache und zielt auf Überredung der Beteiligten zu richtigem Verhalten; mit Dingen wie der eidlichen Verpflichtung der Pythagoreer zum Schweigen und der Androhung von Sanktionen bei Bruch des Eides hat sie nichts zu tun.³⁷ »The very idea of secrecy carries a moral taint«, schrieb ein amerikanischer Autor unlängst in einem politischen Kontext. Ob nicht manch ein Kritiker diese Überzeugung unbewußt – und grundlos: denn ›secrecy‹ ist nicht ›esoterism‹, ἀπρόρρητα sind nicht ἀπόρρητα – von der Politik auf die mißverstandene ›esoterische‹ Platonauslegung überträgt und dies zum Vorwand nimmt, sich die Auseinandersetzung mit dieser Position zu sparen? Ein jeder prüfe sich selbst.

---

34 Auch lyrische Dichtung (z. B. Hölderlin) ›sucht‹ sich den Leser selbst, auch die sophokleische Tragödie zieht den Leser in einen (doppelten) Dialog mit dem Autor hinein, selbst Herodot – ein typischer συγγραφεύς – erschließt sich nur einem aktiv mitdenkenden Leser usw. Vgl. PSP, S. 358–361. Das Gespräch des Buches mit dem Leser ist nur metaphorisch als ›Gespräch‹ zu bezeichnen: ›Frage‹ und ›Antwort‹ entstammen demselben Bewußtsein.
35 Zu den Aussparungen der »Politeia« vgl. PSP, S. 304–325.
36 Bleibt nur zu hoffen, daß das Vorurteil nicht auf sprachlichem Mißverständnis von Aristoteles' Berufung auf τὰ λεγόμενα (Πλάτωνος) ἄγραφα δόγματα (Phys. 209b15) beruht – δόγματα heißt ja nicht ›Dogmen‹ (im Sinne von ›dogmatisch‹ verfochtenen Lehrmeinungen).
37 Zum Unterschied zwischen ›Esoterik‹ und ›Geheimlehre‹ vgl. PSP, S. 400–404. H.-J. Krämer operierte ursprünglich mit dem Begriff »Geheimlehre«, nahm ihn aber bald ausdrücklich zurück (in: W. Schadewaldt/H.-G. Gadamer (eds.), Idee und Zahl, Heidelberg 1968, S. 150). Sachlich implizierte seine Position nie etwas anderes als Esoterik.

(4) Der fällige Paradigmenwechsel

Anzeichen dafür, daß ein wissenschaftliches Paradigma sich abgelebt hat, sind das Ausbleiben einer methodischen, aufs Grundsätzliche gehenden Auseinandersetzung mit einem neuen, konkurrierenden Paradigma sowie das Fortbestehen von unerklärten Phänomenen, die das alte Paradigma eigentlich hätte erklären sollen.

Nach diesen Kriterien wäre es Zeit für eine Ablösung von Friedrich Schleiermachers Erklärung des platonischen Dialogs als eines autarken Werkes, das trotz seiner schriftlichen Fixierung die Mängel der Schriftlichkeit nicht aufweise und so eine mündliche, über die Dialoge hinausgehende Prinzipienlehre entbehrlich mache.[38]

Unerklärbar müssen im Rahmen dieses Paradigmas bleiben: Die Schlüsselbegriffe der Schriftkritik βοηθεῖν (τῷ λόγῳ) und τιμιώτερα, die Abwertung der Dialoge durch Platon selbst in der Schriftkritik (»τὰ γεγραμμένα φαῦλα ἀποδεῖξαι«) und im persönlichen Zeugnis des »7. Briefes« (οὔκουν ἐμόν γε περὶ αὐτῶν ἔστιν σύγγραμμα [sc. περὶ ὧν ἐγὼ σπουδάζω] 341c4–5), die konsistent durchgehaltene Ungleichheit der Partner im Gespräch (und die Vermeidung des *Gesprächs* bei gleichrangigen Teilnehmern), die Aussparungsstellen der Dialoge und schließlich das Platonbild des Aristoteles, des Theophrastos und weiterer Zeugen der indirekten Platonüberlieferung. All dies unerklärt lassen, heißt letztlich auf ein adäquates Platonverständnis überhaupt verzichten.

Tritt man hingegen ohne die vom neuzeitlichen Verständnis der Rolle der Schrift diktierten Beweiszwänge an die Dialoge heran, so ergibt sich etwa folgendes Bild:

(1) Mit seinen Dialogen verfolgt Platon durchaus nicht die Absicht, die Mängel der Schrift zu überwinden, betrachtet er diese doch als prinzipielle, d.h. nicht überwindbare Mängel.

(2) Daher sind die Dialoge auch nicht dazu bestimmt, den Bereich der Mündlichkeit in vollem Umfang auszufüllen bzw. abzubilden: Probleme und Theoreme, die wegen ihrer Komplexität der Mißverstehbarkeit, die mit aller Verschriftlichung einhergeht, in besonderem Maße ausgesetzt sind, werden von vornherein nicht in schriftlicher Fixierung verbreitet.

(3) Auf diesen Umstand deutet Platon hin mittels der Aussparungsstellen, die bagatellisieren oder wegerklären zu wollen vergeblich wäre. Durch sie weist er auf τιμιώτερα (d.h. auf ›[Argumente und Theorien] von höherem Wert bzw. Rang‹); ›höherwertig‹ sind diese Gedankengänge, weil sie näher an die Erkenntnis der Prinzipien (ἀρχαί) heranführen würden. Der Verweis auf den ausgesparten Bereich verstärkt die protreptische Wirkung des Dialogs – der Leser soll sich nicht bei dem beruhigen, was geschrieben vorliegt – und weist ihn zugleich als Schrift eines φιλόσοφος im Sinne der Bestimmung dieses Namens im Rahmen der Schriftkritik (Phdr. 278c d) aus.

(4) Nirgends hat Platon ein philosophisches Gespräch zwischen fortgeschrittenen Den-

---

38 Als Paradigmenwechsel im Sinne von Thomas Kuhn faßte den in den letzten Jahren sich anbahnenden Wandel im Platonverständnis bereits G. Reale, Per una nuova interpretazione di Platone. Rilettura della metafisica dei grandi dialoghi alla luce delle »Dottrine non scritte«, Milano 1984, ⁴1986, bes. S. 21–144. Ebenso H.J. Krämer, La nuova immagine di Platone (1986; s.u. Anm. 46), S. 39ff.; vgl. auch V. Hösle, Wahrheit und Geschichte, Stuttgart-Bad Cannstatt 1984, S. 375.

kern gleicher Statur beschrieben. Einzig seine restriktive Handhabung des Mediums der Schrift kann diesen Verzicht auf das für einen Philosophen doch wohl lohnendste Objekt literarischer Gestaltung erklären.

(5) Vielmehr zeigen die Dialoge stets einen fortgeschrittenen Dialektiker (meist ›Sokrates‹ genannt) bei der Suche nach einem geeigneten Partner (einer ψυχὴ προσήκουσα). Dies erklärt den beträchtlichen Abstand zwischen dem Gesprächsführer und seinem Gegenüber, der auch dann besteht, wenn die Partner Anzeichen philosophischer Veranlagung zeigen (wie z. B. Simmias und Kebes im »Phaidon«). Die Gesprächsführung ist stets präzis auf die geistige Reife der Partner abgestimmt. Die Dialoge zeigen nie etwas anderes als strikt adressatenbezogenes, d. h. ›esoterisches‹ Philosophieren.

(6) Dies erklärt auch den Zwang zur dramatischen Individualisierung. Zwar kann der Dialektiker dazu auffordern, von *seiner* Person abzusehen[39], womit er das Ideal einer durch nichts behinderten, rein an den ὄντα orientierten Wahrheitssuche evoziert. Unmöglich aber könnte er auf seiner Suche nach geeigneten Partnern jetzt schon absehen von *deren* individuellen Bedingungen und Besonderheiten, die ihnen den Einstieg ins Philosophieren in je anderer Weise erschweren (berühmte Beispiele: Kallikles, Menon). Anders der »Timaios«: wenn vier Fortgeschrittene sich treffen, geht es nicht um ihre Individualität: sie verfolgen ohne Dialog den entpersönlichten Vortrag.

(7) Die ›Handlung‹ der Dialoge ist vielfältig und weist doch stets einen identischen Kern auf. Eine These ist zu prüfen – die Frage ist: kann ihr Urheber sich ›helfen‹ (βοηθεῖν ἑαυτῷ bzw. τῷ λόγῳ)? Das heißt: ist er ein φιλόσοφος, verfügt er über τιμιώτερα? ›Sokrates‹ (bzw. der ›Dialektiker‹) hat stets weiterführende Denkmittel zur Verfügung; andere Figuren versagen regelmäßig. Durch die Gestalt des Dialektikers gibt Platon somit schriftliche *Modelle* der mündlichen Hilfe. Jeder Fall zeigt erneut, daß die ›Hilfe‹ weit über die These, der geholfen wird, hinausgeht. Im selben Sinne ging die mündliche Prinzipienlehre über das schriftliche Dialogwerk hinaus. Denn mag auch ein Dialog einem anderen zur Hilfe, zur Fundierung seines Standpunktes dienen (etwa die Anthropologie der »Politeia« als Grundlage der Ethik des »Gorgias«), die letzte Hilfe bleibt jedenfalls von schriftlicher Verbreitung ausgeschlossen.

Worauf meine Überlegungen abzielen, ist, die Platondeutung auf eine philologisch tragfähige Grundlage zu stellen. Es gilt, Platon aus Platon zu erklären. Nur mit dieser Deutung ist es möglich, das gesamte relevante Material – die Schriftkritik, die Dialoge, den »7. Brief« und die indirekte Platonüberlieferung – gleichmäßig zu berücksichtigen: der bisherige Zwang zur manipulierenden Selektivität in der Textauslegung ist überwunden.[40]

---

39 Phaidon 91c. Wie wenig indes die Gesprächspartner in der Lage wären, die philosophische Suche selbständig fortzusetzen, zeigt der ganze Fortgang des Gesprächs.
40 Zur Illustration der vorherrschenden tendenziösen Einseitigkeit in der Auswertung platonischer Aussagen vgl. die Sammelrezension »Probleme der Platoninterpretation«, GGA 230 (1978), S. 13–37. Daß die übliche Selektivität nicht Zufall ist, sondern Folge des verfehlten hermeneutischen Ansatzes, versuchte ich PSP, S. 361–364 zu zeigen. Ein neues Beispiel liefert E. Heitsch, Platon über die rechte Art zu reden und zu schreiben, Stuttgart 1987 (Abh. d. Akad. d. Wiss. u. d. Lit. Mainz, 1987/4). Vgl. meine Besprechung im Gnomon 60 (1988), S. 390–398.

Und daß nunmehr die Theorie der Schriftlichkeit (»Phaidros«), der strukturelle Befund der Dialoge (βοήθεια-Struktur, Aussparungsstellen) und das persönliche Zeugnis des »7. Briefes« in vollständigem Einklang stehen, ist gewiß nicht dazu angetan, Platon als Schriftsteller »abzuwerten«, sondern eher dazu, ihn – wenn das überhaupt nötig oder möglich wäre – noch höher zu stellen als bisher.

* * *

Corollarium über vier mögliche Quellen von Mißverständnissen

Die gegenwärtige Diskussion um das rechte Platonverständnis kann man als den Kampf zwischen der jüngeren ›esoterischen‹ und der älteren anti-esoterischen Position beschreiben.

Solch knappe, plakative Kennzeichnung der beiden Seiten ist nicht ohne praktischen Nutzen (weswegen sie auch hier weiter verwendet wird). Nur muß man sich darüber Rechenschaft geben, daß sie, als Abkürzung und Vereinfachung, leider auch geeignet ist, wichtige Differenzierungen zu überdecken. Um eine Simplifikation der Auseinandersetzung zu vermeiden, ist es zweckmäßig, einige einfache Feststellungen zu treffen, die selbst nicht kontrovers und daher vielleicht geeignet sind, die Kontroverse aufzulockern.

(1) Älter ist die heute weit verbreitete anti-esoterische Platonauffassung nur für den, der allein auf die Arbeit der letzten Generationen blickt. Gemessen an der langen Geschichte des Platonismus ist sie ein eher rezentes Phänomen. In ihrer ersten und bis heute klarsten Formulierung, in Friedrich Schleiermachers ›Einleitung‹ zu seiner Platonübersetzung von 1804, verrät die Theorie, die den platonischen Dialog als autarkes Werk verstehen möchte, deutlich ihren polemischen Ursprung aus der Abneigung gegen die esoterische Position.[41] Geht man von Schleiermacher nochmals zwei Jahrhunderte zurück, so findet man, daß der für die Neuzeit so charakteristische Wille zu uneingeschränkter Öffentlichkeit und Verschriftlichung der wissenschaftlichen Forschung und der geistigen Auseinandersetzung eine Haltung ist, die erst im Laufe des 17. Jh. gegen allerlei Widerstände gerade bei den produktivsten Forschern durchgesetzt werden konnte.[42] Und geht man zurück zu den frühesten zusammenhängenden Texten, in denen die Philosophie Platons kritisch erörtert wird, zu Aristoteles und Theophrastos, so findet man, daß dort wie selbstver-

---

41 Die Bedeutung des polemischen Vorgriffs für Schleiermachers Argumentation versuchte ich im einzelnen aufzuzeigen in PSP, S. 364–368.
42 Über den moralischen Zwang zur Mitteilung der Ergebnisse geistiger Arbeit als einen Grundpfeiler des spezifisch neuzeitlichen Wissenschaftsethos s. R. K. Merton, The Normative Structure of Science (1942), in: ders., The Sociology of Science, N. W. Storer (ed.), 1973, S. 267–278, bes. 273 ff. Mit dem Aufkommen der neuzeitlichen Naturwissenschaft gibt es einen »imperative‹ for communication of findings«, ab jetzt wird die Zurückhaltung wissenschaftlicher Entdeckungen verurteilt. Zur Rolle der Royal Society bei der Durchsetzung dieser Haltung und zum Buchdruck als ihrer technischen Voraussetzung vgl. R. K. Merton, Institutionalized Patterns of Evaluation in Science (1971), in: Sociology of Science, S. 460–495, bes. 464 f.

ständlich davon ausgegangen wird, daß Platons Philosophie nicht deckungsgleich ist mit dem, was die Dialoge bieten.[43]

(2) ›Antiesoterisch‹ ist die von Schleiermacher herkommende Position nur insofern, als sie die historische Existenz einer mündlichen Prinzipientheorie Platons bestreitet. Ihr hermeneutischer Ansatz hingegen läßt sich korrekt nur als eine besondere Spielart von Esoterismus beschreiben. Denn es ist ein integraler Bestandteil dieses Platonbildes, daß der literarische Dialog kunstreich darauf angelegt ist, ungeeignete Leser vom Gespräch auszuschließen. Das ist etwas ganz anderes als die unproblematische Tatsache, daß nicht jeder Interessent in der Lage sein wird, einer schwierigen Erörterung, etwa der »Metaphysik« oder der »Kritik der reinen Vernunft«, zu folgen. Im einen Fall ist das Ausgeschlossensein gewisser Leser ein ungesuchter (vielleicht sogar bedauerter) Nebeneffekt der Schwierigkeit der Materie, im anderen soll es der Absicht des Autors entsprechen und Ergebnis seiner wohlüberlegten Verwendung bestimmter literarischer ›Künste‹ oder Techniken sein.[44]

Da es also keine Interpretationsrichtung zu geben scheint, die ernsthaft behaupten wollte, Platon habe alles, womit ihm Ernst war, allen unverhüllt dargeboten, geht es in Wirklichkeit um die Entscheidung zwischen zwei Formen von Esoterik, der dialogimmanenten Esoterik der Schleiermacherianer, für die Platon einzig auf Esoterik als »Beschaffenheit des Lesers« gesetzt habe (dies aber durchgehend und uneingeschränkt)[45], und der dialogübersteigenden Esoterik der Gegenposition, die annimmt, daß Platon sehr früh schon (mindestens aber seit der »Politeia«) an einer Theorie der ἀρχαί arbeitete, die er auf

---

43 Man spürt die Differenz fast in allem, was Aristoteles über Platon sagt, am deutlichsten aber in der »Metaphysik«, bes. A 6–9 und in den Büchern M und N. Bei Theophrastos vergleiche man ›Metaphysik‹ 6a24ff. (Theophrastus' Metaphysics. With translation, commentary and introduction by W.D. Ross and F.H. Fobes, Oxford 1929 [repr. Hildesheim 1967], S. 12f. u. passim).

44 Zu den ›Künsten‹ oder Darstellungsmitteln Platons vergleiche man Schleiermachers ›Einleitung‹, in: Platons Werke von F. Schleiermacher. Ersten Theiles erster Band (Berlin 1804), Berlin ³1855, S. 16f. und 30 (Nachdruck in: K. Gaiser (ed.), Das Platonbild, Hildesheim 1969, S. 12f. und 26). Zur ›inneren‹ Esoterik der Dialogform und ihrem Versuch, die ›äußere‹ Esoterik der Überlieferung zu ersetzen, vgl. Verf., Dialogform und Esoterik. Zur Deutung des platonischen Dialogs »Phaidros«, Mus. Helv. 35 (1978), S. 18–32; PSP, S. 368–370. – Die textimmanente Esoterik bestimmt – mit wechselnden Graden der Deutlichkeit – sozusagen alle neueren Platoninterpretationen (sofern sie sich nicht programmatisch von Schleiermachers Position losgesagt haben). Ganz explizit, teilweise auch in sehr ›elitärer‹ Sprache formuliert, findet sie sich z.B. bei D. Roloff, Platonische Ironie. Das Beispiel: Theaitetos, Heidelberg 1975 (Roloffs »Ironie II« hat »die Aufgabe, das Wesentliche vor den Unberufenen zu verbergen« [S. 5], sie »dient zur Abwehr der Unberufenen« [S. 18]); H. Meißner, Der tiefere Logos Platons. Eine Auseinandersetzung mit dem Problem der Widersprüche in Platons Werken, Heidelberg 1978 (M. glaubt an »selektive Erkenntnisvermittlung« durch die Schrift, durch die Platon seinen »tieferen Logos« »verbirgt« oder »verhüllt« vor »dem Gros der Leser« [S. 86, 134, 202, 209]). Nicht unähnlich neuerdings Ch. Griswold, Self-Knowledge, S. 207ff. (die Dialoge seien fähig »[...] to select [...] the soul of the potential philosopher« [S. 222]).

45 ›Das Esoterische‹ als »Beschaffenheit des Lesers«: Schleiermachers Einleitung, S. 16f. (= S. 12f. Gaiser). Damit ist ein ›esoterisches‹ Lesen der Dialoge für notwendig erklärt, was seither allgemein als hinreichender Schutz vor ungerechtfertigten Angriffen (im Sinne von Phaidros 275e) gewertet wird.

Grund einer Reflexion auf die prinzipiellen Mängel der Schrift als eines Mediums philosophischer Mitteilung nicht schriftlich zu fixieren gedachte.[46]

Es dürfte klar sein, daß die simpliciter ›esoterisch‹ genannte Position die umfassendere ist im Vergleich mit dem Standpunkt der (vereinfachend so genannten) ›Antiesoteriker‹, denn die ›Esoteriker‹ können die dialogimmanente Esoterik der Gegenseite ohne Schaden für ihren Gesamtentwurf integrieren[47], während die von Schleiermachers Dialogtheorie beherrschte moderne Platonexegese sich auf die Leugnung der historischen Wirklichkeit einer Prinzipientheorie Platons, zumindest aber auf die dogmatische Versicherung ihrer Bedeutungslosigkeit, festgelegt hat.

(3) Schließlich sei darauf hingewiesen, daß die Kennzeichnung ›esoterisch‹ auf zwei Richtungen angewandt wurde und wird, die nicht das Geringste miteinander zu tun haben: der Versuch von Leo Strauss[48], die eigene konservative (nach manchen: obskurantistische) politische Philosophie in Platon hineinzulesen, gilt für viele angelsächsische Interpreten als Inbegriff von ›Esoterik‹ bzw. ›Esoterismus‹. Demgegenüber ist festzuhalten, daß die von Leo Strauss und seinen Schülern[49] vertretene Platonhermeneutik eindeutig die der ›antiesoterischen‹ schleiermacherianischen Traditionslinie ist: sie suchen Platons eigentliche Botschaft ausschließlich im, oder genauer: hinter dem Text, als verschlüsselte Mitteilung ›zwischen den Zeilen‹. Hinsichtlich der Methode gehören also Strauss und seine Anhänger einerseits, die Tübinger Forscher H.J. Krämer und K. Gaiser andererseits gerade in entgegengesetzte Lager. Die politischen Überzeugungen des Leo Strauss sind allein seine Sache – für die historisch orientierte ›esoterische‹ Interpretation, die den Schleiermacherianismus

---

46 Die bekanntesten Werke dieser Richtung sind: H.J. Krämer, Arete bei Platon und Aristoteles. Zum Wesen und zur Geschichte der platonischen Ontologie. Abh. Heidelberger Ak. Wiss. 1959, Amsterdam ²1967; K. Gaiser, Platons ungeschriebene Lehre. Studien zur systematischen und geschichtlichen Begründung der Wissenschaften in der Platonischen Schule, Stuttgart 1963, ²1968. – Von den zahlreichen weiteren Platonarbeiten von Krämer und Gaiser seien hier nur die jüngsten genannt: H.J. Krämer, Platone e i fondamenti della metafisica. Saggio sulla teoria dei principi e sulle dottrine non scritte di Platone. Introd. e. trad. di G. Reale, Milano 1982 (darin S. 433 ff. eine Bibliographie der Arbeiten Krämers, S. 418 ff. eine Auswahlbibliographie aus den Jahren 1742–1981 zur Problematik der mündlichen Philosophie Platons); H.J. Krämer, La nuova immagine di Platone, Napoli 1986; K. Gaiser, Platone come scrittore filosofico. Saggi sull' ermeneutica dei dialoghi platonici. Napoli 1984 (darin S. 27f. ein Verzeichnis der Platonarbeiten Gaisers).
47 Vgl. Gaiser, Platone come scrittore filosofico, S. 82; Krämer, La nuova immagine di Platone, S. 42.
48 Vgl. die Aufsatzsammlung: Studies in Platonic Political Philosophy. With an Introduction by Th. L. Pangle, Chicago/London 1983 (dort S. 27 eine kurze Liste der Hauptwerke von Strauss, S. 249–258 eine Bibliographie).
49 Als Strauss' Schüler bzw. als stark von ihm beeinflußt oder ihm nahestehend können u.a. gelten: A. Bloom, The Republic of Plato, transl. with notes, New York 1968 (darin S. 307 ff.: »Interpretive Essay«); St. Rosen, Plato's Symposium, New Haven 1968; J. Klein, A Commentary on Plato's Meno, Chapel Hill 1965; R. Burger, Plato's Phaedrus. A Defense of a Philosophic Art of Writing, Alabama 1980.

aus Gründen der hermeneutischen Methode in Frage stellt, sind sie schlichtweg irrelevant.⁵⁰

(4) Wenn schon die erwähnten Mißverständnisse hinsichtlich Alter, Besonderheit und Abgrenzung der esoterischen Position so weit verbreitet und so zählebig sind, so kann es nicht verwundern, daß viertens auch falsche Vorstellungen über die Gründe vorherrschen, die zur Anerkennung einer mündlichen Prinzipienphilosophie Platons führen. Immer wieder wird die Ansicht wiederholt, am Anfang stehe die Suche nach konkreten Aussagen oder gar nach einem System, da aber die Dialoge diese Suche ohne Ergebnis enden ließen, seien manche Interpreten geneigt, ins Ungeschriebene auszuweichen. So schrieb M. Burnyeat, bei der Suche nach einem System Platons »there will always be some substantial part of the corpus that does not fit. Hence the resort of Esoterism«.⁵¹ Und Wolfgang Wieland meinte, da Platon nirgends in eigenem Namen spreche, nirgends für die Richtigkeit bestimmter Sätze eintrete, liege es nahe, auch die antike Überlieferung über die mündliche Philosophie Platons zu beachten⁵² – sozusagen ersatzweise und um sich überhaupt an Sätze halten zu können.

In historischer Perspektive würde diese Konstruktion bedeuten, daß alle jene Interpreten, die einer Auseinandersetzung mit Aristoteles' und Theophrastos' Platonbild nicht aus dem Weg gingen (wie Wieland es tut), von der Unmöglichkeit, den Dialogen gesicherte Sätze zu entnehmen, überzeugt gewesen sein müßten. Daß dies nicht der Fall war, läßt sich an der Platonforschung des 19. und 20. Jahrhunderts leicht nachprüfen.

Doch von der Geschichte der Platonexegese einmal abgesehen: mit einem unphilosophischen Verlangen nach zitierfähigen Sätzen hat die Abkehr von Schleiermachers schlecht fundierter Platonhermeneutik nichts zu tun, sehr viel hingegen mit dem unverzichtbaren Postulat, tendenziöse Selektivität in der Auswertung der Zeugnisse zu vermeiden. Dies Postulat betrifft zunächst und zuvörderst die Auslegung unserer primären Zeugnisse, der platonischen Dialoge selbst: es ist oben gezeigt worden, daß bei schleiermacherianischen Prämissen eine ganze Reihe von zentral wichtigen Charakteristika der Werke Platons ohne Erklärung bleiben muß. Hat man sich hingegen einmal entschieden, die Schriftkritik ohne Rücksicht auf moderne Voreingenommenheiten ernst zu nehmen, so zeigt sich, daß ihr Schlüsselbegriff der ›Hilfe für den Logos‹ – den weder Schleiermacher noch Wieland in seiner Funktion als Schlüsselbegriff erkannt haben – gerade den Leser der Dialoge über

---

50 Es ist zu befürchten, daß mangelnde Klarheit in diesem Punkt auch bei uns dazu führen könnte, daß die berechtigte Ablehnung obskurantistischer Tendenzen unbewußt in eine Voreingenommenheit gegen philosophiehistorisch unabweisbare Fragestellungen umschlägt. So scheint es Myles Burnyeat ergangen zu sein, der mit durchaus löblichem demokratischem Eifer gegen die fragwürdige politische Orientierung des Leo Strauss ankämpft, parallel dazu aber auch gegen die gänzlich verschiedene ›Esoterik‹ der Tübinger Richtung schreibt, ohne in seiner Naivität den Lesern – und das heißt doch wohl auch: ohne sich selbst – jemals klar zu machen, daß die beiden Ansätze nicht das Geringste miteinander zu tun haben. (Vgl. M. Burnyeat in: CR 29 (1979), S. 161-2; NYROB, Bd. XXXII, No. 9 [30.5.1985], S. 30-36; TLS, July 13, 1984, S. 788).
51 Classical Review 29 (1979), S. 161. Ähnlich glaubt E. Heitsch, Platon über die rechte Art, S. 4, eine Auslegung der Schriftkritik, die vom Schleiermacherschen Dogma der Autarkie des Schriftwerks abweicht, müsse ihren Ursprung in vorwiegend systematischem Interesse haben.
52 Wieland, Platon und die Formen des Wissens, S. 39.

diese hinausverweist, und zwar gerade im Hinblick auf die Gewinnung inhaltlich bestimmter Antworten. Dieses von Platon so umsichtig und so konsistent inszenierte Hinausverweisen macht die Beschäftigung mit der indirekten Überlieferung, deren Nichtbeachtung ohnehin methodisch unzulässig wäre, vollends zu einer unabweisbaren Aufgabe der Platonexegese.

Vergeblich versucht Wieland, dieser Konsequenz durch Rekurs auf den Unterschied der Formen des Wissens auszuweichen. Worauf Platons ganzes Wirken abziele, seien nicht Erkenntnisse, die in Form von Sätzen wiedergegeben werden können, sondern jenes nicht-propositionale Gebrauchswissen, das den richtigen Umgang mit Sätzen gewährleistet. So wertvoll die Unterscheidung der Formen des Wissens an sich selbst ist, so wenig überzeugend ist die Anwendung – man vermißt in Wielands Darlegungen das interpretatorische Gebrauchswissen, das seine theoretischen Sätze über ›Wissen‹ und ›Können‹ erst für die Platondeutung fruchtbar machen würde. Da Wielands Auslegung der Schriftkritik (S. 13ff.) nicht geduldig am Leitfaden des Textes voranschreitet, sondern immer wieder wichtige Bestimmungen übergeht, bleibt ihm, wie erwähnt, der Schlüsselbegriff des Passus verborgen; folglich wird nicht gefragt, wie es denn zugeht, wenn bei Platon der Dialektiker seinem Logos ›zu Hilfe kommt‹; folglich kann nicht in den Blick kommen, daß dies regelmäßig und notwendig durch Ausformulieren weiterer und grundlegenderer Sätze geschieht. Daß das Gebrauchswissen des richtigen Umgangs mit diesen Sätzen dazukommen muß, versteht sich von selbst – Platon zeigt ja in den Dialogen zusammen mit dem Einführen neuer, ›helfender‹ Sätze auch die Art, wie der Dialektiker mit ihnen umgeht. Sinnwidrig ist der Versuch, beides trennen zu wollen: für Wieland »verweist« die Schriftkritik »nicht auf Lehren und Theorien, auf deren schriftliche Mitteilung Platon verzichtet hätte, sondern sie macht darauf aufmerksam, daß es innere Grenzen der Mitteilbarkeit gibt«.[53] Der erste Teil dieser Aussage ist, gemessen an Wielands eigenen Ausführungen, zumindest unfundiert – da der tatsächliche Vollzug des ›Helfens‹ im Dialog »Phaidros« und im übrigen Schriftwerk nicht thematisiert und Platons Hinweis auf das mögliche Schweigen des Dialektikers nicht weiter beachtet wurde, berechtigt nichts zu einer Aussage dieser Art; gemessen am Befund der Dialoge (insbesondere an der engen Verbindung zwischen Aussparungsstellen, Schriftkritik und Dialogstruktur) ist die Aussage überdies nachweislich unrichtig.

Eine Rechtfertigung für die zitierte Behauptung wäre allenfalls gegeben, wenn das Aufmerksammachen auf die »inneren Grenzen der Mitteilbarkeit« als solches schon unverträglich wäre mit dem Verweis auf weitere formulierbare, aber *hic et nunc* nicht formulierte Sätze. Es gibt Anzeichen, daß Wieland in der Tat an einen Zusammenhang dieser Art glaubt, etwa wenn er schreibt: »Er [sc. der Dialektiker] zeichnet sich nicht durch den Besitz oder die Kenntnis bestimmter Sätze und ihrer Begründungen aus, da er durch seine

---

53 Wieland, Platon und die Formen des Wissens, S. 27. Um zu präzisieren: nicht die Schriftkritik als solche verweist auf andere Theorien – das tut Platon vielmehr in den Aussparungsstellen –, wohl aber macht sie verständlich, warum der *philosophos* in der Lage sein muß, seinem schriftlichen Logos durch bereitgehaltene, aber vorerst nicht mitgeteilte Theorien mündlich zu ›helfen‹. – Zu Wielands seltsamem Umgang mit der Aussparungsstelle Politeia 509c vgl. Verf., Platon und die neuzeitliche Theorie des platonischen Dialogs, in: Dialog Schule-Wissenschaft 23 (1989), S. 161–176.

Kunst des Umgangs mit Sätzen charakterisiert ist (vgl. Phdr. 276e)«.⁵⁴ Die Logik dieses »da« ist durchsichtig: das zu Beweisende ist in Wirklichkeit schon vorausgesetzt. Daß die dialektische Kunst des Umgangs mit Sätzen es ausschließe, daß bestimmte Sätze notfalls aus einer bestimmten Diskussion herausgehalten werden, ist eine nicht reflektierte Prämisse Wielands, besser: der Moderne seit der Aufklärung. Platon hingegen hält das Schweigen seitens des Dialektikers gegenüber bestimmten Adressaten für ebenso wesentlich wie sein Reden: der Logos des ›Wissenden‹ ist ἐπιστήμων λέγειν τε καὶ σιγᾶν πρὸς οὕς δεῖ (Phdr. 276a6–7).

Während für Platon die Kenntnis der unverzichtbaren Einsichten der Ideenphilosophie zusammengehört mit dem richtigen Umgang mit den Sätzen, die diese Einsichten ausdrücken, schließt Wieland unerlaubterweise von der Unterscheidbarkeit dieser Formen des Wissens auf ihre faktische Unverbundenheit: wo der richtige Umgang mit Sätzen eine Rolle spiele, könne es keine bestimmten Sätze geben, an deren Behandlung sich der richtige Umgang erst erweisen muß. Dieser Trugschluß ist die Seele der Wielandschen Platondeutung – nicht nur seiner selektiven Behandlung der Schriftkritik, sondern auch seiner Leugnung einer platonischen Ideentheorie.

Daß die ›esoterische‹ Betrachtungsweise von den Dialogen selbst gestützt wird, daran ändern auch die rechtverstandenen Formen des Wissens nichts. Im Gegenteil: hat man erst einmal verstanden, daß philosophische Sätze, je *fundamentaler* sie sind, *desto stärker* der Gefahr des unsachgemäßen Umgangs mit ihnen ausgesetzt sind, so wird man auch verstehen, daß ein Autor wie Platon, dem der Unterschied zwischen propositionalem und nicht-propositionalem Wissen klar vor Augen stand, gerade deswegen die praktische Konsequenz zog, die grundlegendsten seiner Propositionen nicht durch Verschriftlichung dem Mißverständnis und Mißbrauch durch unzureichend gerüstete Rezipienten auszusetzen. Wie es der »7. Brief« formuliert: wer die richtige Einstellung hat zu dem, worum es Platon in erster Linie ging, wird es nicht »in die Dissonanz und Unziemlichkeit hinauswerfen« (Epist. 7, 344d8) – »hinauswerfen« kann man aber von vornherein nur Sätze, nicht ein nicht-propositionales Gebrauchswissen.

So erweisen sich die von Wieland neu in die Diskussion eingeführten Gesichtspunkte durchaus als Stütze der Position, die er mit Hilfe dieser Gesichtspunkte glaubt überwinden zu können.

---

54 Wieland, Platon und die Formen des Wissens, S. 59.

DIETER TEICHERT (Konstanz)

Der Philosoph als Briefschreiber

Zur Bedeutung der literarischen Form von Senecas Briefen an Lucilius

Die Briefe an Lucilius[1] wurden zwar als bedeutendstes Werk Senecas bezeichnet[2], sie wurden aber auch scharf kritisiert. Glaubt man den Kritikern, so tragen sie schlecht geordnete Überlegungen vor, reihen einzelne Einfälle aneinander und entwickeln keine kohärente Philosophie. Immer wieder wurde Seneca vorgeworfen, er kombiniere eklektizistisch unterschiedliche Positionen und seine Überlegungen seien oberflächlich. Das nicht-systematische Vorgehen in den Briefen an Lucilius wurde als eindeutiges Defizit bewertet.[3]

Im folgenden möchte ich zeigen, daß eine solche Beurteilung nicht gerechtfertigt ist. Eine Untersuchung der Philosophiekonzeption Senecas macht deutlich, daß die Briefform keine bloß äußerliche Einkleidung der vorgetragenen Überlegungen ist.

I.

Bei den 124 Briefen Senecas an Lucilius handelt es sich um eine Briefsammlung, die nur die Schreiben eines der beiden Beteiligten mitteilt. Durch wiederholte Anreden, Rekapitulationen von Äußerungen des Lucilius in Senecas Briefen und durch Bezugnahmen auf die jeweiligen Lebensumstände des Angeredeten wirken die Texte mitunter wie authentische Stücke einer Privatkorrespondenz.

---

1 L. Annaeus Seneca, Ad Lucilium epistulae morales – An Lucilius Briefe über Ethik, ed. M. Rosenbach, Bde. I-II, Darmstadt 1980-1984.

2 »[...] les *Epistres* de Seneque, qui est la plus belle partie des ses escrits, et la plus profitable.« M. de Montaigne, Œuvres complètes (Bibliothèque de la Pléiade), Paris 1962, S. 392. Vgl. auch A. A. Long, Hellenistic Philosophy – Stoics, Epicureans, Sceptics, London 1986, S. 233; D. A. Russell, Letters to Lucilius, in: C.D.N. Costa (ed.), Seneca, London/Boston 1974, S. 79; I. Hadot, Seneca und die griechisch-römische Tradition der Seelenleitung, Berlin 1969, S. 125 und R.M. Gummere, Seneca the Philosopher and his Modern Message, New York 1963, S. 51.

3 »[...] il est impossible de voir dans cette collection de lettres un plan méthodique d'ensemble.« E. Albertini, La Composition dans les ouvrages philosophiques de Sénèque, Paris 1923, S. 132f. Von der philosophischen Oberflächlichkeit Senecas spricht G.M. Ross, Seneca's Philosophical Influence, in: Costa, Seneca, S. 117. Beschränkte philosophische Fähigkeiten werden Seneca von I.G. Kidd attestiert. Vgl. ders., Moral Actions and Rules in Stoic Ethics, in: J.M. Rist (ed.), The Stoics, Berkeley/Los Angeles/London 1978, S. 251.

Wie aus einem Hinweis Senecas hervorgeht, handelt es sich aber nicht um rein private Briefe, die uns nur durch einen Zufall überliefert wurden, sondern um ein zur Veröffentlichung bestimmtes Werk.[4]

Den thematischen Schwerpunkt dieses Werks bilden ethische Fragen. Seneca will keine eigenständige Ethik als theoretische Teildisziplin neben Logik und Physik[5] erarbeiten. Theoretische Probleme, etwa die Definition ethischer Grundbegriffe, stehen nicht im Vordergrund, stattdessen sollen die Briefe dem Adressaten helfen, sein Leben vernünftig zu gestalten. Sie tun dies nicht nur, indem Rat erteilt, Empfehlungen ausgesprochen und Vorschriften formuliert werden. Sie vergegenwärtigen das Bemühen um eine vernunftgemäße Lebensweise, indem der Absender sich selbst Rechenschaft über seine Lebensführung ablegt: Seneca spricht nicht nur in der Rolle des Lehrers, er nimmt selbst die Rolle eines Lernenden ein.[6]

Die Konzentration auf Fragen der Lebenspraxis impliziert nun keineswegs eine strikte Abwendung von der philosophischen Ethik als Wissensbildung in Theorieform. Seneca berücksichtigt durchaus die von verschiedenen Schulen formulierten Positionen und steht auf der Grundlage der stoischen Philosophie. Insbesondere im Mittel- und Schlußteil der Briefsammlung gewinnen teilweise detaillierte Auseinandersetzungen mit einzelnen philosophischen Lehrsätzen zunehmend an Gewicht. Solche theoretischen Erörterungen und Diskussionen bleiben aber stets an das grundlegende Interesse zurückgebunden, dem Leser Wege aufzuzeigen, wie er sein Leben vernünftig gestalten kann. Eine gewisse Skepsis bezüglich der Erfolgsaussichten dieses Programms wird in der folgenden Äußerung deutlich:

»Worte bestätige durch Tatsachen. Eine andere Absicht haben Menschen, die Vorträge halten und nach dem Beifall der Zuhörer haschen; eine andere haben die, die junger und müßiger Menschen Ohren durch vielfältige und gewandte Erörterungen fesseln: handeln lehrt die Philosophie, nicht reden, darauf dringt sie, daß nach seinem eigenen Gesetz ein jeder lebe, damit nicht zur Rede das Leben in Widerspruch stehe oder in sich selbst (widersprüchlich sei), daß es bei allen seinen Handlungen nur eine Färbung gebe. Das ist die wichtigste Aufgabe der Weisheit und der Beweis für sie, daß mit den Worten die Taten übereinstimmen, daß man selber in jeder Situation sich gleich und derselbe ist. ›Wer wird das leisten?‹ – Wenige, manche dennoch.«[7]

---

4 Ep. 21, 5.
5 Die Stoa gliederte die Philosophie üblicherweise in die drei Bereiche Logik, Physik und Ethik. Vgl. K. Hülser (ed.), Die Fragmente zur Dialektik der Stoiker, Bd. I, Stuttgart-Bad Cannstatt 1987, S. 2–5. Einen instruktiven Überblick über die stoische Philosophie gibt das erste Kapitel (»Stoicism in Antiquity«) in: M.L. Colish, The Stoic Tradition from Antiquity to the Early Middle Ages, Bd. 1: Stoicism in Classical Latin Literature, Leiden 1985, S. 7–60.
6 Vgl. Epp. 27,1; 34,2; 87,4f.
7 Ep. 20,1f.: »[...] verba rebus proba. Aliud propositum est declamantibus et adsensionem coronae captantibus; aliud his, qui iuvenum et otiosorum aures disputatione varia aut volubili detinent: facere docet philosophia, non dicere, et hoc exigit, ut ad legem suam quisque vivat, ne orationi vita dissentiat aut ipsa inter se vita, ‹ut› unus sit omnium actionum color [sit]. Maximum hoc est et officium sapientiae et indicium, ut verbis opera concordent, ut ipse ubique par sibi idemque sit. ›Quis hoc praestabit?‹ Pauci, aliqui tamen.«

Senecas Briefe präsentieren die Philosophie primär als eine ars vitae, als »Technik« der Lebensführung.[8] Da die Formulierung eines Begriffs vernünftiger Lebensführung nicht bewirkt, daß die Menschen ihr Handeln nach Maßgabe dieses Begriffs bestimmen, sieht sich Seneca dazu veranlaßt, als Philosoph Strategien zu erproben, die die Umsetzung der im Rahmen der philosophischen Ethik gewonnenen Einsichten in den Lebensvollzug der Subjekte ermöglichen. Der zentrale Gegenstand Senecas ist das Problem, wie man von einem ethischen Wissen ausgehend ein bestimmtes Können – die Fähigkeit, dem ethischen Wissen entsprechend zu handeln – erwirbt.

Dabei ist er von der Vorstellung geleitet, daß das Ziel einer Übereinstimmung von philosophischer Ethik und Lebenspraxis nicht durch einen einmaligen Entschluß, sondern nur durch schrittweise Modifikationen der Lebensführung erreicht werden kann.

Die Philosophie als ars vitae unterstützt die Einübung neuer, ethisch gerechtfertigter Verhaltensweisen und Einstellungen:

»Alle sind wir vorbelastet: sittliche Haltung zu lernen heißt Fehlhaltung zu verlernen.«[9]

II.

Um ihre Aufgabe zu erfüllen, hält die Philosophie ein Repertoire an Übungen bereit, die der Philosophierende täglich ausführen soll.[10] Das ethische Trainingsprogramm setzt sich aus den folgenden Elementen zusammen: Lektüre, Memorieren, schriftliches Durcharbeiten, Gespräch, Vergegenwärtigung der Exempla, Selbstprüfung, Meditation.

Im folgenden sollen diese Tätigkeiten kurz erläutert werden:

---

8 Diesem Aspekt des Philosophiebegriffs Senecas hat I. Hadot eine ausführliche Untersuchung gewidmet: Hadot, Seneca. Diese Arbeit weist schon in die hier verfolgte Richtung, wenn konstatiert wird, daß eine adäquate Beurteilung der Texte Senecas nur möglich ist, »[...] wenn man ihre Form von ihrer Funktion her zu verstehen sich bemüht.« Ebd., S. 38.
9 Ep. 50,7: »Omnes praeoccupati sumus: virtutes discere vitia dediscere ‹est›.«
Rosenbachs Übersetzung von ›vitium‹ durch ›Fehlhaltung‹ scheint mir außerordentlich glücklich, da sie eine Annäherung der Ausführungen Senecas an christliche Vorstellungen vermeidet.
10 In umfassender Weise hat P. Hadot den Übungscharakter der Philosophie untersucht. Vgl. die Aufsatzsammlung P. Hadot, Exercices spirituels et philosophie antique, Paris 1987.
In seiner Abhandlung »Exercices spirituels« (S. 15–58) kommt Hadot zu dem Ergebnis, daß die antike Philosophie insgesamt unter dem Aspekt der Einübung in eine Lebensform zu begreifen ist: »Il n'est donc pas possible de comprendre les théories philosophiques de l'Antiquité sans tenir compte de cette perspective concrète qui leur donne leur véritable signification.« (S. 51) »La philosophie apparaît alors, dans son aspect originel, non plus comme une construction théorique, mais comme une méthode de formation à une nouvelle manière de vivre [...]« (S. 56).
In bezug auf die spätantike Philosophie greift M. Foucault diese Konzeption auf und analysiert sie als eine »culture de soi«. M. Foucault, La culture de soi, in: Le souci de soi (Histoire de la sexualité, Bd. III), Paris 1984, S. 51–85. In Foucaults Ausführungen wird der Rigorismus der Ethik bei Seneca zugunsten einer Ästhetisierung der Lebensführung abgeschwächt. Vgl. zu dieser Arbeit des späten Foucault die differenzierenden Bemerkungen Hadots »Un dialogue interrompu avec Michel Foucault. Convergences et divergences« (S. 229–233).

1. Lektüre

Die Lektüre verfolgt nicht den Zweck, ein möglichst umfassendes Wissen über einen Gegenstandsbereich zu erschließen, sondern Ansichten anerkannter Autoren zu vermitteln. Das Lesen dient nicht der Zerstreuung, sondern der Konzentration und der Reflexion ethischer Probleme. Seneca warnt ausdrücklich vor einer Überfülle an Lesestoff.[11] Die tägliche Lektüre soll einen Beitrag zur Einübung vernünftiger Einstellungen leisten. Sie tut dies dadurch, daß sie unbegründete aber fest verwurzelte Vorstellungen korrigiert. Standardbeispiele des Stoikers Seneca für solche irrtümlichen Vorstellungen sind die Überbewertung von Reichtum und Macht oder die Furcht vor dem Tod.

In seinem zweiten Brief an Lucilius empfiehlt Seneca die Lektüre mit folgenden Worten:

> »Es zerstreut der Bücher Menge: daher – weil du nicht lesen kannst, wieviel du (an Büchern) besitzen könntest – ist es genug, zu besitzen, was du lesen kannst. ›Aber bald‹, sagst du, ›will ich dieses Buch aufschlagen, bald jenes.‹ – Eines verwöhnten Magens Art ist es, vieles zu kosten; sobald es vielfältig und verschieden ist, verunreinigt, nicht nährt es. Anerkannte (Autoren) lies daher stets [...] Etwas Hilfe täglich gegen die Armut, etwas Hilfe gegen den Tod bereite und ebenso gegen sonstiges Unheil [...]«[12]

2. Memorieren

An die Lektüre schließt sich das Memorieren von einzelnen Aussagen und Maximen an. Im Anschluß an die oben zitierte Passage schreibt Seneca:

> »[...] nimm eines heraus, das du an jenem Tag ganz dir zu eigen machen willst. Das tue auch ich selber; aus vielem, was ich gelesen habe, mache ich mir etwas zu eigen. Heute ist es das, was ich bei Epikur gefunden habe [...]«[13]

Aus dem ausgewählten Lesestoff wird beispielsweise eine Sentenz herausgenommen und durchgearbeitet. Hierbei geht es nicht um eine bloße Speicherung des Textmaterials im Gedächtnis, sondern um die Aneignung des Gelesenen. Die Briefe Senecas wenden diese Technik des Einprägens und Durchreflektierens insofern an, als an ihrem Ende meistens ein Diktum mitgeteilt wird, das sich der Adressat einprägen soll.

Im 33. Brief gibt Seneca dieses Verfahren auf. Er legt dar, daß Lucilius nun über ein

---

11 Ep. 45,1: »[...] lectio certa prodest, varia delectat. Qui, quo destinavit, pervenire vult, unam sequatur viam, non per multas vagetur [...]« – »[...] eine zielbewußte Lektüre nützt, abwechslungsreiche unterhält. Wer zu seinem Ziel gelangen will, verfolge einen einzigen Weg, nicht schweife er über viele [...]«.
12 Ep. 2,3f.: »Distringit librorum multitudo: itaque cum legere non possis, quantum habueris, satis est habere, quantum legas. ›Sed modo, inquis, hunc librum evolvere volo, modo illum.‹ Fastidientis stomachi est multa degustare; quae ubi varia sunt et diversa, inquinant, non alunt. Probatos itaque semper lege [...] Aliquid cotidie adversus paupertatem, aliquid adversus mortem auxili compara, nec minus adversus cetera pestes [...]«.
13 Ep. 2,4f.:» [...] unum excerpe, quod illo die concoquas. Hoc ipse quoque facio; ex pluribus, quae legi, aliquid adprehendo. Hodiernum hoc est, quod apud Epicurus nactus sum [...]«.

Stadium hinausgelangt sei, in dem die Beschäftigung mit isolierten Zitaten sinnvoll erscheine. Lucilius solle sich nun stoisches Gedankengut nicht in Form einzelner Bruchstücke, sondern in größeren Zusammenhängen aneignen, und er solle selbständig denken.[14] Das Memorieren erscheint als eine Übung für den Anfänger.

3. Schriftliche Darlegung

Während das Memorieren der Einprägung und Aneignung einzelner Einsichten dient, hat die schriftliche Darlegung die Aufgabe, das Gelesene mit dem eigenen Wissen zu vermitteln. Es handelt sich um eine zusammenfassende Aufarbeitung des Lesestoffs, die das neue in das bereits gewonnene Wissen integriert.

Lesen und Schreiben müssen in einem ausgewogenen Verhältnis zueinander stehen:

> »[...] die Schriftstellerei (soll), was immer man bei der Lektüre zusammengetragen hat, in ein Ganzes einbringen [...] ›Verdauen‹ wir es (das Gelesene): sonst geht es nur in unser Gedächtnis über, nicht in unser Wesen.«[15]

4. Gespräch

Das Gespräch steht ebensowenig wie die Lektüre im Zeichen der Zerstreuung und Unterhaltung, sondern dient der gemeinsamen Wissensbildung. Themen solcher problembezogener Gespräche im Freundeskreis sind beispielsweise die Platonische Philosophie (Ep. 58,1), die Begriffe Ursache und Materie (Ep. 65,2) oder die stoische Güterlehre (Ep. 66,5). Seneca gibt in seiner Briefsammlung nicht nur die Themen solcher Gespräche an, er referiert ihren Verlauf und gestaltet längere Abschnitte seiner Briefe als Dialoge mit Lucilius.

Die Briefe ähneln dem Gespräch aber nicht nur durch das Abwägen unterschiedlicher Positionen in Rede und Gegenrede. Seneca betont eine grundsätzliche Ähnlichkeit des Briefs mit dem mündlichen Gespräch. Der Modus der Schriftlichkeit bewirkt keine Behinderung der Verständigung. Der Brief wird als Äquivalent zur mündlichen Unterredung dargestellt.[16]

---

14 Ep. 33,8: »Meminisse est rem commissam memoriae custodire: at contra scire est sua facere quaeque nec ad exemplar pendere et totiens respicere ad magistrum.« –
»Sich zu erinnern bedeutet, einen dem Gedächtnis anvertrauten Sachverhalt zu bewahren: aber hingegen wissen heißt, alles sich zu eigen machen, nicht von einem Vorbild abhängig sein und so oft sich umzusehen nach dem Lehrer.«
15 Ep. 84,2.7 (Ergänzungen in Klammern von mir): »[...] ut quicquid lectione collectum est, stilus redigat in corpus [...] Concoquamus illa: alioquin in memoriam ibunt, non in ingenium.«
16 Ep. 40,1: »Numquam epistulam tuam accipio, ut non protinus una simus.« – »Niemals empfange ich einen Brief von dir, ohne daß wir nicht sofort zusammen sind.« Vgl. in diesem Zusammenhang auch Epp. 38,1; 67,2; 75,1.

5. Vergegenwärtigung der Exempla

Ein weiteres konstitutives Element der Philosophie als ars vitae bei Seneca besteht in der Veranschaulichung angestrebter Verhaltensweisen und Einstellungen durch bestimmte Personen. Zu den von Seneca am häufigsten angeführten Leitbildern gehören Sokrates und Cato.[17] Diesen Vorbildern wird eine wichtige erzieherische Funktion zugeschrieben: der einzelne korrigiert sein Verhalten, indem er es nach dem Muster der exemplarischen Persönlichkeit ausrichtet:

> »Jemanden habe die Seele, den sie scheue, aufgrund dessen moralischen Gewichtes sie auch ihr Innerstes unschuldiger mache. Glücklich jener, der nicht durch seine Gegenwart nur, sondern auch wenn man an ihn denkt, besser macht [...] Wähl den, bei dem dir gefällt Lebensform und Art zu sprechen und das Gesicht selbst, die Gesinnnung in sich zeigend: ihn halte dir stets vor Augen als Wächter oder als Beispiel.«[18]

Die Briefe Senecas sind voll von Darstellungen vorbildhaften Verhaltens. Eine Vielzahl narrativer Skizzen stellt dem Leser den Zielzustand der ethischen Bemühungen in anschaulicher Form vor Augen. Wie für die übrigen Techniken gilt auch hier, daß es wichtig ist, sie nicht sporadisch sondern beständig anzuwenden und zu üben.

6. Selbstprüfung

Das Vorhaben, die eigene Lebensführung nach ethischen Prinzipien auszurichten, führt zu einer Form der Selbstkontrolle, die Klarheit darüber verschaffen soll, inwieweit Annäherungen an das gesetzte Ziel erfolgt sind. Diese Selbstprüfung hat den Charakter einer strengen Befragung:

> »[...] soweit du kannst, mach dir Vorwürfe, verhöre dich; des Anklägers Aufgabe nimm zuerst wahr, dann des Richters, zuletzt des Fürsprechers. Gelegentlich sei schonungslos mit dir.«[19]

Diese Überprüfung des eigenen Verhaltens mißt beständig den Abstand zwischen dem angestrebten Ziel und den tatsächlichen Verhältnissen aus. Als Abschluß des Tageslaufs eingesetzt stellt diese Übung eine Abrechnung mit den Taten des Tages dar.[20] In einem seiner Traktate gibt Seneca die ausführlichste Darstellung dieses Verfahrens:

---

17 Vgl. beispielsweise Ep. 104, 27–29.
18 Ep. 11,9f.: »Aliquem habeat animus, quem vereatur, cuius auctoritate etiam secretum suum sanctius faciat.
 O felicem illum, qui non praesens tantum, sed etiam cogitatus emendat! [...] Elige eum, cuius tibi placuit et vita et oratio et ipse animum ante se ferens vultus: illum tibi semper ostende vel custodem vel exemplum.«
19 Ep. 28,10: »Ideo quantum potes, te ipse coargue, inquire in te; accusatoris primum partibus fungere, deinde iudicis, novissime deprecatoris. Aliquando te offende.«
 Vgl. auch Epp. 83,2; 101,7.
20 I. Hadot verweist auf den Epikureismus als Herkunftsbereich dieser Übung (Hadot, Seneca, S. 66–71). M. Foucault macht darauf aufmerksam, daß es sich bei dem »examen de conscience« um ein Element des pythagoreischen Unterrichts handelt (Foucault, Souci de soi, S. 77).

»Gibt es etwas Schöneres als die Gewohnheit, seinen ganzen Tag so durch und durch zu prüfen? Wie ruhig ist der Schlaf, wie tief und frei, der auf die Selbstmusterung folgt! Täglich verantworte ich mich vor meinem Richterstuhl. Wenn fortgetragen ist das Licht und meine Frau verstummt, die meine Sitte kennt, durchstöbere ich meinen ganzen Tag und nehme meine Taten und Worte wieder vor; gar nichts verhehle ich, nichts übergehe ich.«[21]

7. Meditation

Die Meditation erscheint bei Seneca in zwei unterschiedlichen Formen als ›praemeditatio malorum‹ und als ›meditatio mortis‹.

Im Fall der ›praemeditatio malorum‹[22] handelt es sich um die Vorstellung möglicherweise eintretender Unglücksfälle:

»[...] was immer geschehen kann, wollen wir uns als bevorstehend denken.«[23]

Die bewußte Lenkung der Vorstellung auf Unglücksfälle wie Mißerfolg, Armut, Krankheit soll das Bewußtsein dafür stärken, daß es sich um unerfreuliche, aber kontingente und insofern gleichgültige Ereignisse handelt. Diese Zustände und Ereignisse entziehen sich zumeist der Verfügungsgewalt des einzelnen, sie sind dem Subjekt weder als Verfehlungen noch als Leistungen anzurechnen. Da sie die sittliche Substanz der Person nicht direkt berühren, werden sie von den Stoikern als Adiaphora, als moralisch neutral, bezeichnet.[24]

Die antizipierende Meditation soll eine gewohnheitsmäßige Überbewertung solcher Unglücksfälle abbauen. Ihr Ziel ist eine Gelassenheit, die die Kontingenz der Ereignisse akzeptiert.

Die zweite Form der Meditation ist die ›meditatio mortis‹. Der Gedanke an den Tod spielt zwar bereits im Zusammenhang mit der vorwegnehmenden Vorstellung möglicher Geschehnisse eine Rolle, er wird aber darüberhinaus eigens zum Gegenstand der Reflexion gemacht. In der ›meditatio mortis‹ soll der Gedanke an den Tod einer Schärfung des Bewußtseins der Verantwortlichkeit für das eigene Handeln dienen. Indem täglich die Vorstellung aufgerufen wird, das Ende des Lebens sei gekommen, wird die Aufmerksamkeit von einzelnen Ereignissen im Leben auf das Leben als Ganzes gelenkt. In dieser Form gehört die ›meditatio mortis‹ zu den Verfahren der Selbstprüfung:

---

21 De ira III, 36, 2ff. Deutsche Übersetzung zitiert nach I. Hadot, Seneca, S. 69.
»Quicquam ergo pulchrius hac consuetudine excutiendi totum diem? Qualis ille somnus post recognitionem sui sequitur: quam tranquillus, quam altus ac liber, cum aut laudatus est animus aut admonitus et speculator sui censorque secretus cognovit de moribus suis. Utor hac potestate et cotidie apud me causam dico. Cum sublatum e conspectu lumen est et conticuit uxor moris iam mei conscia, totum diem meum scrutor factaque ac dicta mea remetior; nihil mihi ipse abscondo, nihil transeo.«
Lateinischer Text nach: L. Annaeus Seneca, Philosophische Schriften, ed. M. Rosenbach, Bd. I, Darmstadt 1969, S. 298.
22 Zur Tradition der ›praemeditatio malorum‹ vgl. Hadot, Seneca, S. 60f.
23 Ep. 24,15: » [...] quicquid fieri potest, quasi futurum cogitemus.« Vgl. auch Ep. 91,3ff.
24 Vgl. Ep. 82,10f.

»Daher ist so zu ordnen ein jeder Tag, als beschließe er den Zug, vollende und erfülle er das Leben.«[25]

Zudem steht der Gedanke an den Tod bei Seneca in enger Verbindung zu den Begriffen der Selbstbestimmung und Freiheit. Wenn in den bisher skizzierten Vorstellungen der Tod als ein von außen auf das Subjekt zukommendes, unhintergehbares Geschehen erscheint, so thematisiert Seneca immer wieder eine weitere Konzeption des Todes, den Freitod. Dieser wird nicht als ein Akt der Verzweiflung, sondern unter bestimmten Bedingungen als eine Handlung der Vernunft charakterisiert:

»›Denk an den Tod‹: wer das sagt, fordert dazu auf, an die Freiheit zu denken. Wer zu sterben gelernt hat, hat verlernt, Sklave zu sein: oberhalb aller Macht steht er, auf jeden Fall außerhalb jeder Macht. Was (können) gegen ihn Kerker, Gefangenschaft und Riegel? Einen freien Ausgang hat er.«[26]

III.

Die Darstellung des praxisorientierten Aspekts der Philosophie bei Seneca sollte zeigen, daß eine Perspektive unzureichend ist, die den Übungscharakter dieser Philosophie ausklammert. Interpretationen, die die Briefe als Abhandlungen oder Essays lesen, und Untersuchungen, die in doxographischer Absicht die mitgeteilten Lehrsätze registrieren, sind nicht ausreichend. Damit soll keineswegs bestritten werden, daß sich solche Interpretationen auf Senecas Briefsammlung berufen können, da mehrere Briefe tatsächlich als Abhandlungen mit ausführlichen Argumentationsketten angelegt sind.[27] Die doxographische Perspektive soll also nicht verdrängt, sondern in einen umfassenderen Ansatz integriert werden, der der im Konzept der Philosophie als ars vitae begründeten Anwendungsbezogenheit und dem Einübungscharakter der ethischen Reflexionen gerecht wird. Dabei stellt sich die Frage, aus welchen Gründen gerade die literarische Form der Briefsammlung zu der skizzierten Konzeption der Philosophie paßt und weshalb die Berücksichtigung der literarischen Gestaltung wesentlich ist.

Zunächst kann man hervorheben, daß der Schreiber der Briefe nicht nur einzelne Verfahren einer philosophischen Lebensführung beschreibt, er wendet sie im Schreiben

---

25 Ep. 12,8: »Itaque sic ordinandus est dies omnis, tamquam cogat agmen et consummet atque expleat vitam.«
Vgl. auch Epp. 26,4–8; 49,10; 54,7; 93,6; 101,7.
26 Ep. 26,10 (Leichte Veränderung der Übersetzung durch mich): » ›Meditare mortem‹: qui hoc dicit, meditari libertatem iubet. Qui mori didicit, servire dedidicit: supra omnem potentiam est, certe extra omnem. Quid ad illum carcer et custodia et claustra? Liberum ostium habet.«
Vgl. in diesem Zusammenhang W. Kamlah, Meditatio mortis, Stuttgart 1976. Kamlah greift in seiner Argumentation für das Recht auf einen eigenen Tod, die eine Wendung gegen das christliche Todesverständnis impliziert, auf antike Überlegungen zurück. Dabei akzentuiert er ganz im Sinn der stoischen ars vitae die Bedeutung der Einübung angemessener Einstellungen.
27 Vgl. beispielsweise Epp. 94 und 95 mit der Debatte über die Nützlichkeit und Funktion von Vorschriften (›praecepta‹) und Lehrsätzen (›decreta‹). Das Wechselspiel von theoretischer Argumentation und adressatenbezogenem Schreiben in den Lucilius-Briefen wird im einzelnen analysiert von H. Cancik, Untersuchungen zu Senecas Epistulae morales, Hildesheim 1967, S. 13–45.

selbst an: Er arbeitet seinen Lesestoff auf[28], er referiert problembezogene Gespräche[29] und führt den Briefwechsel mitunter wie ein solches Gespräch[30], er vergegenwärtigt sich exemplarisches Verhalten[31], er legt Rechenschaft über sein eigenes Verhalten ab.[32]

Der philosophische Brief Senecas zeichnet sich durch den Doppelaspekt von Darlegung eines Programms und exemplarischem Vollzug der Elemente dieses Programms aus. Zwar könnte auch eine systematische oder essayistische Darstellung einzelne Proben der betreffenden Übungen geben; die Briefform ermöglicht aber eine einprägsamere Darstellung des Übungscharakters der Philosophie, als dies in einem Traktat oder Essay möglich wäre. Das hängt hauptsächlich mit der Segmentierung des Gesamttexts in die einzelnen Briefe zusammen, die in nicht genau fixierten zeitlichen Intervallen aufeinander folgen. Um die zeitliche Distanz zwischen den Briefen zu überbrücken, greift Seneca häufig auf bereits Gesagtes zurück. Solche Wiederholungen sind einerseits durch die den Text bestimmende Kommunikationssituation motiviert, andererseits sind sie als Ausdruck des Übungscharakters zu sehen: Nicht das rasche Begreifen der Korrektheit einer syllogistischen Schlußfolgerung stellt Senecas Paradigma philosophischer Arbeit dar, sondern die täglich wiederholten Bemühungen des einzelnen, seinem Leben eine vernünftige Form zu geben. Die häufigen Wiederholungen bestimmter Gedanken demonstrieren diese unablässigen Anstrengungen des Philosophierenden, und der explizite Adressatenbezug trägt dem Umstand Rechnung, daß die philosophische Arbeit auf die Kommunikation mit einem realen oder imaginierten Partner angewiesen ist. Das Werk ist so angelegt, daß sowohl das Schreiben des Autors als auch die Arbeit des Lesers als Übungen im Sinn einer philosophischen ars vitae verstanden werden können.

Die Wahl der Briefform als einer durch den expliziten Bezug des Schreibers auf einen Adressaten definierten Textgattung ist vor allem aber dadurch motiviert, daß die Lösung von Fehlhaltungen und das Einüben neuer Einstellungen einem isolierten Subjekt kaum gelingen kann. Ein in seiner Partikularität befangenes Individuum kann ohne die Öffnung auf ein Gegenüber, das eine Subjektivität überschreitende Rationalität gewährleistet, nicht in den philosophischen Bildungsprozeß eintreten. Der explizite Adressatenbezug des philosophischen Briefs ist daher auch als Ausdruck der Notwendigkeit eines intersubjektiven Austauschs zu sehen. Er ist ein Zeichen für die Angewiesenheit auf den realen oder vorgestellten Anderen, durch den das Philosophieren zu einem therapeutischen Geschehen wird. Als solches wird es durch eine rekurrente Medizin-Metaphorik[33] ausgewiesen.

---

28 Epp. 59,7ff.; 87,11–40; 94,1ff.
29 Epp. 58; 65,2ff.; 66,5ff.
30 Epp. 14,12ff.; 20,7ff.; 76,1ff.
31 Epp. 30; 87,9; 120,6f.
32 Ep. 83,1–7.
33 »[...] posterorum negotium ago. Illis aliqua quae possint prodesse conscribo: salutares admonitiones, velut medicamentorum utilium compositiones, litteris mando, esse illas efficaces in meis ulceribus expertus, quae etiam si persanata non sunt, serpere desierunt.« – »[...] der Nachwelt Angelegenheit betreibe ich. Für sie schreibe ich etwas, was nutzen kann: heilsame Ermahnungen, wie nützlicher Heilmittel Zusammenstellungen, vertraue ich den Buchstaben an; daß sie wirksam sind, habe ich an meinen eigenen Geschwüren erfahren, die, auch wenn sie nicht völlig abgeheilt sind, fortzuwuchern aufgehört haben.«
Ep. 8,2; Vgl. auch Epp. 50,4; 52,9; 68,8; 72,6; 75,7; 104,18; 123,17.

An dieser Stelle liegt ein Vergleich des philosophischen Briefs mit dem Dialog nahe. Insbesondere der Sokratische Dialog[34] zeichnet sich durch Eigenschaften aus, die mit den in bezug auf die Lucilius-Briefe getroffenen Feststellungen übereinstimmen. Sowohl der Sokratische Dialog als auch der philosophische Brief Senecas stehen in Opposition zum monologischen Traktat. Beide Gattungen wenden sich gegen ein abgehobenes Systemdenken und beziehen ausdrücklich die Praxis des Philosophierenden in die Erörterungen ein. Für Senecas Briefe sind, ebenso wie für den Dialog Platons, die Bildung des Philosophierenden und die Vermittlung vernünftiger Einstellungen wesentliche Zwecke des Philosophierens.[35]

Unterschiede zwischen den Modellen des Sokratischen Dialogs und des philosophischen Briefs bei Seneca sind aber unübersehbar. Der Sokratische Dialog ist seiner Idee nach durch die aktive Beteiligung mindestens zweier Sprecher geprägt. Dabei unterscheiden sich die Dialogpartner in der Regel dadurch, daß Sokrates den Gang der Unterredung durch sein mäeutisches Können lenkt, während sein Gegenüber die Rolle des Antwortenden übernimmt. Es handelt sich also um eine ungleichgewichtige Beteiligung der Dialogpartner an den gemeinsamen Untersuchungen. Ein wesentliches Ziel des Dialogs ist die Bildung eines autonomen Subjekts. Mittel zur Annäherung an dieses Ziel ist die Unterredung. Im Gegensatz hierzu erreicht das philosophierende Subjekt bei Seneca seine Bestimmung als Vernunftwesen durch eine bewußte Einübung und Eingliederung in eine vorgegebene Lebensordnung.

In beiden Fällen, bei Platon und bei Seneca, läßt sich Philosophie als Lebensform bestimmen, wobei sich die von Seneca modellierte Lebensform von derjenigen Platons durch ihren spezifischen Übungscharakter unterscheidet.

Bei Platons Dialogen handelt es sich nicht um Protokolle realer Gespräche, sondern um literarische Werke. In bezug auf die Lucilius-Briefe kann man überlegen, ob es sich hier ebenfalls gar nicht um die eine Hälfte einer realen Korrespondenz zwischen Seneca und seinem Freund handelt, sondern um ein die Form des Briefs gebrauchendes literarisches Werk.[36] Im Rahmen einer solchen Hypothese stellt sich allerdings die Frage, weshalb Seneca darauf verzichtet, einen regelrechten Briefwechsel zu komponieren. Aus welchen Gründen greift Seneca zur asymmetrischen Form der Briefsammlung?

Der naheliegendste Grund ist der, daß durch die Aussparung der Antwortbriefe des Lucilius die Adressatenposition nicht vollständig ausgefüllt ist. Dies bedeutet, daß das

---

34 Vgl. J. Mittelstraß, Versuch über den Sokratischen Dialog, in: ders., Wissenschaft als Lebensform, Frankfurt 1982, S. 138–161.
35 Vgl. Mittelstraß, Versuch, S. 11 und 22.
36 Neben einer Äußerung Senecas, die die Veröffentlichung seiner Briefe thematisiert (Ep. 21,5), spricht ein die Textstruktur betreffender Befund für diese Annahme. Die Briefserie weist eine komplexe Gesamtstruktur auf, in der einzelne Briefe in einer Weise aufeinander zugeordnet sind, wie sie bei einer realen Korrespondenz kaum auftreten kann. Vgl. hierzu H. Cancik, Untersuchungen und G. Maurach, Der Bau von Senecas epistulae morales, Heidelberg 1970. Während die ältere Forschung viel Mühe auf die Suche nach Beweisen für den nicht-fiktionalen Status der Lucilius-Briefe verwendet hat, tritt diese Fragestellung seit Canciks Untersuchung zunehmend in den Hintergrund: »Our appreciation of the work should not be much affected by a failure to resolve to everyone's satisfaction the question whether it in fact is real.« D. A. Russell, Letters, S. 76.

Werk nach außen hin nicht abgeschlossen ist und der Leser in stärkerer Weise miteinbezogen werden kann, als dies bei einem Briefwechsel der Fall wäre. Über die Instanz des fiktiven Lesers Lucilius wendet sich der Autor an die realen Leser seines Werks. Indem er die Repliken des Lucilius auf seine Ermahnungen, Anregungen und Bitten zu großen Teilen ausspart, läßt er seinen Lesern einen Spielraum, um selbst auf das Gesagte zu reagieren. Die Instanz des Rezipienten ist demnach in die Position des explizit angesprochenen Lucilius und die Position der indirekt angeredeten Leser aufgespalten. Die realen Leser werden als potentielle Teilnehmer an der philosophischen Lebensform miteinbezogen, sie können in die Position des Lucilius einrücken.

Die Instanz des Lucilius ist aber nicht nur für die Seite des Rezipienten der Briefe bedeutsam. Der Schreiber selbst bedarf des Bezugs auf ein Gegenüber, um nicht in ein unangemessenes Monologisieren zu geraten. Da auch der Lehrende noch ein für sich selbst Lernender ist, ist er auf die Vorstellung der Reaktionen des Schülers angewiesen, denn durch diese wirkt das Gelehrte auf den Lehrer zurück. Der imaginierte Dialog Senecas mit dem fiktiven Adressaten Lucilius bindet die Selbstreflexionen des Autors in den umfassenden Zusammenhang der Beförderung einer vernünftigen Lebensführung ein.

Aufgrund der gekennzeichneten Kommunikationsstruktur stellt der philosophische Brief Senecas eine Synthese des Dialogs und der Selbstreflexion dar.[37] Philosophie wird bei Seneca wesentlich als Einübung in Verhaltensweisen und Einstellungen verstanden. Die literarische Form der Lucilius-Briefe darf demnach nicht als ein sekundäres Moment, als bloße »Verpackung« eines für sich vorhandenen philosophischen Gehalts vernachlässigt werden. Die beschriebene Form der Briefsammlung ist geeignet, den Übergang von der Explikation eines Begriffs der Philosophie zu einer Praxis des Philosophierens zu markieren und vorzubereiten.

---

37 Ep. 27,1: »Sic itaque me audi, tamquam mecum loquar: in secretum te meum admitto et te adhibito mecum exigo.« – »So also höre mich an, als ob ich mit mir spräche: in meine Abgeschiedenheit lasse ich dich ein, und in deiner Gegenwart gehe ich streng mit mir zu Rate.«
Ep. 26,7: »Haec mecum loquor, sed tecum quoque me locutum puta.« – »Das spreche ich mit mir, aber daß ich es auch mit dir gesprochen habe, stell dir vor.«

THOMAS RENTSCH (Konstanz)

Die Kultur der quaestio

Zur literarischen Formgeschichte der Philosophie im Mittelalter

... Amore petitur, amore quaeritur ...
Augustinus

I

Von der Geburt des Augustinus (354) bis zum Tod Wilhelms von Ockham (1347) dauert das Jahrtausend mit dem Verlegenheitstitel »Mittelalter«. Auch die literarische Formgeschichte der wissenschaftlichen Arbeit während dieser tausend Jahre kann nur ein weiterer Beitrag zu der grundsätzlichen Korrektur sein, die ein von »Neuzeit« und »Aufklärung« verzerrtes Geschichtsbild erfahren muß.

In dieser Zeit bilden sich – im Anschluß an die Antike – Gattungen der philosophischen Literatur heraus, deren prägende Bedeutung auch für die Folgezeit und bis heute bestimmend ist. Diese Gattungen und Textformen sind gleichzeitig Lebensformen; und die wissenschaftliche Kultur, die sie ermöglicht haben, ist die Kultur der europäischen Rationalität. Im Kontrast zu der schulmäßigen Enge, die der Titel »Scholastik« evoziert, steht die reale Fülle der literarischen Formen dieser okzidentalen Vernunftgeschichte: Sophismata, quaestiones disputatae, quaestiones quodlibetales, Summen, Traktate, reportationes, ordinationes, Florilegien, Distinktionen, Artikel, Glossen, lectiones, collationes, quaestiones tentativae, resumptiones – um einige zu nennen.

Die gattungstheoretische und formgeschichtliche Forschung steht hier, und insbesondere hinsichtlich der Geschichte der Philosophie, am Anfang. Bevor ich an dem zentralen Fall der *quaestio* und ihrer Formgeschichte einige Gesichtspunkte entwickle, sollen zwei grundsätzliche Probleme und Aufgaben der Forschung benannt werden, wie sie 1981 auf einem Kolloquium in Louvain L. Genicot resümiert hat.[1]

---

1 Die kurze Übersicht der Forschungsaufgaben geht zurück auf L. Genicot, Du genre et du quelques genres, in: Les genres littéraires dans les sources théologiques et philosophiques médiévales. Définition, critique et exploitation. Actes du Colloque international de Louvain-la-Neuve 25–27 mai 1981, Louvain-la-Neuve 1982 (= Université catholique de Louvain. Publications de l'institut d'études médiévales, 2e série: Textes, Etudes, Congrès, Bd. V, S. 282. Der für unsere Thematik einschlägige Sammelband, der die Texte des Löwener Kolloquiums enthält, sei fortan mit GLM (»genres littéraires [...] médiévales«) abgekürzt. Der Beitrag von Genicot, GLM,

Erstens. Probleme einer typologisierenden Erfassung und Darstellung ergeben sich durch die Komplexität der Form- und Gattungs*geschichte*; einerseits hinsichtlich der Entstehung, andererseits bezüglich der (mindestens 1000 Jahre langen) Entwicklung der Formen. Das Alte Testament der Bibel ist ebenfalls über einen Zeitraum von ca. 1000 Jahren entstanden. Die Probleme der form- und literarhistorischen Forschung sind hier seit langem bekannt; ihre Behandlung steht auf hohem Niveau. Trotz der Komplexität stehen wir vor einem rein quantitativ überschaubaren Textcorpus. Für »das Mittelalter« stehen wir vor einer ganz anderen Situation. Die Textzeugnisse sind – seit der Patristik – unüberschaubar, hinzu tritt die ideologiegeschichtlich erklärbare stiefmütterliche Behandlung dieser Zeugnisse in editorischer Hinsicht. Ein weiteres Problem stellt die primäre *Mündlichkeit* der mittelalterlichen Lehrtraditionen dar. Die erste philosophische Textgattung, die sich im Mittelalter herausbildet, ist die *lectio*, die Unterrichtsmethode der Vorlesung. Zur Geschichtlichkeit der Gattungen gehört daher wesentlich der Prozeß der Verschriftung mit den üblichen Zwischenstufen der *reportatio* (Vorlesungsmitschrift) und der *redactio* (Ausarbeitung einer *reportatio*, Herstellung einer durch den Magister autorisierten Fassung). Beide Stufen münden in der Erstellung eines *Exemplars*, einer Abschrift des Textes nach Abschluß der Textkonstitution. Der Weg der Verschriftung gilt auch für Quaestionen, Disputationen und Sentenzenkommentare, kurz für alle Texte, die aus dem mündlichen Lehr- und Diskussionsbetrieb herauswachsen. Es ist für die Rekonstruktion und Interpretation eines Textes mit entscheidend, ob es sich um eine der vielen studentischen Mitschriften, oder um eine endredigierte, autorisierte Fassung handelt.

Zweitens. Zu den komplizierten Problemen der Gattungs- und Verschriftungsgeschichte tritt das Phänomen der gattungsbezogenen *Intertextualität*. Auch diese Erscheinung setzt einer typologisierenden Erfassung Grenzen: Mischformen sind weit verbreitet. Sie werden durch die hermeneutische Naivität bzw. Unmittelbarkeit der mittelalterlichen Denker begünstigt. Wenn beispielsweise Meister Eckhart seine »Exodusmetaphysik« im *Opus tripartitum* entwickelt, dann wird ein alttestamentarischer Verkündigungstext mit der antiken und der mittelalterlichen Onto-Theologie systematisch verschmolzen. Exodus 3, 14: »Gott sprach zu Mose: *Ich werde sein, der ich sein werde.* Und sprach: Also sollst du zu den Kindern Israel sagen: *Ich werde sein* hat mich zu euch gesandt.«, in anderer Übersetzung: »Ich bin, der ich bin.«, unterstützt bei Eckhart die Gleichsetzung von Gott und Sein, *deus* und *esse*. – Wir haben es mit einem hermeneutisch unmittelbaren, vorhistorischen Denken zu tun, mit einem Denken, das Texte in direktem Zugriff für seine Intentionen zu funktionalisieren und dienstbar zu machen weiß.

Die Gattungen erweisen sich als fließend, eine »starre« Typologie vermag die Wirklichkeit des mittelalterlichen kommunikativen Lebens nur stilisiert zu erfassen. Hinzu kommt, daß neben den universitären Entwicklungen in Paris und Oxford die außeruniversitären monastischen Lehr- und Formtraditionen bestehen. Hinsichtlich der Interdisziplinarität und Intertextualität lassen sich ferner drei Problemfelder unterscheiden: 1. die *Mehrsprachigkeit* der mittelalterlichen Quellen: Hebräisch, Griechisch, Lateinisch und Arabisch. Die

---

S. 279–286, faßt die abschließende Diskussion zusammen. Das Kolloquium diente der Unterstützung des seit 1972 von L. Genicot geleiteten Forschungsprojekts der »Typologie des sources du moyen âge occidental«, Revue Théologique de Louvain 7 (1976), S. 354–361.

Übersetzungsproblematik stellt sich insbesondere, weil wir keine Wörtlichkeit und kaum philologische Genauigkeitskriterien erwarten können; vielmehr werden Gedanken übernommen.[2] 2. das Problem der *Texttreue* der *reportatio*, also der Vorlesungsmitschrift: Häufig konkurrieren hier eine ganze Reihe von Mitschriften, ebenso mehrere Editionen. Schließlich 3. die Problematik der *Kontextualität* der Gattungen. Hier ist zu fragen, zu welchem Zweck jeweils ein Text hergestellt worden ist. So werden Textzusammenstellungen, z. B. Florilegien, in sehr unterschiedlichen Gebrauchssituationen benutzt. Patristische, juristische oder philosophische Florilegien zu diskursiven Zwecken stehen neben spirituellen Florilegien, die mystischen, aszetischen, meditativen, erbaulichen – modern gesprochen: therapeutischen Zwecken dienten. Und auch hier können wir keine scharfen Grenzen ziehen, keine »Schubfächer« zur bequemen Ablage benutzen. Insbesondere, wenn deutlich ist, daß und wie die mittelalterliche Metaphysik selbst »als Lebensform«[3], und nicht als eine »theoretische Disziplin« neben anderen, verstanden werden muß. Dieser hermeneutische Vorgriff stellt die schwersten Probleme und hat die weitreichendsten Konsequenzen für die Interpretation: Wir können nicht von einer (für uns üblichen) Trennung der »theoretischen« von der »praktischen« Vernunft ausgehen. Im Gegenteil: Das für das Mittelalter systematisch integrale Ordo-Paradigma selbst verdankt sich keiner vorab neutral gewonnenen Erkenntnisbasis, sondern ist Ausdruck einer konstitutiven, nämlich der kontemplativen, Daseinshaltung. Den Zusammenhang der sozial- und bildungsgeschichtlichen, existentiellen, mit den formgeschichtlichen Aspekten unserer Thematik triftig zu entwickeln, kann als ihr hermeneutischer Fluchtpunkt dienen.

II

Der *quaestio* kommt in der Theorie- und Wissenschaftsgeschichte des Mittelalters eine zentrale Bedeutung zu, und zwar als die Grundform einer rationalen, forschenden und lehrenden Kultur. In der *quaestio* zeigt sich die Kontinuität der mittelalterlichen mit der antiken Philosophie und Wissenschaft; und es zeigt sich der Primat der mündlichen Lehre gegenüber den Formen der Verschriftung. Die Verschriftungsformen sind nicht nur genetisch sekundär, sondern sie sind jeweils Reflexion der kommunikativen, diskursiven Praxis. Der »Sitz im Leben« der Textformen ist primär der Unterricht. Die erste Form dieses Unterrichts war die *lectio*, eine kommentierende Vorlesung, die sich im 12. Jahrhundert zu einer ersten hochentwickelten Gattung der mittelalterlichen Wissenschaftskultur entwickelte.[4] Sie barg bereits die Anschlüsse zu den *quaestiones* und *disputationes* in sich. Ihre Grundform läßt sich in vier Abschnitte gliedern. 1. In die *littera*, d.i. der laute mündliche Vortrag der thematischen Textpassage. In der schriftlichen Fassung der *lectio* ist die volle Wiedergabe des kanonischen Textes oft durch bloße Zitation des Textbeginns,

---

2 Genicot, GLM, S. 282, mit Bezug auf Diskussionsbemerkungen von T.-A. Druart und S. Van Riet.
3 B. Thomassen, Metaphysik als Lebensform. Untersuchungen zur Grundlegung der Metaphysik im Metaphysikkommentar Alberts des Großen, Münster 1985 (= Beiträge z. Gesch. d. Philos. u. Theol. im Mittelalter, Neue Folge Bd. XXVII).
4 Vgl. M.-D. Chenu, La théologie au douzième siècle, Paris 1957, S. 330f.

das *lemma*, und »etc. [...]«, ersetzt. 2. In einen Gliederungsversuch des Textes gemäß seiner Disposition (*divisio textus*). Die Textgliederung sucht kleinere Einheiten zu erfassen, möglichst auf die Ebene des einzelnen Satzes (*propositio*) zu gelangen. 3. gliedert sich die *lectio* in die *expositio* jedes einzelnen Textabschnittes. Die Länge der Expositionen bemißt sich nach dem Schwierigkeitsgrad und der Erläuterungsbedürftigkeit der Abschnitte. Hierher gehören auch Worterläuterungen, das Mitliefern von Gebrauchskontexten für die *distinctiones*, die den Text dominieren, zusätzliche hilfreiche Informationen, die oft in der Form von so genannten *notabilia* mitgeteilt werden, eingeleitet mit »*notandum*« oder »*nota*«. Die *expositio* kann in der hermeneutisch-interpretatorischen Arbeit sehr weit gehen. Schließlich 4. der Schlußabschnitt der *lectio*. In ihm fokussiert sie sich mit Bezug auf die wichtigsten systematischen Fragen, die der Text aufwirft. Die Vorlesung nimmt hier üblicherweise die Form einer realen oder fingierten Diskussion, einer *disputatio*, an, in der die Kunst der Frage bereits von eminenter Bedeutung ist; die Einleitungsformel lautet »*dubitandum est*«. Mit der *lectio*, die nicht im mindesten eine unkritische Paraphrase »autoritär« vorgesetzter, und so »kanonischer« Wahrheit darstellt, ist also bereits der Anschluß an die *disputatio* gegeben; ebenso, über die *expositio*, zu der großen Kommentierungstradition des Mittelalters, der Tradition des *commentarius*. Der Kommentar zu den Schriften des *corpus Aristotelicum* und der zu den *Sentenzen* des Petrus Lombardus bilden die klassischen textlichen Grundübungen des mittelalterlichen Lehrbetriebes, für die Philosophie bzw. für die Theologie.

Die Kommentierungen sind nicht unselbständig und unkritisch, allerdings besteht im Mittelalter keine »Originalitätssucht« hinsichtlich der Wahrheit. Trotz der großen Umbrüche während der tausend Jahre, trotz immer erneuter Anläufe zu Reformationen – *reformatio* ist ein Grundbegriff des Mittelalters – hält sich doch eine gewisse soziale und geistige Gesamtlage stabil, in der sehr grundsätzliche Wahrheiten nicht alle fünf Minuten durch andere zu ersetzen waren. Der rezeptive Grundzug der wissenschaftlichen Kultur trägt nicht das Stigma der Unmündigkeit, sondern verlangt die kongeniale hermeneutische Durchdringung. Kanonisierung bedeutete nicht dogmatische Verabsolutierung, sondern sie steigerte gerade das Verlangen nach exegetischer Präzision wie nach eigenständiger Reflexion der exponierten Probleme. Die Vorstellung, ein einzelner könne allein und für sich ganz von vorne beginnen, wäre den mittelalterlichen Philosophen aber als Abstrusität erschienen. Und man muß ihnen, auch von einer »modernen« Denkweise aus, hier uneingeschränkt Recht geben.

Albertus Magnus, Thomas von Aquin und Bonaventura betonen immer wieder, daß Platon, Aristoteles und Augustinus Gehör zu schenken ist, weil die Sachgerechtigkeit und Wahrheit sehr häufig auf der Seite dieser Autoren ist. Sie genießen Hochschätzung, weil sie gute Philosophen und deshalb an der allgemeinen Vernunft und Wahrheit orientiert sind. Deshalb gilt der Autoritätsbeweis bei Albertus Magnus als schwächste Form der Begründung; Bonaventura lehrt, daß um der Wahrheit willen keinem Menschen irgend ein Vorrang zukommt. Noch etwas näher an der Praxis hermeneutischer Dienstbarmachung ist der Vergleich der Autorität mit einer Wachsnase bei Alanus von Lille: man kann sie nach verschiedenen Seiten drehen. Adelard von Bath vergleicht die Autorität mit einem Halfter. Philosophen des 12. Jahrhunderts verglichen sich mit »Zwergen auf den Schultern von Riesen«, nicht aus Minderwertigkeitsgefühlen, sondern, weil die Erkenntnis der Wahrheit eine Sache der Menschheit, und nicht der plötzlichen Intuitionen einiger

Weniger ist. Insofern entspringt auch die oft ahistorisch und naiv anmutende Zugriffsweise auf Texte der höheren Überzeugung von einer transsubjektiven, verbindlichen Wahrheit und Objektivität der Erkenntnis.

Wir sehen, wie bereits die *lectio* die Elemente einer disputierenden, befragenden Durchdringung der kanonischen Vorgabe in sich enthält. *Lectio* wie *disputatio* beziehen sich dabei auf die Grundform der *quaestio*.[5] Und noch die Großarchitektonik der *Summen* eines Alexander von Hales, Ulrich von Straßburg, Heinrich von Gent und Thomas von Aquin ist durch die Feinstruktur der *articuli* von der Form der *quaestio* geprägt. Die *Summa theologiae* des Thomas, ein Handbuch für Studienanfänger, besteht aus *articuli*, die jeweils Miniatur-Disputationen inszenieren. Die *quaestio* bildet das darstellungsmethodische Werkzeug der Summe. Die mittelalterliche, »scholastische« Methode steht auf diese Weise in Kontinuität mit der antiken Philosophie. Darauf wiesen nachdrücklich bereits M. Grabmann und M.-D. Chenu hin.[6] In jüngster Zeit haben M. Untersteiner und P. Hadot diese Thesen bestätigt.[7] Auch das antike Grundmodell der dialektischen Disputation geht auf die mündliche Unterrichtspraxis zurück. Und die mittelalterliche »Inszenierung«, die Rollenverteilung auf einen »Opponenten«, der Syllogismen vorgibt, und einen »Proponenten«, der eine These verteidigt und dabei Unterscheidungen (*distinctiones*) zu schärfen hat, diese Dramatisierung findet sich zuerst im 8. Buch der Aristotelischen *Topik*. Johannes von Salisbury betont in seinem *Metalogicon* (1159), in dem er für das breite Studium der gesamten Aristotelischen Logik eintritt, die Bedeutung der *Topik* für die Regeln der Disputation. Diese Schrift fand weite Verbreitung und wirkte u. a. auf Robert Grosseteste, Wilhelm von Auvergne, Wilhelm von Auxerre, Vincent von Beauvais und Walter Burley.[8]

Die dialektische, dialogische Form des Philosophierens ist für die Praxis der frühen Denker, für Sokrates und die Sophisten wie für Platon und die Akademie, die einschlägige Form, so daß die Kultur der *quaestio* im Mittelalter zunächst die faktische Kontinuität der europäischen Vernunftgeschichte bedeutet, einer Geschichte, die durch das Mittelalter bewahrt und in die Neuzeit – für diese selbst konstitutiv – hinübergerettet wurde. Sie ist als literarische Form ineins Methode pädagogischer Praxis und Vorgehensweise diskursiver Rationalität, und dies unabhängig von den diskutierten Inhalten. In einer neueren Untersuchung zu dieser Thematik weist P. Hadot darauf hin, daß die gesamte antike Ausbildung der Struktur »Frage und Antwort« unterlag, daß die dialektischen Exerzitien in der gesamten Antike durchgehalten wurden, daß sie auch noch den Neuplatonismus (z. B. Proklos) prägen und bis zu Cicero üblich sind. Hadot unterstreicht den Ursprung der Form »Aporíai kai lyseis« – Probleme und Lösungen – aus der Lebenspraxis: Die

---

5 M.-D. Chenu, Introduction à l'étude de saint Thomas d'Aquin, Paris ²1954, S. 67–83. Vgl. M. Grabmann, Die Geschichte der scholastischen Methode, Bde. I-II, Freiburg im Breisgau 1909–1911.
6 Chenu, Introduction à l'étude und Grabmann, Geschichte der schol. Meth. Vgl. M. Untersteiner, Problemi di filologia filosofica, Mailand 1980.
7 Untersteiner, Problemi – P. Hadot, La préhistoire des genres littéraires philosophiques médiévaux dans l'antiquité, in: GLM, S. 1–9.
8 Hadot, La préhistoire, S. 1. Vgl. Th. Rentsch, Art. »Metalogik«, in: Historisches Wörterbuch der Philosophie, J. Ritter/K. Gründer (eds.), Bd. V, Basel/Stuttgart 1980, Sp. 1172–1174.

dialektische Studienreform bezweckte es, die Studenten für das öffentliche Leben zu trainieren, sie vor allem zu befähigen, in den Versammlungen zu reden. E. Kapp hat in seiner einschlägigen Studie über den Ursprung der Logik aus der griechischen Gerichtspraxis bereits vor längerer Zeit nachgewiesen, wie philosophische und »formale« Theorien einem spezifischen Bereich der Lebenswelt entstammen.[9]

Der wichtigste philosophisch-systematische Gesichtspunkt dieser bereits antiken Frage-Antwort-Kultur, die durchaus auch »Streit-Kultur« war, ist die Problembezogenheit der philosophischen (und sonstigen wissenschaftlichen) Praxis. In seinen Forschungen zu Aristoteles hat I. Düring herausgearbeitet, daß dessen Philosophieren konkret an Problemen entwickelt wurde, und daß jedes wichtigere Resultat als Antwort auf eine präzis gestellte Frage zustande kommt.[10] So ist der Duktus der »Nikomachischen Ethik« in seiner Stringenz an Fragen gewonnen, die den Bereich der menschlichen Handlungs- und Einstellungsmöglichkeiten abstecken. Welche Möglichkeiten es überhaupt gibt, was überhaupt als erörterungswürdig in Betracht kommt, und zwar mit ständigem Rückbezug auf diejenige Praxis, in der sich die Unterscheidungen schließlich zu bewähren haben, diese Fragen steuern die Fragebewegung selbst und strukturieren überzeugend die Untersuchung. Nicht das Errichten eines »Systems«, sondern Antworten auf konkrete Fragen sind das Ziel. Das »System«, verstanden als eine übersichtliche Zusammenstellung der Möglichkeiten in einem bestimmten Praxisfeld, entsteht dann gleichsam beiläufig im Stellen der richtigen Fragen.

Die zetetische, fragende Methode charakterisiert auch in der Antike die Vorlesungen und Textkommentare, die dann Vorbild der mittelalterlichen *lectio* werden. Exegetische Werke erhielten den Titel *Zetemata*, und H.-G. Gadamer weist zu Recht darauf hin, daß die frühe Kommentierungspraxis ein Befragen des Textes ist, ein Dialog mit ihm.[11] Der zetetische Typus der antiken Literatur bildet also in allen Gattungen die wissenschaftliche Kultur der *quaestio* bereits vor: Die Dialoge des Platon, des Cicero und des Augustinus, die Schriften »Aporíai kai lyseis« des Aristoteles und Plotins, des Damascius und der Textgattung Diatribe, d.h. der unsystematischen, volkstümlichen Moralpredigt der Antike gehören ebenso dazu wie alle dialektischen Problemstellungen in der Form einer »These«, auf die nach der Aristotelischen *Topik* (I, 11, 104b35) mit Ja oder Nein geantwortet werden kann.[12]

Abschließend läßt sich zur antiken Vorgeschichte der Kultur der *quaestio* darauf hinweisen, daß die antike Grundeinteilung der literarischen Gattungen der Philosophie in 1. rein systematische, und 2. in zetetische Texte, im Hochmittelalter identisch beibehalten ist. Die zetetischen Gattungen wurden in der Antike noch einmal unterschieden in 2.1., Gattungen der Textexegese (Kommentare, Vorlesungen, epídeixis oder didaskalía, d.h. öffentliche oder Schul-Vorlesungen), und in 2.2., die Formen des dialektischen Disputs im engeren Sinne. Im Prolog zu seiner *Summa theologiae* reproduziert Thomas von Aquin diese Einteilung genau, wenn er 1. die rein wissenschaftliche Darstellung gemäß dem *ordo*

---

9 Hadot, La préhistoire, S. 2. – E. Kapp, Greek foundations of traditional logic, New York 1942.
10 Hadot, La préhistoire, S. 3. – I. Düring, Aristoteles und das platonische Erbe, in: Aristoteles in neueren Forschungen, Darmstadt 1968, S. 247.
11 H.-G. Gadamer, Wahrheit und Methode, Tübingen ²1965, S. 351f.
12 Hadot, La préhistoire, S. 6.

disciplinae erwähnt, und davon 2.1. die Textexegese, *librorum expositio*, 2.2. die *occasio disputandi*, als zetetische Formen unterscheidet. Die *occasio disputandi* ist die *quaestio disputata*. Zu unterstreichen ist, daß Thomas alle diese Gattungen auf den mündlichen Unterricht als ihren Ursprungsort zurückführt.[13]

III

Mit Recht hat man die Antike als eine agonale, kampf- und streitlustige Kultur bezeichnet. Von den forensischen Kämpfen bis zu den Faustkämpfen, von der Logik bis zu den Olympiaden gilt der tapfer kämpfende Mann als Existenzideal. Das »Ringen mit dem Gegner« und das Ringen mit Aporien und Problemen zeugen von der gleichen agonalen Lebensform. J. Le Goff weist in seinen Untersuchungen »Zum Selbstverständnis der Universität des Mittelalters«[14] darauf hin, daß das sich im 12. Jahrhundert herausbildende Berufsethos der Universitätsmitglieder, der Wissenschaftler und Theologen, ebenfalls am kämpferischen Ideal der ritterlichen Lebenshaltung ausgerichtet wird. In der *Historia Calamitatum* bestimmt Abaelard seinen Status im Verhältnis zum niederen Adel, indem er zugleich auf seine intellektuelle Bildung und auf seine militärischen Fähigkeiten hinweist: *litterae et arma*.[15] Die »pompa militaris gloriae« muß zwar dem »studium litterarum« letztlich aufgeopfert werden: »Tu eris magister in aeternum.« Aber Abaelard beschreibt dann seinen intellektuellen Werdegang in einem militärischen Vokabular. Dialektik und Logik sind das Arsenal, die Argumente Waffen, die *disputationes* Kämpfe. Minerva, für die er Mars verlassen hat, ist selbst bewaffnete und streitbare Göttin. »Wie ein junger Ritter greift er seine alten Lehrer an, seine Lehrjahre sind die eines unerfahrenen Rekruten, eines ›tirocinium‹. Intellektuelle Dispute sind für ihn Turniere«.[16] Die Basis einer agonalen, kompetitiven Lebensform bestimmt nicht nur die antike, sondern ebenso die mittelalterliche Wissenschaftskonzeption.

Hinzu tritt aber ein tieferes, anthropologisch-praktisches Motiv. An Wirkung und prägender Kraft ist das Werk des Augustinus für die mittelalterliche philosophische und theologische Kultur den »heidnischen« antiken Autoren mindestens ebenbürtig. Daß nun nicht nur die Quaestionen-Literatur selbst, sondern auch die Sentenzen, die Kommentare und Summen letztlich durch die *quaestio* konstituiert werden, liegt tief in seinem Denken begründet. Die Frage wird hier als der Grundakt des Menschen begriffen, mit dem er auf die Erfüllung seiner Bedürftigkeit ausgreift. Das *quaerere* ist die sprachliche und rationale Grundbewegung, die der in den *Confessiones* festgestellten »Unruhe des menschlichen Herzens« (»Inquietum est cor nostrum, donec requiescat in te.«)[17] entspricht. Als Grundakt zielt es auf Weisheit und Glückseligkeit. Im Rahmen seiner teleologisch-soteriologischen, letztlich eschatologischen Anthropologie der Liebe wird diese zum Ursprung des Fragens

---

13 Hadot, La préhistoire, S. 8f.
14 J. Le Goff, Für ein anderes Mittelalter. Zeit, Arbeit und Kultur im Europa des 5.–15. Jahrhunderts, ed. D. Groh, Frankfurt/Berlin/Wien 1984, S. 77–96.
15 Le Goff, Mittelalter, S. 79.
16 ebd.
17 Augustinus, Confessiones I, 1.

erklärt: »Nam si sapientia et veritas non totis animi viribus concupiscatur inveniri nullo pacto potest. At si ita quaeratur, ut dignum est, subtrahere sese atque abscondere a suis dilectoribus non potest. Hinc est illud, quod in ore habere etiam vos soletis, quod ait: ›Petite et accipietis; quaerite et invenietis; pulsate et aperietur vobis«‹ [Wenn man Wahrheit und Weisheit nicht mit größter Leidenschaft begehrt, kann man auf keinen Fall zu ihnen gelangen. Strebt man hingegen nach ihnen, wie sie es verdienen, können sie sich ihren Liebhabern nicht entziehen noch sich vor ihnen verbergen. Daher jenes Wort, das auch ihr im Munde zu führen pflegt: [...]].[18] Matthäus 7, 7: »Bittet, so wird euch gegeben; suchet, so werdet ihr finden; klopfet an, so wird euch aufgetan« – der Schluß der Bergpredigt legitimiert die liebend-fragende Existenzhaltung als schlechthin vorbildlich. »[...] Amore petitur, amore quaeritur [...] Ab hoc amore sapientiae diligentiaque quaerendi non deterremur Veteri Testamento [...] sed haec vehementissime concitamur«.[19] Der existentielle Zusammenhang von Fragen und Lieben ist im antik-philosophischen Traditionskontext des Augustinus schon entfaltet: Im Neuplatonismus ist der anhodos, der Aufstieg zum Einen die liebende Grundbewegung des Philosophierens; Aristoteles setzt an den Anfang der *Metaphysik* die Bestimmung der theoria als »reiner Liebe zum Schauen ohne Bezug zum Nutzen«[20]; Platons erotische Theologie entfaltet die Gleichursprünglichkeit von »Einsicht und Leidenschaft« im Aufschwung der Seele zur ewigen Wahrheit und göttlichen Schönheit.[21]

C. Viola hat im Blick auf die Geschichte der *quaestio* umfassend belegt, daß die Fragebewegung bei Augustinus die fundamentale Haltung ist, die sich in all seinen Texten, in den Briefen und Dialogen, in den *Confessiones* und Kommentaren, in den Hauptwerken *De trinitate* und *De civitate Dei*, und natürlich in den mit *Quaestiones* betitelten Schriften, nachweisen läßt. Augustinus formuliert selbst die Verklammerung des Liebens und Fragens in den *Enarrationes in Psalmos* folgendermaßen: »Ac per hoc qui diligitur, etiam praesens quaeritur, dum charitate perpetua, ne fiat absens, agitur. Proinde quem quisque diligit, etiam cum eum videt, sine fastidio semper vult esse praesentem, hoc est, semper quaerit esse praesentem. En nimirum hoc est, ›Quaerite faciem ejus semper‹, ut non huic inquisitioni, qua significatur amor, finem praestet inventio, sed amore crescente inquisitio crescat inventi« [Hierdurch sucht man denjenigen, den man liebt selbst dann, wenn er abwesend ist, während man in andauernder Liebe so handelt, daß er sich nicht entferne. So kommt es, daß man, wenn man jemanden liebt, sogar dann, wenn man ihn sieht, wünscht, daß er ewig anwesend sei und seiner nicht überdrüssig wird, d.h. man trachtet danach, daß er ewig anwesend sei. Und ebendies besagt der Satz: »Suchet sein Antlitz ohne Unterlaß.« – daß nicht diesem Suchen, das die Liebe bedeutet, das Finden ein Ende setze,

---

18 Augustinus, De moribus ecclesiae catholicae, PL, Bd. XXXII, Sp. 1324. Für die Mithilfe bei der Übersetzung der lateinischen Zitate danke ich cand. phil. E. Zandonella. – Dazu: C. Viola, Manières personelles et impersonelles d'aborder un problème: Saint Augustin et le XIIe siècle. Contribution a l'histoire de la ›quaestio‹, in: GLM, S. 11–30, dort S. 15f.
19 Viola, Manières personelles, S. 15f.
20 Vgl. J. Ritter, Die Lehre vom Ursprung und Sinn der Theorie bei Aristoteles, in: ders., Metaphysik und Politik. Studien zu Aristoteles und Hegel, Frankfurt 1969, S. 9–33.
21 Vgl. G. Krüger, Einsicht und Leidenschaft. Das Wesen des platonischen Denkens, Frankfurt ⁴1973.

sondern daß mit wachsender Liebe die Suche nach dem bereits Gefundenen zunehme.].[22] Angesichts der Permanenz des Fragens bei Augustinus stellt sich hermeneutisch eine Spannung her zwischen einem zum stilistischen Stereotyp gewordenen Gestus einerseits, und einer existentiell gegründeten Haltung andererseits. Diese Spannung kann nur in einer eigenen umfassenden Untersuchung – vielleicht – aufgelöst werden. Angesichts der zentralen, anthropologisch-praktisch und theologisch legitimierten Stellung der *quaestio* im Gesamtwerk des Augustinus und angesichts der durch den antiken Hintergrund bereits vorgegebenen rhetorischen Gepflogenheiten kann es nicht ausbleiben, ein Schwanken zwischen Stilfigur und »tiefer« Frage festzustellen. Jedoch scheint mir der grundsätzliche Fall der fragend-liebenden Existenzbewegung durch die expliziten Bemerkungen des Augustinus klar herausgestellt. Es müßte untersucht werden, wie bei Augustinus die Methode der *quaestio* genauerhin über die teleologisch heilsorientierte und insofern eudaimonistische Anthropologie mit dem existentiellen habitus des Gebetes und des *soliloquiums* – des Zwiegesprächs der Seele mit Gott und mit sich selbst – verbunden wird. Die spezifisch augustinische *quaestio* und ihr Kontext könnte so für die Klärung der Ursprünge der okzidentalen ›Reflexionsphilosophie‹ (und der Zeitlichkeit der ›Erfahrungen des Bewußtseins‹) ein wichtiger Untersuchungsgegenstand sein. – Die Wirkungsgeschichte der augustinischen *quaestio* durchdringt auf jeden Fall die mittelalterlichen literarischen Formen der Philosophie und Theologie. Der den wissenschaftlichen Forschungen noch abholde Mystiker Bernhard von Clairvaux fragt gleichwohl stereotyp »Quid est Deus?«, um allerdings angesichts dieser Grundfrage den Übergang von der dialektischen Erörterung, der *disputatio*, zum Gebet, *oratio*, anzuempfehlen. Auch solche Peripetien kennt Augustinus. In den so überaus wirkmächtigen *Sententiae* des Petrus Lombardus wird eine enge Verbindung von *veritas* und *quaestio* gelehrt, ebenso bei Gilbert de la Porrée.[23] Und im Prolog zu seinem dialektischen Hauptwerk *Sic et Non* bezeichnet Abaelard die *interrogatio* als den »Weg zur Wahrheit« und den ersten Schlüssel zur Weisheit, *prima sapientiae clavis*.[24] Er bezieht sich dabei sowohl auf Aristoteles wie auf den Jesus der Bergpredigt von Matthäus 7, 7 – wie Augustinus.

IV

Die *quaestio disputata* begleitet als Form die Herausbildung des wissenschaftlichen und universitären Lebens im Mittelalter. Die griechische Rationalität wird auf die christliche Verkündigung angewandt, die Vernunft wird »getauft«. Im 13. Jahrhundert erreicht dieser Prozeß seinen Höhepunkt. Die *Quaestiones disputatae* bilden das textliche und soziale Zentrum der wissenschaftlichen Kultur. Die Disputationen werden zur Stätte des brillanten Triumphs, zum sozialen Ort, sie sind aber gleichzeitig Unterrichtsmethode und von der Universität vorgesehener Modus der Prüfung professioneller Kompetenz – und dies

---

22 Augustinus, Enarrationes in Psalmos, PL, Bd. XXXVI, Sp. 1392. Vgl. Viola, Manières personelles, S. 16.
23 Viola, Manières personelles, S. 25.
24 Viola, Manières personelles, S. 27f.

nicht nur in Philosophie und Theologie, sondern ebenso in Medizin und Jurisprudenz, in allen Fächern.

Eine Disputation (deren schriftliche Fassung dann den Titel *Quaestiones disputatae* erhielt) zerfiel üblicherweise in zwei Teile, die an verschiedenen Tagen anberaumt wurden. Zeit und Thema wurden öffentlich angekündigt, und die Studenten und Dozenten der entsprechenden Fakultät zum Besuch der Veranstaltung angehalten. Einladungen ergingen auch an die Mitglieder anderer Fakultäten. Die gesamte Prozedur hat eine gewisse Ähnlichkeit mit der gegenwärtigen Form des Rigorosums im Zusammenhang des Promotionsverfahrens, wie es noch an der Universität Konstanz gepflogen wird. Allerdings gibt der Magister regens im 13. Jahrhundert die These(n) vor, und in der ersten Sitzung hat einer seiner Schüler, ein baccalaureus, diese gegen Einwände und Argumente aus dem gesamten Publikum zu verteidigen. Diese Morgensitzung dauerte ca. drei Stunden.[25] Der zweite Teil der Disputation bestand in der Zusammenfassung aller relevanten Argumente *pro* und *contra* durch den Magister sowie in der endgültigen Entscheidung der diskutierten Fragestellung durch ihn, der *determinatio*. Die schriftliche Fixierung und offizielle Publikation erfolgte entweder als Mitschrift der Disputation allein, als *reportatio* des *secretarius*, oder als durch den leitenden Magister autorisierte, revidierte, und erweiterte Fassung (*ordinatio*).

Die *disputationes* waren während des ganzen akademischen Jahres institutionalisiert und fanden regulär so gut wie jede Woche statt. Zweimal im Jahr, zu hohen Feiertagen, wurden *quaestiones quodlibetales* anberaumt (s. u.). Es ist wichtig, die lebendige und kommunikative Atmosphäre dieser diskutierenden Lebensform zu betonen. Ludwig Wittgenstein bemerkt einmal: »Kultur ist eine Ordensregel.«[26] Die mittelalterliche Kultur der *quaestio* mit ihrer starken Institutionalisierung schon der *mündlichen* Textformen – auf die »Rollenverteilung« gehe ich gleich ein – bot gerade mit dem konventionellen Rahmen ihrer Diskursregeln einen Raum disziplinierter und disziplinierender Freiheit und Verantwortung, in welchem beliebige Einfälle und persuasive Tricks keine große Chance bekamen. Da die Institutionalisierung der kommunikativen Rationalität selbst keine Möglichkeit ad hoc ist, muß die Kontinuität der Einübung in sie auf allen Ebenen des akademischen Lebens, wie sie in Paris und Oxford üblich war, besonders hervorgehoben werden.

In dem großen Werk *De veritate* des Thomas von Aquin besitzen wir ein Beispiel der Gattung *Quaestiones disputatae*, das aus insgesamt 253 *disputationes* besteht. Das Werk ist in *quaestiones* und *articuli* eingeteilt. Falls die *quaestiones* jeweils in einer der dreistündigen Morgensitzungen entwickelt wurden, so erscheinen sie jeweils als kaum vorstellbar schnell und dicht argumentiert; falls die Disputationen aus nur drei akademischen Jahren stammen, wie behauptet wird, dann muß das akademische Jahr kaum Zeit für Vorlesungen gegeben haben, so angefüllt mit regulären Disputationen muß es gewesen sein. Aus den sich angesichts der thomasischen *Quaestiones disputatae de veritate* ergebenden Unplausibilitäten entspann sich eine Kontroverse zwischen P. Mandonnet[27] und A. Dondaine[28] über

---

25 Nach A. Kenny/J. Pinborg, Medieval philosophical literature, in: A. Kenny/N. Kretzmann/J. Pinborg (eds.), The Cambridge history of later medieval philosophy, Cambridge 1982, S. 21.
26 L. Wittgenstein, Vermischte Bemerkungen, Frankfurt 1977, S. 157.
27 P. Mandonnet, S. Thomas Aq. Quaestiones disputatae, Paris 1925, S. 12.
28 A. Dondaine, Secrétaires de Saint Thomas, Rom 1956, S. 210ff.

die grundlegende Texteinheit der Disputationen: Ist es der *articulus* oder die *quaestio*? Neuere Forschungen haben folgendes erwogen und nahegelegt. So umfaßt allein die *quaestio* 8 von *De veritate* 17 Artikel mit insgesamt 190 Einwänden (obiectiones); die *quaestio De anima*, ein Werk des Thomas über die Aristotelische Psychologie umfaßt 21 Artikel mit insgesamt 367 Einwänden. Es ist völlig abwegig, zu glauben, eine solche *quaestio* sei in drei Stunden, zwischen Vesper und Non, argumentativ »durchzunehmen« gewesen. B.C. Bazan kommt daher zu der Auffassung, es handle sich bei solchen *quaestiones* um die privaten *in scolis propriis*, deren grundlegende Texteinheit der Artikel war. Als Thomas von Aquin seine Lehrtätigkeit in Paris 1252 begann, war er vom *consortium magistrorum* noch nicht offiziell akzeptiert worden. Daher disputierte er noch nicht regulär, das heißt: öffentlich, sondern intern mit seinen Schülern. Für die regulären Disputationen legt sich hingegen die Texteinheit der *quaestio* nahe, die jeweils ca. vier bis fünf Artikel umfaßt haben mag.[29] So kann es gewesen sein.

In seinen Forschungen zu den *Quaestiones disputatae* des Thomas von Aquin ging Mandonnet von einer Definition dieser literarischen Form aus, die Thomas in seinem Traktat *De fallaciis* gibt. Die *disputatio* wird dort bestimmt als »actus syllogisticus unius ad alterum ad aliquod propositum ostendendum«.[30] Die Disputation ist damit im wesentlichen als eine kommunikative wissenschaftliche Handlungsweise bestimmt. Ich hatte bereits die Entwicklung der *quaestio* aus der Grundform der *lectio* umrissen. A.G. Little und F. Pelster, später P. Glorieux, haben ausführlich dargestellt, wie die Gattungsentwicklung aus Unzufriedenheit und Divergenzen, aus dem Bedürfnis nach kritischem Vergleich zu erklären ist. In der Forschung wird allgemein Simon von Tournai als derjenige genannt, der als erster die *quaestio* von der *lectio* emanzipiert habe. Die Konstituentien dieses Emanzipationsprozesses sind 1. eine Wandlung der Rolle des Magisters in Richtung auf intellektuelle Autonomie; 2. die voll ausgebildete Sentenzenliteratur und die entsprechende systematische Organisation des Lehrstoffes; schließlich 3. die volle Präsenz der Aristotelischen Logik und Methodologie. In seiner *Summa* (um 1201) hat Simon von Tournai die quaestio-Technik voll entwickelt. Ein Grundproblem wird in eine Kette von Einzelfragen aufgelöst, die möglichst mit Ja oder Nein zu beantworten sein sollen. Die methodische Darstellung sucht nun, beide Antwortmöglichkeiten mit Argumenten abzusichern und zu stärken, so gut es nur irgend geht. Die auch heute noch zu empfehlende hermeneutische Tugend, versuchsweise die Argumente des wissenschaftlichen Gegners bzw. eines von den eigenen Überzeugungen abweichenden Textes so stark wie möglich zu machen, ist hier textformkonstitutiv institutionalisiert.

J. Marenbon hat vor kurzem erst auf die Sentenzen des Peter von Poitiers (entstanden um 1167/1170) als noch frühere Ausbildung der *quaestio*-Technik verwiesen. Hier werden sich widersprechende Autoritäten hart konfrontiert, und alle logischen und sprach-analytischen Künste werden aufgeboten, um die Kontroverse zu präzisieren. Das später kurrente technische Vokabular der Kultur der *quaestio* wird schon ausgeprägt: »Einige entgegnen auf dieses Argument« (*ad hoc quidam dicunt*); »Darauf sollte folgendes geantwortet

---

29 B.C. Bazan, La quaestio disputata, in: GLM, S. 31–49, dort S. 41.
30 Vgl. Bazan, La quaestio, S. 31.

werden« (*ad hoc dicendum*); »Aber darauf wird eingewandt« (*sed contra hoc obicitur*); »Ein Einwand könnte so lauten« (*ita instantia dari possit/ita possit instari*).[31]

Zu Beginn des 13. Jahrhunderts hat die Wissenschaftsorganisation die *quaestio disputata* in der Form der Disputation voll etabliert. B.C. Bazan definiert sie als eine Unterrichts- und Forschungsform, die durch den Magister geleitet wird; die durch eine dialektische Methode gekennzeichnet ist, welche in der Untersuchung sich widerstreitender Argumente der Vernunft und der Autoritäten hinsichtlich eines theoretischen oder praktischen Problems besteht; bei der die Argumente von den Teilnehmern in Rollenverteilung vertreten werden; und die schließlich einer magistralen Entscheidung – *determinatio magistralis* – bedarf. Die Entwicklung der *quaestio* zur *disputatio* aus der *lectio* geschieht dabei Bazan zufolge durch den Verlust des Elementes Text, sowie durch die Hinzufügung des Elementes einer unabhängigen Diskussionsrunde unter Teilnahme der Magister und der Studenten.[32]

Wichtig für die *disputatio* im universitären Milieu ist die seit 1230 für Paris belegte Unterscheidung der privaten Disputation eines Magisters *in scolis* von der universitätsöffentlichen *disputatio ordinaria*, die einmal wöchentlich (oder vierzehntäglich) stattfand. Ein öffentlicher Diskurs ist etabliert, die gemeinsame Suche nach der allgemeinen Wahrheit ist zur Sache des öffentlichen akademischen Lebens geworden. Nicht die Intuitionen Einzelner in ihren Klausen, und nicht die dogmatische Autoritätswahrheit gelten. Die Bedeutung dieser Institutionalisierungen für die Kontinuität der europäischen Vernunftgeschichte liegt auf der Hand.

In dieser Zeit wird die dialektische Methode weiter verfeinert, indem ein Opponent eingeführt wird. Die *disputatio* sieht mittlerweile so aus: 1. handelt es sich um eine reguläre, institutionalisierte Diskursform mit festen Diskursregeln; 2. hat sie drei Hauptteile: (a) Hauptfrage, These dazu – (b) die diversen Lösungen, die bisher angeboten wurden, in ihrer Konfrontation miteinander – (c) Antworten, die standhalten; und 3. verteilt sich dieses Procedere auf drei Personen: (a) auf den Magister, der letztlich alles in der Hand hat, von der Themenstellung bis zur *redactio* und *editio* des Diskurses – (b) auf den *opponens*, der die mit der Hauptfrage verbundene magistrale These zu bekämpfen hat, durch möglichst gute Gegenargumente, und (c) auf den *respondens* (ab 1230 eingeführt), der wiederum gegen die Gegenargumente des Opponenten anzuargumentieren hat. Der *respondens* hat auch bereits eine provisorische Lösung vorzutragen. Daß der Magister dominiert, ist selbst sicher nicht das Indiz »autoritärer« Strukturen und Machtbefugnisse. Jeder Philosophierende weiß (bestenfalls) auch heute, wie viele Jahre Disziplin und Training nötig sind, bis man an philosophischen Diskursen teilzunehmen vermag, in denen wirklich philosophiert wird. Außerdem sieht man sofort, daß die Organisationsform hinreichend Gelegenheiten zum delikaten Schachzug bietet. So kann der *respondens* auf gekonnte Weise Fehler machen, um indirekt gegen seinen Magister zu opponieren, um nur eine Möglichkeit zu nennen. Man kann sich vorstellen, daß die mündliche Form genügend Raum für indirekte Mitteilungen gab. Formstrenge ist ja in allen Bereichen –

---

[31] J. Marenbon, Later medieval philosophy (1150–1350). An introduction, London/New York 1987, S. 10ff.
[32] Bazan, La quaestio, S. 34f.

von der Kleiderordnung bis zu den anständigen Sitten – humorkonstitutiv. Und es ging hoch her bei den Disputationen. Die Forschung ist davon überzeugt, daß die Verschriftungen (*reportatio, redactio, editio*) in der Regel kaum etwas von den tumultuösen Vorgängen ahnen lassen, die die Wirklichkeit eines ja auch intriganten, an *laus* und *pecunia* nicht völlig desinteressierten akademischen Lebens prägen. Die Konkurrenz der verschiedenen Ordensgemeinschaften kam hinzu, und gegen das 14. Jahrhundert kompliziert sich daher auch die Form der *quaestiones* noch einmal (s. u.). P. Mandonnet hat die Disputationen als das akademische Äquivalent der Turniere des Mittelalters gekennzeichnet. Statuten und Chartularien der großen Hochschulen verboten den Studenten das Schreien, das Lärmmachen, ja das Steinewerfen, auch ihren Dienern und Komplizen, »in jeder Hinsicht«.[33] Anthony Kenny erläutert dazu: »Even the most technical reports of medieval disputations can sometimes be relieved by glimpses of the tumult of actual disputation. Thus Matthias of Gubbio, trying to give an orderly account of his opposition against the opinions of Hervaeus Natalis concerning the nature of logical relations, is interrupted by someone: ›But before I come to the fourth point, somebody shouts against me with a loud voice: You deny such relations, I certainly deny yours.‹ Certainly, disputations did not proceed as solemnly as the written redactions might make us believe.«[34]

Die Disputationen hatten auch den Charakter von Spielen. So konnten die Studenten wählen, ob sie *respondens* oder *opponens* sein wollten. Auf dem Wege in die Einübung argumentativer Kampfspiele erfolgte die Sozialisation in die wissenschaftliche Kultur. Erst, wenn wir noch die Studienzeiten und die Prüfungsrelevanz der *Quaestiones* zusätzlich berücksichtigen, können wir uns ein annäherndes Bild von der Kultur der *quaestio* machen.

Die Beteiligung der Baccalaureaten an den Disputationen war obligatorisch, wie die Chartularien vorschreiben. Baccalaureus wurde man in der Artistenfakultät nach ca. fünf Jahren. Vorher nahm man im Kontext des *trivium* am Logik- und Grammatik-Unterricht teil, sowie an Studenten-Disputationen. Nach einer eigenen *determinatio* wandte man sich weitere drei Jahre dem *quadrivium* zu. Als Baccalaureus war man auch mit der Metaphysik des Aristoteles befaßt und hatte den *respondens* zu spielen. Nach acht bis neun Jahren konnte man das Magisterexamen anstreben. Die Artistenfakultät durchliefen alle mittelalterlichen Wissenschaftler, so daß eine einheitliche rationale Grundausbildung garantiert war. Die darauf aufbauende theologische Fakultät gliederte ihren Studiengang folgendermaßen: Sieben Jahre hörte man Vorlesungen über die Bibel und die Sentenzen des Lombarden, weitere zwei Jahre, als *baccalaureus biblicus* hörte man weiter Vorlesungen, konnte selbst Bibel-Vorlesungen halten und hatte in Disputationen zu respondieren. Nach weiteren zwei Jahren, also insgesamt 22 Semestern, konnte man als *baccalaureus sententiarius* in Vorlesungen selbst die Sentenzen kommentieren. In weiteren vier Jahren agierte man dann als *baccalaureus formatus* in den Disputationen, erhielt universitäre Ämter und konnte nach Abschluß dieser Zeit zum Magister avancieren, mit den Rechten und Verpflichtungen, die wir bereits dargestellt haben. Als *magister regens* erhielt man die volle Lehrberech-

---

33 A. Kenny/J. Pinborg, Medieval philosophical literature, S. 24.
34 A. Kenny/J. Pinborg, Medieval philosophical literature, S. 24. Kenny bezieht sich auf ein MS Erfurt 4° 276, fasciculum 142rb.

tigung und das Recht zur magistralen *determinatio*. Mir scheint der Wert, den die mittelalterliche Wissenschaftspraxis gerade dieser Entscheidungskompetenz zugemessen hat, angesichts der Endlichkeit der Diskurse, angesichts der Angewiesenheit auf die Wahrheit und angesichts der Wichtigkeit der zur Debatte stehenden Fragen verständlich zu sein. Wenn z.B. der lateinische Averroismus mit Siger von Brabant die Ewigkeit und Ungeschaffenheit der Welt und die Sterblichkeit der individuellen Einzelseele lehrte, das heißt: den Schöpfergott und das Ewige Leben zu leugnen schien, dann gerieten die Grundfesten ins Wanken. Ketzereien und Häresien konnten in den *quaestiones* durchgespielt werden. Noch gefährlicher als die regulären Disputationen waren die *quaestiones quodlibetales* (s.u.).

B.C. Bazan hat insbesondere auf die Prüfungsrelevanz der *quaestio*-Technik hingewiesen. An der Artistenfakultät waren im Jahre 1283 in Paris allein 120 Magister tätig. Der Logik-Unterricht eignete sich ganz vortrefflich zur Organisation von Disputationen. Die für die Geschichte der Logik wichtigen Textformen mit den Titeln *sophismata, impossibilia* und *insolubilia* gehören hierher. Jurisprudenz und Medizin organisierten ihre eigenen *quaestiones disputatae*. Studentische Prüfungen, Prüfungen zum *baccalaureus* (*determinationes* genannt), sowie die Lizentiatenprüfung (zur *inceptio*), waren der Form nach Disputationen. An der theologischen Fakultät wurde man zum *baccalaureus biblicus*, indem man die Prüfung mit dem Titel *quaestio temptativa* bestand. Der Kandidat hatte das Recht, den Themenbereich zu wählen, der Magister formulierte die Frage, der Kandidat hatte nun die Rolle des *respondens* zu übernehmen. Alle beteiligten Baccalaureaten hatten seine Leistung zu beurteilen.

Um *baccalaureus sententiarius* zu werden, hatte man zum ersten Mal selbst einer *disputatio* vorzusitzen. Nach einer kleinen Einleitungsrede (*collatio*) hatte man eine *quaestio* zu entwickeln. Die *quaestiones collativae* entstammten dem Themenbereich der Sentenzen. Ihre Disputation wurde oft über lange Zeit hinweg unter den Baccalaureaten fortgesetzt. Im 14. Jahrhundert entwickelte sich eine spezielle *quaestio disputata* für Studenten.[35] Zum Lizentiaten-Examen hatte der Kandidat eigene Thesen gegen die versammelten Magister zu verteidigen.

Um selbst Magister zu werden, hatte man in Paris drei Hürden zu nehmen; die so genannten *vespéries*, die *disputatio in aula* und schließlich die *ressumpta*. Zu diesem Zweck wurden insgesamt vier *quaestiones* entwickelt – vom Kandidaten selbst. Die erste – *expectativa magistrorum* – hatte man (z.B. gemäß den Statuten von Bologna) gegen die anderen Magister zu beantworten. Die zweite *quaestio* behandelte der älteste anwesende Magister, und der *vesperiandus* hatte die Hauptlast der argumentativen Darstellung zu tragen. Die *disputatio in aula* ist die eigentliche Inauguraldisputation, der der neue Magister vorzusitzen hatte. (In Oxford hieß die Sitzung *inceptio*.) In dieser Disputation wurden die zwei letzten der vier Fragen behandelt. Hier wurde nicht determiniert, denn dieser abschließende Akt blieb der *ressumpta* vorbehalten, in der der neue Magister selbst im Rückblick auf sein gesamtes Verfahren eine *determinatio magistralis* vortragen konnte, die er weder als *vesperiandus* noch als *aulandus* hatte vortragen dürfen.

Zum gesamten Verfahren hatte den Kandidaten sein ihn betreuender Magister in Absprache mit dem Kanzler vorgeschlagen. In dem komplizierten Procedere hatte sich der

---

35 Genauer dargestellt bei Bazan, La quaestio, S. 43–46.

werdende Magister zunehmend mit den Anforderungen, die an einen akademischen Lehrer gestellt wurden, vertraut zu machen. Schließlich endet der viele Jahre währende Ausbildungsgang mit dem erstmals eigens vollzogenen Schlußakt der Disputationspraxis: mit der *determinatio*. Die Kultur der *quaestio* hatte sich in einer Person fortgesetzt.[36]

V

Betrachten wir einige *quaestiones* bekannter Philosophen in der klassischen schriftlichen Ausformung.[37] Für das 13. Jahrhundert ergibt sich folgende Grundform, hier exemplifiziert an einer *quaestio* der *Summa theologiae* (1, 2, 3) des Thomas von Aquin. Die Textform *Summa* gliedert sich zunächst in Teile (*partes*), die ganze Disziplinen zum Thema haben, z. B. Kosmologie, Theologie, Christologie. Die Teile zerfallen in Probleme (*quaestiones*), die wiederum in Unterfragen (*articuli*) gegliedert sind. Die Struktur jedes Artikels ist die einer Miniatur-Disputation. In der folgenden geht es um die Existenz Gottes.

(1) *Quaeritur*: Es wird gefragt, ob es wahr ist (ob es der Fall ist), daß Gott existiert. (Nicht selten wird bereits eine Gruppe von Fragen vorgebracht, die einen systematischen Zusammenhang aufweisen.)
(2) *Ad primum sic proceditur, videtur quod/videtur quod non*: Es wird zunächst die gegnerische Position entwickelt, hier: Es scheint, daß Gott nicht existiert. Jetzt folgen zur Unterstützung der Gegenposition Argumente der Vernunft und der Autoritäten. Hier z. B.: Niemand hat Gott je gesehen etc.
(3) *Sed contra est quod dicitur*: Argumente der Vernunft und der Autoritäten, die die Existenz Gottes stützen. Z. B. *Sed contra* wird *Exodus* 3,14 angeführt: Ego sum, qui sum.
(4) *Conclusio*: Zusammenfassung der eigenen Position in einem einzigen Satz.
(5) *Respondeo dicendum quod*: Ausführliche Begründung der eigenen conclusio. Z. B. Ich entgegne, daß gesagt werden muß, daß Gottes Existenz bewiesen werden kann.
(6) *Ad primum ergo dicendum*: Abschließende ausführliche Widerlegung der Gegner mit Verfolgung der einzelnen Argumente unter (2).

Es ist klar, daß die mündliche *quaestio disputata* lebendiger und spannender war, denn bei ihr kamen alle Auseinandersetzungen, auch die Teile (5) und (6) in unserem Modell, mit den verteilten Rollen *vor* der magistralen Entscheidung. Aber die schriftliche Form verlangte ebenso selbstverständlich nach einer systematischen Straffung.

Im 14. Jahrhundert wurden die *quaestiones* immer länger und immer komplizierter, eine natürliche Folge der Wissenschaftsentwicklung. Eine *quaestio* bei Johannes Duns Scotus kann ca. 20000 Worte haben. Außerdem wird das Schema zwar beibehalten, der *corpus* der Frage rückt aber völlig ins Zentrum und dient oft der einläßlichen Darstellung

---

36 Für die Darstellung der Prüfungsprozeduren sei auf Bazan, La quaestio, S. 37–49, noch einmal hingewiesen.
37 Die Beispiele werden ausführlich behandelt in: Marenbon, Later medieval philosophy, S. 27–33.

fremder systematischer Auffassungen. Bei der Entwicklung der eigenen Konklusion treten verstärkt Selbsteinwände, *dubia* und *instantia*, auf. Diese führen zu einer Modifikation eigener Thesen.

In der folgenden *quaestio* diskutiert Duns Scotus die aktive Rolle des Intellekts beim Zustandekommen der Erkenntnis im Vergleich zu den Wirkungen, die die den Intellekt affizierenden Objekte dabei spielen. Er gelangt dabei zu einem »kooperativen« Modell des Zusammenwirkens, dem späteren Kants nicht unähnlich. Die Argumentation ist bei J. Marenbon ausführlich wiedergegeben.[38] Hier interessiert uns die literarische Form:

(1) Kurze Argumentation für die gegnerische Position.
(2) Kurze Argumentation für die eigene Position.
(3) Darstellung der Meinung anderer: 1. Heinrich von Gent; 2. Gottfried von Fontaines.
(4) Argumente gegen (3): 1. gegen (3) 1., aus drei Vernunftgründen. 2. gegen (3) 2., aus einem Vernunftgrund.
(5) Die Auffassung des Duns Scotus selbst.
(6) Warum Aristoteles und Augustinus die Auffassung (5) stützen.
(7) Argumente gegen (1).
(8) Argumente gegen Argumente, die zur Verteidigung von (3) vorgetragen werden: 1. gegen Argumente zur Verteidigung der Position Heinrichs von Gent. 2. gegen solche zur Verteidigung Gottfrieds von Fontaines.

Die folgende *quaestio* des Wilhelm von Ockham argumentiert in anti-realistischer, nominalistischer Absicht gegen die erkenntnistheoretische Konzeption einer *species intelligibilis impressa*. Wie sollen die individuellen Einzeldinge dem erkennenden Intellekt *Universalien* einprägen können? Der inhaltliche Gang der Erörterung findet sich bei J. Marenbon dargestellt.[39]

(1) Ein autoritatives Argument für die gegnerische Auffassung.
(2) Ein sehr kurzes Argument für die favorisierte Meinung, mit Bezugnahme auf eigene frühere Darstellungen Ockhams.
(3) Lehrmeinungen anderer: 1. Thomas von Aquin; 2. Heinrich von Gent.
(4) Argumente der Vernunft und der Autorität für (3) 1. und (3) 2.
(5) Argumente gegen (3) 1. und (3) 2., einschließlich Argumenten gegen antizipierte Gegenargumente.
(6) Die Auffassung Wilhelms von Ockham selbst.
(7) Argumente gegen (4). Dieser Abschnitt ist sehr lang und überaus kompliziert. Er bringt Gegenargumente gegen die systematisch stärksten Argumente für die gegnerische Position, wie sie von herausragenden Lehrern (Thomas von Aquin, Heinrich von Gent) vertreten wird. Hier erfolgt die eigentliche Widerlegung.
(8) Ein kurzer Satz als Antwort auf (1).

---

38 Marenbon, Later medieval philosophy, S. 155 f.
39 Marenbon, Later medieval philosophy, S. 177 f.

Wir können an den Schemata der Argumentationen folgende Veränderung der *quaestio*-Methode für das 14. Jahrhundert feststellen: 1. wurde jede *quaestio* so lang, daß die schriftliche Fixierung sich bereits auf einige *quaestiones* konzentrierte. 2. Mittlerweile spielt die Auseinandersetzung mit zeitgenössischen Denkern anderer Lehrmeinung eine herausgehobene Rolle in der Disputation. 3. erfolgt der Rekurs auf klassische Autoritäten nun überhaupt nicht mehr um ihrer selbst willen, sondern aus der Perspektive der eigenen systematischen Position, wie z. B. Punkt (6) bei Duns Scotus zeigt. Der Rekurs erfolgt primär nicht mehr, um die Widersprüche der autoritativen Überlieferung auszugleichen. Die Disputationskultur ist systematisch autonomer geworden.[40]

VI

Eine besonders originelle Sonderform der *quaestio* bildet die *quaestio quodlibeta*. Sie entstand in der ersten Hälfte des 13. Jahrhunderts zunächst in Paris. Eingehende Forschungen von Glorieux, Mandonnet, Chenu, Boyle und Grabmann sind ihr gewidmet. J. F. Wippel hat die Forschung vor kurzem unter zwei Fragen zusammengefaßt: Was hat diese *quaestio* mit der regulären *quaestio disputata* gemeinsam? Was unterscheidet sie von ihr?[41] Gemeinsam ist den beiden Typen, daß sie 1. eine mündliche Übung sind, die 2. auf zwei Sitzungen verteilt wurde, die an verschiedenen Tagen angesetzt wurden. 3. ist auch die Grundform: Argumente für und gegen, respondens, Antworten, gleich. 4. gleich ist die Rolle des Magisters und der Baccalaureaten als Respondenten. In der Forschung war lange umstritten, ob die *quaestiones quodlibetales* auf mehrere Tage anberaumt wurden. Zur Stützung dieser Auffassung berichtet Wippel eine Albertus-Magnus-Anekdote aus dem 14. Jahrhundert. Albertus Magnus leitete eine Quodlibet-Disputation, die sich ihrem Ende zuneigte, als er sich plötzlich außerstande sah, auf drei Einwände zu antworten, die ein spät eingetroffener Teilnehmer ihm machte – nämlich der Teufel in Gestalt eines jungen Studenten. Nach einer schlaflosen Nacht, in der ihm die wahre Natur des Opponenten und auch die treffenden Antworten aufgegangen waren, trafen alle zur zweiten Sitzung zusammen, um in der Tat die siegreichen Argumente Alberts zu hören.[42]

Was unterscheidet nun die Quodlibet-Quaestio von der regulären? 1. konnte *von jedem* – *a quolibet* – gefragt und argumentiert werden, der anwesend war: auch von anderen Magistern, Baccalaureaten, Studenten, ja sogar vom nichtakademischen Publikum. Daher entfällt hier auch die sonst vom Magister gestellte Initialfrage. 2. konnte *über alles* – *de quolibet* – gefragt werden. Es erfolgte hier keine Präparation durch den Magister, der natürlich gleichwohl eingreifen konnte wie jeder andere auch. 3. Allerdings fanden sich magistrale Organisationspläne zwischen der ersten und der zweiten Sitzung. Denn die Magister hatten auch hier Recht und Pflicht zur *determinatio*; und sie sollten möglichst kohärent alle Fragen und Einwände berücksichtigen. 4. Während die regulären *quaestiones*

---

40 Vgl. zu dieser Beurteilung auch: Marenbon, Later medieval philosophy, S. 33.
41 J. F. Wippel, The quodlibetal question as a distinctive literary genre, in: GLM, S. 67–84. Vgl. dort auch die S. 67 angegebene Forschungsliteratur.
42 Wippel, The quodlibetal question, S. 71.

disputatae wöchentlich stattfanden, beraumte man die *quaestiones quodlibetales* nur zweimal im Jahr an: in der Adventszeit, *in (de) Natali*, und zu Ostern, *in pascha (de paschate)*. Es gab 5. keine Verpflichtung für die Magister, diese eigenartigen Disputationen über sich ergehen zu lassen. Während die regulären Diskurse also szs. zur Pflicht gehörten, und dies in jeder Hinsicht, gehörten die Quodlibets zur Kür. Dazu paßt, daß solche *quaestiones quodlibetales* von den herausragenden Denkern der Zeit in reicher Fülle überliefert sind, so von Heinrich von Gent, Gottfried von Fontaines, Jakob von Viterbo, Johannes Duns Scotus. Offenbar waren Furchtlosigkeit und Souveränität erforderlich. Die Quodlibets breiteten sich immer mehr aus. Der Magister determinierte in der zweiten Sitzung, und er legte nach einiger Zeit eine oft stark redigierte, autorisierte Fassung vor. Zudem kursierten so genannte *abbreviationes* der Quodlibets, Kurzfassungen (»abstracts«) ihrer wesentlichen systematischen Punkte, neben den schriftlichen Großfassungen. Im 14. Jahrhundert werden die Quodlibets immer länger. Zum Zwecke der Veranschaulichung: Das laute und rasche Verlesen des Quodlibet I des Heinrich von Gent dauert 460 Minuten; das des Quodlibet XIII des Gottfried von Fontaines 520 Minuten.[43] Die fortgeschrittene Wissenschaftsentwicklung, die Akkumulation logischen und methodologischen Könnens, das gesteigerte Problembewußtsein durch die Präsenz des gesamten Corpus Aristotelicum und der Schriften der Araber, die Spannung zwischen Dominikanern und Franziskanern, zwischen Realismus und Nominalismus, das Ringen um den Primat des Intellekts oder den des Willens, des Universalen oder des Individuums, schließlich das unzweifelhaft gesteigerte individuelle Selbstbewußtsein eines Duns Scotus oder eines Ockham und ihrer Schüler – alle diese Faktoren weisen schon voraus in eine neue Epoche der Philosophie.

VII

Aber ohne die wissenschaftliche Kultur und das Ethos der *quaestio* wäre die Perspektive zu neuen Ufern kaum in den Blick gekommen. Fassen wir das Ergebnis unserer Untersuchung kurz zusammen.

Die literarischen Formen der mittelalterlichen Philosophie sind Ausdruck und Zeugnis der Lebensformen einer wissenschaftlichen Kultur, die die Kontinuität der okzidentalen Vernunftgeschichte von der Antike bis zur frühen Neuzeit gestiftet hat.[44] Die zentrale

---

43 So Wippel, The quodlibetal question, S. 78, Anm. 30.
44 Vgl. zum Thema: A. Borst, Lebensformen im Mittelalter, Frankfurt 1973; Th. Rentsch, Artikel »Lebensform«, in: J. Mittelstraß (ed.), Enzyklopädie Philosophie und Wissenschaftstheorie, Bd. II, Mannheim/Wien/Zürich 1984, S. 553–555. – Die Kontinuität rationaler und kommunikativer, diskursiver Formen des gemeinsamen Lebens im Abendland, insbesondere angesichts der praktischen Fündierung der Wissenschaften, der Ethik und der Politik, ist – gegenüber den allseits gewürdigten Umbrüchen in Technik und Naturwissenschaft – noch nicht hinreichend und allgemein bewußt gemacht worden. Vgl. aber: J. Mittelstraß, Wissenschaft als Lebensform. Reden über philosophische Orientierungen in Wissenschaft und Universität, Frankfurt 1982, dort vor allem: Versuch über den sokratischen Dialog, S. 138–161. In unserem Zusammenhang fällt auf, daß Konzeptionen einer dialogischen Vernunft (Kamlah, Lorenzen, Lorenz), einer »Diskurstheorie der Wahrheit« (Apel, Habermas) und einer »Theorie des kommunikativen Handelns« (Habermas) ihre Geschichtlichkeit angesichts antiker und mittelalterlicher Vorgestalten

Grundform der Theorie- und Wissenschaftsgeschichte des Mittelalters ist die *quaestio*. In ihr zeigt sich sowohl die Kontinuität mit dem antiken Philosophie- und Wissenschaftsverständnis als auch der gleiche Primat der Mündlichkeit. Ebenso eint die agonale und zetetische Kultur das antike und das mittelalterliche Verständnis der Wissenschaft.

Die *quaestio* geht aus der *lectio* hervor und führt zur Form der *disputatio*. Die *quaestiones disputatae* bilden im Hoch- und Spätmittelalter das textliche und soziale Zentrum der Wissenschaften in allen Fakultäten. Die *quaestio* ist als mündliche und literarische Form gleichzeitig Methode des Unterrichts, der Forschung, der systematischen Darstellung (auch in den »Summen«) und der akademischen Prüfungen. Die wegweisende These vom Zusammenhang der literarischen Formgeschichte mit dem »Sitz im Leben« dieser Formen, die zuerst der Alttestamentler H. Gunkel am Beispiel der Psalmen aufgestellt hatte, bestätigt sich auch hier.[45] Besondere Originalität kommt dem Institut der *quaestiones quodlibetales* mit seinen lockeren Diskursregeln zu.

Bereits in der Philosophie des Augustinus erfährt die *quaestio* eine vertiefte, anthropologisch-praktische Deutung. Sie gründet im teleologischen Ausgriff des Menschen auf kommunikative Erfüllungsgestalten seines Lebens. Hier wäre nach meinem Urteil ein Ansatzpunkt, die Untersuchung der literarischen Formgeschichte der Philosophie in den Kontext der systematischen Rekonstruktion der praktisch-philosophischen Einheit der okzidentalen Rationalität mit einzubeziehen.[46] Diese Einheit wird vielfach heute noch fälschlicherweise primär in der Technikgeschichte und der Geschichte der »theoretischen Vernunft« gesehen. Aber weder den Fallgesetzen noch astronomischen Befunden kommt die praktische Bedeutung kommunikativer Rationalität als Lebensform zu. Vielmehr ruht die Möglichkeit der Theorien und Techniken auf der kommunikativen und praktischen Vernunft, deren Paradigma die Kultur der *quaestio* war.

---

nicht reflektieren. Eine Reminiszenz an die agonale Kultur findet sich wohl in P. Lorenzen, Logik und Agon, in: Atti del XII Congresso Internationale di Filosofia, Venezia 12-18 Settembre 1958, Bd. IV, Logica, Linguaggio e communicazione, Florenz 1960, S. 187-194.

45 Vgl. H. Gunkel, Die Psalmen, Göttingen ⁵1968.
46 Vgl. zur Systematik der praktischen Philosophie: Th. Rentsch, Die Konstitution der Moralität. Transzendentale Anthropologie und praktische Philosophie, Frankfurt 1990. – Vgl. zur weiteren Geschichte unserer Thematik: R. Specht, Über den Stil der Disputationes Metaphysicae von Francisco Suárez, in: Allg. Ztschr. f. Phil. 13.3 (1988), S. 23-35.

CHRISTIANE SCHILDKNECHT (Konstanz)

Erleuchtung und Tarnung

Überlegungen zur literarischen Form bei René Descartes

In seinen »Vorlesungen über die Geschichte der Philosophie« würdigt Hegel Descartes mit den Worten:

> »In der *Philosophie* [Hervorhebung im Original] hat er eine ganz neue Wendung genommen: mit Descartes beginnt die neue Epoche der Philosophie, wodurch der Bildung das Prinzip ihres höheren Geistes in Gedanken zu fassen, in der Form der Allgemeinheit, vergönnt war, wie Böhme es in Anschauungen, sinnlichen Formen faßte. Unter seinen philosophischen Schriften haben besonders diejenigen, welche die *Grundlage* [Hervorhebung im Original] enthalten, in ihrer *Darstellung* etwas sehr *Populäres* und *Naives,* was sie beim Beginne des Studiums sehr empfehlenswert macht; er geht ganz einfach und kindlich dabei zu Werke, – es ist *Erzählen seiner Gedanken nacheinander.* Er ging davon aus, jede Voraussetzung müsse hintangesetzt werden, der Gedanke müsse von sich selbst anfangen; alles bisherige Philosophieren, besonders das von der Autorität der Kirche ausging, wurde hintangestellt« (Hegel, Werke, Bd. XX, S. 126; Hervorhebungen C.S.).[1]

Dabei »erzählt« Descartes seine Gedanken auf sehr unterschiedliche Weise: So unterscheidet sich der methodisch-regulative Charakter der posthum veröffentlichten Frühschrift, der »Regulae ad directionem ingenii«, wesentlich von der als erkenntnistheoretische Einleitung in seine »Optik«, »Geometrie« und »Meteorologie« konzipierten stilisierten Autobiographie, dem »Discours«. Die »Meditationes« – zurückgehend auf einen (verlorenen) »Traité de Métaphysique« – gehören neben dem »Discours« und den »Principia Philosophiae« zu den philosophischen Hauptwerken Descartes' und führen dessen monologisches Denken in meditativer Form vor. Demgegenüber rekurrieren die »Principia« auf die traditionelle Form des scholastischen Lehrbuchs. Mit der »Recherche de la Vérité« schließlich liegt der einzige, fragmentarisch gebliebene Versuch Descartes' vor, seine Philosophie in eine dialogische Form zu kleiden.

Im folgenden soll gezeigt werden, welche Rolle die jeweilige literarische Darstellungsform in der Philosophie Descartes' spielt. Den Ausgangspunkt bildet dabei die These, daß die (literarische) Form der Darstellung und Vermittlung der Philosophie nicht äußerlich ist, vielmehr das Verständnis Descartes' von Philosophie und deren Methode auf systematische Weise reflektiert. Wird die Interpretation eines philosophischen Autors um die hermeneutische Komponente der literarischen Form reduziert, so hat dies oftmals Mißverständnisse und Verkürzungen des Inhalts zur Folge. Auf Descartes bezogen bedeutet dies die Reduktion auf einen Mathematiker und Naturwissenschaftler bei einseitiger Beto-

---

1 Zitiert wird die Ausgabe: G. W. F. Hegel, Werke in zwanzig Bänden, Frankfurt 1969–1979.

nung der propositionalen Komponente sowie auf einen übervorsichtigen, bisweilen gar feigen Philosophen, dessen Anspruch auf Selbständigkeit des Denkens und auf Autonomie der Vernunft uneingelöst bleibt und sich durch seine scheinbare Eingebundenheit in traditionelle Denkstrukturen als arrogante Selbstüberschätzung entlarvt.[2]

Zwei Aspekte stehen im Vordergrund der folgenden Überlegungen: (1) ein *systematischer* Aspekt, d.h. ein innerer Zusammenhang von philosophischer Methode, philosophischem Gehalt und literarischer Form der Darstellung bei Descartes. Dieser Aspekt beinhaltet sowohl die indirekte Vermittlung einer bestimmten Form von Subjektivität – praktisches Wissen im Sinne der selbständigen Bildung philosophischen Wissens sowie des Beherrschens einer Methode – als auch diejenige von Formen der Intuition bzw. Illumination. Er weist damit auf wesentlich *nicht-propositionale Formen des Wissens* in der Philosophie Descartes' hin, einer Philosophie, die gerade *das* Paradigma methodischen, nach dem Vorbild der Mathematik verfahrenden und damit wesentlich propositionalen Philosophierens am Beginn der Neuzeit darstellt.

(2) wird ein den systematischen Aspekt begleitender und über die literarische Form vermittelter *tarnender* Aspekt im Cartesischen Œuvre aufgewiesen.

I. Formen der Subjektivität – Gründe, »die nur unserem Denken entnommen sind«

1. *Monologische Wissensbildung: »Einsam und zurückgezogen leben wie in der entlegensten Wildnis«*

Ein innerer (systematischer) Zusammenhang zwischen literarischer Form und philosophischem Inhalt läßt sich bei Descartes insbesondere im Hinblick auf den »Discours« und die »Meditationes« konstituieren. Mit dem »Discours« als stilisierter Autobiographie und den »Meditationes« als Form meditativer Selbstverständigung liegt jeweils eine *Kunst*form philosophischer Texte vor, die – im Unterschied etwa zu der *Wissenschafts*form der »Principia« – die Literarizität verstärkt akzentuiert. Für den fragmentarisch gebliebenen Dialog »Recherche de la Vérité« gilt die postulierte Kongruenz von Form und Inhalt dagegen gerade nicht. Damit verdeutlicht diese posthum veröffentlichte Schrift jedoch ex negativo die Intention Descartes', seinem Philosophieverständnis adäquate Darstellungsformen zu entwerfen.

Mit der literarischen Form des »Discours« – der Autobiographie – verbindet sich die indirekte Mitteilung exemplarisch dargestellter Wissensbildung. Unabhängig davon, ob der Weg Descartes' zu einer sicheren Erkenntnis einen gangbaren Weg darstellt, dieser oder jeder andere Weg muß grundsätzlich selbst beschritten werden. Der selbständige Erwerb von Wissen und Erkenntnis kann gerade dem philosophischen Subjekt von niemandem abgenommen werden. Die Vermittlung dieser *praktischen* Komponente nicht-propositionalen philosophischen Wissens liegt nicht nur der Platonischen Dialogform, die gemeinhin als *das* Paradigma der Vermittlung theoretischen *und* praktischen, propositiona-

---

2 So z.B. der Tenor von W. Kamlah, Der Anfang der Vernunft bei Descartes – autobiographisch und historisch, Archiv für Geschichte der Philosophie 43 (1961), S. 70–84.

len *und* nicht-propositionalen Wissens gilt, zugrunde, sondern auch den Cartesischen Formen der Autobiographie und der Meditation.

Der »Discours« ist als erkenntnistheoretische Einführung in die ihm folgenden drei wissenschaftlichen Abhandlungen über Optik, Geometrie und Meteorologie konzipiert. In einer Form, die dem Postulat einer Selbständigkeit des Denkens korrespondiert, stellt Descartes dem wissenschaftlichen (physikalischen) Wissen dessen metaphysische Fundierung voran. Fluchtpunkt der autobiographischen Form des »Discours« ist dabei die Vermittlung einer Methode, die über die schrittweise Erweiterung der Erkenntnis schließlich zu einer absolut gewissen, durch das Lumen naturale verbürgten wahren Erkenntnis führt.[3] In scheinbarer Unabhängigkeit von der scholastischen Lehrautorität und dem von ihr propagierten aristotelischen Weltbild behauptet Descartes hier den Neuanfang des vernünftigen Denkens.

Der methodische Weg des selbständigen Denkens wird dabei in der Form eines exemplarischen Berichts, basierend auf einer stilisierten Autobiographie, »wie auf einem Gemälde« (Disc. 1.4) dargestellt: »Es ist also nicht meine Absicht«, so Descartes,

»hier die Methode zu *lehren*, die jeder befolgen muß, um seinen Verstand richtig zu leiten, sondern nur *aufzuzeigen*, wie ich versucht habe, den *meinen* zu leiten« (Disc. 1.5, Hervorhebungen C.S.).[4]

Die Kontrastierung von »lehren« (»enseigner«) und »aufzeigen« (»faire voir«) verdeutlicht die Intention der exemplarischen Mitteilung Descartes', wie er sie auch 1637 in einem Brief an Mersenne zum Ausdruck bringt. Diesem gegenüber verteidigt er den Titel seiner im selben Jahr publizierten Schrift folgendermaßen:

»[...] Ich habe nicht ganz verstanden, was Sie hinsichtlich des Titels einwenden; denn ich schreibe nicht *Lehrbuch der Methode* [Traité de la Méthode], sondern *Gespräch über die Methode* [Discours de la Méthode], was dasselbe bedeutet wie *Einführung* [préface] *oder Anleitung* [avis] *bezüglich der Methode*, um zu zeigen, daß ich nicht die Absicht habe, sie zu *lehren* [enseigner], sondern nur von ihr zu *sprechen* [d'en parler]. Denn wie man aus dem ersehen kann, was ich darüber sage, besteht sie mehr in *Praxis* denn in Theorie, und ich nenne die folgenden Abhandlungen *Versuche mit dieser Methode* [Essais de cette Méthode], weil ich behaupte, daß die Dinge, die sie enthalten, nicht ohne

---

3 Zum »Discours« als persönliche literarische Form im Verhältnis zu dem Streben Descartes' nach Anonymität und Maskierung vgl. D. Judovitz, Autobiographical Discourse and Critical Praxis in Descartes, Philosophy and Literature 5 (1981), S. 91–107, bes. S. 91f., 104.
4 Die Schriften Descartes' werden nach der jeweiligen deutschen Ausgabe in der Philosophischen Bibliothek des Meiner Verlags, Hamburg zitiert, hier die Ausgabe: ed. L. Gäbe, Hamburg 1960. Sofern keine deutsche Übersetzung vorliegt, wird parallel zu meiner Übersetzung die entsprechende Stelle der französischen Descartes-Ausgabe ed. C. Adam/P. Tannery, Œuvres, Bde. I-XII, Paris 1897–1913, Bde. I-XIII, Paris 1908–1957 [AT] in der Fußnote aufgeführt. Briefstellen werden, soweit sie nicht übersetzt sind, ebenfalls nach AT zitiert. – Descartes versteht seinen »Discours« dementsprechend als (exemplarischen) Bericht (»histoire«) bzw. als Fabel (»fable«). Zum »Discours« als Fabel (von der Schöpfung einer »neuen Welt«) vgl. J.-L. Nancy, Mundus est fabula, Modern Language Notes [MLN] 93 (1978), S. 635–653 sowie Judovitz, Autobiographical Discourse, S. 95f. und E. Cassirer, Descartes. Lehre – Persönlichkeit – Wirkung, Stockholm 1939, S. 29.

Methode gefunden werden können, und daß man durch die Versuche erkennen kann, was diese wert ist« (Brief an Mersenne vom März 1637, Hervorhebungen im Original).[5]

Der »Discours« soll also gerade nicht als *Lehrbuch* verstanden werden, da dieser literarischen Form der Darstellung die Auffassung von einer propositionalen Verfügbarkeit und systematischen Vollständigkeit des Wissens zugrunde liegt, wie sie für das Wissensverständnis der (Natur-)Wissenschaft typisch ist.[6] Für die im engeren Sinne philosophischen (oder metaphysischen) Teile des »Discours« dagegen gilt, daß dieses Wissen und mit ihm die Methode der Wissensbildung, deren Darstellung der »Discours« thematisiert, nicht *direkt* vermittelbar sind.

Während sich theoretisches Wissen durchaus erschöpfend in Lehrbuchtexten darstellen läßt, muß der *praktische* Aspekt von Wissensbildungsprozessen vom philosophischen Subjekt *selbst* – etwa anhand der Autobiographie Descartes' – nachvollzogen werden: an die Stelle der *direkten* Lehre tritt die *indirekte* Hinführung.[7] Auffällig in diesem Zusammenhang ist die Metaphorik Descartes'. Hier ist insbesondere das häufige Auftreten der Wegmetapher hervorzuheben[8], mit der zwei weitere, durchgängig wiederkehrende Metaphern Descartes', die des Philosophie-Reisenden und die des Philosophie-Architekten, verbunden sind.

Wie das Bild von der Suche nach dem »droit chemin/rectum iter« so steht auch der »Philosoph auf Reisen« für die *Methode* Descartes': Der Reisende ist der, der dem Weg der Methode, dem »rectum veritatis iter« (Regulae II.6) folgt. Daß der Reisende Descartes häufig von dem vor ihm liegenden methodischen Weg als von einem Weg spricht, den

---

5 René Descartes, Briefe. 1629–1650, ed. M. Bense, Köln/Krefeld 1949, S. 77. Vgl. Disc. 6.2.
   Descartes' Philosophie unterscheidet sich von der Philosophie der Scholastik nach eigenen Worten dementsprechend dadurch, daß sie »statt jener spekulativen Philosophie, die in den Schulen *gelehrt* wird, eine *praktische*« Philosophie darstellt, »die uns die Kraft und Wirkungsweise [...] aller [...] Körper, die uns umgeben, ebenso genau kennen lehrt, wie wir die verschiedenen Techniken unserer Handwerker kennen, so daß wir sie auf ebendieselbe Weise zu allen Zwecken, für die sie geeignet sind, verwenden und uns so zu Herren und Eigentümern der Natur machen könnten« (ebd., Hervorhebungen C. S.).
   Der lebensweltlichen Ausrichtung Cartesischer Philosophie entspricht sein Vernunftverständnis, nach dem diese nur dann, wenn sie selbst aktiv Wissen bildet, zu wahrem Wissen und Fortschritt gelangt, nicht aber, wenn sie Wissen als einen verfügbaren Gegenstand betrachtet und in Form von Lehrbuchwissen rezipiert. Nur eine derartig verstandene selbständige Vernunft vermag den Anspruch des neuzeitlichen Denkens auf Fortschritt einzulösen.
6 Erst mit seinem Spätwerk, den »Principia« [Die Prinzipien der Philosophie [...], Leipzig ⁴1922 (repr. Hamburg 1965 [= 7. Aufl.])], legt Descartes selbst ein bis auf den ersten Teil vorwiegend physikalisches Lehrbuch vor, in dem die tarnende Ambivalenz der »Meditationes« [Meditationes de prima philosophia – Meditationen über die Grundlagen der Philosophie, ed. L. Gäbe, Hamburg ²1977] zugunsten physikalischer Transparenz aufgehoben wird – .
7 Während in den »Regulae« [Regulae ad directionem ingenii – Regeln zur Ausrichtung der Erkenntniskraft, ed. H. Springmeyer/L. Gäbe/H. G. Zekl, Hamburg 1973] die Regeln der Methode explizit angegeben werden, gilt dies in bezug auf den »Discours« nur in eingeschränkter Weise, für die »Meditationes« dagegen überhaupt nicht mehr. Erkennbar ist eine reduktionistische Tendenz, in deren Verlauf die *explizite* Mitteilung propositionalen Wissens zunehmend um literarische Formen *indirekter* Mitteilung ergänzt oder ganz durch diese ersetzt wird.
8 So z. B. Regulae II.3, II.4, II.6, III.9, IV.2, VI.9, VII.1, VII.4, VII.5, IX.3, X.3; Disc. 1.4, 1.11, 1.15, 2.3, 3.5, 6.2; Med., Praefatio, Synopsis, 2.1, 3.13.

man suchen müsse oder den es nicht zu verlieren bzw. zu verpassen gelte[9], weist darauf hin, daß es nicht die We*gstrecke* (d. h. das propositionale Satzwissen), sondern die Tätigkeit des *Wanderns* (d. h. die methodische *Bildung* philosophischen Wissens als eines praktischen, nicht-propositionalen Wissens) ist, die im Vordergrund steht.[10]

Dem rechten Weg des Reisenden entspricht das solide Fundament des Philosophie-Architekten. Dieses Fundament ist von so überzeugender Tragfähigkeit, daß »manch einer sein eigenes Haus abreißen läßt, um es wieder aufzubauen, und daß er manchmal sogar dazu gezwungen ist, wenn Gefahr droht, daß es von selbst einstürzt und seine Fundamente nicht ganz sicher sind« (Med. 2.2) – dies ist die Situation des methodisch zweifelnden Descartes des »Discours« und der »Meditationes«. Unter Hinweis auf die Architektur intentional entworfener und nur *einem* Bauplan verpflichteter Städte rechtfertigt der »Discours«[11] den autobiographisch dargestellten solipsistischen Beginn philosophischen Denkens. Die indirekte Hinführung der autobiographischen Darstellung, die wesentlich auch über ihre Metaphorik vermittelt wird, korrespondiert einem Verständnis von sich exemplarisch vollziehender philosophischer Wissensbildung, wobei nicht das *Resultat* des Wissensbildungsprozesses (»objektiv« gültiges Wissen), sondern der Bildungsprozeß selbst und damit die *Herstellung* subjektiver Autonomie im Vordergrund steht.

Die Exemplarität, die den nicht-propositionalen Charakter von Formen der Subjektivität im Sinne von Selbsterkenntnis bzw. durch diese vermittelter Gotteserkenntnis ausmacht, ist bei Descartes also im Sinne einer *praktischen* Nicht-Propositionalität zu verstehen:

> »Was den Nutzen betrifft, den andere aus einer Mitteilung meiner Gedanken ziehen würden, so könnte er auch nicht besonders groß sein, da ich sie erst soweit ausgeführt habe, daß noch vieles hinzugefügt werden müßte, bevor man zur praktischen Anwendung schreiten könnte. Und ohne Eitelkeit glaube ich sagen zu dürfen: wenn es jemanden gibt, der dazu fähig wäre, so bin ich selbst es eher als ein anderer; nicht, daß es auf der Welt nicht unvergleichlich bessere Köpfe geben könnte als mich, sondern weil man eine Sache nicht so gut begreifen und sich zu eigen machen kann, wenn man sie *von anderen lernt*, wie wenn man sie *selbst entdeckt*« (Disc. 6.6, Hervorhebungen C. S.).

Mit Descartes nimmt sich das philosophische Subjekt gewissermaßen selbst an die Hand und gelangt, in Orientierung an der Mathematik, zu der »wahre[n] Methode [...], die zur Erkenntnis aller Dinge führt, die [s]einem Geist faßbar wären« (Disc. 2.5).

Die zugrundeliegende Intention der autobiographischen (und auch der meditativen) Form der Darstellung ist demnach die *indirekte* Vermittlung der selbständigen Einübung

---

9 Vgl. etwa Regulae VII.4, Disc. 2.3, Med. 2.1.
10 Zur Reisemetapher vgl. den Traum Descartes' im November 1619, in dem ihm der Beginn einer Ode des Ausonius, die Frage »Quod vitae sectabor iter?« (Cogitationes Privatae [AT, Bd. X, S. 216]), als Leitmotiv seiner neuen Wissenschaft erscheint (vgl. A. Baillet, La Vie de Monsieur Des-Cartes, Paris 1691 [repr. Hildesheim/New York 1972], Bd. I, S. 81–86). Zur Rolle der Reise- und Architektenmetapher als – konfligierende – Bilder des zwischen Gewißheit und Unsicherheit schwankenden Philosophen Descartes vgl. N. Edelman, The Mixed Metaphor in Descartes, The Romanic Review 41 (1950), S. 167–178; zum Weg als Thema des »Discours« und im Zusammenhang mit der Methode Descartes' vgl. K. Stierle, Gespräch und Diskurs. Ein Versuch im Blick auf Montaigne, Descartes und Pascal, in: ders./R. Warning (eds.), Das Gespräch, München 1984 [Poetik und Hermeneutik, Bd. XI], S. 297–334, bes. S. 320–328.
11 Disc. 2.1.

methodisch fundierter Wissensbildung. Auf diese Weise stellt Descartes mit den literarischen Formen der Autobiographie (und Meditation) dem *theoretischen* Wissen propositionaler Formen (Lehrbuchwissen) *praktisches* Wissen im Sinne des *Beherrschens einer Methode* philosophischer Wissensbildung gegenüber.

Mit dem »Discours« tritt an die Stelle mittelalterlicher Traktate mit ihrer Abhängigkeit von scholastischen Lehrautoritäten zunächst noch eine Mischform, nämlich: autobiographische Passagen, eingearbeitet in einen Methodentraktat. Mit den »Meditationes« entwirft Descartes dann eine der Intention nach von der Tradition gelöste literarische Form, die das philosophische Subjekt allein in den Mittelpunkt stellt. Die »Meditationes« sollen, so die Leseanweisung Descartes', nicht an einem Stück, sondern in Tagesabschnitten gelesen werden.[12] Der Aufbau des Textes folgt, an die Descartes von La Flèche her vertraute Praxis der Exercitia spiritualia erinnernd, dieser Anweisung:[13] Jeder Meditation ist eine Zusammenfassung der vorausgegangenen vorangestellt, und (fast) jede Meditation schließt mit dem Hinweis, daß das bereits erworbene Wissen erneut reflektiert und solange eingeübt werden müsse, bis der Gedankengang vollständig vertraut sei.

Gegenüber dem »Discours« weisen die »Meditationes« somit eine andere Form der Anagoge auf: Die Einsicht, daß philosophisches Wissen *selbst* gewonnen werden muß und nicht ausschließlich propositional vermittelbar ist, wird hier nicht durch den exemplarischen Charakter einer autobiographischen Darstellung ausgedrückt, sondern in meditativer Form dargestellt.

Dabei zielt vor allem der ambige Bezug des literarischen »Ich« auf die anagogische Intention Descartes': Zum einen bezeichnet das »Ich« das meditierende Ich des Ich-Erzählers, zum anderen fungiert es als Stellvertreter-Ich und konstituiert damit ein Identifikationsangebot für den Leser. Als eine Leerstelle kehrt das »Ich« in seiner zweiten Bedeutung die Richtung der Referenz des Textes auf die Wirklichkeit gewissermaßen um, indem es den Leser zur Auffüllung dieser Leerstelle und somit zur aktiven Beteiligung am Mitvollzug und an der Sinnkonstitution des Textes auffordert und auf diese Weise einen Prozeß selbständiger Wissensbildung initiiert.[14]

Wie der »Discours«[15], so thematisieren auch die »Meditationes« – hier in der reduktionistischen Intention des methodischen Zweifels – eine Bewegung des Rückzugs, des Sich-

---

12 Vgl. Med., Praefatio sowie den Brief Descartes' an Huygens vom 12.11.1640 [AT, Bd. III, S. 241f.]. Nicht nur das Lesetempo, auch die Lese»ordnung« ist Descartes wichtig; vgl. hierzu die Antwort auf die zweiten Einwände, Meditationen über die Grundlagen der Philosophie mit den sämtlichen Einwänden und Erwiderungen, ed. A. Buchenau, Leipzig ⁴1915 (repr. Hamburg 1972), S. 117ff., 140, sowie die Antwort auf die fünften Einwände, a.a.O., S. 329. Für die »Principia« empfiehlt Descartes, im Unterschied zu den »Meditationes«, ein erstmaliges Durchlesen »wie einen Roman« (Princ., S. XXXIX), an das sich eine zwei- bis dreimalige problemorientierte »Nachlese« anschließen kann.
13 Zur Verbindung von »Meditationes« und »exercitia spiritualia« vgl. L.J. Beck, The Metaphysics of Descartes. A Study of the *Meditations*, Oxford 1965, S. 28–38.
14 Zum Begriff der Leerstelle vgl. W. Iser, Die Apellstruktur der Texte. Unbestimmtheit als Wirkungsbedingung literarischer Prosa, Konstanz ⁴1974, S. 15ff. sowie ders., Der Akt des Lesens. Theorie ästhetischer Wirkung, München 1976, S. 280ff. Zur Rolle des Ich-Erzählers bei Descartes vgl. J. Rée, Descartes's Comedy, Philosophy and Literature 8 (1984), S. 151–166, bes. S. 152f., 157f.
15 Vgl. Disc. 2.1, 2.5, 3.7.

Abwendens von der Welt und der Konzentration auf sich selbst.[16] Diese Formen der Verinnerlichung korrespondieren der wesentlichen philosophischen Leistung Descartes', die Frage nach der Erkenntnis vom Erkenntnis*subjekt* her zu stellen und dieses seinerseits begrifflich vom Erkenntnis*objekt* zu trennen. Mit der Einsicht Descartes', daß philosophisches Wissen beim Subjekt anfängt, stehen die literarischen Formen der Autobiographie und Meditation in systematischer Übereinstimmung, insofern sie die Selbstvergewisserung des philosophischen Subjekts exemplarisch vorführen.

Dabei knüpft Descartes im Gegensatz zu seinem Postulat eines inhaltlichen Neuanfangs in der Frage der *Darstellung* seiner Philosophie sehr wohl an die Tradition an: Die autobiographische Form findet sich bereits bei Augustin in den »Confessiones«; das die Form der Meditation bestimmende Motiv der Umkehr gehört zu den klassischen Topoi der stoischen Philosophie; die radikale Besinnung auf sich selbst kennzeichnet die Texte Anselm von Canterburys und, wiederum, Augustins.[17] Während aber die traditionellen Formen der Selbstreflexion zumeist über die Hinwendung zum »Ich« die Zuwendung zu Gott und die Erkenntnis Gottes intendieren, geht bei Descartes die Bildung der Subjektivität gerade dem Gottesbeweis voraus. Das autonom gewordene philosophische Subjekt bedarf Gottes lediglich als eines Garanten für klare und deutliche Erkenntnis und damit für objektive Wahrheit.

Als literarische Darstellungsform der metaphysischen Fundierung seiner Physik erfährt die Meditation bei Descartes dementsprechend eine nicht-traditionelle, gewissermaßen säkularisierte Ausprägung: Als philosophische Meditation beruft sie sich allein auf Gründe der Vernunft und stellt eine mit methodischer Strenge verfahrende Analyse erkenntnistheoretischer Prinzipien dar. Dabei geht zum einen das Primat der frühen Philosophie Descartes' – die Methode – in der Weise in die »Meditationes« ein, daß hier Erkenntnisse über Metaphysik, Religion und Natur auf *diskursive* Weise gewonnen und dargestellt werden. Zum anderen verweist die literarische Form demgegenüber auf den Aspekt der Aneignung und des Beherrschens dieser Methode und damit auf Intuition und praktisches

---

16 Der Rückzug Descartes' vollzieht sich im »Discours« wie in den »Meditationes« als Bruch mit der Vergangenheit. Der Abwendung von der Tradition entspricht zunächst die Zuwendung zu dem »großen Buch der Welt« (Disc. 1.14) und sich selbst, nach Abschluß der Reisephase Descartes' dann der alleinige Rekurs auf sich selbst: Der Vita activa folgt die Vita contemplativa, auf die Wanderjahre folgen die Meisterjahre. Der Cartesische Topos des Rückzugs und der Konzentration auf sich selbst findet seinen literarischen Höhe- und methodischen Angelpunkt in der Erzählung einer Episode (vgl. Disc. 2.1ff.), die sich 1619 im Winterquartier bei Neuburg an der Donau ereignet: Dort, eingeschlossen in eine warme Stube, mündet das monologische Denken Descartes' in der Hauptregeln seiner Methode, dort widerfahren ihm auch jene drei Träume, die zu der Entdeckung der »mirabilis scientiae fundamenta« (Olympica [AT, Bd. I, S. 179]) führen. Die Abgeschlossenheit der warmen Stube versinnbildlicht hier als biographisch fundierte Metapher den solipsistischen Anfang der (Cartesischen) Vernunft, den monologischen Beginn neuzeitlichen Denkens. Ihr entspricht die spätere innere Zurückgezogenheit Descartes' in Amsterdam, wo er »inmitten eines großen und sehr tätigen Volkes [...] ebenso einsam und zurückgezogen leben [konnte] wie in der entlegensten Wildnis« (Disc. 3.7).

17 Zu Augustin als Quelle des Cartesischen Cogito vgl. Descartes' Brief an Colvius vom 14. 11. 1640 [AT, Bd. III, S. 247] sowie Cassirer, Descartes, S. 29f.

Wissen als Formen *nicht-diskursiven* Wissens.[18] Zwischen »cogitatio« einerseits und »contemplatio« andererseits gestellt, vereint die »meditatio« Descartes' diskursiv gewonnene Erkenntnis und kontemplativ gewonnene Einsicht. Die Konjunktion von philosophischer Vernunft und theologischem Glauben ist dabei nicht nur auf der formalen, sondern gerade auch auf der inhaltlichen Ebene Thema der Cartesischen »Meditationes«.[19]

2. *Dialogische Wissensbildung – Der »Stil der Unterhaltung« gegen die Trockenheit scholastischer Philosophie*

Im Unterschied zu den Formen der Autobiographie und Meditation, die die *monologische* Bildung philosophischen Wissens indirekt vermitteln, liegt mit der »Recherche de la Vérité« eine *dialogische* Form der Darstellung vor.[20] Gerade *der* Philosoph, der das philosophische Subjekt und dessen postulierte Autonomie in den Mittelpunkt seiner Philosophie

---

18 Der Vorgang der Meditation selbst kann als eine diskursive Aktivität aufgefaßt werden, die idealiter in einem Zustand der Kontemplation resultiert: Der meditativen Läuterung folgen in dialektischer Stufung die denkende Vorbereitung der Erleuchtung im Gebet und schließlich die kontemplative Einung mit Gott. So läuft die dritte Meditation argumentativ auf eine kontemplative Einübung der Idee Gottes hinaus. Als eine Form nicht-diskursiver Erkenntnis kann diese »Schau [contemplatio] der göttlichen Majestät« (Med. 3.39) selbst nicht auf direkte, d.h. propositionale Weise mitgeteilt werden: »[...] Ich [will] hier eine Zeit lang bei der Betrachtung Gottes [Dei contemplatio] verweilen [...] und die Schönheit dieses unermeßlichen Lichtes [...] anschauen [intueri], bewundern und anbeten« (Med. 3.39). Die Kontemplation der Idee Gottes bildet hier gleichzeitig die Verbindung von vorangegangenem methodischen Zweifel und nachfolgendem schrittweisen Wiederaufbau der Außenwelt.
Zur Differenz von Kontemplation und Meditation vgl. L.A. Kosman, The Naive Narrator: Meditation in Descartes' *Meditations*, in: A. Oksenberg Rorty (ed.), Essays on Descartes' *Meditations*, Berkeley/Los Angeles/London 1986, S. 21–43, bes. S. 25, 38f. sowie unten S. 104. Zum theologischen Hintergrund der Schau Gottes vgl. T. Rentsch, Der Augenblick des Schönen. Visio beatifica und Geschichte der ästhetischen Idee, in: H. Bachmaier/ders. (eds.), Poetische Autonomie? Zur Wechselwirkung von Dichtung und Philosophie in der Epoche Goethes und Hölderlins, Stuttgart 1987, S. 329–353, bes. S. 332ff.
19 Zur Diskrepanz zwischen dem Rekurs Descartes' auf traditionelle Darstellungsformen wie Dialog, Traktat und Essay und der inhaltlichen Vermittlung neuer Formen philosophischen Denkens vgl. A. Oksenberg Rorty, Experiments in Philosophic Genre: Descartes' *Meditations*, Critical Inquiry 9 (1983), S. 545–564, bes. S. 548. So lehnen sich die »Regulae« formal an die geistliche Exerzitienliteratur etwa des Ignatius von Loyola an, die dem Jesuiten Descartes mehr als bekannt gewesen sein dürfte. Sie sind jedoch als Anweisungen »ad directionem ingenii« und damit als intellektuelle, nicht spirituelle Übungen gedacht, deren Ziel die vernünftige Selbständigkeit eines nach methodischen Regeln verfahrenden philosophischen Denkens ist. Im Hinblick auf die »Meditationes« betont Rorty die Aspekte der traditionellen Form der »meditatio«, die für die Darstellung der Cartesischen Philosophie besonders attraktiv erscheinen mußten, wie das selbständige Eintreten in einen Prozeß der Transformation, das Descartes' Loslösung von Autoritätsstrukturen entspricht, oder die kathartische Wirkung meditativer Versenkung, die der Infragestellung von Sinneswahrnehmung, Schulmeinungen und Vorurteilen durch den methodischen Zweifel (vgl. Med., Praefatio) korrespondiert. Zu dem Versuch, die Cartesischen Meditationen als Verbindung von analytischer Methode und traditioneller Meditation zu lesen vgl. A. Oksenberg Rorty, The Structure of Descartes' *Meditations*, in: dies. (ed.), Essays, S. 1–20, bes. S. 8ff.
20 Zur Wahl der Dialogform vgl. P.-A. Cahné, Un autre Descartes. Le Philosophe et son Langage, Paris 1980, S. 56–65.

stellt und diese in unterschiedlichen Spielarten monologischer Darstellungsformen präsentiert, hat in späten Jahren die literarische Form des *Dialogs* für sich entdeckt.

Während der Descartes des »Discours« noch die Idee autonomer, sich gerade nicht in der Auseinandersetzung mit anderen vollziehender philosophischer Wissensbildung betont, finden sich dialogische Strukturen bereits in den »Meditationes« im Rahmen der methodischen Zweifelsbetrachtung und bestehen indirekt auch in der Publikation des Textes gemeinsam mit den Einwänden der Zeitgenossen.[21] In der Meditation als einer Form des inneren Monologs bildet das philosophische Subjekt – im Unterschied zum Dialog – Wissen jedoch aus einer Einzelperspektive heraus; Einwände und deren mögliche Widerlegungen transzendieren das monologische Ich nicht. Als Gespräch mit sich selbst reflektiert der innere Monolog exemplarisch den evolutionären Prozeß der Wissensbildung. Das Moment der Fremdbestimmtheit, das den Dialog markiert, fehlt dagegen. Die gemeinsame Orientierung philosophischer Subjekte im Dialog vollzieht sich im inneren Monolog gewissermaßen allein mit sich selbst.[22] Dieser Wissensbildungsprozeß entspricht dem Platonischen Begriff des Denkens, verstanden als »Gespräch der Seele mit sich selbst«[23], und wird bei Descartes über die literarische Form der Meditation indirekt dargestellt.

Descartes hatte bereits vor der Arbeit an den »Principia« den Plan, seine Philosophie in Thesenform zusammen mit einer abschließenden Gegenüberstellung von scholastischer und eigener Philosophie zu veröffentlichen. Diesen Plan hat er jedoch nie ausgeführt, sich stattdessen der Publikation der »Principia« zugewandt. Es scheint plausibel, die »Recherche de la Vérité« als modifizierte Ausführung der ursprünglichen Absicht Descartes' zu interpretieren, wobei die Modifikation auf einer didaktisch motivierten Komponente basiert:

> »M[onsieur] Descartes schien hauptsächlich in den letzten Jahren seines Lebens an der Form des Dialogs Gefallen gefunden zu haben, um seine Philosophie gefälliger vorzubringen. Das Beispiel Platons und Ciceros, die diese literarische Form zu schreiben so geglückt eingesetzt hatten, um die Philosophie in ihrem schönsten Licht erscheinen zu lassen, konnte ihn wohl bewogen haben, sich dieser Mittel zu bedienen, um besser als zuvor die Trockenheit der scholastischen Diktion zu vermeiden und seiner Lehre noch mehr Gefälligkeit zu geben. Er [Descartes] hielt nichts für

---

21 Rorty, Experiments, S. 559f. stellt in diesem Zusammenhang die Frage nach der Abgrenzung der »Meditationes« gegenüber »Praefatio«, »Synopsis« und den »Objections/Responsiones« und plädiert für eine Einbeziehung der letzteren als zum Textcorpus der »Meditationes« gehörig. Ihrer Meinung nach bilden die sechs Meditationen einen Übergang von Descartes' Verbeugung vor den Doctores der Sorbonne, denen die »Meditationes« gewidmet sind, zu seinem wirklichen Publikum, einer Gemeinschaft von Philosophen, mit denen ein argumentativer Austausch stattfindet. Sowohl die »Widmung« als auch die »Einwände und Erwiderungen« sind dabei als Transformationen traditioneller Formen zu lesen: Die Widmung verbindet religiöse und säkulare Elemente, indem sie die kirchliche Autorität anerkennt, gleichzeitig aber den Beweis für die Existenz Gottes sowie den der Verschiedenheit von Leib und Seele losgelöst von Glaube, Autorität und Tradition allein mit »Gründen, die nur unserem Denken entnommen sind« (Med., Epistola), führen will. Die »Einwände und Erwiderungen« ihrerseits stellen keine Abfolge von Thomistischem »Sed Contra« und »Responsio«, sondern eine Form der »Disputatio« mit dem Leser in der Rolle des abschließend Urteilenden dar.
22 Vgl. dazu K. Lorenz, Elemente der Sprachkritik. Eine Alternative zum Dogmatismus und Skeptizismus in der Analytischen Philosophie, Frankfurt 1970, S. 13.
23 Soph. 263e.

praktischer als Personen einzuführen, denen man Charaktere nach eigenem Gutdünken verleiht, die man eine Meinung mit so viel oder so wenig Gewicht angreifen oder verteidigen läßt, wie man für seine Absicht nötig zu haben glaubt, und die man eine Auseinandersetzung gewinnen oder verlieren läßt, deren Herr man jederzeit bleibt«.[24]

Die bereits in den »Meditationes« ansatzweise vorhandene dialogische Struktur wird also nach 1647 wieder aufgegriffen, die Formen der Meditation und des Lehrbuchs werden nachträglich dialogisch uminterpretiert. Das Bewußtsein Descartes' von einem wohl intendierten Einsetzen literarischer Formen der Darstellung spiegelt sich insbesondere in der Tatsache der inhaltlichen Kongruenz zwischen »Meditationes« und »Recherche«: Das Novum der »Recherche« manifestiert sich gerade nicht auf der inhaltlichen, sondern auf der formalen Ebene. So nimmt die »Recherche« den Inhalt der ersten beiden Meditationen auf, gelangt über den reduktionistischen Weg des methodischen Zweifels zur ersten Gewißheit, dem Cogito, und bricht mit der weiteren Bestimmung der Res cogitans ab. Die an ein gelehrtes Publikum adressierten »Meditationes« erfahren dabei keine inhaltliche, sondern lediglich eine sprachliche und formale Modifikation.

Die monologische Meditation wird nun durch einen Dialog ersetzt, der sich im Unterschied zum Paradigma des Platonischen Dialogs jedoch nicht zwischen zwei Dialogpartnern, die ihrerseits exemplarisch für eine dialektisch fundierte Praxis der Wissensbildung stehen, abspielt: Im Cartesischen Dialog »Recherche de la Vérité« repräsentiert Epistemon die scholastische, Eudoxos die Cartesische Philosophie, während Poliander einerseits die Rolle des ungebildeten Laien, andererseits die eines Richters im Streit der beiden Positionen zukommt. Zeichnet sich der Platonische Dialog durch eine gemeinsame philosophische Verständigungsorientiertheit aus, so verfehlt der Cartesische Dialog gerade diese praktische Intention des philosophischen Dialogs. Bei Descartes wird kein eigentlicher Wissensbildungsprozeß philosophischer Subjekte, dem eine gemeinsame Orientierungsbemühung zugrundeliegt, dargestellt, sondern es wird gewissermaßen ein philosophischer Schaukampf ausgefochten, bei dem die entgegengesetzten Standpunkte nicht in einer gemeinsam erreichten Transsubjektivität überwunden werden. An die Stelle des selbständigen Erwerbs von Wissen und Einsicht sowie einer gemeinsamen philosophischen Orientierung tritt die Entscheidung eines Dritten (Poliander).

Im Cartesischen Dialog wird nicht philosophisches Wissen *gebildet*, sondern Meinungen bleiben unvermittelt *nebeneinander stehen*. Da der Dialog jedoch Fragment geblieben ist[25],

---

24 Baillet, La Vie, Bd. II, S. 475:
»M. Descartes sembloit avoir goûté l'art du Dialogue, principalement dans les dernières années de sa vie, pour débiter plus agréablement sa Philosophie. L'exemple de Platon et de Cicéron, qui avoient si heureusement employé ce genre d'écrire, afin d'exposer la Philosophie dans son plus beau jour, pouvoit bien l'avoir déterminé à se servir de ces moyens, pour éviter mieux qu'auparavant la sécheresse des manières scholastiques, et donner encore plus d'agrémens à sa doctrine. Il consideroit que rien n'est plus commode que introduire des Personnages, à qui on forme des charactères tels qu'on les souhaite, à qui l'on fait attaquer ou défendre un sentiment avec autant ou aussi peu de force qu'on croid en avoir besoin pour son dessein, à qui l'on fait gagner ou perdre une cause dont on est toûjours le maître«.
25 Zur chronologischen Einordnung der »Recherche« in das Cartesische Œuvre vgl. Cassirer, Descartes, S. 118–176. Cassirer ordnet das Dialogfragment der Stockholmer Zeit zu und führt als Begründung insbesondere den didaktischen Charakter der Schrift an.

läßt sich dessen effektiver Ausgang bzw. die Funktion Polianders als Schiedsrichter nicht abschließend beurteilen.

Das Scheitern einer schlichten Transformation monologisch dargestellter, auf die Selbsterkenntnis des philosophischen Subjekts bezogener Inhalte in eine andere, dialogische Form im Falle der »Recherche« verweist ex negativo auf den systematischen Zusammenhang zwischen Form und Inhalt im »Discours« und in den »Meditationes«. Bereits das Vorwort des Cartesischen Dialogfragments führt die Intention der literarischen Darstellungsform »Dialog«, wie sie für Platon charakteristisch ist, ad absurdum: *Praktisches*, somit nicht propositional darstellbares Wissen wird nicht indirekt vermittelt, der *Prozeß* der Wissensbildung mit seinem Für und Wider der Argumentationsstruktur, der das philosophische Subjekt unmittelbar betrifft, wird vorgängig ausgeblendet, die philosophische Orientierung wird als demonstrierbar, philosophisches Wissen als ausschließlich propositional transportierbar verstanden. Nicht der *Weg* selbständiger Wissensbildung wird im Dialog beschritten, sondern deren Resultat wird dem philosophischen Subjekt als bereits vorliegendes »objektives« Satzwissen präsentiert.

Im Unterschied zur indirekten Vermittlung philosophischen Wissens anhand von Formen der Subjektivität in »Discours« und »Meditationes« beabsichtigt Descartes in der »Recherche«, dieses Wissen

> »zu *lehren* [...], indem ich einem jeden den Weg öffne, auf dem er in sich selbst, ohne das Geringste von einem anderen zu entlehnen, *die* [Hervorhebung im Original] Wissenschaft finden kann, die er braucht, um sein Leben in die rechte Bahn zu leiten und sodann durch eigene Übung die seltensten Erkenntnisse zu erwerben, in deren Besitz die menschliche Vernunft gelangen kann« (Recherche, S. 114; Hervorhebung C. S.).[26]

Damit wird deutlich, daß die literarische Darstellungsform des Dialogs, die sich durch die indirekte Darstellung der Nicht-Verfügbarkeit bestimmter Formen philosophischen Wissens auszeichnet, im Kontrast zu der Überzeugung Descartes' steht, selbst über die Mittel selbständiger philosophischer Wissensbildung zu verfügen. Der Cartesischen Dialogform muß demzufolge eine andere Intention zugrundeliegen. Descartes begreift den Dialog als populärwissenschaftliche Form der Darstellung von philosophischen Inhalten, die bisher – wie etwa im Fall der »Meditationes« – nur einem ausgewählten Adressatenkreis verständlich (und zugänglich) waren:[27]

> »Auch habe ich mich bemüht, diese Wahrheiten allen Menschen gleich nützlich zu machen, und da habe ich keinen dieser Ansicht angemesseneren Stil finden können, als den der Unterhaltung [conversation], wobei ein jeder in ungezwungener Weise seinen Freunden das Beste seines Wissens darlegt« (Recherche, S. 115).

So entpuppt sich die Dialogform bei Descartes als eine seiner Philosophie äußerliche, aus anderen als systematischen Gründen gewählte Darstellungsform. Die literarischen Formen der Autobiographie und Meditation stehen dagegen in systematischem Einklang mit der die Autonomie des philosophischen Subjekts und die methodische Komponente philosophischer Wissensbildung betonenden Cartesischen Philosophie.

---

26 Zitiert wird nach der Ausgabe: Regeln zur Leitung des Geistes – Die Erforschung der Wahrheit durch das natürliche Licht, ed. A. Buchenau, Leipzig ²1920 (repr. Hamburg 1962) [Recherche].

27 Dem entspricht auch, daß mit der »Recherche« an die Stelle der Bildungssprache Latein (der »Meditationes«) die Volkssprache Französisch tritt.

II. Die Cartesische Methode – Wissensbildung »aus eigener Erkenntniskraft«

Im Mittelpunkt der Cartesischen Philosophie steht, wie die Untersuchung des »Discours« und der »Meditationes« gezeigt hat, nicht die Übernahme propositionalen Lehrbuchwissens, sondern die selbständige *methodische Bildung* philosophischen Wissens durch das philosophische Subjekt. »Aus uns«, so bereits der Descartes der »Regulae«,

»würden niemals [...] Mathematiker werden, mögen wir auch alle Beweise anderer im Gedächtnis haben, wenn wir nicht auch *aus eigener Erkenntniskraft* befähigt wären, jedes mögliche Problem zu lösen, oder Philosophen, wenn wir alle Beweise des Plato oder Aristoteles gelesen hätten, über vorgelegte Sachen dagegen ein stichhaltiges Urteil zu fällen nicht imstande sind. Auf diese Weise nämlich würden wir offenbar nicht Wissenschaften, sondern historische Kenntnisse erworben haben« (Regulae III.2, Hervorhebung C.S.).

Grundlage der selbständigen Bildung philosophischen Wissens, der subjektiven Autonomie, die den in »Discours« und »Meditationes« in Abgrenzung von der Philosophiegeschichte thematisierten Neuanfang vernünftigen Denkens markiert, ist die *Methode* Descartes'. Sie bestimmt über die Bildung philosophischen Wissens hinaus auch die Wahl der literarischen Form.

Er verlange, so Descartes,

»[...] mit Recht eine besondere Aufmerksamkeit bei [s]einen Lesern und habe die Art der Darstellung vor andern ausgewählt, in der [er] die Aufmerksamkeit in besonders hohem Grade gewinnen zu können meinte, und aus der [...] die Leser mehr Nutzen ziehen werden als sie selbst bemerken werden [...]« (Med., Antwort auf die zweiten Einwände, S. 143f.).

Die Darstellungsart der Metaphysik unterscheidet sich dabei von der der Geometrie und Physik.[28] Während die »Grundbegriffe, die zum Beweise der geometrischen Sätze vorausgesetzt werden, von jedem zugegeben werden, weil sie mit der sinnlichen Anschauung übereinstimmen« (a.a.O., S. 141), gilt das für die metaphysischen Gegenstände gerade nicht: Hier macht »nichts so große Mühe, als die ersten Begriffe klar und distinkt zu erfassen« (a.a.O., S. 142). »Dies«, so Descartes weiter,

»ist der Grund gewesen, weshalb ich lieber *Meditationen* geschrieben habe und *nicht Abhandlungen* (Disputationes), wie die Philosophen [der Scholastik, C.S.] oder Theoreme und Probleme, wie die Geometer, um nämlich dadurch zu bezeugen, daß es mir nur um die zu tun ist, die sich die Mühe geben wollen, *mit mir* den Gegenstand aufmerksam zu betrachten und über ihn nachzudenken (meditari)« (a.a.O., S. 142; Hervorhebungen C.S.).[29]

Die literarische Form der »Meditationes« korrespondiert der von Descartes propagierten Methode der Wissensbildung, der Analysis.[30] Im Unterschied zur Synthesis, die a posteriori beweist, zeigt die analytische Methode

---

28 Zum folgenden vgl. auch Rée, Descartes's Comedy, S. 160ff.
29 In einem Anhang zu der Antwort auf die zweiten Einwände unternimmt Descartes den Versuch, einige Grundgedanken der »Meditationes« im »synthetischen Stil« (a.a.O., S. 144) darzulegen, um dessen Unzulänglichkeit für die Präsentation des nur graduell, d.h. meditativ zu erwerbenden metaphysischen Wissens zu demonstrieren.
30 Zur analytischen Methode bei Descartes vgl. die detaillierte Darstellung von H.-J. Engfer, Philosophie als Analysis. Studien zur Entwicklung philosophischer Analysiskonzeptionen unter dem Einfluß mathematischer Methodenmodelle im 17. und frühen 18. Jahrhundert, Stuttgart-Bad Cannstatt 1982, S. 122–167.

»den wahren *Weg*, auf dem eine Sache methodisch und gleichsam a priori gefunden worden ist, so daß, wenn der Leser ihr folgen und sein Augenmerk darauf richten will, er die Sache genau so vollkommen einsehen und sie ebenso sich zu eigen machen wird, wie wenn er *selbst* sie gefunden hätte« (a. a. O., S. 140; Hervorhebungen C. S.).

Der Selbständigkeit des nach methodischen Regeln fortschreitend Wissen bildenden philosophischen Subjekts entspricht das »Selbstfinden« der analytischen Methode[31], der (analytischen) Methode der Wissensbildung die (literarische) Form der Darstellung: Die Meditation präsentiert im Unterschied zum Lehrbuch nicht »objektives« Satzwissen, sondern zeigt – wie die analytische Methode – »die Art und Weise, wie die Sache gefunden worden ist« (a. a. O., S. 141). So ist Descartes in den »Meditationes« »ausschließlich den Weg der Analysis gegangen« (ebd.). Diesem analytischen Weg, der auf die ersten Begriffe der Metaphysik führt, die es »klar und deutlich«, d. h. als wahr, zu erfassen gilt, entspricht der meditative Weg, der, ebenfalls schrittweise fortschreitend, im Idealfall zur illuminativen Erkenntnis Gottes führt.

Wie die von Gott gewährte Illumination den Höhepunkt und gleichzeitigen Abschluß einer Meditation bildet[32], so liegt umgekehrt die Intuition der analytischen Methode als Ausgangspunkt zugrunde: Die analytische Zerlegung von Sätzen oder Sachverhalten führt auf einfache Propositionen, deren Wahrheit intuitiv unmittelbar erkannt wird. In bezug auf dieses Einfache, intuitiv Erkannte, kann sich die Vernunft nicht irren.[33] Die Evidenz der Intuition bildet das entscheidende Kriterium der Wahrheit, das selbst nicht mehr überprüfbar ist. Die *Begründung* der Grundsätze axiomatischer Theorie wird bei Descartes also ersetzt durch den Rekurs auf die *Evidenz* der Axiome und Definitionen. Damit tritt die Intuition an die Stelle einer – faktisch nicht geleisteten – *methodischen* Begründung des Fundaments mit einem Diskursivitätsanspruch auftretender rationalistischer Philosophie und bildet die erkenntnistheoretische Basis Cartesischer Methodologie.

Mit dem Begriff der Intuition steht demnach eine wesentlich *nicht-propositionale* Wissensform an zentraler Stelle der Cartesischen Methodologie bzw. Epistemologie. Er verdient eine nähere Betrachtung.

---

31 Vgl. R. Brandt, Die Interpretation philosophischer Werke. Eine Einführung in das Studium antiker und neuzeitlicher Philosophie, Stuttgart-Bad Cannstatt 1984, S. 164: »[...] Nur die analytische Methode bringt den Leser in die Lage, seine Zustimmung frei, d. h. als selbst Erkennender zu geben«, sowie Cassirer, Descartes, S. 29 f. und Engfer, Philosophie als Analysis, S. 130 f., 152.
32 Zur dialektischen Stufung des mystischen Aufstiegs im Mittelalter (purgatio – illuminatio – perfectio bzw. via purgativa – via illuminativa – via perfectiva) sowie zur Einübung in jeden dieser drei Wege durch Meditation, Gebet und Kontemplation vgl. W. Beierwaltes, »Erleuchtung«, in: Historisches Wörterbuch der Philosophie, J. Ritter/K. Gründer (eds.), Bd. II, Basel/Stuttgart 1972, Sp. 712–717, bes. Sp. 715 f.
33 Vgl. Regulae XIV.2. Der Wahrheitsbegriff Descartes' basiert auf reiner, durch Intuition gewonnener Evidenz und klarer, distinkter Anschauung (vgl. Med. 3.2). Engfer spricht in diesem Zusammenhang von einer »Koinzidenz zwischen der Einfachheit des Gegenstandes und der Zuverlässigkeit und Sicherheit seiner Erkenntnis« (a. a. O., S. 137), die für Descartes die Überlegenheit der mathematischen Wissenschaften begründet und zum »entscheidenden Motiv für die Anwendung des analytischen Verfahrens« (ebd.) wird. – Dem analytischen Teilschritt der Ermittlung einfacher Propositionen und der intuitiven Erkenntnis ihrer Wahrheit folgt ein synthetischer

III. Intuition und Illumination – Die Funken des Wissens

Die Cartesischen Begriffe der Intuition und der Illumination stehen in einem engen Zusammenhang mit der indirekten Vermittlung praktischen Wissens, verstanden im Sinne einer *selbständigen Bildung* philosophischen Wissens anhand des Nachvollzugs exemplarisch vorgeführter Selbstvergewisserung sowie des damit verbundenen Beherrschens einer *Methode* der Wissensbildung.

Der Begriff der Intuition wird von Descartes im Rahmen seiner Methodenlehre näher bestimmt und bezeichnet dort

»nicht das schwankende Zeugnis der sinnlichen Wahrnehmung oder das trügerische Urteil der verkehrt verbindenden Einbildungskraft, sondern ein so müheloses und deutlich bestimmtes *Begreifen des reinen und aufmerksamen Geistes*, daß über das, was wir erkennen, gar kein Zweifel zurückbleibt, oder, was dasselbe ist: *eines reinen und aufmerksamen Geistes unbezweifelbares Begreifen*, welches allein dem *Lichte der Vernunft* entspringt und das, weil einfacher, deshalb zuverlässiger ist als selbst die Deduktion, die doch auch [...] vom Menschen nicht verkehrt gemacht werden kann« (Regulae III.5, Hervorhebungen C. S.).

Der Unterschied zur Deduktion, »worunter wir all das verstehen, was aus etwas anderem sicher Erkanntem mit Notwendigkeit erschlossen wird« (Regulae III.8), besteht darin, daß bei dieser

»das meiste zuverlässig gewußt wird, obgleich es *selbst nicht evident* ist, wofern es nur aus wahren und erkannten Prinzipien durch eine zusammenhängende und nirgendwo unterbrochene Tätigkeit des Denkens, welche das *einzelne deutlich in der Intuition sieht*, deduziert ist, nicht anders als wenn wir das letzte Glied einer langen Kette mit dem ersten zusammenhängend erkennen, obgleich unsere Augen nicht mit *einem und demselben Blick* auf alle Zwischenglieder, von denen jener Zusammenhang herrührt, achten, wenn sie sie nur alle eins nach dem anderen durchmustert haben, und wir uns erinnern, daß die einzelnen Glieder mit ihren Nachbargliedern vom ersten bis zum letzten zusammenhängen« (ebd., Hervorhebungen C. S.).

Das intuitive Erfassen bezeichnet bei Descartes also eine Einsicht in die *einzelnen* Argumentationsschritte, wobei die Einsicht ihrerseits das Einzelne in seiner *Ganzheit* und *auf einmal* erfaßt:

»Hier also unterscheiden wir die Intuition des Geistes von der zuverlässigen Deduktion dadurch, daß in dieser eine Art Bewegung oder Zeitfolge erfaßt wird, in jener nicht so, und außerdem, weil zu dieser die *gegenwärtige Evidenz* nicht notwendig ist, wie zur Intuition, sondern sie vielmehr ihre Zuverlässigkeit von dem Gedächtnis erborgt« (ebd., Hervorhebung C. S.).

Zunächst bezieht sich die Intuition auf die Erkenntnis der »einfachen Naturen« (naturae simplices),

---

Teilschritt, der in einer aus einzelnen, wiederum intuitiven Schritten zusammengesetzten Deduktion komplexe Sätze aus den intuitiv als wahr erkannten einfachen ableitet. Vgl. Regulae III.8 sowie Engfer, Philosophie als Analysis, S. 137.

»sodann auf die Erkenntnis ihrer notwendigen Verknüpfungen untereinander und schließlich auf alles Übrige, wovon der Verstand *unmittelbar* erfährt, daß es sich in ihm selbst oder in der Einbildungskraft befindet« (Regulae XII.22, Hervorhebung C. S.).

In Abgrenzung von der scholastischen Form syllogistischer Argumentation betont der Intuitionist Descartes also die *Einsicht* in die jeweiligen Argumentationsschritte sowie deren Nachvollzug; an die Stelle einer Kette logisch voneinander abhängiger Sätze soll eine Kette von Evidenzen treten. Descartes unterscheidet folglich ein logisch-deduktives von einem intuitiven Erkennen und wehrt sich im Hinblick auf das für seine Philosophie zentrale Cogito-Argument deutlich gegen die Interpretation der Herleitung des »sum« aus dem »cogito« als Konklusion eines syllogistischen Schlusses, der er die einfache Intuition des Geistes als erfahrungsfreie Basis des Selbstbewußtseins entgegensetzt:[34]

»Wo ich gesagt habe, wir könnten nichts mit Sicherheit wissen, wenn wir nicht zuvor erkennen, daß Gott existiert, da habe ich mit ausdrücklichen Worten bezeugt, daß ich nur von dem *Wissen der Schlußfolgerungen* redete [...]. Wenn wir aber bemerken, daß wir denkende Dinge sind, so ist das ein gewisser *Grundbegriff*, der aus keinem Syllogismus geschlossen wird; und auch, wenn jemand sagt: ›ich denke, also bin ich, oder existiere ich‹, so leitet er nicht die Existenz aus dem Denken durch einen Syllogismus ab, sondern erkennt etwas ›*durch sich selbst Bekanntes*‹ durch einen *einfachen Einblick des Geistes* (mentis intuitus) an [...]« (Med., Antwort auf die zweiten Einwände, S. 127f.; Hervorhebungen C. S.).

In den methodischen Schriften Descartes', den »Regulae« und dem »Discours«, bildet die Intuition, wie wir gesehen haben, den Ausgangspunkt der Methode: »Die ganze Methode besteht in der Ordnung und Disposition dessen, worauf man sein geistiges Auge richten muß [...]« (Regulae VI). Dies bedeutet, daß »wir verwickelte und dunkle Propositionen stufenweise auf einfachere zurückführen und sodann von der *Intuition* der allereinfachsten zur Erkenntnis aller anderen über dieselben Stufen hinaufzusteigen versuchen« (ebd., Hervorhebung C. S.).[35] Den methodischen Anweisungen der »Regulae« entsprechen die Hauptregeln des »Discours«. Auch hier beginnt die Methode mit dem, was intuitiv gewiß (»évidemment«, Disc. 2.7) ist, von dem aus schrittweise die Folgerungen abgeleitet werden, wobei die einzelnen Schritte wiederum intuitiv einsichtig sein müssen.

Erkenntnistheoretisch wird die »unmittelbar anschauliche Erkenntnis« (Brief Descartes' an Cavendish vom März oder April 1648; Briefe, S. 414)[36], die Intuition, im Rahmen einer Unterscheidung zwischen sinnlicher Anschauung und intuitivem Erkennen von Descartes auf die »unmittelbare Erleuchtung der Gottheit in unserem Geist« (a. a. O.,

---

34 Zur logischen Interpretation des Cogito-Arguments vgl. Engfer, Philosophie als Analysis, S. 155 ff., sowie J. Hintikka, Cogito, ergo sum: Inference or Performance? The Philosophical Review 71 (1962), S. 3–32. Zur Kritik an der Cartesischen Methodologie in diesem Zusammenhang vgl. J. Mittelstraß, Neuzeit und Aufklärung. Studien zur Entstehung der neuzeitlichen Wissenschaft und Philosophie, Berlin/New York 1970, S. 388 ff.
35 Vgl. auch Regulae VI, VII, XI. Zur Verbindung von analytischem und synthetischem Teilschritt vgl. oben S. 104 Anm. 33.
36 Dieser Brief wird in anderen Ausgaben auch als an Newcastle oder Silhon adressiert aufgeführt.

S. 415) zurückgeführt³⁷, der Begriff der Methode doch wieder mit der metaphysischen Tradition verknüpft.³⁸

So wie das diskursive Argument *methodisch* auf intuitiver Einsicht beruht, so bildet *epistemologisch* die intellektuelle Intuition in Form von klarer und deutlicher Erkenntnis den Ausgangspunkt philosophischer Wissensbildung bei Descartes:³⁹ In den meditativen Übungen der »Meditationes« wiederholt sich die intuitionistische Methode Descartes' in der Form intuitiver Selbstvergewisserung durch das Cogito, der die Befreiung von Vorurteilen anhand des methodischen Zweifels vorausgeht, und durch die Gotteserkenntnis.

Der »Discours« sollte den methodischen Weg Descartes' »wie auf einem Gemälde« (Disc. 1.4) darstellen. Dabei zieht der Maler Descartes die Linien seiner Philosophie mit Hilfe von Termini aus der Sphäre des Lichts: So ist die Rede von »klaren (und »deutlichen«) Ideen«, von »lumen naturale«, »Intuition« und »Illumination«. Schon der frühe Descartes der »Olympica« erinnert an das Platonische Verständnis von intuitiver Erkenntnis als einem von einem überspringenden Funken in der Seele entzündeten Licht:

»Es erscheint verwunderlich, gewichtige Urteile eher in den Schriften der *Dichter* als in denen der Philosophen zu finden. Der Grund ist der, daß die Dichter durch Enthusiasmus und durch die Einbildungskraft geschrieben haben. Wir haben in uns den Funken des Wissens, wie in einem *Feuerstein*: die Philosophen entzünden ihn durch die Vernunft, die Dichter dagegen durch die Einbildungskraft, so daß er *stärker* leuchtet« (Hervorhebungen C.S.).⁴⁰

---

37 Vgl. AT, Bd. V, S. 136:
»La connoissance intiutiue est vne [sic] illustration de l'esprit, par laquelle il voit en la lumière de Dieu les choses qu'il luy plaist luy découurir par vne impression directe de la clairté diuine sur nostre entendement, qui en cela n'est point consideré comme agent, mais seulement comme receuant les rayons de la Diuinité«.
Mit der Verwendung von »illustration« anstelle von »illumination« verbindet Descartes zweierlei: Zum einen sucht er auf diese Weise seine auf die methodisch verbürgte Autonomie des Subjekts gerichtete Philosophie begrifflich von dem in der (Neu-)Platonischen Tradition stehenden Terminus der Illumination im Sinne einer in der Unio mystica sich vollziehenden gnadenhaften Erleuchtung, die die Überwindung des Subjekt-Objekt-Gegensatzes bedeutet, abzugrenzen. Zum anderen wird die klare Erkenntnis durch den Begriff der »illustration« ins *Exemplarische* überführt: Als säkularisierte Form der Erleuchtung (»illumination«) bedeutet »illustration«, der Intuition vergleichbar, etwas, das wir tun, und betont damit erneut das Primat der Subjektivität Cartesischer Philosophie.
38 Zur Unterscheidung zwischen sinnlicher und intellektueller Anschauung vgl. T. Kobusch, »Intuition«, in: Historisches Wörterbuch der Philosophie, H. Ritter/K. Gründer (eds.), Bd. IV, Basel/Stuttgart 1976, Sp. 524–540, bes. Sp. 525 in bezug auf Plotin:
»Der Vergleich des sinnlichen mit dem geistigen Schauen ergibt noch einen weiteren bedeutsamen Unterschied: Die Seele, die beim Schauen eines Sinnendinges immer auch das Medium Licht miterkennt, ist nicht in der Lage, in einer ›schlagartigen Intuition‹ das Licht rein für sich zu sehen, während der Geist in der intuitiven Erkenntnis, die immer auch Selbsterkenntnis ist, den sehenermöglichenden Grund der Sichtbarkeit der εἴδη (intelligiblen Wesenheiten) schaut [...]«.
Zur Kritik an der Auffassung einiger evidenter Sätze als von Gott garantierter »ewiger Wahrheiten« (veritates aeternae) und der damit verbundenen Fundierung methodologischer Schritte durch metaphysische Behauptungen vgl. Mittelstraß, Neuzeit und Aufklärung, S. 395 ff.
39 Vgl. Disc. 2.7.
40 Cogitationes Privatae [AT, Bd. X, S. 217]:
»Mirum videri possit, quare graves sententiae in scriptis *poetarum*, magis quam philosophorum.

Die visuellen Metaphern bilden bei Descartes nicht nur einen methodischen bzw. epistemologischen Ausgangspunkt, sondern gleichzeitig den Brennpunkt von sinnesphysiologischer Basis und literarischer Form Cartesischer Philosophie. Die Cartesische Sinnestheorie, die nicht mehr auf einer Eins-zu-eins-Abbildung, sondern auf strukturisomorphen Prozessen basiert[41], ist erstmals in der Lage, aus der Wahrnehmung sowohl eine mentale als auch eine somatische Komponente begrifflich getrennt herauszulösen.

Wie das Beispiel der Farbwahrnehmung und das bei Descartes häufig wiederkehrende Beispiel des Phantomschmerzes zeigen[42], bedarf die Sinnes*erfahrung* im Prinzip keines spezifischen Sinnes*organs*. Diese sinnesphysiologische Entdeckung Descartes' führt in den »Meditationes« zu der Konzeption einer von der Außenwelt unabhängigen Res cogitans: Wahrnehmungsakte werden hier zu Denkakten. Das Problem bewußter Sinneserfahrung läßt sich nicht auf mechanische Weise erklären, und umgekehrt kann von der bloßen Tatsache bewußter Wahrnehmung nicht auf die Existenz eines Körpers geschlossen werden. Sinnesphysiologische und optische Überlegungen bilden den Ausgangspunkt Cartesischer Metaphysik. Ihre Resultate haben vermutlich einen wesentlichen Einfluß auf die Struktur der »Meditationes« gehabt.[43]

Kennzeichnend für die Philosophie Descartes' ist somit eine Parallelisierung von Wahrnehmen und Erkennen. »Der Mensch«, so Descartes,

»besitzt Wissen von den natürlichen Dingen nur durch deren Ähnlichkeit mit den Dingen, die wir sinnlich wahrnehmen. Und in der Tat, wir glauben, daß jemand in seiner Philosophie der Wahrheit umso näher kommt, je mehr er die Dinge, die er untersucht, dem durch die Sinne Erkannten anzugleichen vermag« (Cogitationes Privatae).[44]

Die optische bzw. sinnesphysiologische Basis Cartesischer Erkenntnistheorie deutet dabei auf einen über das diskursive Argument hinausgehenden Aspekt von Erkenntnis. Die Begriffe der Intuition und Illumination verweisen auf ebendiese *Grenze* propositionalen Wissens. So liegt der Rede von »klaren« (und »deutlichen«) »Ideen« eine intuitive, nichtpropositionale Form der Erkenntnis zugrunde:

»Sehr viele Menschen erfassen in ihrem ganzen Leben überhaupt nichts so richtig, daß sie ein sicheres Urteil darüber fällen könnten. Denn zu einer Erkenntnis (perceptio), auf die ein sicheres

---

Ratio est quod poetae per enthusiasmum et vim imaginationis scripsere: sunt in nobis semina scientiae, vt [sic] *in silice*, quae per rationem a philosophis educuntur, per imaginationem a poetis excutiuntur *magis*que elucent« (Hervorhebungen C. S.).

41 Vgl. Regulae XII.6.
42 Vgl. Princ. I §§ 66, 68.
43 Vgl. C. Wilson, Sensation and Explanation: The Problem of Consciousness in Descartes, Nature and System 4 (1982), S. 151–165, bes. S. 158. Die Ansicht, daß die Wahl der literarischen Form »Meditation« der Cartesischen Erkenntnistheorie mit ihrem Primat des Verstandes den Sinnen gegenüber bzw. der von den Sinnen gänzlich unabhängigen Verstandestätigkeit korrespondiert oder sogar von dieser bestimmt ist, vertritt auch G. Hatfield, The Senses and the Fleshless Eye: The *Meditations* as Cognitive Exercises, in: Rorty (ed.), Essays, S. 45–79, bes. S. 47.
44 Cogitationes Privatae [AT, Bd. X, S. 218f.]: »Cognitio hominis de rebus naturalibus, tantum per similitudinem eorum quae sub sensum cadunt; et quidem eum verius philosophatum arbitramur, qui res quaesitas felicius assimilare poterit sensu cognitis«.

und unzweifelhaftes Urteil gestützt werden kann, gehört nicht bloß Klarheit, sondern auch Deutlichkeit. *Klar* [Hervorhebung im Original] (clara) nenne ich die Erkenntnis, welche dem aufmerkenden Geiste *gegenwärtig* und *offenkundig* ist, wie man das *klar gesehen* nennt, was dem *schauenden Auge* gegenwärtig ist und dasselbe hinreichend kräftig und offenkundig erregt. *Deutlich* [Hervorhebung im Original] (distincta) nenne ich aber die Erkenntnis, welche, bei *Voraussetzung der Stufe der Klarheit*, von allen übrigen so getrennt und unterschieden [...] ist, daß sie gar keine andren als klare Merkmale in sich enthält« (Princ. I § 45, Hervorhebungen C.S.).

»Klar« erkennbar ist für Descartes demnach das, was – in Analogie zum schauenden Auge der Sinneswahrnehmung – vom geistigen Auge des Intellekts unmittelbar, d.h. intuitiv erkannt wird. Für die Intuition nämlich wird zweierlei gefordert: »daß die Proposition *klar und deutlich* und dann auch, daß sie *als Ganzes auf einmal* und nicht sukzessiv erkannt wird« (Regulae XI.2). Nur das, was wir »in klarer und evidenter Intuition sehen« (Regulae III), verdient den Namen »Wissen«.

Die Formel »klar und deutlich« mit ihrer Prävalenz der Klarheit ist nicht nur erkenntnistheoretisch relevant. Insofern sie das Cartesische Kriterium für Wahrheit bildet, geht über sie der Begriff der Intuition auch in die Methodologie Descartes' ein, so wie umgekehrt die intuitionistische Methode Descartes' die Bildung philosophischen Wissens bestimmt. Auf diese Weise bildet der Begriff der Intuition (und mit ihm der der Illumination) den Schnittpunkt von Methodologie und Epistemologie Cartesischer Philosophie.

Die Theorie des Lichts, die geometrische Optik und die Sinnesphysiologie formen das Herzstück der Philosophie Descartes', von dem sich der Rest des Œuvre, chronologisch und systematisch betrachtet, auffächert. Die zentrale Stellung der Sinnestheorie im System Descartes' hat die »Psychologie der Entdeckung« – als Basis der Cartesischen Methode – als ihr Gegenstück. *Intuitives* und diskursives Urteilen, »*klare* und deutliche Ideen« sowie das »*Licht* der Natur« bezeugen die zentrale Rolle einer wesentlich »illuminativen« Erkenntnistheorie: »Licht bezeichnet Erkenntnis.«[45] Es ist das *Licht* der Erkenntniskraft (lumen ingenii), das die intuitive Erkenntnis (intuitum mentis) gewährleistet. Die Licht-Metaphorik Descartes' verweist damit indirekt auf eine über argumentativ gebildete und diskursiv mitteilbare propositionale Erkenntnis hinausgehende nicht-propositionale Form des Wissens als Ein*sicht*.

---

45 Cogitationes Privatae [AT, Bd. X, S. 218]: »[...] lumen cognitionem [significat]«. In seiner säkularisierten philosophischen Bedeutung knüpft auch der Begriff der Illumination an Platon sowie an Augustin an, der die Illumination als für die wahre Erkenntnis, insbesondere Gottes, notwendig herausstellt. Von der religiösen, gnadenhaft-mystischen (die Erfahrung des Denkens) ist die logisch-erkenntnistheoretische (der Akt des Denkens) Komponente des Illuminations-Begriffs zu unterscheiden. Letztere herrscht auch bei Descartes vor und bildet die Voraussetzung der »Erfahrung« im Sinne einer denkenden Vorbereitung der Kontemplation Gottes.

IV. Selbststilisierung und Tarnung: »Larvatus prodeo«

Über die Widerspiegelung eines systematischen Zusammenhanges im Sinne der *methodischen* Entsprechung eines zugrundeliegenden Verständnisses von philosophischem Wissen und philosophischer Wissensbildung hinaus verfolgt die literarische Darstellungsform bei Descartes noch ein weiteres Ziel: Der »Discours« und vor allem die »Meditationes« weisen eine *tarnende* Komponente in ihrer Darstellungsform auf, die in den Zeitumständen und in der Persönlichkeit Descartes' begründet liegt.

Auf Grund der Verurteilung Galileis hatte Descartes die Publikation seines ersten – physikalischen – Werkes, »Le Monde«, zurückgezogen. Die äußeren Umstände seiner Zeit, insbesondere der kirchliche Dogmatismus, der das aristotelische Weltbild propagiert und Andersdenkende mit Gefängnis (Campanella) oder Scheiterhaufen (Bruno) bestraft, sowie die Descartes eigene Vorsicht haben zu dieser Entscheidung geführt.[46] Angesichts der Alternative, entweder auf jegliche Publikation zu verzichten oder mit dem kirchlichen Weltbild zu vereinbarende Lehren zu vertreten, hat Descartes einen – nicht unproblematischen – Mittelweg gewählt: Entgegen seinen (stilisierten) Negativdarstellungen in bezug auf die Verschriftlichung von Philosophie im »Discours« (Disc. 6) hat er, bis auf die »Regulae« und »Le Monde«, alle seine Schriften zu Lebzeiten publiziert, nicht jedoch ohne sich vorher nach allen Seiten abzusichern. Zu diesen »Sicherungsmaßnahmen« gehört das Widmungsschreiben an die Sorbonne, das den »Meditationes« vorangestellt ist, ebenso wie die wiederholte Aufforderung Descartes' an seine Zeitgenossen, ihm mögliche Einwände gegen seine Philosophie mitzuteilen.[47] Letztlich aber machen die Cartesische Argumentationsstruktur, die Wahl seiner philosophischen Terminologie und die literarische Form der Darstellung den wesentlichen Teil der Strategie und seines taktischen Verhaltens aus.

Ein Fluchtpunkt der Cartesischen Philosophie, die absolute Autonomie vernünftigen Denkens, die exemplarisch an Wissensbildungsprozessen des philosophischen Subjekts dargestellt wird, bildet gleichzeitig die Nahtstelle der Verbindung von systematischer und taktischer Komponente der literarischen Form. Die literarische Darstellung philosophischer Subjektivität vermag eine objektiv-apophantische Redeweise zu unterlaufen. Dem Gesichtspunkt der Subjektivität kommt dabei eine doppelte Funktion zu: Er stellt eine zentrale Komponente Cartesischer Philosophie dar und schützt diese gleichzeitig – über

---

46 Vgl. R. Specht, René Descartes [...], Reinbek 1966, S. 36f.:
»Vor diesem Hintergrund entstand das Unternehmen Descartes', eine systematische Offensive für »Wahrheit« gegen »Opinio«. [...] Wenn Descartes gegen Meinungen kämpfte, so meinte er die vom philosophierenden Lehramt der Kirche geschützte Opinio Aristotelis oder Opinio Divi Thomae. Das aber war eine vom Staat mit der Todesstrafe bedrohte Rebellion: der Versuch, die in der Kirche herrschende Legitimität durch eine andere zu ersetzen. Schon der Verzicht darauf, in philosophischen Schriften Autoritäten zu zitieren, war eine Provokation. [...] Wir müssen annehmen, daß Descartes wußte, was er tat«.
Zu Galilei vgl. den Brief Descartes' an Mersenne vom April 1634 [AT, Bd. I, S. 285] sowie den vom 31. 3. 1641 [AT, Bd. III, S. 349f.].

47 Vgl. den Brief an Mersenne vom 8. 10. 1629 [AT, Bd. I, S. 23f.], der die erste Fassung der »Météores« betrifft, die später der »Discours« einleiten soll. Auch hier ist es Descartes' Anliegen »d'être caché derrière le tableau pour écouter ce qu'on en dira« (a.a.O., S. 23).

die Form der Darstellung – vor den Angriffen der Kirche.⁴⁸ Was als subjektive Ansicht kenntlich gemacht wird, erhebt zunächst keinen Anspruch auf Objektivierbarkeit. Gleichwohl unterliegt auch die Philosophie Descartes' in ihrer Exemplarität diesem Anspruch, bedarf also – zumal sie sich gegen die offizielle Lehrmeinung der Kirche richtet – zusätzlich absichernder Stützpfeiler. Dazu gehören Ausprägungen der literarischen Form im Detail wie Formen des Als-ob, die Funktion hypothetischer Formulierungen, die Erwägung einer anonymen Publikation⁴⁹ oder die Wahl der Darstellungssprache.

Paradigmatisch für die literarischen Formen des Als-ob ist die referierende Darstellung der Frühschrift »Le Monde« im »Discours«.⁵⁰ Dieser Darstellung liegt die Intention Descartes' zugrunde,

> »diese Welt hier ganz ihren Streitigkeiten zu überlassen und nur von dem zu reden, was in einer *neuen Welt* geschehen würde, wenn Gott jetzt irgendwo im leeren Raum, den man sich jenseits dieser Welt vorstellen mag, genug Materie zu ihrer Bildung schüfe [...], so daß daraus ein Chaos entstände, so verworren, wie es sich die Dichter nur ausmalen mögen, und wenn er danach sich damit begnügte, der Natur seinen gewöhnlichen Beistand zu leihen und sie nach den Gesetzen wirken zu lassen, die er ihr gegeben hat« (Disc. 5.2, Hervorhebung C.S.).

Mit der Schaffung einer »neuen Welt« verläßt Descartes die Ebene des Bezugs auf die Wirklichkeit, wie sie in Wissenschaftsform verfaßten philosophischen Texten zugrunde liegt, und setzt auf diese Weise der Wirklichkeit eine literarisch konstruierte, fiktive Welt entgegen. An die Stelle der apophantischen Form propositional-wissenschaftlicher Texte der Philosophie treten in diesem Fall der literarischen Darstellung hypothetische Formulierungen. Entlarven läßt sich die tarnende Komponente allerdings durch den Umstand, daß in der »neuen Welt« die gleichen, von Gott garantierten Gesetze herrschen wie in der alten. Die »neue Welt« stellt damit lediglich eine taktisch motivierte Verdoppelung der realen Welt im fiktiven, der (kirchlichen) Kritik entzogenen Raum dar. Daß Descartes hier auf geschickte Weise versucht, biblischen Schöpfungsbericht und physikalisch fun-

---

48 Entgegen der Auffassung von D. Simpson, Putting One's House in Order: The Career of the Self in Descartes' Method, New Literary History 9 (1977), S. 83–101 ist der Cartesische Bescheidenheitstopos in Form von Betonungen der eigenen Unwissenheit (vgl. etwa Disc. 1.6, 3.7) gerade nicht »precisely Socratic« (a.a.O., S. 96). Nicht die ironische, sondern die tarnende Maskierung seiner Philosophie ist für Descartes kennzeichnend:
»[...] Descartes, who has no intentions of drinking hemlock, must try to fashion a different sort of communication, one which can preserve its integrity at the same time as suppressing all overt challenges to its readers. [...] It is for the confusion of such officials, the censors, that Descartes must limit the reorganization of his dwelling largely to its interior, so that only the passerby who is prepared to ›proceed very slowly‹ [Disc. 1.1.] will catch a glimpse [...] of what is going on inside« (a.a.O., S. 97f.).
49 So war die erste tatsächliche Publikation Descartes', der »Discours«, als anonyme Veröffentlichung gedacht; vgl. den Brief an Dinet von 1642 [AT, Bd. VII, S. 575].
50 Zu den Formen des Als-ob bei Descartes: dem methodischen Zweifel, den Als-ob-Betrachtungen im »Discours«, dem hypothetischen Charakter naturwissenschaftlicher Erklärungen bezogen auf die Theorie der Funktionen des Organismus vgl. W. Röd, Die innere Genesis des cartesianischen Systems, München/Basel 1964, S. 54ff., 145ff. Zu diesen Formen ließe sich des weiteren die erste Meditation rechnen: als Gedankenexperiment, wie die Welt aussehen würde, wenn alles das falsch wäre, woran man nach den Überlegungen der ersten Meditation zweifeln kann, sowie das Wachsbeispiel der zweiten Meditation, ebenfalls verstanden als Gedankenexperiment.

dierte Kosmogonie miteinander zu versöhnen, bleibt allerdings auch seinen Zeitgenossen nicht verborgen. Pascal etwa formuliert seinen Vorwurf folgendermaßen:

»Das kann ich Descartes nicht verzeihen. Er hätte am liebsten in seiner ganzen Philosophie Gott nicht bemüht; er kam aber doch nicht umhin, ihn der Welt, um sie in Bewegung zu setzen, einen Nasenstüber geben zu lassen; danach hat er nichts mehr mit Gott zu tun« (Pensées 77).[51]

In der Tat kommt dem Gott der Philosophen im Cartesischen Œuvre in erster Linie eine funktionale Rolle zu. Auch die Beteuerung Descartes', daß die »Gewißheit und die Wahrheit jeder Wissenschaft einzig von der Erkenntnis des wahren Gottes abhängt« (Med. 5.16), kann über den taktischen Status der Cartesischen Gottesbeweise nicht hinwegtäuschen. Sie dienen der theologischen Sicherung vorgängig erreichter vernünftiger Erkenntnis: Das von Gott verliehene natürliche Licht (lumen naturale) wird zum Symbol für die postulierte Autonomie der Vernunft.[52]

Die Gottesbeweise werden, insofern sie der Sicherung der Regula generalis dienen, in erkenntnistheoretischer Absicht geführt und haben von daher einen methodischen bzw. argumentationstheoretischen Ort im Werk Descartes': Das autonom gewordene philosophische Subjekt bedarf Gottes lediglich als eines Garanten für klare und deutliche Erkenntnis, d.h. für objektive Wahrheit. Damit sind die Gottesbeweise einerseits symptomatisch für den Restbestand scholastischen Denkens, der ungeachtet des Postulats eines Neuanfangs in der Cartesischen Philosophie verbleibt[53], andererseits haben sie eben auch einen taktischen Stellenwert. So steht Descartes in der Tradition scholastischen Denkens, setzt sich mit dieser auseinander und versucht sie gleichzeitig zu überwinden. Das eigentümliche Faktum eines zweifachen Gottesbeweises in den »Meditationes« spiegelt – gerade angesichts des funktionalen Status innerhalb der Cartesischen Argumentation – die Intention Descartes' wider, sowohl die Tradition zu überwinden als auch Topoi der Tradition mit seiner Philosophie zu verbinden und letztere auf diese Weise abzusichern. So wird, nachdem die Vernunfterkenntnis in den »Meditationes« erreicht ist, ein zweiter Gottesbeweis vor dem Hintergrund *des* Paradigmas neuzeitlicher Wissenschaft – der Mathematik – geführt.[54]

Zu den Mitteln tarnender Darstellung gehört auch das Verfahren der Stilisierung, das

---

51 B. Pascal, Über die Religion und über einige andere Gegenstände (Pensées), ed. E. Wasmuth, Heidelberg 1954, S. 52f.
52 Vgl. Kamlah, Anfang der Vernunft, S. 80:
»Descartes' Vernunft [...] soll ihren Anfang wie keinem Menschen, so auch keinem Gott zu danken haben. [...] Descartes weiß sich aufrichtig abhängig von Gottes veracitas. [...] Nachdem diese Rückversicherung freilich gelungen ist, hat die selbständig forschende Vernunft nun freie Bahn. Die Vernunft, die Gott nicht täglich nötig hat, sondern nur einst nötig hatte, kann ihn auch vergessen, d.h. der Weg von Descartes' schöpfungsmäßiger Vernunft zur eigenmächtigen Vernunft der Aufklärung ist vorgezeichnet«.
53 Dazu, vor allem im Hinblick auf die Cartesische Gottesidee und Descartes' Beweise der Existenz Gottes, vgl. A. Koyré, Descartes und die Scholastik, Bonn 1893 (repr. Darmstadt 1971). Zum Einfluß scholastischen Denkens auf die Cartesische Philosophie vgl. auch E. Gilson, Études sur le rôle de la pensée médiévale dans la formation du système Cartésien, Paris 1930, ³1967. – In den »Meditationes« sind es vor allem die Begriffe der Gestalt und Substanz, die für einen Restbestand scholastischen Denkens und für eine metaphysische Fundierung der Cartesischen Physik stehen.
54 Vgl. Med. 5.7.

von Descartes in hohem Maße genutzt wird. Autobiographien – wie der »Discours« – entstehen zwar per definitionem aus der Retrospektive. Daß Descartes diese Darstellungsform jedoch zu nachträglichen Stilisierungen nutzt, hat Gründe, die mit der Maskierung bestimmter Teile der Cartesischen Philosophie zusammenhängen.

Der »Discours« ist aus einer die »Meditationes« und damit die metaphysische Fundierung der Physik umfassenden Perspektive geschrieben. Im Rahmen der stilisierten Darstellung eines absoluten Neuanfangs der philosophischen Vernunft verschweigt Descartes hier nicht nur seine intellektuelle Abhängigkeit von Beeckman; auch die Einflüsse Vietas und Thomas Whites im Hinblick auf algebraische Überlegungen, die Orientierung an physiologischen Theorien Harveys oder optischen Entdeckungen Snellius' werden unterschlagen. Die Selbststilisierungen Descartes' haben eine augenfällige Diskrepanz zwischen historischer und autobiographischer Wahrheit zur Folge. Bezogen auf die Relation zwischen Physik und Metaphysik führen sie zu einer Inkonsistenz innerhalb des Cartesischen Œuvre: Historisch nämlich gehen die physikalischen Studien der Beschäftigung mit der Metaphysik voraus; die Werkchronologie sowie »Discours« und »Meditationes« dagegen drehen diese Reihenfolge um.[55]

Mehr noch als der »Discours« spiegeln die »Meditationes« das für die Cartesische Philosophie charakteristische Spannungsverhältnis zwischen Physik und Metaphysik wider, aus dem die Notwendigkeit einer tarnenden Darstellung resultiert. Von der literarischen Form her lassen sie sich als eine Ausarbeitung des »Discours« verstehen: Während der »Discours« nur in seinen Anfangsteilen autobiographische Passagen enthält, um dann in eine lehrbuchartige Explikation physikalischen Wissens überzugehen, stellt die meditative Form insofern eine Steigerung und Weiterentwicklung der autobiographischen Form dar, als die Vernunft in der Abgeschlossenheit des meditativen Denkens mit sich alleine ist.

Hinzu kommt, daß der »Discours« im Unterschied zu den »Meditationes« in der Umgangssprache, in Französisch, verfaßt ist.[56] Der Wechsel der Darstellungssprache verdeutlicht das zugrundeliegende Interesse Descartes': Dem »Discours« kommt, auch im Hinblick auf seine Rolle als erkenntnistheoretische Einleitung in physikalische Abhandlungen, eine propädeutische Funktion zu; er soll von daher gleichermaßen – so Descartes in einem

---

55 Zur Diskrepanz zwischen historischer und autobiographischer Wahrheit vgl. Kamlah, Anfang der Vernunft, S. 81 f.:
»Die historische Wahrheit ist also diese: Beginn bei der Mathematik (im damaligen weiten Sinne, also einschließlich Mechanik, Optik, Akustik), dabei sogleich Tendenz auf Verallgemeinerung, methodische Reflexion von Anfang an, dann erst der Entschluß, noch einmal von vorn anzufangen und nun bei den letztmöglichen Fundamenten: Metaphysik, neun Monate vorbereiteter, nicht mehr zufälliger Zurückgezogenheit in Franeker, unmittelbarer Übergang zur Physik, Plan der ersten Veröffentlichung, die scheitert usf.«.
Zur Diskrepanz zwischen der »order of study« und der »order of publication« vgl. H. Caton, The Origin of Subjectivity. An Essay on Descartes, New Haven/London 1973, S. 6ff.

56 Zur Stilistik Descartes' als eines barocken Autors vgl. Cahné, Un autre Descartes. Ausgehend von einem inneren Zusammenhang zwischen Stil und Weltsicht Descartes' analysiert Cahné die charakteristischen Konstanten Cartesischer Lexik und Syntax wie Metaphern, Zeichen- und Symbolwörter (»stupor«, »clarus« – »certus«, »agere«, »ordo«, »contentement«, »Dieu«), die Stellung des Hauptsatzes als Zentrum der um ihn auf verschiedenen Ebenen angeordneten Satzelemente oder die Subordination durch Relativa, die der Sicherung kohärenten Denkens dient.

Brief an Vatier – für »Frauen [!] und gelehrte Geister«[57] verständlich sein. Die »Meditationes« dagegen stellen die eigentliche Ausarbeitung der Cartesischen Überlegungen dar. Diese Hauptschrift Descartes' ist in Latein verfaßt, da sie nicht nur aus Gründen der Absicherung an die orthodoxe Sorbonne gerichtet ist, sondern darüber hinaus traditionelles, scholastisches Gedankengut in tarnender Absicht aufnimmt. Die Form des meditativen Denkens geht dabei auf die »meditatio Dei« der Jesuiten zurück. Aus der Fiktion des zweiteiligen, den Aufbruch in die Welt und den Rückzug von der Welt thematisierenden Bildungsromans »Discours« wird nun eine fiktive Konstruktion des solipsistischen Anfangs philosophischer Wissensbildung.

Der *subjektive* Aspekt, der im »Discours« im wesentlichen die autobiographischen Teile prägt, konstituiert den thematischen Fluchtpunkt der »Meditationes«. Die subjektive Ausrichtung erfährt dabei insofern eine Radikalisierung, als allgemeine Überlegungen zum methodischen Vorgehen in den Wissenschaften sowie naturwissenschaftliche Fragestellungen in den »Meditationes« scheinbar ausgeklammert werden. Die hier in *tarnender* Absicht geführte Darstellung einer Physik, der der Begriff einer blinden, auf rein mechanischen Gesetzen basierenden Natur zugrundeliegt, die eines Schöpfergottes nicht mehr bedarf, resultiert in einer Opazität der Philosophie Descartes', die zu folgenden Fragen Anlaß gibt: Sind die »Meditationes« als eine Art Propädeutik zu einer neuen Wissenschaft zu verstehen, die dann von Descartes in den »Principia« ausgearbeitet wird? Oder besteht die Intention der »Meditationes« – gerade vor dem Hintergrund der Nichtveröffentlichung von »Le Monde« – primär in der Etablierung eines wohlmeinenden Rezeptionskontextes? Oder sind sie lediglich als Tarnung der Cartesischen Physik zu lesen?[58]

Wir müssen nicht nur zugeben, daß in der »scientific community« kein Konsens im Hinblick darauf besteht, was den Inhalt und Status etlicher Cartesischer Argumente anbelangt, sondern darüber hinaus anerkennen, daß wir keine vollkommen akzeptable Erklärung für die Reihenfolge der Cartesischen Texte und damit für die ihnen zugrundeliegende Motivation haben: Waren der »Discours« und die Abhandlungen über Geometrie, Optik und Meteorologie solch ein Erfolg, daß Descartes dadurch inspiriert wurde, seine »Meditationes« – bei gleichzeitiger Erweiterung der Topoi – zu schreiben? Oder war der »Discours« im Gegenteil ein solcher Mißerfolg, daß ein völlig neuer Anfang nötig wurde? Warum kehren die »Meditationes« zurück zu scholastischen Themen und scholastischer Terminologie, die in der vorangegangenen Schrift so offensichtlich fehlen? Descartes' Begriff von Philosophie als »ein[em] vollkommene[n] Wissen all der Dinge, die der Mensch erkennen kann, sowohl um eine Regel für sein Leben zu haben, wie um seine Gesundheit zu erhalten, wie um alle Künste zu erfinden« (Princ., S. XXXII), verspricht mehr als die Schulphilosophie jemals besaß. Vergleicht man aber die abschließende Struktur der »Principia« mit ihren Erklärungen der Sterne und Planeten, der Erde, des Feuers

---

57 Brief Descartes' an Vatier vom 22. 2. 1638 [AT, Bd. I, S. 560]: »[...] les femmes mêmes [...] et les plus subtils [...]«.
58 Die Philosophie Descartes' wirft ebensoviele oder sogar mehr Fragen auf als sie Antworten bietet. Ähnliche Fragen wie der vorliegende Aufsatz stellen u.a. Rorty, Structure, S. 9, 18; J.-L. Nancy, Larvatus pro Deo, Glyph 2 (1977), S. 14–36, bes. S. 15.

Erleuchtung und Tarnung 115

und des Magneten, der sinnlichen Wahrnehmung und der Bewegung mit den Idealen, die die Cartesischen Äußerungen zur Methode insinuieren – insbesondere die Regel, nichts als wahr anzuerkennen, was nicht zuvor als »klar und deutlich« eingesehen worden ist –, so fällt das Resultat offensichtlich mager aus: Die Bewegungsgesetze etwa, die als Fundament des Cartesischen Weltsystems gedacht waren, sind miteinander unverträglich und höchst unwahrscheinlich. Der willkürliche, phantastische Ad-hoc-Charakter des Cartesischen Weltsystems jedoch kann nicht darüber hinwegtäuschen, daß Descartes das alte System der Referenz obsolet gemacht hat: Der geordnete Kosmos mit seinen Hierarchien, seinen Dramen von Gut und Böse macht einem neuen, mathematisierten Weltbild Platz. Die Zweifel an Descartes' Religiosität lassen sich an genau diesem Punkt festmachen.

Hinsichtlich der Formen literarischer Maskierung bei Descartes (vor allem bezogen auf die »Meditationes«) sind dabei zwei Aspekte besonders hervorzuheben:

Zum einen beginnt mit Descartes die Geometrisierung des Raumes, und dieser mathematische Aspekt hat seinerseits Auswirkungen auf die Cartesische Physik. An die Stelle der Anisotropisierung des Raumes treten geometrische Punkte mit einer neuen ontologischen Bedeutung; die mathematische Physik Descartes' ist keine irdische Physik mehr. Zum anderen geschieht die ungestörte natürliche Bewegung bei Descartes nicht mehr im Kreis, sondern geradlinig und dauert, sich selbst erhaltend, unendlich im geometrisierten Raume an. Mit dieser Theorie gibt Descartes gleichzeitig die scholastische Unterscheidung des »a quo« – »ad quem« auf; in dieser Terminologie ist der Cartesische Begriff der Trägheit – und damit die Cartesische Physik – nicht mehr erklärbar. Auf die physikalische und moralische Weltordnung übertragen, bedeutet die Unendlichkeit der Bewegung, daß das »Ende« der Welt Cartesisch nicht mehr faßbar ist. Insofern es damit auch *meta*physisch in gewissem Sinne keinen Endpunkt mehr gibt, impliziert die neue Physik eine grundlegende Erschütterung des aristotelisch-scholastischen Weltbildes.[59]

Während »Le Monde« nicht publiziert wird und die »Principia« zwar vorsichtiger[60], aber dafür relativ unmaskiert physikalisch argumentieren, nehmen die »Meditationes« eine Mittelstellung ein. Es ist vor allem diese Schrift, die auf eine metaphysisch fundierte Konstituierung der Res extensa (und damit der Cartesischen Physik) hinausläuft. Aber weder der Beweis einer immateriellen, unausgedehnten, unsterblichen denkenden Sub-

---

59 Die Auffassung, daß sich Descartes vor allem in kosmologischer Hinsicht maskiert, vertritt auch Röd, Innere Genesis, S. 150.
60 Vgl. A. Koyré, Galileo Studies, Hassocks 1978, S. 261:
»Finally, and this is very important, Descartes, older now, had become more cautious: too cautious even, for some people's liking. In the light of what had happened to Galileo, and of incidents that had affected Descartes himself, he felt it necessary to take precautions; which he did, though they were rather clumsy. For while the Copernicanism which had been so openly on display in ›The World‹ had disappeared from the ›Principles‹, or rather had been hidden behind an odd and peculiar theory of motion, on the other hand the infinity of the world was still there, explicitly asserted«.
Zu den Veränderungen der Physik durch Descartes vgl. R. Specht, Innovation und Folgelast. Beispiele aus der neueren Philosophie- und Wissenschaftsgeschichte, Stuttgart-Bad Cannstatt 1972, S. 93–135.

stanz, eines transzendenten Weltschöpfers, noch einer materiellen Welt als letztendlicher Basis unserer Erfahrungen prägen für sich genommen das Bild Descartes' als eines gefährlichen, originellen und großen Denkers.

Es ist eher das, was die »Meditationes« *nicht* sagen, was zu dieser Einschätzung Descartes' und letztlich 1663 zur Indizierung seiner Schriften führt. Es ist die tarnende Form der Darstellung, die darauf hinweist, daß der Text der »Meditationes« eine Ebene des Verborgenen und Impliziten enthält.

Was die »Meditationes« *zeigen* sollen, machen zwei Briefe an Mersenne aus den Jahren 1640 und 1641 explizit:

»[...] Ich will Ihnen unter uns sagen, daß diese sechs Méditations alle Grundlagen meiner Physik enthalten. Man darf es aber bitte nicht sagen; denn diejenigen, die Aristoteles begünstigen, würden dann vielleicht mehr Schwierigkeiten machen, sie zu billigen; und ich hoffe, daß diejenigen, die sie lesen, sich *unmerklich* an meine Prinzipien gewöhnen und ihre Wahrheit einsehen werden, ehe sie bemerken, daß sie die des Aristoteles zerstören« (Brief an Mersenne vom 28. 1. 1641, Hervorhebung C. S.).[61]

und:

»Ich flehe Sie aber an, noch niemandem etwas von dieser Absicht [gemeint ist die Gegenüberstellung scholastischer und Cartesischer Philosophie, C.S.] zu sagen, besonders nicht ehe meine *Metaphysik* [Hervorhebung im Original; gemeint sind die »Meditationes«, C.S.] gedruckt ist. Denn wenn die Regenten es wüßten, würden sie vielleicht ihr Möglichstes tun, um mir andere Beschäftigungen zu verschaffen, während ich hoffe, daß sie nach vollzogener Tatsache ganz zufrieden damit sein werden. Das könnte auch vielleicht die Genehmigung der Sorbonne verhindern, die ich wünsche und die, wie mir scheint, meinen Absichten äußerst nützen kann: denn ich will Ihnen sagen, daß dieses bißchen Metaphysik, das ich Ihnen schicke, *alle Prinzipien meiner Physik enthält*« (Brief an Mersenne vom 11.11.1640, Hervorhebung C. S.).[62]

Publiziert und maskiert erweisen sich die »Meditationes« als eine Art Mausefalle: Auf den ersten Blick harmlos erscheinende Prämissen werden etabliert, die Konklusionen jedoch werden maskiert. So geht Descartes methodisch von »klaren und deutlichen Ideen« aus, um schließlich zu einer Mathematisierung der Natur, zu einer Reduktion der Außenwelt auf Extension und Bewegung zu gelangen. Die Konklusion der scheinbar harmlosen Grundsätze – die Zerstörung der aristotelischen Prinzipien – bleibt dabei implizit.

Für den *Intuitionisten* Descartes ist die Maskierung seiner Physik gleichbedeutend mit einer Inszenierung von Klarheit. Die Prämissen und die von ihnen ausgehende Argumentation werden ja gerade nicht maskiert, sondern im Gegenteil über die Darstellungsform akzentuiert. Den gelehrten Zeitgenossen dürften auch die Konklusionen bewußt gewesen sein, zumal dann, wenn sie sich – über die literarische Form – ernsthaft auf die intuitionistische Methode Descartes' eingelassen haben.

---

61 Briefe, S. 223.
62 A.a.O., S. 209.

Für die rationalistische Philosophie Descartes' gilt angesichts illuminativer Erkenntnistheorie, intuitionistischer Methode und getarnter Physik damit im besonderen, was Schopenhauer im Hinblick auf den Rationalismus allgemein formuliert:

»Inzwischen mag oft genug dem Rationalismus ein *versteckter Illuminismus* zum Grunde liegen, auf welchen dann der Philosoph wie auf einen versteckten Kompaß hinsieht, während er eingeständlich seinen Weg nur nach den Sternen, d.h. den äußerlich und klar vorliegenden Objekten, richtet und nur diese in Rechnung bringt. Dies ist zulässig, weil er nicht unternimmt, die *unmitteilbare* Erkenntnis mitzuteilen, sondern seine Mitteilungen rein objektiv und rationell bleiben« (Hervorhebungen C.S.).[63]

V. Der maskierte Philosoph als hermeneutisches Problem

Schon der junge Descartes bekennt 1618, zur Zeit der Entdeckung seiner »mirabilis scientiae fundamenta«:[64]

»Um zu vermeiden, daß sich Schamröte auf ihrem Gesicht zeigt, tragen Schauspieler eine Maske: Ich werde dasselbe tun. Ich bin dabei, dieses Welttheater zu betreten, in dem ich bis jetzt ein Zuschauer gewesen bin, und ich trete *maskiert* auf [larvatus prodeo]« (Cogitationes Privatae, Hervorhebung C.S.).[65]

Die *literarische* Maske als Umsetzung des lebensweltlichen Mottos Descartes', des von Ovid übernommenen »bene vixit, bene qui latuit«[66], ist dabei zum einen Ausdruck eines Rückzugs von der Welt, der Reduktion auf die eigene Subjektivität und gleichzeitige Zurückweisung eines disputierend-dialogischen und dialektischen Philosophieverständnisses. Zum anderen verbirgt sie gegen die Lehrautorität der Kirche gerichtete Meinungen hinter Formen des Als-ob.[67]

Es ist eine Konvention des Theaters, daß wir in der Lage sind, den Schauspieler hinter der Maske zu erkennen. Ein unmaskierter Descartes dagegen ist ein für uns nicht erkennbares Wesen. Dies gilt um so mehr, als das Leben Descartes' gerade nicht von Offenheit und Stabilität in seinen Beziehungen zur Lebenswelt, sondern von Flucht, Rückzug und

---

63 A. Schopenhauer, Über Philosophie und ihre Methode, in: Sämtliche Werke, ed. W. von Löhneysen, Bd. V, S. 9–28, Stuttgart/Frankfurt ²1968, S. 18 (vgl. dazu den Beitrag von G. Gabriel in diesem Band, S. 15).
64 Olympica [AT, Bd. X, S. 179].
65 Cogitationes Privatae [AT, Bd. X, S. 213]: »Vt [sic] comœdi, moniti ne in fronte appareat pudor, personam induunt: sic ego, hoc mundi theatrum conscensurus, in quo hactenus spectator exstiti, *larvatus prodeo*« (Hervorhebung C.S.).
66 Vgl. Ovid, Tristia III 4, 25. Der Vers lautet: »Crede mihi, bene qui latuit bene vixit [...]« sowie den Brief Descartes' an Mersenne vom April 1634 [AT, Bd. I, S. 286].
67 Zur Maske Descartes' vgl. die insgesamt recht kryptische Interpretation von Nancy, Larvatus pro Deo. An Nancy schließt an: D. Judovitz, Subjectivity and Representation in Descartes. The Origins of Modernity, Cambridge 1988, bes. S. 32–38.

der Notwendigkeit »normaler« Beziehungen zu feindseligen Institutionen geprägt ist – ein authentisches Porträt Descartes' erscheint unmöglich.[68]

Widersprüche und Fragen, die die Cartesische Philosophie aufwirft – wie der Zusammenhang der Schriften Descartes', der Restbestand scholastischen Denkens in den »Meditationes«, der Rekurs auf Gottesbeweise innerhalb vermeintlich selbständigen Denkens –, werden von Descartes nicht aufgelöst. Sie konstituieren vielmehr, modern gesprochen, eine Form der Verweigerung von Identifikation bzw. kohärenter Interpretation. Die Duplizität von Fiktion und Fakten, von Imagination und empirischer Wirklichkeit, von literarischer Form und philosophischem Gehalt bei Descartes nimmt das romantische Prinzip der »negative capability« (Keats) gewissermaßen bereits vorweg: Der Leser Cartesischer Schriften wird dadurch, daß die Widersprüche innerhalb des Cartesischen Œuvre nicht aufgelöst werden, verunsichert und desorientiert. Das Ausbleiben einer eindeutigen Perspektivierung wirft ihn auf sich selbst zurück. Auch auf diese Weise kann eine in systematischer und tarnender Absicht entworfene *monologische* Form literarischer Darstellung zu einer Auseinandersetzung mit dem Text und in der Auseinandersetzung mit diesem zu selbständiger Wissensbildung auf seiten des philosophischen Subjekts beitragen.

Mit Descartes stellt sich uns folgendes hermeneutische Problem: Auf der einen Seite haben wir es mit einem »*erleuchteten*« Philosophen zu tun, dessen Texte einen über diskursive Formen der Erkenntnis hinausgehenden Aspekt von Wissen *indirekt* über visuelle Metaphern zu vermitteln suchen. Dabei wird insbesondere der *Erwerb* intuitiven wie diskursiven Wissens thematisiert. Die exemplarische Form der Darstellung in Autobiographie und Meditation verweist auf die *praktische* Nicht-Propositionalität philosophischen Wissens im Sinne einer selbständigen *Bildung* dieses Wissens und – damit verbunden – des *Beherrschens* einer Methode. Auf der anderen Seite tritt uns Descartes *maskiert* gegenüber:

---

68 Leibniz etwa wundert sich,
»wie leicht die Welt sich täuschen läßt, wenn man nur geschickt mit schönen Worten zu spielen vermag, auch wenn man ihren Sinn verfälscht; denn so wie die Heuchler die Frömmigkeit und die Häretiker die [Heilige] Schrift und die Rebellen das Wort ›Freiheit‹ mißbräuchlich verwenden, so hat Descartes jene großen Worte ›Existenz Gottes‹ und ›Unsterblichkeit der Seele‹ eingesetzt« (G. W. Leibniz, Discours de Métaphysique, in: Die philosophischen Schriften, ed. C. I. Gerhardt, Bd. IV, S. 427–463, Berlin 1880 [repr. Hildesheim/New York 1978], S. 300; Übersetzung C. S.).
Für La Mettrie ist Descartes ein berühmter Philosoph, bei dessen Unterscheidung zwischen Leib und Seele es sich
»um ein Kunststück, um eine stilistische List [handelt], um den Theologen ein Gift einzuflößen, das unter einer dunklen Analogie verborgen ist, die freilich jedermann auffällt, nur ihnen nicht« (J. O. de La Mettrie, L'homme machine – Der Mensch eine Maschine, Leipzig 1984, S. 125).
Für d'Alembert schließlich ist er der
»seltene Mann, dessen Beurteilung in weniger als einem Jahrhundert solchen Schwankungen unterworfen war« und der »über sämtliche zur Umgestaltung der Philosophie notwendigen Eigenschaften [verfügte]: starke Vorstellungskraft, einen logisch folgernden Geist, mehr selbsterworbene als angelesene Kenntnisse, viel Mut zur Bekämpfung der weitestverbreiteten Vorurteile und nicht die geringste Abhängigkeit, die ihn zur Schonung dieser vorgefaßten Meinungen hätte zwingen können« (J. le Rond d'Alembert, Discours Préliminaire de l'Encyclopédie – Einleitung zur Enzyklopädie [1751], ed. E. Köhler, Hamburg ²1975, S. 143).

Erleuchtung und Tarnung 119

Diese pragmatische Komponente seiner Werke, die Descartes als Taktiker und Strategen ausweist, läßt sich vor allem an der Opazität und Inkonsistenz seines Œuvre festmachen.

Der Schatten der literarischen Maskierung fällt hermeneutisch auch auf den »erleuchteten« Descartes zurück und konfrontiert uns mit dem Problem der Kriterienfindung für eine authentische Descartes-Interpretation. Eine Möglichkeit, diesem hermeneutischen Dilemma zu entkommen, scheint der Rekurs über den jeweiligen Text in seiner Gesamtheit hinaus auf die literarische Form der Darstellung und damit auch auf das zu sein, was gerade *nicht* dadurch zum Ausdruck gebracht wird, daß es verschriftlicht wird.

Dies ist die zugrundeliegende Intention etwa der Descartes-Rezeption Paul Valérys.[69] »Was mich betrifft«, bemerkt Valéry in bezug auf die »Unbestimmtheit« philosophischer Texte,

> »so denke ich nicht, daß wir das Leben eines Menschen wirklich beschreiben können, ihn in seinen Ideen und Handlungen einsperren dürfen, ihn auf das, was er zu sein scheint reduzieren und sozusagen in seinen Schriften einschließen dürfen. Wir sind viel mehr (und manchmal auch viel weniger) als wir getan haben. Wir wissen aus unserer eigenen Erfahrung, daß uns unsere Identität und unsere Einheit gewissermaßen extern und fast fremd sind, daß sie weitaus mehr in dem bestehen, was wir *indirekt* über uns wissen als in unserem unmittelbaren Bewußtsein. Ein Mensch, der sich noch nie selbst im Spiegel betrachtet hat, wird auf den ersten Blick nichts finden, das ihm mitteilt, daß sich das unbekannte Gesicht, das er dort sieht, durch die mysteriöseste Verbindung der Welt auf das, was er auf seiner Seite des Glases fühlt und denkt, bezieht« (Œuvres, Bd. I, S. 795; Hervorhebung C. S.).[70]

Gerade im Hinblick auf Descartes liegt es nahe, mit Valéry zwischen zwei entgegengesetzten Weisen des Umgangs mit philosophischen Texten zu unterscheiden: Zum einen wird unterstellt, daß ein philosophisches System aus einem Netz von Propositionen besteht, die ihrerseits untereinander in einem deduktiven Begründungszusammenhang stehen. Die Arbeit des Historikers bzw. des historisch interpretierenden Philosophen besteht dementsprechend in der Aufdeckung und eventuellen Verbesserung dieser propositionalen Struktur. Annahmen über den Status der jeweiligen Verknüpfungen werden dabei nicht gemacht; dieser wird im Text durch den propositionalen Gehalt deklarativer Sätze repräsentiert. Zum anderen wird das Problem philosophischer Kommunikation selbst in den Vordergrund gestellt. An die Stelle von Annahmen über das Vorhandensein eines Systems treten nun solche über das philosophische Subjekt. Dieses, so wird unterstellt, sieht die Welt in einer bestimmten Weise, und diese Weltsicht, oder zumindest Teile davon, gilt es zu vermitteln, wobei sich der Philosoph des Risikos bewußt sein muß, verstanden oder aber mißverstanden zu werden.

---

69 Zum folgenden vgl. C. Wilson/C. Schildknecht, The Cogito Meant ›No More Philosophy‹: Valéry's Descartes, History of European Ideas 9 (1988), S. 47–62, bes. S. 58ff.
70 P. Valéry, Œuvres, Bd. I, ed. J. Hytier, Paris 1957, S. 795:
»Quant à moi, je ne pense pas que l'on puisse véritablement circonscrire une existence, l' enfermer dans ses idées et dans ses actes, la réduire à ce qu'elle parut, et comme l' assiéger dans ses ouvrages. Nous sommes beaucoup plus (et parfois beaucoup moins) que ce que nous avons fait. Nous savons bien par nous-mêmes, que notre identité et notre unité nous sont comme extérieures et presque étrangères, qu'elles résident beaucoup plus dans ce que nous connaissons *indirectement* de nous que par notre conscience immédiate. Un homme qui ne se serait jamais vu dans un miroir, rien ne lui apprendrait au premier regard que ce visage inconnu qu'il y verrait se rapporte, par la relation la plus mystérieuse du monde, à ce qu'il se sent et qu'il se dit de son côté« (Hervorhebung C. S.).

Der Philosoph des 17. und 18. Jahrhunderts mag sich dabei selbst nicht im klaren darüber sein, ob seine Sicht der Dinge wirklich häretische Züge trägt oder nicht, und ob eine in seinem Sinne »korrekte« Interpretation seiner Schriften gefährlicher für ihn ist als eine »Fehl«-interpretation. Was letztendlich in verschriftlichter Form ausgedrückt wird, enthält nicht nur diejenigen Sätze, denen der Philosoph seine ungeteilte Zustimmung geben würde, sondern auch das, was ihm nach wie vor zweifelhaft erscheint, was er quia absurdum annimmt sowie einiges, was er selbst nicht glaubt, es aber aus taktischen Gründen zu behaupten für ratsam hält. Es erscheint sinnlos, diese Sätze in der Form eines logisch-deduktiven Netzes anordnen zu wollen. Die Aufgabe des historisch Interpretierenden besteht vielmehr darin, so viel wie möglich von der »authentischen« Weltsicht des Philosophen zu rekonstruieren und den Text in seiner Gesamtheit zu erklären. Das Heranziehen externer Kriterien, das Aufspüren des Impliziten und Indirekten erfordert ein Ohr des *Philosophen* für das Non-sequitur, gleichzeitig jedoch auch den Sinn für Realität, das Gespür für Zeitumstände und das Einfühlungsvermögen des *Historikers*. Beide Fähigkeiten laufen in der Berücksichtigung der literarischen Form zusammen und führen zu einem Descartes-Bild, das mehr enthält als Cogito, Leib-Seele-Dualismus und neue Physik.

BERND GRÄFRATH (Konstanz)

Vernünftige Gelassenheit

Zur Bedeutung der Dialogform im Werk David Humes

> WOMAN:
> The theater is for entertainment. There's an old saying, if you want to send a message, call Western Union.
> WESTERN UNION DELIVERY BOY
> (*Enters on a bicycle*):
> I have a telegram for the audience. It's the author's message.
> (W. Allen, »God (A Play)«)

David Hume war ein »man of letters«. Schon während seiner Studienzeit widmete er sich gleichermaßen philosophischen und literarischen Werken.[1] Als »prose writer«[2] benutzte er in seinem eigenen Werk auch eine Vielzahl literarischer Formen, von dem schwerfälligen »Treatise of Human Nature« über seine berühmte »History of England« und Essays im Stile Addisons bis zu der satirischen »Bellmen's Petition«.[3] Der vorliegende Aufsatz soll sich der Untersuchung von Humes Verwendung der literarischen Form des Dialogs widmen, die Hume dreimal in seinem Werk benutzte, nämlich im elften Abschnitt des »Enquiry concerning Human Understanding«, in »A Dialogue« im Anhang des »Enquiry concerning the Principles of Morals« und in seinem Meisterwerk, den »Dialogues Concerning Natural Religion«.[4] Im folgenden soll dabei insbesondere die Relevanz dieser literarischen Form für ein adäquates Verständnis der vermittelten Erkenntnisse erörtert werden. Gerade im Falle der »Dialogues« wird allzu oft die Bedeutsamkeit der gewählten literarischen

---

[1] Vgl. Humes Brief an Michael Ramsay vom 4. Juli 1727, in: The Letters of David Hume, ed. J. Y. T. Greig, Bde. I-II, Oxford 1932 (repr. 1969) [im folgenden zitiert als »Letters«], Bd. I, S. 10; vgl. auch Humes Entwurf eines Briefes an George Cheyne vom März oder April 1734, in: Letters, Bd. I, S. 13.

[2] Vgl. E. C. Mossner, The Life of David Hume, Oxford 1954, ²1980 [im folgenden zitiert als »Life«], S. 378.

[3] Vgl. Life, S. 235 ff.; vgl. auch Humes Brief an Gilbert Elliot of Minto vom 18. Februar 1751, in: Letters, Bd. I, S. 153: »I have frequently had it in my Intentions to write a Supplement to *Gulliver*, containing the Ridicule of Priests.«

[4] David Hume, Enquiries concerning Human Understanding and concerning the Principles of Morals, ed. L. A. Selby-Bigge/P. H. Nidditch, Oxford 1975 [im folgenden zitiert als »EHU« und »EPM«]; David Hume, Dialogues Concerning Natural Religion, ed. N. Kemp Smith, Indianapolis o. J., 1935, ²1947 [im folgenden zitiert als »Dialogues«].

Form unterschätzt, indem ihre Verwendung als bloße Vorsichtsmaßnahme gegen die öffentliche Anklage des Skeptizismus aufgefaßt wird. So heißt es etwa bei E.C. Mossner:

> »Even in the relatively tolerant intellectual society of eighteenth-century Britain, prudence demanded that any attack on religion, natural or revealed, especially natural *and* revealed, as in the present case, had to be written by indirection, that is, ironically; and the philosophical dialogue provided an eminently suitable vehicle as well as a sound classical precedent.«[5]
>
> »If this rendering of the riddle of the *Dialogues* is in any sense a solution, it may serve to draw attention to one side of Hume's character that too frequently passes unheeded – his timidity.«[6]

Demgegenüber ist aber mit Nelson Goodman darauf hinzuweisen, daß schon die Wahl eines bestimmten Stils nicht nur als arbiträre Formgebung eines separaten Inhalts verstanden werden kann, der ebensogut auch auf andere Weise hätte vermittelt werden können: »[A] feature of style may be a feature of what is said, of what is exemplified, or of what is expressed.«[7] Dieser Gesichtspunkt ist insbesondere bei der Interpretation von Humes »Dialogues« zu beachten, auf deren gelungene Darstellung er besonderen Wert legte.[8]

Hume arbeitete die Dialogform von einer einfachen Präsentationsart zu einer bewußt eingesetzten literarischen Gattung aus, die dem Leser eine Erfahrung vermittelt, die nicht als einfache Botschaft mitgeteilt werden kann.[9] Zum besseren Verständnis von Humes Exploration der darstellerischen Möglichkeiten der Dialogform soll hier aber noch eine kurze Diskussion einiger Essays Humes[10] vorgeschaltet werden, in denen er einige für die weitere Diskussion relevante Stilmittel benutzt. Für unseren Zusammenhang sind dabei insbesondere die politischen Essays »Of the Original Contract«[11], »Of Passive Obedience«[12] und »Of the Protestant Succession«[13], sowie die aneinandergereihten Darstellungen verschiedener philosophischer Einstellungen in »The Epicurean«, »The Stoic«, »The Platonist« und »The Sceptic«[14] von Bedeutung.

Das Essay »Of the Protestant Succession« sollte ursprünglich zusammen mit den beiden Essays »Of the Original Contract« und »Of Passive Obedience« 1748 in den »Essays: Moral and Political« erscheinen, wurde dann aber erst 1752 in den »Political Discourses« veröffentlicht.[15] Hume sagt selbst über diese drei Essays:

---

5 E.C. Mossner, Hume and the Legacy of the *Dialogues*, in: G.P. Morice (ed.), David Hume. Bicentenary Papers, Edinburgh 1977, S. 1.
6 E.C. Mossner, The Enigma of Hume, Mind 45 (1936), S. 346.
7 N. Goodman, Ways of Worldmaking, Hassocks 1978, S. 32.
8 Vgl. Humes Urteil über die Dialogues in seinem Brief an Adam Smith vom 15. August 1776, in: Letters, Bd. II, S. 334: »On revising them (which I have not done these 15 Years) I find that nothing can be more cautiously and more artfully written.«
9 Zu diesem Begriff der Erfahrung, der emotive und kognitive Elemente einschließt, vgl. G. Gabriels Konzept der Vermittlung von Einstellungen in: Über Bedeutung in der Literatur. Zur Möglichkeit ästhetischer Erkenntnis, Allgemeine Zeitschrift für Philosophie 8 (1983), Heft 2, S. 13.
10 David Hume, Essays Moral, Political, and Literary, ed. E. F. Miller, Indianapolis 1985 [im folgenden zitiert als »Essays«].
11 Essays, S. 465–487.
12 Essays, S. 488–492.
13 Essays, S. 502–511.
14 Essays, S. 138–190.
15 Vgl. Essays, S. XIII und S. 502n.

>One is against the original Contract, the System of the Whigs, another against passive Obedience, the System of the Tories: A third upon the Protestant Succession, where I suppose a Man to deliberate, before the Establishment of that Succession, which Family he shou'd adhere to, & to weigh the Advantages & Disadvantages of each. I hope I have examin'd this Question as coolly & impartially as if I were remov'd a thousand Years from the present Period.«[16]

Hume kritisiert dabei in »Of the Original Contract« die Theorie der *Whigs*, wonach die Legitimität jeder Regierung auf einem ursprünglichen Gesellschaftsvertrag aller Bürger beruht. Er zeigt, daß diese Theorie nicht haltbar ist, genau wie er in »Of Passive Obedience« die Doktrin der *Tories* kritisiert, wonach ein Recht der Bürger auf Widerstand gegen die Regierung, wie tyrannisch sie auch immer sei, niemals besteht. Durch die Zusammenstellung der beiden Essays ergibt sich aber auch eine über die Argumentation hinausreichende Wirkung, die Hume auch selbst kommentiert. Er bezeichnet es als sein Ziel

>to encourage moderate opinions, to find the proper medium in all disputes, to persuade each that the antagonist may possibly be sometimes in the right, and to keep a balance in the praise and blame, which we bestow on either side. The two former Essays, concerning the *original contract* and *passive obedience* are calculated for this purpose with regard to the *philosophical* and *practical* controversies between the parties, and tend to show that neither side are in those respects so fully supported by reason as they endeavour to flatter themselves.«[17]

Dieselbe Struktur der Gegenüberstellung zweier Ansichten, für (bzw. gegen) die (seitens Hume) die bestmöglichen Argumente vorgebracht werden und die dann abschließend bewertet werden, finden wir auch in Humes Essay »Of the Protestant Succession«. Er betrachtet dabei die Frage, ob die Stuarts oder das Haus Hannover Unterstützung verdienen, und zwar zunächst von dem Standpunkt eines Parlamentsmitglieds um 1700 aus beurteilt. Nach einer sorgfältigen Untersuchung kommt Hume zu dem Schluß, daß die Wahl zwischen den *Tories* (die die Stuarts unterstützten) und den *Whigs* (die das Haus Hannover unterstützten)[18] um 1700 schwierig zu treffen war.[19] Anschließend sagt er aber, daß, nachdem das Haus Hannover etabliert wurde und eine gute Regierung gebildet hatte, nun dessen Herrschaft anerkannt werden sollte (u. a. auch, um einen Bürgerkrieg zu verhindern).[20] Humes angestrebte kritische (aber unparteiliche!) Betrachtungsweise scheint hier sogar auf Zustimmung gestoßen zu sein. Er schreibt in einem Brief:

>About a fortnight before, I had published a Discourse of the Protestant Succession, wherein I had very liberally abused both Whigs and Tories; yet I enjoyed the favour of both parties.«[21]

Wenn wir nun zu der Besprechung der 1742 gemeinsam in den »Essays: Moral and Political« erschienenen Essays »The Epicurean«, »The Stoic«, »The Platonist« und »The

---

16 Brief Humes an Charles Erskine, Lord Tinwald, vom 13. Februar 1748, in: Letters, Bd. I, S. 112.
17 David Hume, Of the Coalition of Parties, in: Essays, S. 494; vgl. Humes Kritik der »parties from *principle*« in: Of Parties in General, in: Essays, S. 60.
18 Vgl. David Hume, Of the Parties of Great Britain, in: Essays, S. 71.
19 Essays, S. 510f.
20 Ebd., S. 511.
21 Brief Humes an John Clephane vom 4. Februar 1752, in: Letters, Bd. I, S. 167.

Sceptic« übergehen, sehen wir, daß hier Humes eigene Meinung zu den angesprochenen Themen schon nicht mehr offensichtlich abzulesen ist. Hume sagt zwar selbst in einer Fußnote zu »The Epicurean«:

> »The intention of this and the three following essays is not so much to explain accurately the sentiments of the ancient sects of philosophy, as to deliver the sentiments of sects, that naturally form themselves in the world, and entertain different ideas of human life and of happiness. I have given each of them the name of the philosophical sect, to which it bears the greatest affinity;«[22]

und in der Ankündigung der »Essays« heißt es:

> »'Tis proper to inform the READER, that, in those ESSAYS, intitled, the Epicurean, Stoic, &c., a certain Character is personated; and therefore no Offence ought to be taken at any Sentiments contain'd in them.«[23]

Aber Humes Interpreten wollen natürlich nicht an diesem Punkt stehen bleiben: Man will wissen, warum Hume denn gerade diese Essays geschrieben hat; und außerdem möchte man üblicherweise noch wissen, mit welcher der vier Positionen sich Hume selbst identifiziert. Je weiter wir uns aber literarisch komplexeren Formen zuwenden, desto unangebrachter wird die letztere Frage.[24] Zu beantworten wäre aber nach wie vor die Frage nach der Bedeutung der genannten vier Essays; und hier bildet dann auch die Frage nach Humes eigener Stellung zu den vorgestellten Positionen tatsächlich den richtigen Interpretationsansatz.

Die Identifikation Humes mit den in »The Sceptic« vertretenen Thesen wird üblicherweise als selbstverständlich angenommen: Mossner findet darin die direkte Anwendung der Grundthesen des »Treatise« und kommentiert die anderen Positionen überhaupt nicht[25]; Peter Jones zitiert Ausführungen daraus, als sei der Sprecher des Essays notwendigerweise identisch mit Hume.[26] Unsere Bedenken finden aber schon dadurch Bestätigung, daß einer von Humes frühen Biographen, nämlich J.H. Burton, Hume nicht mit dem Skeptiker, sondern mit dem Stoiker identifiziert:

> »The reader expects to find an attempt to draw his own picture in »The Sceptic;« but it is not to befound [sic] there. The sceptic of the essays is not a man analyzing the principles of knowledge, to find wherein they consist, but one who is dissatisfied with rules of morality, and who, examining the current codes one after another, tosses them aside as unsatisfactory. It is into »The Stoic« that the writer has thrown most of his heart and sympathy; and it is in that sketch that, though probably without intention, some of the features of his own character are portrayed.«[27]

---

22 Essays, S. 138.
23 Siehe T.H. Grose, History of the Editions, in: David Hume, The Philosophical Works, Bde. I-IV, ed. T.H. Hill/T.H. Grose, London 1882–1886 (repr. Aalen 1964), Bd. III, S. 45f.
24 Vgl. hierzu G. Müller, David Humes Typologie der Philosophen und der Lebensformen, Frankfurt/Bern/Cirencester 1980, S. 15, wo die Gruppe der vier angesprochenen Essays als »Einübung in die literarische Gattung des Dialogs« interpretiert wird.
25 Siehe Life, S. 142f.
26 Siehe P. Jones, Another Look at Hume's View of Aesthetic and Moral Judgments, Philosophical Quarterly 20 (1970), S. 53–59.
27 J.H. Burton, Life and Correspondence of David Hume, Bde. I-II, Edinburgh 1846 (repr. Aalen 1969), Bd. I, S. 142f.

Wenn wir nun aber die Thesen der vorgestellten Philosophen genauer betrachten, sehen wir, daß alle vier bestimmte Ansichten vertreten, die auch in Humes »Treatise« und »Enquiries« verteidigt werden. Dies gilt sogar für die Position des Platonisten, der wohl am weitesten von Humes Position entfernt ist, wenn Hume ihn sagen läßt:

> »Can we be so stupid as not to feel the warmest raptures of worship and adoration, upon the contemplation of that intelligent being, so infinitely good and wise?«[28]

Wir wollen daher einige Punkte der verschiedenen Darstellungen untersuchen, um durch ein genaueres Verständnis der literarischen Techniken zu einer besseren Gesamteinschätzung zu kommen.

Insbesondere bei den Ausführungen des Epikureers und des Platonisten sind stark satirische Züge feststellbar, die einige vernünftige Ansätze zu lächerlichen Auswüchsen übersteigern. Dies wird offensichtlich an der für Hume ganz untypischen, euphorischen Sprache, wenn es etwa in »The Epicurean« heißt:

> »O! for ever let me spread my limbs on this bed of roses, and thus, thus feel the delicious moments, with soft and downy steps, glide along.«[29]

Allerdings läßt Hume auch den Epikureer die Notwendigkeit der Anwesenheit der Tugend (neben der des Vergnügens) fordern.[30] Der Stoiker betont dagegen eher die Unbeständigkeit sinnlicher Vergnügungen[31] und bezeichnet die Tugend sogar als »its own reward.«[32] Auch der Platonist betont die Notwendigkeit des Bestehenkönnens vor dem eigenen Gewissen, ergänzt dies allerdings mit dem Hinweis auf die notwendige Zustimmung durch ein höchstes Wesen.[33] Selbst der Skeptiker, der einerseits sieht, daß das tugendhafte Leben nicht immer das vergnüglichste ist[34], sagt andererseits aber auch: »[T]he happiest disposition of the mind is the *virtuous*. [...] [V]irtue [is] undoubtedly the best choice.«[35] Der Skeptiker vertritt also keinen moralischen Relativismus, sondern bezieht seine Bedenken eher auf die Frage, ob ein solcher Relativist bekehrt werden kann.[36] Die Zurückhaltung des »Skeptikers« beruht dabei auf Überlegungen, die auch ausdrücklich von Hume in seinem übrigen Werk vertreten werden. Es handelt sich dabei um die These

---

28 Essays, S. 158. Vgl. dagegen z.B. D. Hume, Of Superstition and Enthusiasm, in: Essays, S. 73–79.
29 Essays, S. 141; vgl. J.V. Price, The Ironic Hume, Austin 1965, S. 22ff.
30 Essays, S. 142.
31 Ebd., S. 150.
32 Ebd., S. 154.
33 Bd., S. 157.
34 Ebd., S. 178.
35 Ebd. S. 168 u. S. 178.
36 Vgl. ebd., S. 169f.:
»On the other hand, where one is born of so perverse a frame of mind, or so callous and insensible a disposition, as to have no relish for virtue and humanity, no sympathy with his fellow-creatures, no desire of esteem and applause; such a one must be entirely incurable, nor is there any remedy in philosophy. [...] For my part, I know not how I should address myself to such a one, or by what arguments I should endeavour to reform him. [...] I must repeat it; my philosophy affords no remedy in such a case, nor could I do any thing but lament this person's unhappy condition.«

des metaethischen Nicht-Deskriptivismus, nach der (sowohl ästhetische als auch moralische) Werturteile nicht im strengen Sinne wahr oder falsch sein können, da sie keine Tatsachenbehauptungen aufstellen. So heißt es in »The Sceptic« exemplarisch:

> »EUCLID has fully explained every quality of the circle, but has not, in any proposition, said a word of its beauty. The reason is evident. Beauty is not a quality of the circle. It lies not in any part of the line *whose* parts are all equally distant form a common center. It is only the effect, which that figure produces upon a mind, whose particular fabric or structure renders it susceptible of such sentiments. In vain would you look for it in the circle, or seek it, either by your sense, or by mathematical reasonings, in all the properties of that figure.«[37]

Diese Textstelle, die Hume fast wörtlich auch in seinem zweiten »Enquiry« verwendet[38], darf nun aber nicht so ausgelegt werden, daß Hume keine rationale Argumentation über die Gültigkeit von Werturteilen für möglich hielte.[39] Hier ist zwar nicht der Ort, um dieser Thematik die ausführliche Würdigung zu geben, derer sie bedarf. Für unseren Zusammenhang genügt es aber zunächst einmal festzustellen, daß der Skeptiker, wie er in Humes Essay dargestellt wird, an Humes Variante einer kognitivistischen Theorie erinnernde Ansichten zumindest ansatzweise vertritt, was ja nicht gerade zu erwarten ist, wenn ein »typischen Skeptiker« angesagt ist. So heißt es bei ihm:

> »[N]ature is more uniform in the sentiments of the mind than in most feelings of the body, and produces a nearer resemblance in the inward than in the outward part of human kind. There is something approaching to principles in mental taste; and critics can reason and dispute more plausibly than cooks and perfumers.«[40]

Die plausibelste Erklärung für diese unerwartete Haltung des angeblichen Skeptikers scheint mir nun in der Tat zu sein, daß Hume Sympathien für diese Position empfindet und dem Begriff des Skeptikers die abschreckende Konnotation nehmen will, die er zu seiner Zeit im allgemeinen hatte. In dem wichtigsten Punkt, nämlich der Betonung der Bedeutung eines tugendhaften Lebens, stimmt er mit den anderen Philosophen überein; und seine Kritik an den Thesen der Philosophen[41] (zu denen er sich nicht unbedingt zählen will[42]) dient in erster Linie der Verbreitung moderater Überzeugungen. So ist es auch verständlich, daß er teilweise auch mit dem moderaten Stoiker übereinstimmt. Hume kann aber weder mit der Position des einen noch mit der des anderen voll identifiziert werden. So verrät z. B. das Schlußwort[43] des Skeptikers teilweise eine für Hume uncharakteristische pessimistische Einstellung, und in einer Fußnote heißt es sogar, daß der Skeptiker seinen Ansatz zu weit treibt.[44] So können wir Humes unverbundene und fast unkommentierte Aneinanderreihung typischer philosophischer Einstellungen vielleicht am besten verstehen als einen Versuch des Ausgleichs, wie er ihn auch bei den politischen Positionen

---

37 Ebd., S. 165.
38 Siehe EPM, S. 291 f.
39 Vgl. z. B. EPM, S. 272 ff. und S. 285 ff., sowie: Of the Standard of Taste, in: Essays, S. 226–249.
40 Essays, S. 163.
41 Vgl. ebd., S. 173 ff.
42 Vgl. ebd., S. 161.
43 Ebd., S. 180.
44 Ebd., S. 177n.

anstrebte, insoweit die Streitigkeiten nur auf metaphysischen Prinzipien beruhten, die die naheliegenden, gemeinsamen Interessen überschatteten. Die Einstellung des »Skeptikers«, so wie Hume ihn darstellt, kann dabei vom Leser als eine einsichtige Position versuchsweise eingenommen werden, und er kann erkennen, daß die Skepsis bezüglich metaphysischer Konzepte nicht notwendigerweise auch einen moralischen Skeptizismus zur Folge hat.[45] Der Skeptiker nimmt aber unter den anderen Philosophen (so er denn einer ist) immer noch insofern eine Sonderrolle ein, als er selber noch einmal auf die Rolle der verschiedenen Philosophentypen in der Gesellschaft reflektiert und deren Auswüchse einer Kritik unterzieht.

Für diese Absicht der ironischen Gegenüberstellung verschiedener philosophischer Positionen eignet sich nun aber insbesondere die Dialogform; und bei der Besprechung von Humes »Dialogues Concerning Natural Religion« werden wir sehen, daß dabei gerade dieser Aspekt für Hume eine zentrale Rolle spielt. Die Dialogform wird von Hume aber noch in zwei weiteren Werken benutzt, und dort hat die Wahl dieser literarischen Form eine jeweils andere Rechtfertigung. Diese beiden Beispiele wollen wir jetzt noch behandeln, um dann zur Besprechung der komplexeren Form der »Dialogues« überzugehen.

Im Anhang des 1751 veröffentlichten »Enquiry concerning the Principles of Morals« findet sich »A Dialogue«.[46] Darin gibt der Ich-Erzähler ein Gespräch wieder, das er mit seinem Freund Palamedes geführt hat. Dieser hatte ihm die Sitten eines Landes namens »Fourli« beschrieben, dessen Volk er als sehr zivilisiert und intelligent bezeichnet. Der Bericht des Palamedes erwähnt die dort üblichen Praktiken der Homosexualität, der Geschwisterehe, des Umbringens naher Verwandter und des Selbstmordes. Palamedes behauptet nun, daß sein Freund aus Fourli, der all dieses praktiziert habe, dort als tugendhafter Mensch verehrt werde. Als daraufhin der Erzähler Palamedes' Urteil über dieses Volk als ein zivilisiertes verwirft, macht Palamedes die Pointe seiner Geschichte deutlich: Alle Einzelheiten seiner Geschichte treffen auf die verehrten Griechen der Antike, insbesondere die Athener, zu; und Palamedes meint, es sei ein Widerspruch, daß die Griechen in der Neuzeit verehrt würden, wenn doch all ihre Sitten, wenn man sie heute anträfe, als unmoralisch verdammt würden.

Der Ich-Erzähler entgegnet nun aber, daß Palamedes die Unterschiede nicht übertreiben dürfe:

> »Your representation of things is fallacious. You have no indulgence for the manners and customs of different ages. Would you try a Greek or Roman by the common law of England? Hear him defend himself by his own premises; and then pronounce.«[47]

Zur Stützung seiner These, daß die Sitten eines bestimmten Volkes nicht nach den Anstandsvorschriften eines anderen Volkes beurteilt werden dürfen, gibt der Erzähler dem Palamedes dann die Beschreibung eines Volkes, das jene Athener als barbarisch ablehnen würden, weil dort Ehebruch und Duellieren übliche Praktiken sind. Palamedes erkennt in

---

45 Vgl. dazu den programmatischen Titel des Buches von D.F. Norton, David Hume. Common-Sense Moralist, Sceptical Metaphysician, Princeton 1982.
46 EPM, S. 324–343.
47 Ebd., S. 330.

dieser Beschreibung direkt die Franzosen der Neuzeit, läßt diese Beschreibung aber nicht als Gegenargument gelten. Vielmehr läßt er nun seine wahre Absicht erkennen: Er wollte mit seiner Fourli-Geschichte nur einen Beleg für den moralischen Relativismus liefern und sieht sich durch den Hinweis auf das zu erwartende Urteil der Athener über die Franzosen nur weiter bestätigt:

> »I give you thanks for helping me out with my arguments. I had no intention of exalting the moderns at the expence of the ancients. I only meant to represent the uncertainty of all these judgments concerning characters; and to convince you, that the fashion, vogue, custom, and law, were the chief foundation of all moral determinations. [...] How shall we pretend to fix a standard for judgments of this nature?«[48]

Der Ich-Erzähler widerlegt aber nun ausführlich Palamedes' angeblichen Beweis des moralischen Relativismus, indem er zeigt, daß die Verschiedenheit partikularer Sitten sehr wohl mit der Annahme universaler moralischer Prinzipien[49] vereinbar ist; und dies nicht aus dem Grund, daß eines der beiden Völker sich nicht an die wahre Moral hält, sondern weil beide sich sogar faktisch an dieselben obersten Prinzipien halten. Seine These, daß die beobachteten unterschiedlichen Sitten sich ganz auf verschiedene äußere Umstände zurückführen lassen, macht der Erzähler durch ein prägnantes Beispiel klar:

> »The Rhine flows north, the Rhone flows south; yet both spring from the *same* mountain, and also are actuated, in their opposite directions, by the *same* principle of gravity. The different inclinations of the ground, on which they run, cause all the differences of the course.«[50]

Der Ich-Erzähler zeigt dann, daß alle Völker letzten Endes nur diejenigen Charakterzüge als tugendhaft auszeichnen, die entweder für deren Besitzer oder die Gemeinschaft nützlich sind oder aber allgemein Wohlgefallen erregen. Nur die Gewichtung der aufgeführten Aspekte kann bei verschiedenen Völkern verschieden sein. Die zentralen Tugenden sind aber überall dieselben: »[I]ntegrity, humanity, ability, knowledge«.[51]

Palamedes bleibt nur das letzte Gegenargument, daß es aber außergewöhnliche Fälle von Menschen gebe, die sich sehr weit von den üblichen Moralvorstellungen entfernt hätten: Diogenes und Pascal verträten ja wohl kaum dieselben moralischen Grundsätze! Der Ich-Erzähler hält aber an der Idee universaler moralischer Maßstäbe fest und führt diese Ausnahmefälle auf den schlechten Einfluß von religiösem Aberglauben und philosophischer Schwärmerei zurück.[52]

Wenn wir nun Inhalt und Form dieses Dialogs in Beziehung zueinander setzen, sehen wir, daß die Gewichte in diesem Gespräch eindeutig verteilt sind: Jedem Leser ist klar, daß der Nichtrelativist als Sieger aus dem Streitgespräch hervorgeht. Alle relativistischen Argumente sind von ihm als nicht stichhaltig nachgewiesen worden. Außerdem ist aus den vorhergehenden Schlußfolgerungen des zweiten »Enquiry« klar, daß Hume ein Gegner des moralischen Skeptizismus ist. Es stellt sich daher die Frage, warum er für die

---

48 Ebd., S. 333.
49 Vgl. ebd., S. 334.
50 Ebd., S. 333.
51 Ebd., S. 341.
52 Vgl. ebd., S. 343.

Widerlegung des Relativismus statt der Dialogform nicht wie im Rest des zweiten »Enquiry« die Darstellungsart des Aufstellens einer These mit anschließender Diskussion der Argumente pro und contra gewählt hat. Verschleierung war offensichtlich nicht nötig, denn die generelle Tendenz von Humes Argumentation liegt ganz auf der Linie der vorherrschenden Lehrmeinungen seiner Zeit. Ein naheliegendes Motiv könnte es aber sein, durch die Dialogform die besprochene Thematik für das allgemeine Leserpublikum verständlicher zu machen. So heißt es etwa im Untertitel von Arthur Dents »The Plaine Mans Path-way to Heaven«: »Set forth Dialogue wise, for the better understanding of the simple.«[53] Zwar scheint es immer noch zu Mißverständnissen gekommen zu sein[54]; aber Humes Absicht war eindeutig:

> »I have surely endeavoured to refute the Sceptic with all my force of which I am master; and my refutation must be allowed sincere, because drawn form the capital principles of my system.«[55]

Obwohl sich Hume in »A Dialogue« also eindeutig mit der Position des Ich-Erzählers identifiziert, scheint es mir auch hier noch einen guten Grund zu geben, für die Darstellung des zu besprechenden Inhalts gerade die Dialogform zu wählen: So verdeutlicht der Fortgang des Gesprächs zwischen dem Skeptiker und dem Nichtrelativisten noch einmal zusätzlich, wie die Tatsache der von Palamedes betonten Verschiedenheit der Sitten durchaus vereinbar ist mit der Annahme gemeinsamer oberster moralischer Prinzipien: Palamedes und der Erzähler einigen sich letztlich über die richtige Beschreibung partikularer Sitten *und* deren adäquate Interpretation. Diese Vereinbarkeit wird dabei gerade deshalb besonders deutlich, weil anfangs der Relativismus offensichtlich recht zu haben scheint. Bezeichnend ist hier die in einem Brief mitgeteilte Reaktion von Gilbert Elliot:

> »In the first part of this work, you have given full scope to the native bent of your genius.
> [...]
> [T]he poor reader is left in the most disconsolate state of doubt and uncertainty. When I had got thus far, what do you think were my sentiments? I will not be so candid as to tell you; but how agreeable was my surprise, when I found you had led me into the maze, with no other view, than to point out to me more clearly the direct road.«[56]

Während die von Hume vertretene Intention aber in »A Dialogue« offensichtlich ist, muß bei der Interpretation von Humes Dialog »Of a Particular Providence and a Future State« schon ein bestimmtes Maß an Ironie beachtet werden. Der unter diesem Titel bekannte Dialog im elften Teil des »Enquiry concerning Human Understanding« hieß 1748 in der ersten Auflage dieses Werkes (das seinerseits zunächst unter dem Titel »Philosophical Essays concerning Human Understanding« erschien) als »Essay XI« noch »Of the Practical Consequences of Natural Religion«.[57] Der nicht näher bezeichnete Ich-Erzähler berichtet

---

53 London 1601 (repr. Amsterdam/Norwood N.J. 1974), Titelblatt.
54 Vgl. Humes Brief vom 15. März 1753 an den Autor des anonym erschienenen »The Delineation of the Nature and Obligation of Morality«, in dem er auf dessen Vorwurf antwortet, Hume vertrete selber *auch* die Ansichten des Skeptikers; siehe Letters, Bd. I, S. 173.
55 Ebd.
56 Brief von Gilbert Eliot of Minto an Hume vom Februar 1751; in: Burton, Life and Correspondence, Bd. I, S. 323.
57 Vgl. David Hume, Philosophical Essays Concerning Human Understanding, London 1748 (repr. Hildesheim/Zürich/New York 1986), S. 205.

dabei von einem Gespräch mit einem seiner Freunde, »der skeptische Paradoxe liebt.«[58] Dieser Freund vertritt nun die Ansicht, daß kein Magistrat jemals einen guten Grund hat, Atheisten zu verfolgen. Er behauptet, daß zum Beispiel Epikur sogar hätte nachweisen können, daß seine Theorien, die die Existenz einer Gottheit (»und damit auch die Vorbestimmung und ein Leben nach dem Tod«[59]) leugnen, die Grundpfeiler der Gesellschaft ebensowenig gefährden wie die Theorien der religiösen Orthodoxie. Zum Beweis dieser These nimmt der skeptische Freund die Rolle Epikurs ein, während der Ich-Erzähler das urteilende athenische Volk spielt. Die darauf folgende Rede »Epikurs« nimmt den Großteil des Kapitels ein und konzentriert sich, wie der erste Titel (aber nicht der zweite!) andeutet, auf die Diskussion des teleologischen Gottesbeweises[60] und die Darstellung der praktischen Konsequenzen der dabei gewonnenen theoretischen Ergebnisse. Während der Erzähler noch zu Beginn sagt, daß sein Freund viele Prinzipien vertritt, denen er keinesfalls zustimmen kann, sagt er doch am Ende: »[Y]our reasonings [...] seem at least to merit our attention.«[61] Der Erzähler hat in dem Gespräch das letzte Wort; aber die Argumente »Epikurs« bleiben unwiderlegt, ebenso wie dessen Schlußfolgerung, daß keinerlei moralische Vorschriften von dem Gotteskonzept der Deisten abgeleitet werden können. Da aber »Epikur« sich zu Beginn mit dem »athenischen Volk« einig zeigt, daß der teleologische Gottesbeweis der einzig ernst zu nehmende ist, bleibt nur die Schlußfolgerung, daß die Frage der Existenz und Eigenschaften Gottes rational nicht zu lösen ist.

Wenn wir uns nun fragen, wie Hume in dieser Debatte einzuordnen ist, begegnen wir in der Literatur der üblichen Klassifikation Humes als Skeptiker, der seine kritischen Überlegungen einem Freund in den Mund legt[62], aber auch der Gleichsetzung Humes mit dem Ich-Erzähler des Dialogs.[63] Für die Bestimmung der Intention Humes ist diese unterschiedliche Einordnung allerdings insofern weniger wichtig, als beide Dialogpartner letztlich die Gültigkeit der skeptischen Kritik am teleologischen Gottesbeweis anerkennen. Aus diesem Grund ist aber die übliche Erklärung für Humes Wahl der Dialogform offensichtlich unzulänglich: Wie J. V. Price schreibt, erkennt auch der dümmste Zehnjährige, daß die Thesen des Skeptikers, denen der Erzähler zustimmt, sich mit den übrigen Thesen des »Enquiry« decken.[64]

Das Motiv dafür, die Dialogform zu wählen, kann also kaum eine bloße Vorsichtsmaßnahme gewesen sein. Ich möchte die These wagen, daß Hume sich entschied, die religiöse Thematik in einem Dialog darzustellen, weil er eine Einsicht vermitteln wollte, die über

---

58 Vgl. EHU, S. 132.
59 Vgl. ebd., S. 133.
60 Die englische Bezeichnung »argument from design« ist vielleicht genauer, da bei diesem Gottesbeweis neben einem Finalitätsargument auch ein Regularitätsargument möglich ist; vgl. J.C.A. Gaskin, Hume's Philosophy of Religion, London/Basingstoke 1978, S. 10f.
61 EHU, S. 148.
62 Vgl. J. Buchegger, David Humes Argumente gegen das Christentum, Frankfurt/Berlin/New York/Paris 1987, S. 84; vgl. Life, S. 288.
63 Vgl. N. Kemp Smiths Einleitung zu Humes Dialogues, ebd., S. 52ff. Man muß hier Smith vielleicht zugute halten, daß er das grundlegende Buch zur Unterscheidung von Erzähler, implizitem Autor und realem Autor – nämlich W.C. Booth, The Rhetoric of Fiction, Chicago/London 1961, ²1983 – noch nicht kennen konnte.
64 Price, The Ironic Hume, S. 57f.

die in der Diskussion gewonnenen Ergebnisse hinausgeht: Ihm geht es auch um die Darstellung des Wegs von einer auf religiöse Spekulationen fixierten Einstellung zu einer Lebensform, in der alle Menschen solche Fragen gelassen behandeln und daher auch nicht mehr zu Aberglauben und religiöser Schwärmerei neigen. Aus diesem Grund kann Hume auch weder allein mit der Argumentation des Deisten noch mit der des Skeptikers identifiziert werden, selbst wenn er deren Debattenergebnis voll zustimmt. Diese Interpretation bedarf natürlich weiterer Belege, und diese möchte ich nun anhand der Interpretation von Humes »Dialogues Concerning Natural Religion« unter Heranziehung anderer Äußerungen Humes liefern.

Hume schrieb schon 1751 an seinen »Dialogues«, und die darin geäußerten Ansichten von Cleanthes und Philo erinnern stark an diejenigen der gerade besprochenen Dialogpartner. Bei den »Dialogues« handelt es sich aber um ein viel komplexeres Werk, das seinen Interpreten immer wieder viele Rätsel aufgegeben hat. Es ist zwar formal an Ciceros »De Natura Deorum« orientiert[65], wurde von Hume aber bedeutend vielschichtiger angelegt. Er führt nämlich einige einschneidende Änderungen durch: Insbesondere tritt er nicht selbst auf, und er überläßt auch nicht alle guten Argumente einem einzigen Redner, dem dann die anderen nur als bloße Stichwortgeber zur Seite stehen.[66]

Die Dialoge werden von dem Platonisten Pamphilus[67] berichtet, der, wie er seinem Freund Hermippus erzählt, den Sommer mit Cleanthes verbrachte und dabei Zeuge von dessen Gesprächen über natürliche Religion mit Philo und Demea wurde. Er führt Cleanthes als präzisen Philosophen ein, Philo als unsorgfältigen Skeptiker, und Demea als unflexiblen Orthodoxen.[68]

In den nachfolgenden Dialogen vertritt Demea eine Verbindung von rationalistischen und mystischen Gedanken: Einerseits hält er den ontologischen und den kosmologischen Gottesbeweis für die allein gültigen, andererseits hält er es für unmöglich, Gott irgendeine konkrete Eigenschaft zuzuschreiben; die Natur Gottes ist unergründlich.

Cleanthes hält demgegenüber den teleologischen Gottesbeweis für den einzig akzeptablen und will zeigen, daß auf dessen Grundlage positive Aussagen über die höchste Gottheit gemacht werden können. Nachdem Demea die Runde verlassen hat, konzentriert sich die Diskussion auf die Würdigung des teleologischen Arguments. Philo stimmt mit Cleanthes überein, daß dieser Gottesbeweis der einzig ernst zu nehmende ist. Er zeigt aber, daß Cleanthes aus seiner Argumentation nicht die Konsequenzen ziehen kann, die er zum Nachweis eines allmächtigen, allwissenden und allgütigen Wesens benötigt. Insbesondere können nach Philo dem Gott der Deisten keine moralischen Qualitäten zugeschrieben werden:

---

65 Vgl. Smith, Einleitung, S. 60.
66 Vgl. David Hume, Of the Rise and Progress of the Arts and Sciences, in: Essays, S. 128f., sowie David Humes Brief an Gilbert Elliot of Minto vom 10. März 1751, in: Letters, Bd. I, S. 154.
67 Vgl. Cicero, De Natura Deorum, (Lat.-engl. Ausgabe) ed. H. Rackham, Cambridge Mass./London 1933, I. XXVI, S. 70f.
68 Dialogues, S. 128.

»The true conclusion is, that the original source of all things is entirely indifferent to all these principles, and has no more regard to good above ill than to heat above cold, or to drought above moisture, or to light above heavy.«[69]

Was nach Philo bleibt, ist die bloße Wahrscheinlichkeit, »daß der oder die Verursacher der Ordnung des Universums eine entfernte Analogie mit menschlicher Intelligenz aufweisen.«[70] Diese These hat nach Philo aber keinerlei Rückwirkung auf die Handlungen der Menschen. Dieser Zurückweisung der weitreichenden Ansprüche von Cleanthes' Argumenten läßt Philo zum Abschluß aber eine überraschende Wendung folgen: Er sagt, daß sein Nachweis der rational nicht faßbaren Natur Gottes nur dazu führen wird, daß sich die Menschen umso mehr auf die göttliche Offenbarung konzentrieren werden, da diese allein ihrer Unwissenheit abhelfen kann. Während der religiöse Dogmatiker mit seiner rationalistischen Methode scheitern muß, erweist sich danach der philosophische Skeptiker als der Wegbereiter des wahren Glaubens:

»A person, seasoned with a just sense of the imperfections of natural reason, will fly to revealed truth with the greatest avidity: While the haughty dogmatist, persuaded that he can erect a complete system of theology by the mere help of philosophy, disdains any farther aid, and rejects this adventitious instructor. To be a philosophical sceptic is, in a man of letters, the first and most essential step towards being a sound, believing Christian.«[71]

Pamphilus' abschließendes Urteil gibt den »Dialogues« dann noch die letzte überraschende Wendung: Er hält die Ansichten Philos für wahrscheinlicher als die Demeas, glaubt Cleanthes aber der Wahrheit am nächsten.[72]

Es gibt nun verschiedene Methoden, die »Dialogues« zu besprechen. Eine legitime Art wird dabei von J.C.A. Gaskin bevorzugt angewandt: Er diskutiert aus systematischem Interesse alle auftauchenden Argumente und prüft sie auf ihre Stichhaltigkeit.[73] Demgegenüber ist es für unser Thema wichtiger, den Zusammenhang zwischen Humes Intentionen und der Darstellungsart in den »Dialogues« zu klären. Die folgenden Fragen stellen sich dabei besonders:

1.) Spricht ein bestimmter Charakter für Hume?
2.) Wie ist Philos »Bekehrung« zu beurteilen?
3.) Warum überläßt Hume Pamphilus das abschließende Urteil?

Was die erste Frage angeht, so sind die unterschiedlichsten Identifikationen vorgeschlagen worden. So heißt es bei Mossner: »Hume is Philo, and Philo alone.«[74] Hume wurde aber auch mit Cleanthes und sogar mit Pamphilus identifiziert[75]; nur einige Interpreten betonen

---

69 Ebd., S. 212; vgl. S. 226f.
70 Vgl. ebd., S. 227.
71 Ebd., S. 227f.
72 Vgl. ebd., S. 228.
73 Vgl. Gaskin, Hume's Philosophy of Religion, S. 13:
»In what follows I shall take it that Hume in the *Dialogues* is any speaker who appears to be making a good philosophical point and I shall treat the *Enquiry* and the *Dialogues* as a continuous body of philosophical argument.«
74 Mossner, Hume and the Legacy of the *Dialogues*, S. 4.
75 Vgl. die Auflistungen in Gaskin, Hume's Philosophy of Religion, S. 160, und in J. Noxon, Hume's Agnosticism, The Philosophical Review 73 (1964), S. 253.

Vernünftige Gelassenheit 133

den literarischen Charakter des Werks und lehnen eine einfache Identifizierung des Autoren mit einem bestimmten Charakter ab.[76] Wenn wir aber die Charaktere bestimmten historischen Personen zuordnen wollen, so scheint in der Tat am meisten für Mossners folgende Zuordnung zu sprechen: Demea vertritt Samuel Clarke, Cleanthes Bishop Butler, und Philo Hume.[77]

Die Identifikation Humes mit den Ansichten Philos liegt aufgrund Humes anderweitiger Äußerungen zur Religion im allgemeinen und zum Christentum im besonderen nahe. So bezeichnet er sich in der Verteidigung seines Planes, den ersten »Enquiry« zu veröffentlichen, ausdrücklich als »Ungläubigen«:

»I see not what bad consequences follow, in the present age, from the character of an infidel; especially if a man's conduct be in other respects irreproachable.«[78]

Daß sich seine diesbezüglichen Überzeugungen bis zu seinem Tode nicht geändert haben, belegt der Bericht James Boswells:

»He said he never had entertained any belief in Religion since he began to read Locke and Clarke. [...]
He then said flatly that the Morality of every Religion was bad, and, I really thought, was not jocular when he said ›that when he heard a man was religious, he concluded he was a rascal, though he had known some instances of very good men being religious.‹«[79]

Sogar zu der Zeit also, als Hume Philos seltsames Bekenntnis zum Christentum in die »Dialogues« einfügte[80], hatte sich sein eigener Skeptizismus nicht geändert. Wenn man allein bedenkt, mit welcher Sorgfalt Hume die postume Veröffentlichung seiner »Dialogues« (die er schon für 1763 geplant hatte[81]) sicherte und dabei seine letzten Äußerungen beachtet, könnte man fast vermuten, daß die Zurückweisung aller Religion die von Hume angestrebte Wirkung seines Werks war. So zitiert Adam Smith die folgende Äußerung Humes:

»I have been endeavouring to open the eyes of the public. If I live a few years longer, I may have the satisfaction of seeing the downfall of some of the prevailing systems of superstition.«[82]

Dr. Cullen berichtet sogar von der folgenden Selbstbeschreibung Humes:

---

76 Vgl. A. Flew, David Hume, Philosopher of Moral Science, Oxford 1986, S. 67; vgl. Noxon, Hume's Agnosticism, S. 257, sowie G. Gawlick, Einleitung des Herausgebers, in: David Hume, Dialoge über natürliche Religion, Hamburg 1980, S. XIVf. Sehr umsichtig argumentiert hier schon R. Metz, David Hume. Leben und Philosophie, Stuttgart 1929, S. 346–348.
77 Vgl. Mossner, The Enigma of Hume, S. 338ff.; Mossner, Hume and the Legacy of the *Dialogues*, S. 8; Life, S. 319. Zu Philo und Hume vgl. Smith, Einleitung, *passim*.
78 Brief Humes an James Oswald of Dunnikier vom 2. Oktober 1747, in: Letters, Bd. I, S. 106.
79 Gespräch James Boswells mit Hume vom 7. Juli 1776, in: Smith, Einleitung, S. 76.
80 Zu den Manuskriptänderungen (insbesondere von 1776) vgl. Smith, Einleitung, S. 93ff.
81 Vgl. Humes Brief an Gilbert Elliot of Minto vom 12. März 1763, in: New Letters of David Hume, ed. R. Klibansky/E.C. Mossner, Oxford 1954, S. 71.
82 Zitiert in einem Brief von Adam Smith an William Strahan vom 9. November 1776, in: Letters, Bd. II, S. 451. Smith berichtet hier von einer imaginären Verhandlung Humes mit Charon. Hume denkt, dieser würde ihm antworten, daß seine diesbezüglichen Hoffnungen zumindest arg verfrüht sind.

> »[He] had been very busily employed in making his contrymen wiser and particularly in delivering them from the Christian superstition, but [...] he had not yet completed that great work.«[83]

Angesichts dieses unveränderten religiösen Skeptizismus ist es aber auf den ersten Blick umso unverständlicher, warum Hume in den »Dialogues« gegen Ende Philo den Skeptizismus als beste Vorstufe zum Christentum bezeichnen läßt. Das allgemein zur Erklärung herangezogene Motiv der taktischen Verschleierung, um sich vor Verfolgungen zu schützen, kann ja gerade hier nicht überzeugen, da Hume 1776 wußte, daß er bald sterben würde und in seinen letzten Revisionen keinerlei persönliche Rücksichten zu nehmen brauchte. Die »Dialogues« müssen daher so, wie sie 1779 schließlich veröffentlicht wurden[84], bei der inhaltlichen Interpretation als ganze herangezogen werden.

Unter dieser Voraussetzung scheint mir die folgende Interpretation erzwungen zu sein: Hume wollte mit den »Dialogues« nicht allein auf die Fehler in den gängigen Lehrmeinungen der religiösen Orthodoxie aufmerksam machen; er ist nicht nur Philo. Die beste Art aber, neben der Botschaft auf der denotativen Ebene auch eine weiterreichende Erfahrung zu vermitteln, ist es, mit ironischen Elementen zu arbeiten: Philo hat die besten Argumente, aber dennoch scheint er schließlich seinen skeptischen Standpunkt aufzugeben. Seine »Bekehrung« wirkt daher als eines unter mehreren ironischen Signalen, die darauf hinweisen, daß es Hume nicht allein um die Übermittlung skeptischer Argumente geht. Dabei konnte er sich eigentlich darauf verlassen, daß unterdessen die explizite skeptische Botschaft weiterhin als gültig verstanden würde: Schließlich hat Philos Bekenntnis zur göttlichen Offenbarung genaue Parallelen im übrigen Werk Humes, und seine Ironie ist dabei unübersehbar. So heißt es im Schlußkapitel des Essays »Of the Immortality of the Soul«[85], das zunächst 1755 veröffentlicht werden sollte, dann aber wieder zurückgezogen wurde:

> »Nothing could set in a fuller light the infinite obligations, which mankind have to divine revelation; since we find, that no other medium could ascertain this great and important truth.«[86]

Der ironische Unterton ist an dieser Stelle besonders deutlich, da dieses Lob der Offenbarung abrupt auf eine Argumentation folgt, in der über Seiten hinweg nur gute Gründe *gegen* die Annahme der Unsterblichkeit der Seele aufgeführt werden. Ein weiteres Beispiel für Humes Ironie in der Behandlung religiöser Themen findet sich am Ende des Kapitels »Über Wunder«:

> »[W]hoever is moved by *Faith* to assent to [the Christian Religion], is conscious of a continued miracle in his own person, which subverts all the principles of his understanding, and gives him determination to believe what is most contrary to custom and experience;«[87]

---

83 Bericht von Dr. William Cullen an Dr. Hunter vom 17. September 1776, in: Life, S. 601.
84 Zu den Umständen der Veröffentlichung der Dialogues vgl. J. V. Price, David Hume's *Dialogues concerning Natural Religion. Composition and Publication*, in: David Hume, The Natural History of Religion, ed. A. W. Colver; Dialogues concerning Natural Religion, ed. J. V. Price, Oxford 1976, S. 105–128.
85 David Hume, Of the Immortality of the Soul, in: Essays, S. 590–598.
86 Ebd., S. 598.
87 EHU, S. 131.

und ebenso heißt es in Humes Kapitel »Über Freiheit und Notwendigkeit« schließlich, daß der bloße Verstand nicht in der Lage ist zu erklären, wie die Existenz Gottes angenommen werden kann, ohne ihn für alles Böse in der Welt verantwortlich werden zu lassen.[88] Hume spricht hier zwar von »sublime mysteries«[89], aber Hume ist nicht Wittgenstein, und Humes Wahlspruch war es, nüchtern und skeptisch zu bleiben[90]; das Resultat, daß der Verstand zu religiösen Dingen keine positiven Aussagen machen kann, hat für ihn nicht ein mystisches, sondern ein skeptisches Schweigen zur Folge.

Ein weiteres Zeichen dafür, daß es Hume nicht allein um die Verbreitung von Philos skeptischen Argumenten geht, ist die bedeutende Rolle, die Cleanthes spielt. So schreibt Hume an Gilbert Elliot: »I make Cleanthes the Hero of the Dialogue«[91]; und an William Strahan schreibt er: »I there introduce a Sceptic, who is indeed refuted, and at last gives up the Argument, nay confesses that he was only amusing himself by all his Cavils.«[92] Die Thesen des Cleanthes werden von Philo durchaus ernst genommen, und der in der Figur des Cleanthes wohl dargestellte Bishop Butler genoß die Hochachtung Humes.[93] Cleanthes' Argumente gegen die apriorischen Gottesbeweise Demeas beruhen ganz auf den Thesen von Humes erstem »Enquiry« (die auch Philo unterschreibt).[94] Außerdem vertritt Cleanthes eine These, die von Philo nicht geteilt wird, aber in manchen Äußerungen Humes anklingt: Er glaubt, daß die richtige Aufgabe der Religion die positive Einflußnahme auf den Charakter und die Handlungen der Menschen ist.[95] Ähnlich heißt es in Humes ursprünglich für den zweiten Band der »History of England« 1756 geschriebenem Vorwort: »The proper Office of Religion is to reform Men's Lives, to purify their Hearts, to inforce all moral Duties, & to secure Obedience to the Laws & civil Magistrate.«[96] (Wobei es dort andererseits aber auch weiter heißt: »[T]he beneficient Influence of Religion is not to be sought for in History.«) Und schließlich ist noch beachtenswert, daß Hume kein atheistischer Fanatiker war und z. B. dem dogmatischen Atheismus der Pariser Philosophen skeptisch(!) gegenüberstand.[97]

Das eigentliche Ziel der »Dialogues«, auf das Hume hinweisen will, geht über die skeptische Kritik an verbreiteten religiösen Vorstellungen, wie sie von Philo durchgeführt wird, hinaus. Durch die Verwendung literarischer Stilmittel gelingt es Hume, dem Leser eine weitergehende Erfahrung zu vermitteln (ohne dabei die skeptischen Argumente

---

88 Ebd., S. 103.
89 Ebd.
90 Vgl. Humes Brief an den Autor von »The Delineation of the Nature and Obligation of Morality« vom 15. März 1753, in: Letters, Bd. I, S. 173.
91 Brief Humes an Gilbert Elliot of Minto vom 10. März 1751, in: Letters, Bd. I, S. 153.
92 Brief Humes an William Strahan vom 8. Juni 1776, in: Letters, Bd. II, S. 323. Diese Beschreibung, die Hume seinem Verleger gibt, stimmt natürlich nur oberflächlich.
93 Vgl. E.C. Mossner, The Enigma of Hume, S. 338.
94 Vgl. Dialogues, S. 189.
95 Vgl. ebd., S. 220.
96 Life, S. 306; vgl. aber auch das folgende, 1757 erschienene Werk Humes: The Natural History of Religion, in: Hume, The Philosophical Works, Bd. IV, bes. S. 357ff.
97 Vgl. Life, S. 485; vgl. auch Boswell's London Journal 1762–1763, ed. F.A. Pottle, New York/London/Toronto 1950, S. 152n.

aufzugeben). Hume scheint mir nämlich letztlich hinwirken zu wollen auf den Abbau der das soziale Zusammenleben störenden, metaphysischen Streitigkeiten; und dies nicht etwa durch die dogmatische Durchsetzung einer bestimmten Ansicht der Dinge, sondern durch die Verbreitung einer diesbezüglichen Haltung der Gelassenheit, die er selber schon erreicht hatte. Bezeichnend ist hier ein Ausschnitt aus einem Brief Humes an Gilbert Elliot:

> »Had it been my good Fortune to live near you, I shou'd have taken on me the Character of Philo, in the Dialogue, which you'll own I coud have supported naturally enough: And you woud not have been averse to that of Cleanthes. I believe, too, we coud both of us have kept our Temper very well; only, you have not reach'd an absolute philosophical Indifference on these points.«[98]

Daher läßt sich Mossner zwar zustimmen, daß Hume die skeptischen Argumente Philos unterschreibt. Er irrt sich aber, wenn er Philo schon diejenige gemäßigte Form des Skeptizismus zuschreibt, die er bei Hume findet[99]; hier ist mit Noxon auf den Unterschied zwischen dem radikalen Skeptizismus Philos und der Position Humes hinzuweisen[100]. Sowohl Mossner als auch Noxon kommen aber zu dem richtigen Schluß, daß Hume einen gemäßigten Skeptizismus vertritt, dessen letztes Ziel die Erlangung der *ataraxia* ist[101].

Aus einer Gesamtperspektive lassen sich die »Dialogues« daher einerseits als ein skeptisches Traktat verstehen, das die Unhaltbarkeit aller Gottesbeweise zeigt. Andererseits weisen sie dem Leser aber auch den Weg aus der Befangenheit in diesen religiösen Spekulationen, und dabei bildet der radikale Skeptizismus nur eine Vorstufe. Hume selber hatte als junger Mann an einer solchen Grübelsucht schwer gelitten und dabei auch ein Buch geführt, in dem er seine gegensätzlichen Gedanken und Neigungen niederschrieb[102]. Später hatte er aber diese »disease of the learned«[103] durch seinen gemäßigten Skeptizismus überwunden:

> »There is, indeed, a more *mitigated scepticism* or academical philosophy, which may, in part, be the result of Pyrrhonism, or *excessive* scepticism, when its undistinguished doubts are, in some measure, corrected by common sense and reflection.«[104]

---

98 Brief Humes an Gilbert Elliot of Minto vom 10. März 1751, in: Letters, Bd. I, S. 154.
99 Vgl. Mossner, Hume and the Legacy of the *Dialogues*, S. 5.
100 Vgl. Noxon, Hume's Agnosticism, S. 260.
101 Vgl. Mossner, Hume and the Legacy of the *Dialogues*, S. 19; Noxon, Hume's Agnosticism, S. 261. Vgl. auch den Schlußsatz von Hume, The Natural History of Religion, S. 363: »[W]e ourselves, during their fury and contention, happily make our escape into the calm, though obscure regions of philosophy.«
102 Vgl. Humes Brief an Gilbert Elliot of Minto vom 10. März 1751, in: Letters, Bd. I, S. 154: »[T]is not long ago that I burn'd an old Manuscript Book, wrote before I was twenty; which contain'd, Page after Page, the gradual Progress of my Thoughts on that head. It begun with an anxious Search after Arguments, to confirm the common Opinion: Doubts stole in, dissipated, return'd, were again dissipated, return'd again; and it was a perpetual Struggle of a restless Imagination against Inclination, perhaps against Reason.«
103 Vgl. Life, S. 66ff.
104 EHU, S. 161.
105 Dialogues, S. 219.

In einer der zuletzt durchgeführten Revisionen heißt es entsprechend: »[I]f you cannot lay aside your disputes, endeavour, at least, to cure yourselves of your animosity.«[105] Das daraus entspringende Ideal klingt in einem Brief von 1753 an:

> »Let us revive the happy times, when Atticus and Cassius the Epicureans, Cicero the Academic, and Brutus the Stoic, could, all of them, live in unreserved friendship together, and were insensible to all those distinctions, except so far as they furnished agreeable matter to discourse and conversation.«[106]

Hume gibt skeptische Argumente gegen bestimmte metaphysische Konzepte; sein eigentliches Ziel ist aber ein anderes: Er will beim Leser im Verstehensvorgang eine weiterreichende Erfahrung vermitteln; er will ihn zur Erlangung derjenigen Seelenruhe führen, die er selber in so beeindruckender Weise erreicht hatte.[107] Schließlich ist aber noch darauf hinzuweisen, daß diese Seelenruhe nicht zu mönchischer Zurückgezogenheit, sondern zu einem freimütigen Austausch unterschiedlicher Überzeugungen zwischen Freunden führt.[108] Derjenige, der sich wie Demea dem Dialog entzieht, setzt sich damit *prima facie* ins Unrecht.

Zur gleichzeitigen Vermittlung all dieser Intentionen ist nun aber die Dialogform in idealer Weise geeignet: Sie kann Charaktere Argumente entwickeln lassen; sie gibt selber ein Beispiel für den freundschaftlichen Umgang miteinander, wobei die Dialogpartner sich gemeinsam um die Lösung der angesprochenen Probleme bemühen. Durch die Einsatzmöglichkeit ironischer Signale (wie z. B. die plötzliche Umkehr Philos) und anderer literarischer Stilmittel (wie z. B. die positive Darstellung Cleanthes') erlaubt sie es aber auch, die Aufmerksamkeit des Lesers auf eine über die debattierten Punkte hinausreichende Erkenntnis bzw. Erfahrung zu lenken.

Die Tatsache schließlich, daß das abschließende Urteil eines Platonisten aber Cleanthes' Ansichten am höchsten einschätzt, mag ein letzter ironischer Kommentar zur Rezeption der verschiedenen Philosophen in der Welt sein: Während Joseph Butler das gewünschte Bischofsamt erhielt, blieb Hume die angestrebte Stelle als Professor versagt. Wie Hume aber selber ausführt, sind Selbstachtung und Seelenruhe wichtigere Güter als eine erfolgreiche Karriere:

---

106 Brief Humes an den Autor von »The Delineation of the Nature and Obligation of Morality« vom 15. März 1753, in: Letters, Bd. I, S. 173.
107 Vgl. dazu O. K. Bouwsma, A Difference Between Ryle and Wittgenstein, Rice University Studies 58 (1972), S. 77–87. Zu Wittgenstein und Hume vgl. D. W. Livingston, Hume's Philosophy of Common Life, Chicago/London 1987, S. 322.
108 Zur Gesprächskultur in Edinburgh vgl. D. Daiches/P. Jones/J. Jones (eds.), A Hotbed of Genius. The Scottish Enlightenment 1730–1790, Edinburgh 1986. Vgl. auch eine der Rechtfertigungen der Dialogform, die Hume dem Pamphilus zu Beginn der Dialogues (S. 128) in den Mund legt: »Any question of philosophy [...] which is so *obscure* and *uncertain*, that human reason can reach no fixed determination with regard to it; if it should be treated at all; seems to lead us naturally into the style of dialogue and conversation. Reasonable men may be allowed to differ, where no one can reasonably be positive: Opposite sentiments, even without any decision, afford an agreeable amusement: And if the subject be curious and interesting, the book carries us, in a manner, into company; and unites the two greatest and purest pleasures of human life, study and society.«

»How little is requisite to supply the *necessities* of nature? And in view to *pleasure*, what comparison between the unbought satisfaction of conversation, society, study, even health and the common beauties of nature, but above all the peaceful reflection on one's own conduct; what comparison, I say, between these and the feverish, empty amusements of luxury and expense? These natural pleasures, indeed, are really without price; both because they are below all price in their attainment, and above it in their enjoyment.«[109]

CATHERINE WILSON (Eugene/USA)

Subjektivität und Darstellungsform als Problem von Kants Transzendentaler Methodenlehre

Ein Philosoph kann sich gegen eine etablierte Art des Philosophierens auflehnen nicht nur durch den Inhalt dessen, was er schreibt, sondern auch durch die Form, in der er ihn darstellt. Die Erneuerung, die er fordert, ist, religiösen Erneuerungen nicht unähnlich, zugleich die Suche nach einer neuen Art, seine Gedanken mitzuteilen – eine Suche, die sowohl die Unzufriedenheit des Autors widerspiegelt, als auch, auf der anderen Seite, den Leser auffordert, sich selbst und seine Denkgewohnheiten zu prüfen und zu bessern. Die autobiographische, anti-scholastische Erzählungsform Descartes' und Pascals unzusammenhängende Kritik der Ansprüche der Wissenschaft sind geläufige Beispiele solcher Auflehnungen; oder auch Wittgensteins logischer Mystizismus, der sich auf der Oberfläche als ein System von Theoremen darstellt, in Wahrheit aber von Gedanke zu Gedanke springt.

Man kann sich fragen, ob die Verbindungen hier zufällig sind oder nicht. Müssen die großen Erneuerungen in der Philosophie stets im Gewand einer exzentrischen Darstellung auftreten? Kant, so meint man zunächst, ist ein klares Gegenbeispiel für eine solche Vermutung: In Kants Werk wird ein allgemein als revolutionär eingeschätzter Inhalt in der völlig konventionellen Form der philosophischen Abhandlung mitgeteilt. Im folgenden möchte ich Kant als einen am Problem der Mitteilung in der Philosophie besonders interessierten Denker darstellen. Unter dieser etwas ungewöhnlichen Perspektive läßt sich, so scheint mir, ein besserer Einblick in die Struktur und Absicht seiner Transzendentalen Methodenlehre gewinnen, die den Abschluß der »Kritik der reinen Vernunft« bildet, und die das Problem des Übersinnlichen in seiner Beziehung zu Ethik und Religion behandelt.

Diese letzten Abschnitte sind von jeher als problematisch betrachtet worden. Einmal schien die in den früheren Teilen der »Kritik« erfolgreich angewandte Rückführung von einem Phänomen auf dessen Grund hier unangebracht, wo von der Tatsache moralischen Handelns auf die Wahrheit der religiösen Dogmen geschlossen wird. Zum anderen gab es Gründe zu vermuten, daß Kant selbst nicht alles das glaubte, auf was zu glauben er den Leser in der Methodenlehre verpflichten will. – Ich möchte hier eine angemessenere Interpretation vorschlagen, indem ich den Text als einen Ausdruck von Kants eigener religiöser Unsicherheit lese und als einen Versuch, dieser Unsicherheit zum Trotz, das eigene moralische Bewußtsein wie das des Lesers zu stärken. Zunächst werden wir Kants Ablehnung der demonstrativen Methode in der Philosophie besprechen, um daraufhin seine Einschätzung der Rolle des Dialogs bei der Lösung von Problemen zu untersuchen, wie sie in Humes »Dialogues Concerning Natural Religion« erörtert werden. Schließlich finden wir in dem auf den Leser gerichteten Begriff der Orientierung das Instrument, mit dem Kant jene Stärkung des moralischen Bewußtseins zustandebringen wollte.

I. Kants Ablehnung der Schulphilosophie

Von der Phase der ›vorkritischen‹ Schriften bis zu den späten Polemiken mit seinen Zeitgenossen hat Kant sich mit dem Problem des ›Aufstiegs‹ vom Sinnlichen zum Übersinnlichen befaßt. Obwohl der Begriff des Übersinnlichen in der Naturwissenschaft ziemlich belanglos ist, wäre eine Moralphilosophie ohne eine philosophische Rechtfertigung dieses Aufstiegs nach Kants Meinung grundsätzlich nicht möglich.[1] Die zwei traditionellen Methoden, zur Erkenntnis des Übersinnlichen zu gelangen, wies er jedoch bereits in seinen Frühschriften eindeutig zurück. Wahrheiten über die Seele und ihre Freiheit, über Gott und das künftige Leben durch demonstrative Beweise gewinnen zu wollen, scheitert aus methodologischen Gründen; die Versuche, Einsicht in das Übersinnliche durch direkte Erfahrung zu gewinnen, sind andererseits immer in Gefahr, als Halluzinationen entlarvt zu werden. Der Glaube an die Macht der Demonstrationen heißt, in Kants Sprache, Dogmatismus; die Überzeugung, jene Wahrheiten ließen sich intuitiv erfassen, ist Schwärmerei.

So lehnt Kant die »mathematische« oder demonstrative Methode in seiner Antwort auf die von der Berliner Akademie der Wissenschaft gestellte Preisfrage ab, ob Wahrheiten in der Theologie und in der Ethik mit der Strenge der mathematischen Methode zu beweisen seien. Er bestreitet die Analogie zwischen einem Beweis durch Analyse philosophischer Begriffe und einem Beweis in der Geometrie. Der Unterschied besteht erstens darin, daß mathematische Begriffe »synthetisch« definiert sind, während philosophische Begriffe »analytisch« (d. h. durch Reflexion über den Inhalt eines Begriffes) definiert sind.[2] Zweitens besitzt die Mathematik nur wenige irreduzierbare Begriffe, die Philosophie dagegen zahlreiche.[3] Drittens können mathematische Begriffe, wie z.B. das Verhältnis 1 : 1 000 000 000 000, leicht und klar erfaßt werden, während philosophische Begriffe, wie etwa ›Freiheit‹, »schwer und verwickelt« sind.[4] Obwohl Kant in dieser Preisschrift etwas akzeptiert, das wie ein rationalistisches Argument für die Existenz Gottes aussieht, bleibt für ihn eine demonstrativ vermittelte Erkenntnis von Gottes Handlungen und Absichten ausgeschlossen. Diese Einstellung wird in der »Kritik« verdeutlicht. Es schicke »sich für die Natur der Philosophie gar nicht,« schreibt er, »vornehmlich im Felde der reinen Vernunft, mit einem dogmatischen Gange zu strotzen und sich mit den Titeln und Bändern der Mathematik auszuschmücken, in deren Orden sie doch nicht gehöret, ob sie zwar auf schwesterliche Vereinigung mit derselben zu hoffen alle Ursache hat.«[5] Im Anschluß

---

1 Hierzu s. die späte Abhandlung »Welches sind die wirklichen Fortschritte, die die Metaphysik seit Leibnizens und Wolffs Zeiten in Deutschland gemacht hat?«, bes. A 99 ff. Für eine Diskussion der Position Kants s. C. Wilson, Sensible and Intelligible Worlds in Leibniz and Kant, in: R. Woolhouse (ed.), Metaphysics and Philosophy of Science in the Seventeenth and Eighteenth Centuries, Dordrecht 1988, S. 239 ff.
2 Kant, Untersuchung über die Deutlichkeit der Grundsätze der natürlichen Theologie und der Moral, A 71 f. Zum Hintergrund dieses Problems, vgl. G. Tonelli, Der Streit über die mathematische Methode in der Philosophie in der ersten Hälfte des 18. Jahrhunderts und die Entstehung von Kants Schrift über die »Deutlichkeit«, Archiv für Philosophie 9 (1959), S. 37–66.
3 Kant, a.a.O., A 75 ff.
4 A.a.O., A 78 ff.
5 Kant, Kritik der reinen Vernunft, B 763/A 735.

erklärt er seine vieldiskutierte Theorie der konstruktiven Aktivität des Mathematikers. Der Geometer *scheint* nur über Begriffe wie »Kreis« oder »Dreieck« zu reflektieren oder diskursiv nachzudenken und Folgerungen aus den Termini abzuleiten. In Wahrheit aber ist er durch Intuitionen geleitet, auch wenn diese rein a priori sind: er baut seine Intuitionen auf und entwickelt sie »durch eine Kette von Schlüssen, immer von der Anschauung geleitet« und gelangt dabei »zur völlig einleuchtenden und zugleich allgemeinen Auflösung der Frage.«[6] Wer andererseits versucht, durch empirische Anschauungen zu solchen Auflösungen zu kommen, verfährt irrationalistisch. In seinen 1766 erschienenen »Träumen eines Geistersehers« spottet Kant über Swedenborgs Anspruch, Botschaften aus der Geisterwelt wahrgenommen und Engel und Menschenseelen mit seinen nicht-körperlichen Augen gesehen zu haben. Kant sieht eine Parallele zwischen dem Vernunfttraum des Rationalismus und dem Sinnestraum der Schwärmerei.[7] In beiden Fällen ist der Wahrheitssucher von seiner Sehnsucht nach dem Übersinnlichen erfüllt, auch wenn er, als Rationalist, sich als desinteressierter Wissenschaftler darstellt und mit dem logischen Apparat von Prämissen, Axiomen und Scholien hantiert.

Kants Interesse an der methodologischen Frage, wie man über das Übersinnliche denken solle, ist also nicht zu trennen von seinem Interesse an der Frage nach möglichen Darstellungsformen in der Philosophie. Diese Frage taucht immer wieder auf, z. B. in der »Logik« und in den »Vorlesungen über die Metaphysik«, und sie ist eindeutig auf die großen Kontroversen zurückzuführen, die die Wolffsche Philosophie seit etwa 1720 hervorrief; Kontroversen, die bis in die achtziger Jahre des 18. Jahrhunderts Resonanz fanden.[8] Es war charakteristisch für die Angriffe auf Wolff, daß die Diskussion über die adäquate Darstellungsform der Philosophie – demonstrativ oder nicht-demonstrativ, more geometrico oder »eklektisch« – untrennbar verbunden war mit einer scharfen Ablehnung des Inhalts des more geometrico entwickelten Systems. Die pietistischen Kritiker Wolffs in Halle schienen nicht zu unterscheiden zwischen einer Darstellungsweise, die aus Definitionen Folgerungen zieht, und einer fatalistischen, materialistischen, atheistischen Weltsicht.[9]

Der Zusammenhang hier war in gewissem Sinne rein zufällig. Spinoza, der damals nicht als tiefreligiöser Pantheist, sondern als Atheist und Materialist betrachtet wurde, hatte jene Darstellungsform meisterhaft beherrscht; in der Folge wurde die Methode dann oft mit einer atheistischen Weltsicht assoziiert. Aber die Kritiker Wolffs hatten sich vielleicht doch nicht völlig geirrt. Methode und Inhalt hatten in der Tat eine tiefe Verbindung bei Spinoza: wollte er nicht ausdrücklich die Affekte wie Kreise und Dreiecke behandeln? Die Anwendung des *principium rationis sufficiens*, die die Analogie zwischen mathematischer und philosophischer Darstellungsform nahelegte, wurde von Spinoza,

---

6 A.a.O., B 744f./A 716f.
7 Kant, Träume eines Geistersehers, A 58.
8 Vgl. die nach wie vor unentbehrliche Schrift von M. Wundt, Die deutsche Schulphilosophie im Zeitalter der Aufklärung, Tübingen 1945 (repr. Hildesheim 1964), und, für eine neuere Darstellung, T.P. Saine, Von der Kopernikanischen bis zur Französischen Revolution: Die Auseinandersetzung der deutschen Philosophie mit der neuen Zeit, Berlin 1987.
9 S. J. Lange, Causa Dei et religionis naturalis adversus Atheismum, Halle 1727 (repr. Hildesheim 1984), Vorwort und passim.

Leibniz und Wolff mit einer ontologischen Entsprechung versehen, dem Prinzip des universellen Mechanismus.

Auch wenn sie selbst die Konsequenzen aus diesem Prinzip nicht völlig akzeptieren konnten, war die Neigung zu einem psychologisch-moralischen Determinismus bei diesen Philosophen deutlich. Und die Betrachtung jedes Gefühls als eines kausal erzeugten Effekts, die Pathologisierung der Emotionen, beförderte nicht nur eine stoizistische, also nicht-christliche Ethik, sondern ließ die tiefste Frömmigkeit selbst als einen pathologischen Effekt erscheinen.

Daß Leibniz und Wolff darum bemüht waren, sich als Widerleger des Spinozismus darzustellen, hatte auf ihre frühe Rezeption als deterministisch-dogmatische Philosophen keinen wesentlichen Einfluß. Selbst Kant hielt Leibniz ursprünglich in dieser Hinsicht für paradigmatisch:[10] Leibniz als Mathematiker, als dogmatischer Vertreter des Optimismus und als Exponent der fast dämonischen Theorie des *automaton spirituale*, die alle freie Handlung ausschloß, bildeten für ihn eine Einheit. Daß Leibniz nicht versucht hatte, seine Hauptthesen more geometrico zu beweisen; daß sein populärstes Werk, die »Theodicee«, ein unsystematisches Potpourri darstellt, ist Kant entgangen. Andererseits war es ihm klar, daß Leibniz die Unsterblichkeit der Seele und ihr gerechtes Schicksal nach dem Tod aus Vernunftprinzipien beweisen wollte.

II. Der Stillstand der Vernunft

Zu Wolffs Zeit erschien die mathematische Methode in der Philosophie den Kritikern als Gefahr – nicht nur wegen ihrer Stärke, der Verpflichtung auf einen strikten Determinismus als Folge weniger Axiome, sondern auch wegen der Schwäche der demonstrativen Methode, wenn es um die Verteidigung religiöser Orthodoxie ging.

Ein wesentlicher Unterschied zwischen Mathematik und Philosophie lag augenfällig darin, daß mathematische Beweise apodiktisch und unanfechtbar waren, während Beweise in der Philosophie sich meist als Anlaß für endlose Streitigkeiten erwiesen. Die große Auswahl an Argumenten und Gegenargumenten war letztlich für die rationale Theologie schädlicher als ein Mangel an Beweisen es hätte sein können. Wie Kant selbst feststellte, »wenn man schon den Dogmatiker mit zehn Beweisen auftreten sieht, da kann man sicher glauben, daß er gar keinen habe. Denn, hätte er einen, der [...] apodiktisch bewiese, wozu bedürfte er der übrigen? Seine Absicht ist nur, wie die von jenem Parlementsadvokaten: das eine Argument ist für diesen, das andere für jenen [...]«.[11] Wie man weiß, hat diese Krise der rationalen Theologie zu einer verstärkten Betonung der natürlichen Theologie geführt. Der physikotheologische Gottesbeweis sollte alle problematischen Definitionen und zweifelhaften Deduktionen umgehen: Wer gesunde, offene

---

10 Vgl. Kants mißbilligende Bemerkungen in der »Kritik der praktischen Vernunft«, A 174, in bezug auf Leibnizens Auffassung des automaton spirituale, dessen Freiheit sich auf nicht mehr beläuft als auf die eines Bratspießes. Zu Leibniz als einem systematischen Dogmatiker, vgl. Kant, Welches sind die wirklichen Fortschritte, A 67ff.
11 Kritik der reinen Vernunft, B 817/A 789.

Augen besaß, sollte einfach sehen können, in der Betrachtung einer Spinne oder Ameise oder des gestirnten Himmels, daß es einen guten und weisen Schöpfer gibt.

David Humes 1778 im Original erschienene, 1781 ins Deutsche übersetzte »Dialogues Concerning Natural Religion« blockierten diesen Ausweg aus der theologischen Krise. Hume zeigte, daß es keine unvermittelte Erkenntnis Gottes aus der Natur geben kann, daß auch der physikotheologische Beweis ein Beweis ist, ein anfechtbarer Schluß aus zweifelhaften Prämissen. So rationalisierte Hume die natürliche Theologie und versetzte ihr damit einen vernichtenden Schlag. In den »Dialogues« stellte sich Hume aber nicht als triumphierender, vernunftgeleiteter Atheist dar, sondern als Skeptiker, der der Vernunft zutiefst mißtraut. Am Schluß des Werkes, nach der unbarmherzigen, gründlichen Widerlegung des Physikotheologen Cleanthes und des Fideisten Demea, macht der Skeptiker Philo eine unerwartete Konzession an den Physikotheologen. Er gibt zu, eine auffallende Analogie zwischen der Welt und einem Kunstwerk erkennen zu können, und er empfiehlt, ein »inquisitive, contemplative and religious Man« solle dem aus der Analogie folgenden Schluß ein »plain, philosophical Assent« geben.[12] Gleichzeitig freilich behauptet er, zur Seite des Fideisten geneigt, der Skeptizismus sei »the first and most essential Step towards being a sound, believing Christian.«[13] In dieser Hinsicht also haben die »Dialogues« keinen definitiven Ausgang. Der Fideist, der Physikotheologe und der Skeptiker finden sich in einer unglaubwürdigen Übereinstimmung, und der Leser ist am Ende von einer akzeptablen Lösung des Problems genauso weit entfernt wie am Anfang. Hieraus schon könnte man eine skeptische Absicht des Verfassers ableiten; was dessen Einstellung war, läßt sich aber definitiv nur aus text-externer Evidenz ersehen.[14] Daß der historische Hume die Religion für reinen Aberglauben hielt, daß er eigentlich nicht die Machtlosigkeit der Vernunft zeigen, sondern die Unvernunft vernichten wollte, wurde den Zeitgenossen – vor allem im Ausland – nicht völlig klar.

Kant, der Notizen und Zusammenfassungen der »Dialogues« las, während er an der ersten Auflage der »Kritik« arbeitete[15], durchschaute Humes Ironie; er nahm also Philos Bekenntnis nicht allzu ernst: »Wenn man den kaltblütigen, zum Gleichgewichte des Urteils eigentlich geschaffenen David Hume fragen sollte; was bewog euch, durch mühsam ergrübelte Bedenklichkeiten, die für Menschen so tröstliche und nützliche Überredung, daß ihre Vernunfteinsicht zur Behauptung und zum bestimmten Begriff eines höchsten Wesens zulange, zu untergraben?«, so konnte die Antwort nur lauten, die Absicht sei, »die Vernunft in ihrer Selbsterkenntnis weiterzubringen.«[16] Aber, so fährt Kant

---

12 Hume, Dialogues Concerning Natural Religion (zusammen veröffentlicht mit »The Natural History of Religion«), ed. A.N. Colver/J.V. Price, Oxford 1976, S. 260.
13 A.a.O., S. 261.
14 Vgl. den Beitrag von B. Gräfrath zu diesem Band.
15 Während einst daran gezweifelt wurde, ob Kant Zeit besessen habe, Humes »Dialogues« bei der Abfassung der ersten Auflage der »Kritik der reinen Vernunft« heranzuziehen, haben die Forschungen von Loewisch auf befriedigende Weise klargestellt, daß Kant Gebrauch von Vorab-Besprechungen und -Zusammenfassungen gemacht hat, die 1779 und 1780 in den »Göttingischen Gelehrten Anzeigen« und im »Brittischen Museum für die Deutschen« erschienen, sowie Teil-Übersetzungen für Hamann vorbereitet hat. S. D.-J. Loewisch, Kants Kritik der reinen Vernunft und Humes Dialogues Concerning Natural Religion, Kant-Studien 56 (1965), S. 170–207.
16 Kritik der reinen Vernunft, B 774/A 745.

fort, diese Absicht läßt sich nicht in Humes Weise erreichen; in Wahrheit wirkt Humes Werk der Absicht entgegen: nicht die Vernunft wird weitergebracht, sondern ihre Hilflosigkeit in der Behandlung einer Frage von höchster Bedeutung offenbart. Die hier entstehende Gefahr ist daher nicht nur, daß vernünftige Leute sich dem Atheismus, Materialismus und Fatalismus zuwenden und darauf eine »Moral« der kalten Berechnung zu gründen versuchen, sondern vielmehr, daß eine solche Verlegenheit der Vernunft der Schwärmerei das Tor öffnet.[17]

Für Kant entstand nun das gewichtige Problem, wie die Religion für die Vernunft wiederzugewinnen sei, ohne in den Fehler zu verfallen, nach Beweisen für die theologischen Wahrheiten zu suchen. Wir können Kants Projekt daher beschreiben als die Transformation der Humeschen Paralyse der Vernunft, ihres negativen »Stillstands«, in einen positiven »Stillstand«, in dem die Vernunft nicht mehr in ihrer Sehnsucht nach dem Übersinnlichen blockiert und frustriert ist, sondern sich in Zufriedenheit ausruhen kann.[18] Die berühmte Bemerkung in der Vorrede zur zweiten Auflage der »Kritik«, »Ich mußte also das Wissen aufheben, um zum Glauben Platz zu bekommen«[19], weist auf diese Transformation hin.

Besonders wichtig für unsere Untersuchung ist die Tatsache, daß Kant die Dialogform, der Hume sich bedient, nur als ein vorläufiges, propädeutisches Hilfsmittel zur philosophischen Erkenntnis anerkennt. Daß eine wahre Einsicht durch immer tiefdringendere Fragestellungen sich erreichen läßt, wobei der Philosoph eine aktive, anstatt der von der dogmatischen Methode vorgeschriebenen passiven Rolle übernehmen soll, ist zumindest auf den ersten Blick eine attraktive Vorstellung. Aber wie schon der erste Vertreter der dialogischen Methode, Platon, sieht auch Kant ein, daß dieses Verfahren nur zu Zweifel und Unsicherheit führt. Die bisherige Geschichte der Philosophie hat die Theorien über Gott, die Seele und ihr Schicksal bereits einem ausführlichen Kreuzverhör unterzogen – ohne, nach Kants Meinung, zu irgendwelchen Ergebnissen geführt zu haben. Um den Stillstand zu durchbrechen, ist es nicht nur notwendig, einen Mittelweg zwischen Atheismus und Aberglauben zu schaffen und dabei das Problem des Inhalts einer vernünftigen Theologie zu lösen. Das methodologische Problem – wie man über das Übersinnliche überhaupt reden könne – und das Darstellungsproblem – wie die Akzeptierung einer vernünftigen Theologie sicherzustellen sei – bilden zwei weitere Teile des allgemeinen Projekts. Wenn jener theologische Inhalt sich nicht als Wahrheit beweisen läßt, und wenn der Aufstieg zum Übersinnlichen nicht logisch vermittelt ist, so kann der Philosoph nur versuchen, den Leser aufzufordern, sich selbst auf den richtigen Denkweg zu begeben. Die Transzendentale Methodenlehre ist, meiner Ansicht nach, als solche Aufforderung zu betrachten. Es fragt sich aber, ob sich dieses Ziel der philosophischen Darstellung erreichen läßt, ohne den Leser auf ungehörige Weise zu manipulieren.

---

17 Diese Befürchtung war gerechtfertigt, angesichts des Gebrauchs, den diejenigen von Humes Schriften machten, die ihre Ironie übersahen. Vgl. Kants Vorwurf an die Adresse Jacobis in seiner Abhandlung, »Was heißt: sich im Denken orientieren?«, A 322.
18 Zum »Stillstand der Vernunft« vgl. die Diskussion der zweiten Stufe der Metaphysik: Welches sind die wirklichen Fortschritte, A 82ff.
19 Vorwort zur zweiten Auflage, B XXX.

III. Die Methode des Aufstiegs zum Übersinnlichen

Es sollte nun nicht mehr überraschen, daß die positive Doktrin der Methodenlehre, die vor allem in dem Abschnitt »Der Kanon der reinen Vernunft« enthalten ist, im Kontext einer Diskussion des Problems der philosophischen Kommunikation steht. Die Transzendentale Methodenlehre beginnt mit einer Wiederholung des wesentlichen Unterschiedes zwischen Mathematik und Philosophie, gibt dann bemerkenswerte Hinweise darauf, wie man sich im Streit mit einem Skeptiker benehmen sollte und betont den Unterschied zwischen dem Erlernen eines Systems der Philosophie und dem Philosophieren-lernen. Am Schluß erklärt Kant, daß nur der kritische Weg dem Philosophen offen bleibe; der dogmatische und der skeptische Weg sind für immer geschlossen. In seinen anderen Schriften sind solche allgemeinen Bemerkungen zur Methodologie immer vorläufig; sie dienen als Einleitung in die Philosophie. Wie ist ihre Stellung hier im Werk, *nach* etwa 700 Seiten philosophischer Exposition, zu erklären?

Es wird wohl öfters vermutet, die ganze Transzendentale Methodenlehre sei eine Art merkwürdiger Anhang zur »Kritik«. Wie John Austin einmal bemerkt hat: »There's the part where you say it and the part where you take it all back.« So könnten die letzten hundert Seiten des Werks vielleicht zunächst als Korrekturversuch erscheinen, der eine ausgesprochen dogmatische *und* gleichzeitig skeptische Darstellung mildern und damit der Kritik der »Kritik« vorbeugen soll. Der Leser, der von Kants schwieriger und verwickelter Argumentation etwas enttäuscht und zugleich über den Verlust der Noumenalwelt besorgt ist, konnte, wenn er nur genügend Geduld hatte, sich jetzt mit dem Gedanken trösten, er brauche weder Kants System systematisch zu erlernen, noch seinen Glauben an das Übersinnliche aufzugeben. Nach dieser zynischen Interpretation muß man der Methodenlehre jedes philosophische Interesse absprechen. Ihr Inhalt ist rein dogmatisch, was im Licht von Äußerungen wie der folgenden plausibel erscheint:

> »Es ist notwendig, daß unser ganzer Lebenswandel sittlichen Maximen untergeordnet werde; es ist aber zugleich unmöglich, daß dieses geschehe, wenn die Vernunft nicht mit dem moralischen Gesetze, welches eine bloße Idee ist, eine wirkende Ursache verknüpft [...]. Ohne also einen Gott, und eine für uns jetzt nicht sichtbare, aber gehoffte Welt, sind die herrlichen Ideen der Sittlichkeit zwar Gegenstände des Beifalls und der Bewunderung, aber nicht Triebfedern des Vorsatzes und der Ausübung, weil sie nicht den ganzen Zweck, der einem jeden vernünftigen Wesen natürlich und durch eben dieselbe reine Vernunft a priori bestimmt und notwendig ist, erfüllen.«[20]

Natürlich behauptet Kant, die Wiedereinführung der Kardinalsätze der Religion sei nicht dogmatisch; diese Sätze seien nicht pseudo-mathematisch aus Axiomen abgeleitet worden. Das Denken eines Postulats im Rahmen der Anerkennung der moralischen Aufgabe hat keine Analogie mit dem Beweis eines Theorems. Der Aufstieg hier ist nicht demonstrativ – auch nicht schwärmerisch –, sondern rein praktischer Natur. Wie in den empirischen Wissenschaften, steigt man von den Phänomenen (hier den Sittengesetzen) zu ihrem Grund, oder ihren Bedingungen, oder ihren Voraussetzungen auf. Obwohl diese Prozedur auch in der Wissenschaft keine apodiktische Gewißheit bringt, ist sie immerhin vernünftig.

---

20 Kritik der reinen Vernunft, B 840f./A 812f.

IV. Der problematische Status des Aufstiegs

So wird die Methode des Aufstiegs zum Übersinnlichen üblicherweise dargestellt und mit dem Kommentar versehen, daß es sich hier offensichtlich um eine, als Deduktion betrachtet, sehr mangelhafte Methode handele. Vier prinzipielle Einwände gegen die Deduktion der Kardinalsätze können erhoben werden:

(i) Das Gebot, ein gläubiger Christ zu sein, scheint von vornherein nicht deduzierbar. Nicht jedem vernünftigen Wesen in beliebigen historischen Situationen kann zugemutet werden, sich von der Notwendigkeit dieser Deduktion zu überzeugen. Kant erwähnt zwar den Fall des »guten Heiden«, lehnt ihn aber ohne weitergehende Diskussion sogleich als unmöglich ab.[21] Die vermeintliche Deduktion beruht zumindest auf der kontingenten Voraussetzung einer christlichen Gesellschaft, in der sich das vernünftige Wesen findet.

(ii) Wie Kants Zeitgenossen sofort einwandten[22], läßt sich die Existenz eines Dinges nicht aus dem Bedürfnis nach diesem Ding ableiten.[23]

(iii) Der Begriff eines ›pragmatischen Glaubens‹ ist, trotz Kants Bemühungen in dem Abschnitt »Über Meinen, Wissen und Glauben«, fragwürdig. Mendelssohn etwa hatte argumentiert, daß ohne einen existierenden Gott alle Moral nur Täuschung sein könne. Um diese Möglichkeit auszuschließen, hielt er einen rein demonstrativen Beweis der Existenz Gottes für notwendig. Diese Auffassung stimmt jedoch nicht mit derjenigen Kants überein. Wir können nicht wissen, ob es einen Gott gibt[24]; es ist möglich, daß keiner existiert. Die Moral aber muß sich mit dieser Möglichkeit abfinden; Unwissenheit darf nicht zum moralischen Zweifel führen. Aber wie soll der Glaube an Gott die Moral stützen, wenn es möglich ist, daß kein Gott existiert?

(iv) Der Begriff eines externen Gesetzgebers widerspricht der Kantischen Vorstellung vom Moralgesetz als eines Gebots des autonomen Subjekts an sich selbst. Wenn dies die Natur des moralischen Gesetzes ist, wozu soll man dann, wie Kant es in den »Träumen«

---

21 Vgl. die entsprechenden Abschnitte in der »Kritik der praktischen Vernunft«, A 229.
22 Die stärksten philosophischen Einwände gegen eine Doktrin des pragmatischen Glaubens sind untrennbar mit dem Namen Thomas Wizenmanns verknüpft, dessen Schrift »Die Resultate der Jacobischen und Mendelssohnschen Philosophie« von 1786 eine Grundlage des Glaubens in der Offenbarung verlangt. Kants Nachfolger Reinhold verteidigte diese Doktrin als einen guten Kompromiß, aber, wie die meisten Kompromisse, so mißfiel auch dieser Philosophen auf beiden Seiten. Für eine neuere Darstellung vgl. F.C. Beiser, The Fate of Reason, Cambridge Mass./London 1987, S. 112–120.
23 Kants Diskussion steht in einer entfernten Beziehung zu Pascals Darstellung seiner berühmten »Wette«, auf die Kant in der »Kritik der reinen Vernunft«, B 852/A824f., hinweist. Pascal war jedoch nicht der Auffassung, daß der Glaube durch Vernunft hervorgerufen werden könne. Vielmehr wurde ein striktes Programm der Selbst-Indoktrination verlangt, das auf nicht-rationalen Aktivitäten und auf dem, was er für abergläubische Rituale hielt, basiert, um die Einwände der Vernunft gegen die Religion zu besiegen und zum Schweigen zu bringen. Ob solche Techniken praktikabel sind und ob sie funktionieren, ist eine andere Frage. Kants Lehre des Vernunftglaubens jedenfalls versucht die Einführung eines solchen Wagnisses zu vermeiden.
24 »[F]reilich [wird] sich niemand rühmen können: er wisse, daß ein Gott und daß ein künftig Leben sei; denn wenn er das weiß, so ist er gerade der Mann, den ich längst gesucht habe«, Kritik der reinen Vernunft, B 856f./A 828f.

ausdrückt, »durchaus die Maschinen an eine andere Welt« ansetzen?[25] Kants Einsicht, daß es keine kausalen oder epistemologischen Einflüsse von einer übersinnlichen auf die sinnliche Welt geben könne, wird hier anscheinend außer Kraft gesetzt.

Diese Einwände führen dazu, daß die Methodenlehre entweder mit oberflächlicher Zustimmung als ein Mittelweg zwischen einem unhaltbaren Rationalismus und einem ebenso unhaltbaren Fideismus betrachtet wurde, ohne daß die Haltbarkeit der Doktrin der Methode selbst untersucht wurde; oder aber man überging diesen Teil der »Kritik« stillschweigend, da er zu viele offensichtliche Mängel aufwies, um ernst genommen zu werden und überdies für das eigentliche Ziel des Werkes nebensächlich erschien.[26] War Kant selbst dogmatisch geworden, oder paßte er sich einfach der Erwartungshaltung seiner religiösen Zeitgenossen an, die über die kritische Leugnung eines Wissens vom Übersinnlichen beunruhigt waren?

Solche Einschätzungen der Methodenlehre werden der Bedeutung nicht gerecht, die Kant selbst seiner Lehre vom pragmatischen Glauben beimaß. Das Interpretationsproblem kann daher folgendermaßen zusammengefaßt werden: Als eine Deduktion betrachtet, erscheint die Einführung der Kardinalsätze gescheitert. Wenn es hier aber nicht um eine Deduktion geht, dann muß es sich entweder um eine bloße Glaubensbekundung des Autors handeln, oder aber um einen Teil einer komplexeren Kommunikationsstruktur. Daß Kant hier nur ein Glaubensbekenntnis ablegt und den Leser ermuntert, das Gleiche zu tun, wird durch Passagen wie die folgende tatsächlich nahegelegt:

> »Da aber also die sittliche Vorschrift zugleich meine Maxime ist [...], so werde ich unausbleiblich ein Dasein Gottes und ein künftiges Leben glauben, und bin sicher, daß diesen Glauben nichts wankend machen könne, weil dadurch meine sittlichen Grundsätze selbst umgestürzt werden würden, denen ich nicht entsagen kann, ohne in meinen eigenen Augen verabscheuungswürdig zu sein.«[27]

Textinterne wie -externe Gründe sprechen jedoch gegen eine solche Interpretation. Zumindest im hohen Alter scheint Kant nicht an Gott geglaubt zu haben[28]; wenn wir auch nichts Genaues über seine religiöse Haltung um 1780 wissen, so ist es doch unwahrscheinlich, daß Kant zu einem solchen Glaubensbekenntnis bereit gewesen wäre. In jedem Falle aber mißachtet jene Interpretation Kants Insistieren auf einer engen Verbindung zwischen Moralität und Religion.

---

25 Kant, Träume, A 126.
26 Zur Vernachlässigung der Transzendentalen Theorie der Methode bemerkt Heimsoeth, daß diese Abschnitte gewöhnlich so geringschätzig beurteilt werden, daß man sich manchmal wundert, ob der Leser wirklich so weit in der Lektüre dieser Schrift gekommen ist. Vgl. H. Heimsoeth, Transzendentale Dialektik. Ein Kommentar zu Kants Kritik der reinen Vernunft, Teil IV: Die Methodenlehre, Berlin/New York 1971, Nachwort.
27 Kritik der reinen Vernunft, B 856/A 828.
28 S. J.F. Abegg, Reisetagebuch von 1798, ed. W. und J. Abegg, Frankfurt 1976, S. 147, 184. Im Jahre 1794 wurde Kants Schrift über »Die Religion innerhalb der Grenzen der bloßen Vernunft« (1793) durch Friedrich Wilhelm II. als ein Versuch, die Heilige Schrift und die christliche Religion zu verdrehen und zu entwürdigen, beanstandet. Kant antwortete darauf mit der Einwilligung, das Verfassen von Schriften zu und die Lehre von Themen religiösen Inhalts aufzugeben. S. Kants Vorwort zu »Der Streit der Fakultäten«.

Die folgende Hypothese liegt daher nahe: Was die Transzendentale Methodenlehre vermitteln will, ist kein Beweis, sondern ein Arrangement. Die Lehre präsentiert sich in der literarischen Form eines Vertrags zwischen Autor und Leser. Dem Leser wird zugestanden, seine hergebrachten Glaubenswahrheiten trotz Hume und trotz Kants eigener Kritik beizubehalten, wenn er im Austausch dafür bereit ist, Kants rigorose Moralauffassung zu übernehmen. Damit ist die tatsächliche Richtung der Argumentation genau umgekehrt als es zunächst schien. Der Aufstieg ist nicht vom Phänomen moralischen Handelns zu dessen Bedingung, sondern vielmehr von einem »tröstlichen und nützlichen« Glauben zu einer strengen Anerkennung des Moralgesetzes. Diese Anerkennung ist der schwierige Preis, den diejenigen zu zahlen haben, die meinen, ohne den Glauben an Gott nicht leben zu können. Und genau dies ist, nach unserer Ansicht, die korrekte Rekonstruktion des exoterischen Aspekts der Methodenlehre.

Vom theologischen Standpunkt aus war Hume vielleicht kaltblütig; in Sachen der Moralphilosophie ist er eher warmherzig zu nennen. Wenn er auch die natürliche Theologie rationalisierte, um sie zu vernichten, so naturalisierte er doch andererseits die Moral, um sie zu retten. Er sah ihren Grund im menschlichen Mitgefühl und »moral sense«. Ganz anders Kants Konzeption der Moral. Mitgefühl und »moral sense« mögen zwar vorhanden sein; als psychologische Eigenschaften sind sie aber ungeeignet, das Fundament der Ethik zu bilden. Ethische Gebote können nicht aus dem empirischen Bereich der Psychologie erwachsen; ethische Pflicht und Neigungen stehen in Opposition; das Moralgesetz ist absolut und ausnahmslos. Eine solche Auffassung der Ethik mag korrekt sein – »tröstlich und nützlich« ist sie nicht unbedingt. Kant versucht nun die Anerkennung seiner Moralauffassung auf kunstvolle Weise zu bewirken und zugleich sicherzustellen, daß die Religion innerhalb der Grenzen der Vernunft bleibt. Zunächst bemüht er sich, den Leser zu desorientieren, um ihm daraufhin eine Orientierungsmöglichkeit anzubieten. Dem Leser wird gestattet die Vernunft selbst dem Bedürfnis nach religiösem Glauben unterzuordnen, anstatt den Glauben einer kritischen Prüfung zu unterziehen.

Um diese Interpretation plausibel zu machen, müssen wir die Technik genauer studieren, mit der Kant den Leser auf die Annahme des Vertrags vorbereitet – eine Technik, die sich auf Kants Darstellung der Krisis der Methode in der Philosophie gründet und die zur systematischen Verunsicherung des Lesers angewendet wird.

V. Die Desorientierung des Lesers

Hierzu wird die Methode der Antinomien aus dem theoretischen Kontext der »Kritik« in einen moralisch-theologischen Kontext überführt. Der Leser soll sich nicht nur von der Machtlosigkeit der Vernunft im allgemeinen überzeugen, über die Grenzen der Erfahrung hinaus ihre Erkenntnis zu erweitern, sondern darüber hinaus von der Machtlosigkeit seiner eigenen Vernunft, ihm Antworten anzubieten, die nicht nur von theoretischem Interesse sind, sondern sein ganzes Verhalten gegenüber anderen Menschen beeinflussen sollen. Und diesmal – im Gegensatz zum Antinomienkapitel – überläßt Kant es dem Leser selbst, nach seinen Anweisungen, die zwei entgegengesetzten Thesen zu konstruieren. Der Leser muß zunächst Humes Behauptung aus den »Dialogues«, die Erde sei zufällig aus Kometen oder kosmischem Abfall entstanden[29], und den neuesten Stand der Forschung über die Entstehung des tierischen Lebens zur Kenntnis nehmen, wonach die Existenz des individuellen Menschen als zufällig, bedeutungslos und sinnlos betrachtet werden muß. Die Hypothese, daß es nur eine plastische, selbst-wachsende Materie gibt, ist als eine reine, d. h. nicht beweisbare Vermutung zu betrachten, zu der der Leser nun seine eigenen unbeweisbaren Gegenhypothesen erfinden soll. Als Antwort auf den materialistischen Traum vom zufälligen Ursprung des Lebens darf der Leser mit gleichem Recht behaupten

»daß alles Leben eigentlich nur intelligibel sei, den Zeitveränderungen gar nicht unterworfen, und weder durch Geburt angefangen habe, noch durch den Tod geendigt werde. Daß dieses Leben nichts als eine bloße Erscheinung, d. h. eine sinnliche Vorstellung von dem reinen geistigen Leben, und die ganze Sinnenwelt ein bloßes Bild sei, welches unserer jetzigen Erkenntnisart vorschwebt und, wie ein Traum, an sich keine objektive Realität habe [...] u. s. w.«

Und Kant erklärt weiter: »Ob wir nun gleich von allem diesem, was wir hier wider den Angriff hypothetisch vorschützen, nicht das mindeste wissen, noch im Ernst behaupten [...], so verfahren wir doch hierbei ganz vernunftmäßig, indem wir dem Gegner, welcher alle Möglichkeit erschöpft zu haben meint, [...] nur zeigen, daß er eben so wenig durch bloße Erfahrungsgesetze das ganze Feld möglicher Dinge an sich selbst umspannen [...] könn[e].«[30]

Was kann der Zweck dieser angeblich vernünftigen Anwendung der Einbildungskraft sein? Offenbar hat diese Übung nur als ein »privater«, innerer Dialog einen Sinn. Kant empfiehlt nicht, solche wilden Hypothesen in der Öffentlichkeit zu vertreten und zu verbreiten.[31] Als ein Versuch, das Vordringen des Materialismus aufzuhalten, wäre diese Strategie völlig mißlungen. Der Zweck des Streitgesprächs ist vielmehr, den Leser die Erfahrung des Stillstands der Vernunft durchleben zu lassen. Der Wettstreit zwischen ihr und »dem Gegner« ist nicht ein Streit zwischen dem wohlgesinnten Publikum und einem kaltblütigen Skeptiker. Er findet im Herzen des partiell aufgeklärten und deswegen beunruhigten Lesers statt:

»Die Einwürfe, die zu fürchten sein möchten, liegen in uns selbst. Wir müssen sie, gleich alten, aber niemals verjährenden Ansprüchen, hervorsuchen, um einen ewigen Frieden auf deren Vernichtung zu gründen. Äußere Ruhe ist nur scheinbar. Der Keim der Anfechtung, der in der Natur der Menschenvernunft liegt, muß ausgerottet werden; wie können wir ihn aber ausrotten, wenn wir ihm nicht Freiheit, ja selbst Nahrung geben, Kraut auszuschießen, um sich dadurch zu entdecken, und es nachher mit den Wurzeln zu vertilgen?«[32]

Es ist wichtig zu begreifen, daß das Erfinden von wilden, anti-materialistischen Hypothesen keinesfalls zur Beruhigung des von skeptischen Argumenten verwirrten Lesers führen kann. Es gelingt diesem zwar, die materialistischen Hypothesen des Skeptikers als spekulativ zu erweisen, aber nur mit phantastischen Mitteln, die er selbst unmöglich ernst nehmen

---

29 Hume, Dialogues, S. 203.
30 Kritik der reinen Vernunft, B 809/A 781.
31 Vgl. aber Heimsoeth, Transzendentale Dialektik, S. 729, der andeutet, daß Kant selbst in der Tat versucht ist, eine solche Ansicht zu glauben.
32 Kant, Kritik der reinen Vernunft, B 805 f./A 777 f.

kann. Damit ist der Leser genügend desorientiert und reif, den von Kant angebotenen Vertrag oder Tausch zu akzeptieren. Das Angebot ist der Kantische »Vernunftglaube«, ein Glaube, der nicht von einer transzendenten Instanz geschenkt wird, sondern den der Leser selbst konstruiert nach den Anforderungen seiner Vernunft.

Es ist trotzdem wichtig zu erkennen, daß die Transzendentale Methodenlehre nicht nur an eine besorgte Leserschaft gerichtet ist, die Kant beruhigen wollte; vielmehr stellt die Methodenlehre auch eine Art Selbstgespräch dar, durch das Kant selbst das Unbehagen auflösen wollte, das Hume in ihm erregt hatte. Selbst wenn man die Theorie des Vernunftglaubens oder des pragmatischen Glaubens eher als Namen für eine Konstellation von Problemen denn als deren Lösung betrachtet, kann man nicht übersehen, daß Kant das Problem der Orientierung überaus ernst nimmt. Und dieses Problem führt ihn in der Tat zu einer Anerkennung des Übersinnlichen, also zu einem Aufstieg, wenn auch der Ort dieses Übersinnlichen nicht im Himmel ist, sondern einfach in uns.

In dem späteren Essay »Was heißt: sich im Denken orientieren?« versucht Kant, die Methode des Aufstiegs explizit zu rechtfertigen. Er vergleicht dort das Subjekt, das das Vertrauen in die dogmatischen Wahrheiten verloren hat, mit einem Mann, der sich in seinem dunklen Zimmer durch Herumtasten orientieren will, oder auch mit einem Astronomen, der einen Sternenhimmel betrachtet, an dem die Himmelsrichtungen auf mysteriöse Weise vertauscht worden sind. Dem verwirrten Astronomen kann keine Information über die »wirkliche« Lage der Sterne zueinander helfen:

> »[...] selbst der Astronom, wenn er bloß auf das was er sieht und nicht zugleich auf das was er fühlt Acht gäbe, würde sich unvermeidlich desorientieren. So aber kömmt ihm ganz natürlich das zwar durch die Natur angelegte, aber durch öftere Ausübung gewohnte Unterscheidungsvermögen durchs Gefühl der rechten und linken Hand zu Hülfe [...]«.[33]

Dieser geographische oder mathematische Begriff der Orientierung nach subjektivem Gefühl, behauptet Kant weiter, läßt sich auch da anwenden, wo es sich um eine logische oder philosophische Desorientierung handelt. Mein subjektives Gefühl davon, was ich brauchen würde, um mit meiner Vernunft und mit meinem Leben zufrieden zu sein, legitimiert eine Entscheidung, die nicht objektiv legitimiert werden kann. Man kann daher unterscheiden zwischen Postulaten, welche dem Subjekt diese Zufriedenheit verschaffen, und solchen, die lediglich möglich sind, aber keine orientierende Funktion erfüllen.[34] So ist es etwa unvernünftig, an Geister und Engel zu glauben, da diese übersinnlichen Entitäten keinerlei orientierende Wirkung haben.

In demselben Essay weist Kant die Vermutung zurück, daß das moralische Subjekt nicht glauben müsse, Gott existiere wirklich, da es ja nur die subjektive Idee von Gott sei, die orientierend wirke; daß also das moralische Subjekt lediglich so handeln müsse, *als ob* Gott wirklich existiere.[35] Diese zurückgewiesene Position kommt jedoch der von Kant tatsächlich vertretenen sehr nahe. Daß er sie ablehnt, trotz seiner Behauptung, Existenz sei keine Eigenschaft, weist wieder auf den exoterischen Aspekt der Transzendentalen Methoden-

---

33 Was heißt: sich im Denken orientieren?, A 308.
34 A.a.O., A 311f.
35 A.a.O., A 315f.

lehre hin. Die einfachste Erklärung hierfür ist, daß die Lehre ein Tauschgeschäft mit dem Leser intendiert: ihm muß der wirkliche Gott zurückgegeben werden, die heuristische Idee eines Gottes würde den Leser nicht befriedigen.

VI. Kants Ambivalenz

In den »Vorlesungen über die Metaphysik« präsentiert Kant das folgende Paradoxon: Wenn es eine wahre Philosophie gäbe, und man sie erlernen würde, würde man dadurch noch kein Philosoph.[36] Man kann nur philosophieren lernen, heißt es anderswo, nicht die Philosophie.[37] Wir können diese Behauptungen jetzt besser verstehen und einschätzen, inwieweit sie mit Kants eigenem philosophischen Vorgehen harmonisieren oder in Konflikt stehen. Aus dem Mund Platons oder eines Philosophen, der die diskursive Darstellungsform in der Philosophie ablehnt, würden solche Meinungen nicht überraschen. Aber ist nicht Kant ein diskursiver, systematischer Philosoph *par excellence*?[38] Vielleicht; Kant sah selbst jedoch einen Konflikt zwischen der Darstellungsform und dem Inhalt seiner Philosophie. Er war besorgt über die Trockenheit und den scholastischen Stil, vor allem der »Kritik«.[39] Er wußte, daß er nicht anders schreiben konnte und führte die unbefriedigende Rezeption seines Hauptwerkes auf seine Mängel als Schriftsteller zurück.[40] Da die damalige deutsche Sprache noch nicht ihre Resourcen als philosophische Sprache entwickelt hatte, lag die Schuld nicht nur bei Kant, der gezwungen war, scholastisch oder barbarisch aussehende Neologismen einzuführen.

Es scheint auch, daß Kant sich selbst nicht in erster Linie als ein System-Philosoph verstand. Dem, der philosophieren lernen will, kann die Erfahrung der Krise nicht erspart werden, die Kant als Desorientierung beschreibt. Eben diese Erfahrung bleibt aber dem Studenten erspart, der ein philosophisches System erlernt, hier lernt er den Ort und die Verbindung jedes Begriffs im System, ohne daß dies Wissen ihm helfen könnte, sich zu orientieren, oder, nach Kants Metaphorik, seinen Garten von Unkraut zu säubern. Anders in der Methodenlehre: wer diese richtig liest, kann der Erfahrung der Desorientierung

---

36 Kant, Vorlesungen über die Metaphysik, Erfurt 1821 (repr. Darmstadt 1988), Einleitung: »Von der Philosophie überhaupt«, S. 6.
37 Kritik der reinen Vernunft, B 865/A 837. Damit verwandte Bemerkungen werden in einem ähnlichen Kontext, unter Betonung der »Orientierung«, von J. Mittelstraß, Das philosophische Lehrgespräch, in: W.D. Rehfus/H. Becker (eds.), Handbuch des Philosophie-Unterrichts, Düsseldorf 1986, S. 245f. diskutiert.
38 S. V. Gerhardt, Kant und die Dogmatismusforschung, Kant-Studien 70 (1979), S. 324–329.
39 Vgl. die »Reflexionen«, Nr. 4989: »Die Methode meines Vortrages hat eine nachteilige Gestalt. Sie sieht scholastisch aus, mithin grüblerisch, trocken, ja eingeschränkt und weit vom Tone des Genie verschieden«; Nr. 5025: »Meine Methode ist nicht sehr geschickt dazu, den Leser an sich zu halten und ihm zu gefallen«; und Nr. 5020: »In vielen Stellen würde mein Vortrag weit deutlicher geworden seyn, wenn er nicht so deutlich hätte seyn müssen.« Hingegen würdigt er Wolffs systematische Ordnung und Klarheit als beispielhaft im Vorwort zur zweiten Auflage der »Kritik der reinen Vernunft«.
40 Vgl. die »Prolegomena zu einer jeden künftigen Metaphysik«, A 22, in denen Kant versucht, die Drohnen von den Bienen unter seinen Lesern zu trennen.

nicht ausweichen. »[D]er, welcher ein System der Philosophie, z. B. das Wolffische, eigentlich gelernt hat,« schreibt Kant, hat,

> »ob er gleich alle Grundsätze, Erklärungen und Beweise, zusamt der Einteilung des ganzen Lehrgebäudes, im Kopf hätte, und alles an den Fingern abzählen könnte, doch keine andere als vollständige historische Erkenntnis der Wolffischen Philosophie; er weiß und urteilt nur so viel, als ihm gegeben war. Streitet ihm eine Definition, so weiß er nicht, wo er eine andere hernehmen soll. Er bildet sich nach fremder Vernunft, aber das nachbildende Vermögen ist nicht das erzeugende [...]«.[41]

Seine Erkenntnis, obwohl »Vernunfterkenntnis«, ist »bloß historisch. Er hat gut gefaßt und behalten, d. i. gelernet, und ist ein Gipsabdruck von einem lebenden Menschen.«[42] Trotz Kants Warnungen hier, führt jeder Text auch ein eigenes Leben; Kant konnte den Entwicklungen nicht vorbeugen, die seine Lehre in ein System umwandeln und kantianische Gipsabdrücke schaffen sollten.

Wir kehren nun zur ursprünglichen Frage zurück. Stellt Kant eine Ausnahme von der naheliegenden Auffassung dar, daß jede subjektive Wendung in der Philosophie immer zugleich die Forderung nach einer neuen Darstellungsform impliziert? War Kant im Grunde ein Schulphilosoph wider Willen, der, trotz seiner Bemühungen, nicht von der alten diskursiv-demonstrativen Form der Darstellung loskam? Daß diese Fragen sich weder eindeutig positiv noch eindeutig negativ beantworten lassen, ist kein Grund zur Enttäuschung, weil genau diese Ambiguität das Problem der Kommunikation in der Moralphilosophie schärfer umreißt.

Wir sollten uns hier daran erinnern, daß Kant im »pietistisch-eklektisch[en], anti-Wolffisch[en]« Milieu Königsbergs aufgewachsen ist. Die Betonung der Freiheit des Willens, des Pflichtbewußtseins, und die eher pessimistische Moralauffassung der Pietisten bildeten das Fundament, von dem aus die demonstrative Methode philosophischer Darstellung kritisiert wurde.[43] Die Idee einer Pflicht zu glauben, was nicht bewiesen werden kann noch soll, war zentral in Crusius' Moralphilosophie, deren Einfluß auf Kant in dieser Hinsicht noch nicht genauer erforscht ist.[44] Ein Beweis kann niemals die innere Disziplin des Subjekts ersetzen; er kann kein Ersatz sein für die Anerkennung einer übergeordneten Autorität durch das Subjekt, die von aller Moralität gefordert wird. Diese Ansicht wirft aber für Crusius ein Kommunikationsproblem auf: Wie kann man mit rationalen, aber nicht-demonstrativen Mitteln einen Leser dazu bringen, nicht etwa zu glauben, er lebe in der besten aller möglichen Welten, sondern vielmehr dazu, sich selbst einer moralischen Disziplin zu unterziehen? Offenbar kann diese Wirkung auf den Leser nicht direkt erzielt werden, denn jeder solche Versuch wäre zirkulär. Crusius selbst gesteht dies ein: »Vielleicht wenden hier einige ein, daß ich solchergestalt einen Circkel im beweisen machte, und verlangte, daß man der Vernunft allererst um der natürlichen Religion willen glauben

---

41 Kritik der reinen Vernunft, B 864/A 836.
42 Ebd.
43 G. Tonelli, Vorwort zu: C. A. Crusius, Die philosophischen Hauptwerke, Bde. I-III, Hildesheim 1969, Bd. I, S. LI.
44 A.a.O., S. I. Man sollte sich hier nicht durch Kants gelegentliche Klassifizierung von Crusius als eines Dogmatikers irreführen lassen.

solte, da doch die natürliche Religion aus der Vernunft erwiesen werden müste.«[45] Diesem Zirkel kann Crusius nicht durch Argumente entgehen. Er kann nur seine Überzeugung bekräftigen, daß ein Mensch, der nicht an Gott glaubt, unfähig ist, moralische Notwendigkeiten einzusehen; eine solche Moralität ist ohne Fundament. Ebensowenig kann Kant einem ähnlichen Zirkel argumentativ entgehen: Er kann nicht beweisen, daß moralische Normen übersinnlichen Ursprungs sind und nicht auf psychologischen Fakten wie dem »moral sense« beruhen, ohne die Existenz Gottes vorauszusetzen; umgekehrt kann er nicht beweisen, daß Gott existiert, wenn er nicht voraussetzt, daß moralische Normen intelligibler Natur sind. Die Transzendentale Methodenlehre ernst zu nehmen, heißt demnach anzuerkennen, daß es Formen der philosophischen Kommunikation gibt, die nicht direkt in diskursive Argumente übersetzt werden können, ohne dabei ihren Wert zu verlieren.

Bei Kant wird die Selbstdisziplinierung der Vernunft, ihre Selbstbeschränkung und -beherrschung, von der mehrmals in der »Kritik« die Rede ist[46], belohnt durch die Befriedigung ihrer Bedürfnisse; dies stellt das Gleichgewicht des desorientierten Lesers auf eine philosophische, wenn auch nicht völlig rationale Weise wieder her. Es ist auch kein Paradoxon, daß Kant sich so bemüht, die Wiederherstellung des Glaubens vernünftig erscheinen zu lassen; dies ist eine Folge seiner Problemstellung. Seine Theorie der »Bedürfnisse« der Vernunft ist keine neue Entdeckung, sondern eine Umbenennung einer Tatsache – der Tatsache nämlich, daß der freie Gebrauch der Vernunft zur dialektischen Verwirrung und Demütigung des Subjekts führt und damit der Schwärmerei das Tor öffnet.[47]

Damit wirft die Methodenlehre eine drängende Frage auf: Ist Philosophie ein freier Gebrauch der Vernunft, wie es in Kants »Vorlesungen über die Metaphysik« heißt[48], oder ist sie ein Mittel zur Befriedigung von Bedürfnissen?[49] Kant deutet an, daß der freie, von Interessen unkontrollierte Gebrauch der Vernunft selbstzerstörerisch wirkt.[50] Nur eine Vernunft, der Bedürfnisse eine Richtung weisen, kann der Paralyse entgehen. Hat aber Hume, als ein frei räsonnierendes Subjekt, an dieser Paralyse wirklich gelitten? Oder waren seine Bekundungen der Verzweiflung an der Vernunft nicht vielmehr selbst eine Form von Rhetorik? Diese Möglichkeit kommt gar nicht in den Blick, wenn man, wie Kant, davon ausgeht, daß die Vernunft Bedürfnisse hat, und daß diese Bedürfnisse legitim sind, weil sie vernünftig sind. Wenn es im Essay über die Orientierung im Denken heißt:

---

45 C.A. Crusius, Die philosophischen Hauptwerke, Bd. I, S. 422. Für die Pflicht, an Gott zu glauben, vgl. a.a.O., Bd. I, S. 390ff.
46 Kritik der reinen Vernunft, B 737/A 709ff. Zum Skeptiker als »Zuchtmeister« vgl. Kritik der reinen Vernunft, B 797/A 769.
47 Daß die Schönheit und der Wert der christlichen Religion auf Begriffen wie Unschuld, Erlösung und Opfer beruhen könnte, die weder rational noch nützlich sind, ist von daher eine Auffassung, die Kant in seiner Lehre nicht unterbringen kann. Zu seinen mißglückten Versuchen, dies dennoch zu tun, s. W. Vossenkuhl, The Paradox in Kant's Rational Religion, Proceedings of the Aristotelian Society 88 (1988), S. 179–192.
48 Kant, Vorlesungen, S. 2.
49 Vgl. a.a.O., S. 4, wo Philosophie, nun verbunden mit Weisheit, dahingehend verstanden wird, daß sie ein Ziel verfolgt. Für das »Interesse des Menschen« vs. das »Monopol der Schulen« vgl. das Vorwort zur zweiten Auflage der »Kritik der reinen Vernunft«, B XXXII.
50 Aber Kants Behauptung in »Was heißt: sich im Denken orientieren?«, A 328, zeigt eher, daß die Vernunft zensiert und durch gesellschaftliche Einflüsse unterdrückt werden kann.

»Nun aber tritt das Recht des Bedürfnisses der Vernunft ein, als eines subjektiven Grundes, etwas vorauszusetzen und anzunehmen, was sie durch objektive Gründe zu wissen sich nicht anmaßen darf [...] und folglich sich [...] durch ihr eigenes Bedürfnis zu orientieren«[51],

so erkennt Kant hier an, daß logische Beziehungen zwischen Propositionen das Problem der subjektiven Orientierung ebensowenig lösen können, wie trigonometrische Beziehungen zwischen den Sternorten dem irregeführten Astronomen Aufschluß über seinen Standort geben können. Der Astronom aber orientiert sich nicht an dem, was er wünscht, es möge der Fall sein. Die Frage ist, ob nicht eine Orientierung in Kants Sinne immer in Gefahr ist, Irrlichtern zu folgen.

Das heißt aber nicht, daß die transzendentale Methodenlehre und weite Teile der Kantischen Moralphilosophie als ein trivialer Ausdruck von Wunscherfüllung zu betrachten seien. Was sie vor einer solchen Trivialisierung bewahrt, und was sie zugleich mit den am Anfang erwähnten Formen philosophischer Kommunikation verbindet, ist der Umstand, daß diese Werke eine unmißverständliche Aufforderung an den Leser darstellen, nicht nur strenger zu denken, sondern strenger zu leben.

ULRICH GAIER (Konstanz)

Herders Abhandlung über den Ursprung der Sprache als »Schrift eines Witztölpels«

In dieser Arbeit soll der Begriff der Inszenierung zur Beschreibung eines Textes fruchtbar gemacht werden, der seiner Bestimmung nach expositorisch ist und bleibt, der aber durch die Verfahren der Inszenierung von Begriffen und Argumentationen einen fiktionalen Charakter erhält und sich als »schöne Prosa« der ästhetischen Erfahrung öffnet. Systematisch gesehen zeigt sich hier ein Akt der Inszenierung, dessen Gegenstand nicht ein Ereignis oder eine Person oder eine Form des Inszenierens, sondern das im Inszenierungsakt selbst produktive Handeln ist. Historisch gesehen wird diese Inszenierung des Anschauens, Vorstellens und Denkens an dem Punkt hervorgerufen, wo sich transzendentales Philosophieren sprachlicher Erkenntniskritik unterzieht.

Das Problem des Sprachursprungs und die Debatte zwischen Hamann und Herder

Herders Abhandlung »Über den Ursprung der Sprache« beantwortet eine Preisfrage, die die Berliner Akademie der Wissenschaften 1769 gestellt hatte: »En supposant les hommes abandonnés à leur facultés naturelles, sont-ils en état d'inventer le langage? Et par quels moyens parviendront-ils d'eux-mêmes à cette invention?«[1] Der Stellung dieser Frage war eine lange Diskussion in der Akademie vorausgegangen, die sich um das Verhältnis zwischen Sprache und Denken im Anschluß an die inspirative Semiotik Warburtons, die sensualistische Semiotik Condillacs, die rationalistische Konventionalitätsthese Lockes drehte.[2] Angesichts des Begründungszirkels, nach dem es einerseits der Vernunft bedarf, um Zeichenkonventionen eingehen zu können, und andererseits der Zeichen, um die Vernunft zu entwickeln, hatte das Akademiemitglied Johann Peter Süßmilch 1766 den »Beweis« geführt, »daß der Ursprung der Sprache ohnmöglich von Menschen könne hergeleitet werden, und daß sie daher nothwendig Gott als den Schöpfer und ersten Lehrmeister des menschlichen Geschlechts zum Urheber haben müsse.«[3] Durch die 1769

---
1 A. von Harnack, Geschichte der Königlich Preußischen Akademie der Wissenschaften zu Berlin, Berlin 1900, Bd. II, S. 306.
2 Ausführliche Darstellung bei H. Aarsleff, The Tradition of Condillac. The Problem of the Origin of Language in the 18th Century and the Debate in the Berlin Academy before Herder, in: D. Hymes (ed.), Studies in the History of Linguistics. Traditions and Paradigms, Bloomington 1974, S. 93–156.
3 J.P. Süßmilch, Versuch eines Beweises, daß die erste Sprache ihren Ursprung nicht vom Menschen, sondern allein vom Schöpfer erhalten habe, Berlin 1766, S. 1.

gestellte Preisfrage sollte eine »mystische« Lösung dieser Art ausgeschlossen werden, die der Mathematiker und Statistiker Süßmilch keineswegs in obskurantischer Absicht, sondern mit der Intention der radikalen Formulierung der zugrundeliegenden Aporie aufgestellt hatte und die z. B. Rousseau in seinem zweiten Discours ebenfalls als Möglichkeit erwog.

Der Stellenwert der Diskussion im Kontext der Aufklärung wird deutlich, wenn man sich etwa Hamanns vehemente Opposition allein gegen die Frage vergegenwärtigt. Für ihn bedeutet »die Fragestellung nach dem Ursprung der Sprache ein Produkt des quasireligiösen Heils- und Herrschaftsanspruchs der aufklärerischen Vernunft«[4], setzt ihre Beantwortung doch die Fähigkeit der Vernunft voraus, hinsichtlich ihrer Abhängigkeit oder Unabhängigkeit von Sprache zu entscheiden und mit dieser Entscheidungsfähigkeit a priori »rein«, d. h. unabhängig von Erfahrung und Sprache zu Erkenntnissen zu gelangen. Dagegen protestiert Hamann: »Die Gesundheit der Vernunft ist der wohlfeilste, eigenmächtigste und unverschämteste Selbstruhm, durch den alles zum voraus gesetzt wird, was eben zu beweisen war, und wodurch alle freye Untersuchung der Wahrheit gewaltthätiger als durch die Unfehlbarkeit der römisch-katholischen Kirche ausgeschloßen wird.«[5] Die Frage nach dem Ursprung der Sprache impliziert die Autonomie der Vernunft und die Dialektik der Aufklärung. Sie ist zugleich die transzendentale Frage nach den Bedingungen der Möglichkeit des Erkennens: Läßt sich im Sinne der Konventionalitätsthese nachweisen, daß die Vernunft autonom operiert, daß sie wie bei Locke sich Merkzeichen und Mitteilungszeichen erfindet und wählt, dann ist sie autonom mindestens hinsichtlich der Formen der Erkenntnis, in denen sie die Anschauung kategorial faßt und so Welt konstituiert. Läßt sich, wie Condillac es versuchte, nachweisen, daß aus der sinnlichen Erfahrung in natürlicher Sukzession die Bildung bewußt eingesetzter signes d'institution aus natürlichen und zufälligen Zeichen erfolgt[6], dann ist die Vernunft nicht nur hinsichtlich der Inhalte, sondern auch der Form der Erkenntnisse sensualistisch begründet und damit wesentlich kontingent und heteronom. Condillac geriet angesichts der Reflexivität der signes d'institution allerdings in einen von ihm präzise formulierten Begründungszirkel: »Il semble qu'on ne saurait se servir des signes d'institution, si l'on n'était pas déjà capable d'assez de réflexion pour les choisir et pour y attacher des idées: comment donc, m'objectera-t-on peut-être, l'exercice de la réflexion ne s'acquerrait-il que par l'usage de ces signes.«[7] Seine genetische Erzählung im 2. Band des 'Essai' überspringt das Problem der reflexiven Anerkennung symptomatischer Äußerungen als Zeichen und löst den Zirkel nicht auf.

Condillacs These behielt jedoch gerade in der Berliner Akademie ihre Anhänger und bildete im Rahmen der Aufklärung als der »Rehabilitation der Sinnlichkeit«[8] das Gegengewicht gegen den vorherrschenden Intellektualismus der Schule Christian Wolffs. Vermittelnd zwischen den intellektualistischen und den sensualistischen Diskurs mit ihren

---

4 H. Herde, Johann Georg Hamann. Zur Theologie der Sprache, Bonn 1971, S. 72f.
5 J. G. Hamann, Sämtliche Werke, ed. J. Nadler, Wien 1949–1957, Bd. III, S. 189.
6 E. B. de Condillac, Essai sur l'origine des connoissances humaines (1746), in: Œuvres complètes, Paris 1827, Bd. I, S. 55.
7 Ebd., S. 66.
8 P. Kondylis, Die Aufklärung im Rahmen des neuzeitlichen Rationalismus, Stuttgart 1981, S. 21.

jeweiligen Erkenntnistheorien und Weltentwürfen trat die empiristische Philosophie, die seit Hobbes mit der Assoziationstheorie und den Untersuchungen über die Funktionen der Einbildungskraft (wit und judgement) individuelle Kontingenz und allgemeinen Konsens über Welt und wahre Erkenntnis zu verbinden suchte. Diesem Diskurs entspricht eine doppelte Sprachtheorie; Hobbes nennt den »train of ideas«, die Ideenassoziation, »Sprache des Geistes«, um sie gegen die äußere Sprache der Mitteilungszeichen abzugrenzen[9]; an dieser Sprache des Geistes setzt bei Hobbes übrigens die endeetische Legitimierung der poetischen Fiktion mit den Kategorien des Neuen, Seltenen, Großen, Originellen an[10]; verkürzt dargestellt können einerseits Berkeley's Erkenntniskritik (esse = percipi), andererseits David Hartley's Analogiephilosophie[11] auf ihr Funktionieren zurückgeführt werden.[12]

Die Einführung der Ursprungskategorie in die Frage der Akademie durch Herder konnte angesichts der skizzierten Konkurrenz einander ausschließender philosophischer Diskurssysteme, deren jedes den Ursprung von Sprache und Erkenntnis auf seine Weise festlegte, zweierlei bedeuten: entweder den Anschluß an eines der Systeme oder die Inszenierung der Rede vom Ursprung als die Weise, seine Unverfügbarkeit für jeden Diskursansatz zu demonstrieren. Hamann verstand Herder zunächst so, als habe er sich an die Rationalisten oder die Sensualisten verkauft, und griff ihn in drei bissigen Schriften an, in denen er erstens Herders Argumentation aus »festen Data aus der menschlichen Seele« (810)[13], also den sensualistischen Diskurs, zweitens die Zirkularität und die Vernunftanmaßung im Begriff der Erfindung der Sprache (723), also den rationalistischen Diskurs, angriff und drittens dessen analogische Argumentation durch das Theologumenon der »communicatio göttlicher und menschlicher idiomatum«, den »Hauptschlüssel aller unsrer Erkenntniß und der ganzen sichtbaren Haushaltung« religiös unterbaute.[14] Die Logosartigkeit Gottes und der Schöpfung sei der eigentliche Ursprung der Sprache.[15]

Herder antwortet: »Daß Gott durch Menschen die Sprache würke – wer zweifelt? hat? *könnte* durch alle περιστασεις zweiflen. Daß er aber nicht mystisch gewürkt, [daß er]

---

9 T. Hobbes, Leviathan oder Wesen, Form und Gewalt des kirchlichen und bürgerlichen Staates, Hamburg 1965, Kap. IV, S. 22.
10 Ebd., Kap. VIII, S. 53f. Weitere Ausführung in seiner Antwort auf Sir William Davenants Vorwort zu ›Gondibert‹ (1650). Zum ganzen Komplex C. De Witt Thorpe, The Aesthetic Theory of Thomas Hobbes. With Special Reference to His Contribution to the Psychological Approach in English Literary Criticism, New York ²1964.
11 D. Hartley, Observations on Man, His Frame, His Duty, and His Expectations, London 1749; in diesem Werk wird auf assoziativer Basis ein analogischer Kosmos aufgebaut, in dem »all things become comments upon each other in an endless reciprocation« (S. 393).
12 Vgl. vor allem auch W. Isers Darstellung des Lockeschen Empirismus und seiner Kritik durch Sterne und Hume in W.I., Laurence Sternes »Tristram Shandy«. Inszenierte Subjektivität, München 1987, S. 23–33.
13 Herder wird nur mit einfacher Seitenangabe zitiert nach meiner Ausgabe der Frühen Schriften 1764–1772, Frankfurt 1985.
14 Hamanns zwei Rezensionen in den »Königsbergschen Gelehrten und politischen Zeitungen« sowie die Schrift »Des Ritters von Rosencreuz letzte Willensmeynung« finden sich in J.G. Hamann, Schriften zur Sprache, Einleitung und Anmerkungen von J. Simon, Frankfurt 1967. Das Zitat ebd., S. 139.
15 Ebd., S. 143f.

durch Natur: Thiere, ein Pantheon von redenden Lauten, ein Dringniß menschlicher Bedürfniße geredet – wer hat das mehr als ich *angenommen*. Ich sage *angenommen*, denn das zu *beweisen*, war [...] vor E. Erlauchten Kgl. Pr. Ak. der Wißenschaften meine Sache nicht.«[16] Ausgeschlossen ist damit Gott als Sprachlehrer, wie ihn Süßmilch und auch Hamann zeitweise angenommen hatten. Ausgeschlossen ist ferner die Erfindung der Sprache durch autonom wirkende Vernunft wie auch durch Habitualisierung von Zeichen auf sensualistischer Basis. Angenommen wird, daß die Erfindung der Sprache durch den Menschen göttliche Wirkung ist, und daß die Rede Gottes durch die Natur als tönenden Raum mythischer Wesen (vgl. 735–39) und durch die Bedürfnisstruktur des Organismus dieser Spracherfindung entgegenkommt. Nach diesem Eingeständnis, daß der Ursprung der Sprache in Gott zu suchen und demnach wissenschaftlicher oder philosophischer Rede nicht zugänglich sei, fährt Herder in seiner Apologie fort, seine Abhandlung sei »Schrift eines Witztölpels«. »Setzen Sie noch dazu, daß die Leibniz-Aesthetische Hülle ja die einzige Masque war, unter der ich erscheinen konnte.«[17] Den Begriff des Witztölpels kann man als Formulierung der docta ignorantia im Kontext des von Hamann und Herder bewußt geübten Sokratismus[18] sehen wie auch im Kontext von Sternes Narrenbegriff[19] in dem von Hamann und Herder intensiv studierten »Tristram

---

16 An Hamann, 1. 8. 1772; J. G. Hamann, Briefwechsel, ed. W. Ziesemer/A. Henkel, Bd. III, Wiesbaden 1957, S. 10f. Daß Herder, um bei der Akademie eine Chance zu haben, dieses eigentliche Ziel seiner Abhandlung verhüllen mußte, anerkennt Hamann in seiner Schrift »Philologische Einfälle und Zweifel«: »Muste nicht mein Freund Herder [...] laufen als aufs Ungewiße, fechten als der in der Luft streicht? [...] Als ein kluger Haushalter eines ungerechten Mammons hat er nichts anderes als die Offenbarungen und Überlieferungen seines Jahrhunderts zum Grunde seiner Abhandlung legen und seinen Beweis auf Sand, Stückwerk, Holz, Heu, Stoppeln bauen können — aber freylich: alles nach der neuesten Bauart seines Zeitalters. [...] Um durch große Siege hoch zu kommen, könnte mein Freund Herder nicht anders als ein Satyr schreiben [...].« (Schriften zur Sprache, S. 162f.)
17 Hamann, Briefwechsel, Bd. III, S. 11.
18 Vgl. Hamanns Schrift »Sokratische Denkwürdigkeiten« (1759).
19 Vgl. Iser, S. 130–133. Den Begriff des Witztölpels hatte Hamann in der Herders Brief vorausgehenden Abhandlung »Des Ritters von Rosencreuz letzte Willensmeynung über den göttlichen und menschlichen Ursprung der Sprache« gebraucht: »Zum Beschluß ladet der Ritter von Rosencreuz alle durchtriebene Witztölpel des Königreichs Yvetot und versteinerte oder begeisterte Maulaffen [...] auf seinen Erbsitz« (Schriften zur Sprache, S. 145). Herder ging in seinem Brief darauf ein: »Daß ich die Schrift gleich Anonymisch an Formei mit einem Zettel begleitete, u. daß sie also eigentlich den Zweck hatte, als ›Schrift eines Witztölpels‹ zwar nicht noch ›aus dem Königreich Yvetot‹ aber eines aus der allgemeinen Weltcharte, der etwa in Ragusa oder Cornwall sein Urtheil abgehört hätte, erscheinen wollte – hinc signa, notae lacrymae rerum!!!–« (Hamann, Briefwechsel, Bd. III, S. 11.) Mit »Witztölpel und [...] Maulaffen« stellt Hamann Herder und den in einer Anmerkung genannten italienischen Grafen Algarotti, Populärschriftsteller und Kammerherrn Friedrichs II., offenbar als schlaue Hofnarren und Speichellecker des verhaßten Preußenkönigs zusammen, dessen Land mit dem noch im 16. Jh. existenten, aber schon zum Gespött gewordenen winzigen franz. Königreich Yvetot in der Nähe von Rouen verglichen wird (vgl. das 1813 entstandene populäre Lied Bérangers »Il était un roi d'Yvetot, Peu connu dans l'histoire [...]«). Herder akzeptiert den Narrenbezug für sein Verhalten in der Ursprungsschrift, lehnt allerdings die Beziehung zu dem nicht mehr existenten Königreich ab und weist auf seine Herkunft aus einem Randgebiet der »Weltcharte«, das wie Cornwall oder Sizilien seine Söhne mit dem Makel des Provinzlerischen gegenüber dem kulturellen oder meinungsbildenden Zentrum

Shandy«. Herder übernimmt Hamanns Begriff, weil er mit seiner Abhandlung vor einer Akademie auftrat, die beweisende Argumentation erwartete, während er der Überzeugung war, daß ein solcher Selbstbeweis der Vernunft a priori unmöglich ist. Daher auch die Rede von der Maske, in der er auftreten kann; es ist eine Leibniz-ästhetische Hülle, also eine einerseits auf den idealistischen Rationalismus Leibniz', andererseits auf den Sensualismus oder Empirismus der Aisthesis gestützte Rede, deren Funktion »Hülle«, also Verbergung und zugleich Inszenierung ist.

Nach dieser Erklärung Herders geht Hamann in einer letzten Schrift zu dem Thema auf Herders Spiel-Idee ein und bezweifelt, »ob es auch dem platonischen Apologisten des menschlichen Sprachursprungs je ein Ernst gewesen sein Thema zu beweisen oder auch nur zu berühren?«[20] Er gesteht aber ein, daß genau in dieser Form Herders Schrift »zuletzt auf eine göttliche *Genesin* herauslaufe, welche in der That übernatürlicher, heiliger und poetischer ist als die älteste morgenländische Schöpfungsgeschichte Himmels und der Erden.«[21] So gelingt es Herder, mit einer einzigen Abhandlung den ersten Preis der Berliner Akademie und die volle Zustimmung von deren schärfstem Gegner Hamann zu erhalten. Der Grund dafür liegt in dem Verfahren der Inszenierung, und zwar sowohl des Ursprungs wie auch der ihn erfassenden Argumentation.

Der inszenierte Ursprung

Ähnlich wie Sterne im »Tristram Shandy« mit der Vielfalt der Anfänge das Erzählen inszeniert[22], so inszeniert Herder mit einer Vielfalt von »Ursprüngen« die Unmöglichkeit, den Ursprung tatsächlich in der Erkenntnis oder Rede zu fassen. In meinem Kommentar zu der Ursprungsschrift[23] habe ich herausgearbeitet, daß Herder trotz seiner Rede von »dem« Ursprung tatsächlich sechs verschiedene Ursprungsbegriffe verwendet und auch in der Formulierung voneinander trennt. So heißt es z.B. beim dritten Ursprungsbegriff: »Alle alte, wilde Sprachen sind voll von *diesem* Ursprunge« (734,24, vgl. 725,22).

So wandert er in seinem Text sukzessive von einem im tierischen und menschlichen Organismus liegenden natürlichen Ursprung über einen genetischen Ursprung in der menschlichen oder tierischen Gattung zu einem Ursprung der Sprache im kosmischen Lebensgeist, der Sympathie zwischen den Wesen stiftet. »Mit dem Menschen ändert sich die Szene ganz« (714,12f.); erst hier wird also ein Ursprung in Betracht gezogen, der dem Menschen als Menschen zukommt, wobei zu berücksichtigen ist, daß der Mensch als lebender Organismus, als Gattungswesen und lebendig rührbares Wesen auch an den ersten drei Ursprüngen teilhat. Dieser Ursprung ist die »Besonnenheit« als Synthesis, die

---

versieht – um hier Fuß zu fassen und zugleich seine Überzeugung nicht preiszugeben, muß man den Narren spielen. Mit dem Begriff des Satyrn (vgl. Anm. 16) anerkennt Hamann schließlich eine andere Form der Narrheit als die von ihm verächtlich gemeinte Witztölpelei.
20 Schriften zur Sprache, S. 153.
21 Ebd., S. 154.
22 Iser, Laurence Sterne, S. 20–23.
23 Herder, Frühe Schriften, S. 1279–84, ausführlicher in U. Gaier, Herders Sprachphilosophie und Erkenntniskritik, Stuttgart 1988, S. 75–156.

den Akten der Vernunft und Freiheit und Zwecksetzung als Bedingung der Möglichkeit transzendental vorausliegend gedacht werden muß und die ermöglicht, daß er »freistehend [...] sich selbst Zweck und Ziel der Bearbeitung« in seiner gewählten »Sphäre der Bespiegelung« werden kann (717,3–8). Dann folgt der sinnliche, hörende Ursprung, der erste Lallsprache und Lautnachahmung begründet, endlich der gesamtmenschliche Ursprung, in dem sich Mensch als Natur und Mensch als Geist dialektisch austauschen und ineinander abbilden.

Die letzte Ursprungsbestimmung deutet an, daß Herder bei der Inszenierung des Ursprungs nicht aleatorisch verfährt, sondern einem bestimmten dialektischen Kalkül folgt, den er kurz vor der Niederschrift der Abhandlung als gedankliche Grundlage der alten Kulturen des Mittelmeerraums entdeckt hat[24] und den er in seiner »Ältesten Urkunde des Menschengeschlechts« (1774) analysiert und historisch-antiquarisch nachweist. Die Schöpfungsgeschichte nach 1. Mose 1 sieht Herder, mit Kants Worten, »nicht wie eine Geschichte der Welterschaffung sondern als einen Abris der ersten *Unterweisung* des Menschlichen Geschlechts an mithin als eine Art von methodo tabellari deren sich Gott bedienet hat die Begriffe des Menschlichen Geschlechts vermittelst einer solchen Eintheilung aller Gegenstände der Natur zu bilden daß die Erinnerung einer jeden Classe derselben an einen besondern Tag gehefet wurde worunter der siebente welcher den Abschnitt machte das Gantze zu befassen dienen konnte. Hie habe nun Gott die Figur den oben vorgestellten allbedeutenden Schriftzug [scil. »die berühmte Hermesfigur ⊗«], keine aegyptische sondern unmittelbar göttliche Erfindung mit der Sprache verbunden und Schrift so wohl als Sprache hätten sich in diesem göttlichen Unterricht vereinigt woraus nachher alle menschliche Erkenntnis abgestammet sey.«[25] Es handelt sich also bei der von Herder zur entfaltenden Inszenierung seiner Ursprungsbegriffe verwendeten Schöpfungshieroglyphe um eine Figur der Unterweisung und der Memoria, die »allbedeutend« ist und sich darum zur progressiven Entfaltung prinzipiell jedes Gegenstandes und Themas eignen muß[26], denn, wiederum in Kants Worten, die Schöpfungsgeschichte ist eine »Allegorie von der Zergliederung der Schopfung in dem göttlichen Unterrichte, so wie sich die menschliche Erkenntnis in Ansehung derselben am natürlichsten entwickeln und ausbreiten läßt.«[27] Jede Erkenntnis, z.B. die des Ursprungs, die im Sinne dieser methodus- und

---

24 Brief an J.H. Merck vom 15. Oktober 1770; J.G. Herder, Briefe, bearb. v. W. Dobbek/G. Arnold, Bd. I., Weimar 1977, S. 261f.
25 Kant an Hamann, 6. 4. 1774; Hamann, Briefwechsel, Bd. III, S. 81.
26 Herder verwendet sie z.B. zur Entfaltung der Gegenwartssprache und Gegenwartsliteratur in den Fragmenten »Über die neuere deutsche Literatur« oder zur Entfaltung der Weltgeschichte in »Auch eine Philosophie [...]« oder den »Ideen«. Vgl. P. Pfaff, Hieroglyphische Historie. Zu Herders »Auch eine Geschichte zur Bildung der Menschheit«, Euphorion 77 (1983), S. 407–418. – G. vom Hofe, Schöpfung als Dichtung. Herders Deutung der Genesis als Beitrag zur Grundlegung einer theologischen Ästhetik, in: G.v.H/P. Pfaff/H. Timm (eds.), Was aber *bleibet* stiften die Dichter? Zur Dichter-Theologie der Goethezeit, München 1986, S. 65–87. Die Rezeption von Herders Hieroglyphe habe ich untersucht in: Der gesetzliche Kalkül. Hölderlins Dichtungslehre, Tübingen 1962; Krumme Regel. Novalis' »Konstruktionslehre des schaffenden Geistes« und ihre Tradition, Tübingen 1970; Zur Tradition von Hölderlins »Kalkulablem Gesetz«, Schwäbische Heimat 4 (1969), S. 293–301; Herders »Älteste Urkunde des Menschengeschlechts und Goethe« (erscheint in den Bückeburger Gesprächen über Johann Gottfried Herder 1988, Rinteln 1989).
27 Brief an Hamann, 8. 4. 1774; Hamann, Briefwechsel, Bd. III, S. 86.

memoria-Figur entwickelt und ausgebreitet wird, ist nicht intuitiv gefundene oder diskursiv erarbeitete, sondern aufgrund der internen dialektischen Regeln der Figur und mit Hilfe der Erinnerungs-Topoi der sieben Tage künstlich gewonnene, konstituierte, d.h. sich selbst inszenierende, mit sich ein Denkspiel eingehende Erkenntnis. Der Ursprung selbst ist nicht zu fassen, also spielt man ihn sich im Schein der Ursprünge vor. Sechs Ursprünge entfaltet Herder, deren dreifach dialektische Strukturbeziehung nach dem Muster der Schöpfungshieroglyphe nachzuweisen ist; die siebte Stelle nimmt die tatsächliche Entwicklung der menschlichen Sprachen ein, die geeignet ist, »das Gantze zu befassen«.

Aus der inszenierenden Entfaltung des Ursprungs in Ursprünge, die einander entgegengesetzt sind, einander gegenseitig benutzen und in der Benutzung spezifisch de- und rekonstruieren, ergeben sich entsprechend sechs verschiedene Sprachbegriffe, die in der realen menschlichen Sprache »befaßt« sind und durch ihre Widersprüchlichkeit deren Diversifizierung in die verschiedenen Sprachen motivieren. Es sind dies: Naturschrei, »Völkersprache der Gattung«, rührende Laute, Wort der Seele, Lallsprache, Sprache als ergon und energeia (»Sprache und Sprachschaffung«), endlich reale sich phonetisch, semantisch, syntaktisch, pragmatisch entwickelnde und ausbreitende Sprachen. Auch der Sprachbegriff des Titels der Abhandlung ist also in einer steten progressiven Inszenierung begriffen; es kann weder von *dem* Ursprung noch von *der* Sprache gesprochen werden, es sei denn, man fasse die progressive Transformation insgesamt als Begriff.[28] Angesichts der Unfaßbarkeit des Ursprungs und der Sprache und der Unmöglichkeit der mit der Frage nach dem Ursprung der Sprache postulierten Selbstbegründung wählte Herder die nach einer methodus- und memoria-Figur geregelte Inszenierung von Perspektiven auf Ursprung und Sprache. Es gelang ihm auf diese Weise, sowohl die Berliner Akademie wie Hamann zufriedenzustellen, die sich jeweils an einer Seite seiner docta ignorantia orientierten.

Inszenierte Argumentation

Die Konsequenz, die Herder aus der Unfaßbarkeit des Ursprungs und der Sprache zog, muß auch für die Weise der Erkenntnisgewinnung gelten. Wie beschrieben, hatten sich während des 18. Jahrhunderts drei dominante Diskurse gebildet – Rationalismus, Sensualismus und Analogismus –, deren jeder seine Welt aufbaute, seinen Begründungsstil hatte und mit der Tendenz auf vollständige Bezeichnung und Erklärung der Welt auftrat. Die Schulen dieser semiotischen Systeme bekämpften einander; das 18. Jahrhundert ist durch die Polemik zwischen ihnen gekennzeichnet.

Herder hat sehr früh aus der Verbindbarkeit dieser Diskurse mit den aristotelischen Seelenvermögen den Schluß gezogen, daß hier Sinne, Einbildungskraft und Verstand auf eine fruchtlose und den integralen Weltzugang des Menschen zersplitternde Weise nach

---

28 Zum Problem der progressiven Erkenntnis vgl. G. Meggle, Analogie und progressive Erkenntnis. J.G. Herders Erkenntnistheorie als Sprachtheorie, in: A. Goetze/G. Pflaum (eds.), Vergleichen und Verändern. Fs. H. Motekat, München 1970, S. 52–73.

Autonomie strebten. Er forderte 1765 eine »Einziehung der Philosophie auf Anthropologie« (132) und schloß: »wenn man den Gesichtspunkt der Weltweisheit in der Art ändert, wie aus dem Ptolomäischen, das Kopernikanische System ward, welche neue fruchtbare Entwicklungen müssen [sich] hier nicht zeigen, wenn unsre ganze Philosophie Anthropologie wird.« (134) Diese kopernikanische Wendung bedeutet konkret für ihn, daß er versucht, zu jedem Untersuchungsgegenstand einen integralen, die ausgebildeten Diskurse der Wissenschaftsrichtungen, ihre Weltbilder und Wertsysteme verbindenden Zugang zu finden. So schreibt er schon 1764/65:

> »Wer soll über die Ode *schreiben*? Sie ist das erstgeborne Kind der *poetischen Empfindung*. Und es gehört also ein Odengenie dazu, ein Kenner der *Bewegungshebeln* der Dichterseele dazu, um sie als ein schwangeres Samenkorn von fruchtbaren Entwickelungen zu finden. Sie ist der *Ursprung der Dichtkunst*, und da dieser zum Allerheiligsten des *Orients*, in das Dunkel der Hieroglyphen, in die orphischen und eleusinischen Geheimnisse, und zu den Priesterschwüren der Druiden in ihren heiligen Eichenwäldern, gehört: so sei dieses Odengenie zugleich ein *Kenner des Altertums*. Ja dieser *dichterische Philolog* sei auch ein *Weltweiser*, um den Geist der Nationen um sich zu kennen, und in diesen Schalen von gegebnen Fällen, den Kern zu finden, der da nährt. Wo ist dieser triceps?« (98)

Psychologie, vergleichende Altertumswissenschaft und Philosophie sind die Disziplinen; Empfindung, vorstellendes Sichversetzen in die Geschichte und kritisches Nachdenken die Haltungen, die hier vereinigt werden sollen.

Die Wißbegierde nach dem Ursprung, so heißt es 1766 in der »Geschichte der lyrischen Dichtkunst«, »verfolgt ihren Weg bis in die dunkelsten Zeiten, um in ihnen den Anfang der Dinge entweder historisch zu erfahren, oder philosophisch zu erklären, oder wahrscheinlich zu mutmaßen. [...] Daher lesen wir so gern die dichterischen oder philosophischen Hypothesen von dem Ursprunge der uns bekannten Gegenstände.«[29] Hier wird am Historischen nicht der Anlaß gesehen, sich mit der Einbildungskraft »in den Geist der Zeiten zu versetzen«, sondern die Grundlage von empirischen Daten, die durch historische Forschung gewonnen werden muß. Entsprechend arbeitet die Ursprungsschrift mit »festen Data aus der menschlichen Seele« (810). Während sich die frühere Schrift über den Ursprung der Dichtung noch mit »philosophischen Hypothesen« begnügt, erhebt Herder in seiner Sprachschrift höhere Ansprüche: »Keine Hypothese«, keinen »philosophischen Roman, Rousseaus, Condillacs und andrer« habe er geliefert, sondern sich bemüht, »seinen Satz so zu beweisen, wie die festeste *philosophische* Wahrheit bewiesen werden kann« (810). Daß philosophischer Beweis aus Begriff oder Datum allerdings prinzipiell begrenzt ist und, wie schon anläßlich der Entfaltung des Ursprungs in den Schein der Ursprungsbegriffe erläutert, nur das Begreifliche im säkularen Raum ausmißt, macht Herder noch einmal deutlich am Problem, wie der Mensch zur »Besinnung« kommt: »Über die ersten Momente der Sammlung, muß freilich die schaffende Vorsicht, gewaltet haben – doch das ist nicht Werk der Philosophie das Wunderbare in diesen Momenten zu erklären; so wenig sie seine [des Menschen] Schöpfung erklären kann. Sie nimmt ihn im ersten Zustande der *freien Tätigkeit*, im ersten *vollen Gefühl seines gesunden Daseins*, und erklärt also diese Momente nur *menschlich*.« (771). Von der durch diese Kritik der reinen Vernunft auf einen aposteriorischen Operationsbereich eingeschränkten Erkenntnis wer-

---

29 J.G. Herder, Werke, ed. W. Proß. München 1984, Bd. I, S. 9.

den mit den Verfahren der Sammlung fester »Data aus der menschlichen Seele« und des Beweises »philosophischer Wahrheit« also die empirisch-psychologische und die begrifflich-philosophische Zugangsweise genannt; das analogische Verfahren, das in der Ursprungsschrift diese beiden Diskurse verbindet, muß hinzugefügt werden. Kant hat es in seiner Rezension von Herders »Ideen« kritisch hervorgehoben, so als wäre es Herders ausschließlicher Weg der Erkenntnisgewinnung; Hugh Nisbet ergänzt die beiden anderen Zugänge: »Herder's usual procedure in ›Ideen‹ I and II is to try to interpret the same phenomenon both teleologically and naturalistically.«[30] Während Nisbet aber im abwertenden Sinne Herders Verfahren »thoroughly ambivalent« nennt[31] und damit der allgemeinen Rede vom konfusen Intuitionisten Herder recht gibt, lassen die jetzt aufgezählten Äußerungen und Befunde aus den Jahren 1764/65, 1770, 1784, die beliebig vermehrt werden können, auf ein bewußt angewandtes Verfahren mehrstimmiger Argumentation schließen, dessen Ambi- und Trivalenzen intendiert sind. Sofern es sich dabei in jedem der Diskurse um vollwertige Argumente handelt, die in »monologischen« Abhandlungen auch für sich stehen könnten, entstehen argumentative Redundanzen; sofern es sich jedoch wie im Fall der drei Diskurse um konkurrierende und in polemischem Verhältnis stehende Denk- und Zeichensysteme handelt, müssen die von der Forschung bisher negativ vermerkten Ambivalenzen, der von Hamann ausgesprochene Verdacht des Unernstes entstehen: die Argumentation, immer punktuell überzeugend, wird im größeren Zusammenhang zum irisierenden Schein und Spiel der Argumente, das den Sprachphilosophen zur Verzweiflung und den literarisch interessierten Leser zum ästhetischen Genuß führen kann. Erst die genaue Analyse der diskursiven Zugehörigkeit der Argumente erklärt die Verzweiflung und begründet das ästhetische Vergnügen durch die Erkenntnis der trialogisch inszenierten Argumentation.

Zwischen den Diskursen lassen sich verschiedene Verhältnisse und Beziehungen vom Nebeneinander bis zur integrativen Rekonstruktion jedes durch jeden Diskurs denken. Herder hat für jeden seiner Ursprungs- und Sprachbegriffe eine andere Art der Dreistimmigkeit gewählt, die ich in meinem Buch analysiert habe.[32] Hier möchte ich nur drei Beispiele von Anfang, Mitte und Ende des 1. Teils der Ursprungsschrift skizzieren:

Der Naturschrei des ersten Sprachursprungs, der bei Mensch und höherem Tier z. B. in der Schmerzempfindung gleichermaßen vorliegt, wird sensualistisch mit der »Mechanik fühlender Körper« (697) begründet; idealistisch erscheint die Vorstellung einer Naturordnung, die durch ein einheitliches »Gesetz« für alle einzelnen Lebewesen den »Bund« mit der »ganzen Natur« und der einzelnen untereinander sichert (698). Analogisch erscheinen das Bild von der »gleichfühlend« mitschwingenden Saite, das Bild von der homerischen Kette der Natur, die zugleich elektrische Funken leitet, vor allem die Personifikation der »mütterlichen [...] bildenden Hand der Natur« (697f.). Hier liegen die sensualistischen, idealistischen und analogisch-mythischen Argumente nebeneinander; die Verschiedenartigkeit der Diskurse ist hervorgehoben: mechanistische Determination, idealistische Teleologie und naturphilosophische analogia entis werden gegeneinander gesetzt. Der zusammenfas-

---

30 H. Nisbet, Herder and Scientific Thought, Cambridge 1970, S. 49f.
31 Ebd., S. 47.
32 Vgl. Anm. 23.

sende Satz: »Es giebt also eine Sprache der Empfindung, die unmittelbares Naturgesetz ist« (698) ist so gesehen voll von Widersprüchen.

Das »Wort der Seele« des vierten Sprachursprungs zeigt die die Diskurse generierenden Fähigkeiten unter dem Zugriff der »Reflexion«:

> »Der Mensch beweiset Reflexion, wenn die Kraft seiner Seele so frei würket, daß sie in dem ganzen Ozean von Empfindungen, der sie durch alle *Sinnen* durchrauschet, Eine Welle, wenn ich so sagen darf, absondern, sie anhalten, die Aufmerksamkeit auf sie richten, und sich bewußt sein kann, daß sie aufmerke. Er beweiset Reflexion, wenn er aus dem ganzen schwebenden Traum der *Bilder*, die seine Sinne vorbeistreichen, sich in ein Moment des Wachens sammlen, auf Einem Bilde freiwillig verweilen, es in helle ruhigere Obacht nehmen, und sich Merkmale absondern kann, daß dies der Gegenstand und kein andrer sei. Er beweiset also Reflexion, wenn er nicht bloß alle Eigenschaften, lebhaft oder klar *erkennen*; sondern eine oder mehrere als unterscheidende Eigenschaften bei sich anerkennen kann: der erste Aktus dieser Anerkenntnis giebt deutlichen Begriff.« (722)

Hier wird im Zuge einer Aufstufung über die Synthesis der Anschauung und die Synthesis der Einbildungskraft zur Synthesis der Erkenntnis die Bildung von Merkzeichen für Anschauungen, Vorstellungen und Begriffe zugleich mit der Konstitution des reflektierenden Subjekts beschrieben. Die Diskurse sind hier auf die sie generierenden Fähigkeiten zurückgeführt; diese schließen in einem Stufenbau der Erfahrung und Erkenntnis aneinander an. Die Argumentation ist psychologisch deskriptiv, transzendentalphilosophisch konklusiv und analogisch metaphorisch.

Bei »Sprache und Sprachschaffung« des sechsten Sprachursprungs wirken die Diskurse synthetisch so zusammen, daß jeder der drei Zugriffe die andern in sich rekonstruiert und als in ihm wirkende zeigt. Aus Raumgründen will ich dies nur an der Sinnlichkeit zeigen: Sensualistisch erscheint sie hier als synästhetischer Grund der Seele (744–46), in dem sich die Eindrücke verschiedener Sinne in Lautwerte und damit in stimmlich produzierbare Wortlaute transformieren lassen. Sozusagen imaginativ sensualistisch erscheint die Sinnlichkeit, wenn Herder sagt: »Da alle Sinne nichts als Vorstellungsarten der Seele sind: so habe sie nur deutliche Vorstellung: mithin Merkmal, mit dem Merkmal hat sie innere Sprache.« (746) Aus dieser zweiten Betrachtung der Sinnlichkeit geht also der Weg zur inneren Sprache (signifié), während er aus der sensualistischen zur äußeren Sprache (signifiant) gegangen ist. Der dritte reflexionsbezogene Aspekt der Sinnlichkeit kommt in folgendem Satz zum Ausdruck: »Wir sind Ein denkendes sensorium commune, nur von verschiedenen Seiten berührt.« (743f.) Die synthetische Funktion der »Besonnenheit« als »Disposition von Kräften«, die die Subjektivität des Menschen konstituiert, erscheint hier als bestimmende Disposition der Sinnlichkeit. Hier zeigt sich also, daß die Sinnlichkeit alle drei Fähigkeiten und die Gesichtspunkte der auf sie begründeten Diskurse in sich rekonstruiert; dasselbe läßt sich bei den beiden anderen Vermögen zeigen.[33]

Die verschiedenartige Organisation des Verhältnisses zwischen den Diskursen läßt sich, überblickt man alle Ursprungs- und Sprachbegriffe mit ihren Argumentationen, wiederum auf die Anwendung der Schöpfungshieroglyphe und die mit ihren Stufen verbundenen Verfahrensregeln zurückführen. Auch für die Argumentation, die trivalente Stimmführung der Diskurse, gilt also das Prinzip der Inszenierung. Sofern durch die

---

33 Vgl. mein in Anm. 23 genanntes Buch, S. 127–132.

Argumentationen Denkweisen des Lesers provoziert werden, ist eine Progression der argumentativen Stimmführung vom verwirrenden Widerspruch über die additive Aufstufung zur Synthese durch interne Rekonstruktion ein Verfahren, den Leser zu einem aus Sinnlichkeit, Imagination und Rationalität, aus Empirie, Poesie/Mythos und Abstraktion integrierten Weltzugang zu führen.In diesem Sinn ist der Leser Teil der Inszenierung. Für denjenigen, der nur aus der Perspektive eines der Diskurse die Abhandlung zu lesen sucht, ist das Spiel der Argumente irritierend; an den Texten normaler expositorischer Prosa gemessen baut Herder durch die festgestellte Redundanz und das ständige Hinübergleiten von einem in den andern Diskurs nicht eine Scheinargumentation, aber das Scheinen der Argumentation auf, die Inszenierung des Expositorischen, die Herder »schöne Prosa« nennt und für die er in Fragment 18 »Über die neuere deutsche Literatur« einen Kanon »unserer klassischen Schriftsteller« aufgestellt hat.

Dieses Herdersche Verfahren kann als die sprachlich-erkenntniskritische Alternative der Transzendentalphilosophie verstanden werden: Wo bei der Identifikation von Vernunft und Sprache klar sein muß, daß reine Vernunft unmöglich und synthetische Urteile a priori nicht formulierbar sind, wo also die Synthesis des Subjekts als existenzielle Gewißheit gespürt, aber nicht in einem bestimmten Diskurs gefaßt werden kann, da kann nur der periodus der schönen Prosa, das Argumentation inszenierende Herumgehen um den ungesagten Gegenstand, das Wahre scheinend hervorleuchten lassen und den Rezipienten auf diesem Umweg seiner Präsenz gewärtig machen.

SORAYA DE CHADAREVIAN (Konstanz)

Die Auflösung der cartesianischen Begriffswelt

Zur literarischen Form bei Merleau-Ponty

Kaum jemand, der sich mit den Schriften Merleau-Pontys beschäftigt hat, kennt nicht das Erlebnis, daß er ganzen Textabschnitten innerlich mit dem Kopf nickend gefolgt ist, bis er schließlich bestürzt feststellen muß, daß die ganze Passage der Darstellung einer von Merleau-Ponty kritisierten Position diente. In diese »Falle« gerät nicht nur, wer Textstücke selektiv aus dem Zusammenhang herausgreift, sondern auch der »geübte« Merleau-Ponty-Leser, der seine besondere Argumentationsweise zu kennen glaubt. Manch ein Leser mag verwirrt und auch verärgert den angelesenen Text beiseite geschoben haben. Ist er jedoch Merleau-Ponty auf seinen verschlungenen Denkpfaden gefolgt, erwartet ihn eine nicht minder bestürzende Erfahrung, die Erfahrung nämlich, daß ihm das Gelesene, sobald er es zu explizieren versucht, gleichsam zwischen den Händen zerrinnt.[1] Kwant, der Merleau-Ponty schon sehr früh und sehr positiv rezipiert, beschreibt dies folgendermaßen: »Unsurprisingly, after reading a chapter of »Phénoménologie de la perception«, one never enjoys the feeling of having acquired a clear understanding. It is almost impossible to summarize a particular chapter without betraying Merleau-Ponty's thought. He shows how that which presents itself as ›obvious‹ [...] is not at all obvious. [...] The reader feels that he has become acquainted with a valuable perspective. But as soon as he endeavors to reconstruct what he has read, he becomes aware of the obscure nature of Merleau-Ponty's explanations«.[2] Als »obscure« bezeichnet Kwant den Charakter von Merleau-Pontys Philosophie, ohne dies kritisch zu meinen. Denn die Dunkelheit – auch von Ambiguität wird oft gesprochen[3] – betrifft nach Kwant die Existenz als den Gegenstand von Merleau-Pontys Reflexion selbst. Dabei bezieht er sich auf die »Phänomenologie der Wahrnehmung«, schließt aber das Spätwerk in seine Überlegungen mit ein. Hieraus ergibt sich nach Kwant notwendigerweise die unsystematische Struktur von Merleau-Pontys Denken und der »tastende Charakter«[4], der seinen Grundbegriffen eigen ist und all diejenigen,

---

1 Vgl. G. Pilz, Maurice Merleau-Ponty. Ontologie und Wissenschaftskritik, Bonn 1973, S. 11f.
2 R.C. Kwant, The Phenomenological Philosophy of Merleau-Ponty, Pittsburgh 1963, S. 45.
3 Vgl. A. De Waelhens, Une philosophie de l'ambiguité, Louvain/Paris 1968.
4 Kwant, The Phenomenological Philosophy, S. 45. Soweit nicht auf vorhandene Übersetzungen zurückgegriffen werden konnte, liegen hier und im folgenden eigene Übersetzungen vor. Merleau-Ponty selbst spricht von »fließenden Begriffen«, die sich nicht zu starren Konzepten verfesti-

welche das Ideal eines »hygienischen Denkens«[5] verfolgen, notwendigerweise schockieren muß.

Nun unterscheidet Merleau-Ponty selber zwischen einer »guten« und einer »schlechten« Ambiguität, und wir werden darauf noch zurückkommen. An dieser Stelle scheint es mir wichtiger, auf sein argumentatives Vorgehen genauer einzugehen. Die These nämlich lautet, daß Merleau-Pontys besondere Weise, alternative Positionen von innen her aufzulösen und gegeneinander ins Feld zu führen, die anfangs als eine eher eigentümliche und verwirrende Darstellungsweise abgetan werden könnte, in Wirklichkeit mit zentralen Gehalten seiner Philosophie und einem eigenständigen Philosophieverständnis zusammenhängt. Nur aus diesen systematischen Gründen heraus läßt sich daher auch der »unsystematische« Charakter seines Philosophierens und die Eigentümlichkeit seiner Begriffsverwendung verständlich machen. Dieser Zusammenhang soll im folgenden anhand seiner drei Hauptwerke: »Die Struktur des Verhaltens« (franz. 1942), »Phänomenologie der Wahrnehmung« (franz. 1945) und »Das Sichtbare und das Unsichtbare« (franz. 1964), die zugleich drei verschiedene Stadien der Bewegung seines Denkens markieren und damit dem zu diskutierenden Problem eine je eigene Prägung verleihen, ausgeführt werden.

»Diesseits« von Subjekt und Objekt

Merleau-Pontys erklärtes Ziel ist es, »ein Verständnis zu gewinnen von den Beziehungen zwischen dem Bewußtsein und der Natur«[6], dem Subjekt und dem Objekt. Diesem Programm liegt, ähnlich wie in Husserls Krisis-Schrift, die Diagnostizierung einer Krise zugrunde, die die Spaltung des theoretischen Feldes in objektivierende Natur- und Humanwissenschaften und reine Bewußtseinsphilosophie betrifft. Diese Kritik trifft unter den Wissenschaften insbesondere die Psychologie, wie sie in den zwanziger und dreißiger Jahren in Frankreich praktiziert wird. Sie bietet eine implizite Interpretation und Antwort auf die Frage nach dem Verhältnis von Natur und Bewußtsein, indem sie »den Organismus und das Bewußtsein als zwei Realitätsordnungen und, in ihrer Wechselbeziehung, als ›Wirkungen‹ und ›Ursachen‹ behandel[t]«.[7] Auf die Frage nach dem Zusammenhang zwischen Physiologie und Psychologie verengt, wird das Verhältnis von Natur und Bewußtsein im Sinne einer »Naturalisierung« des Bewußtseins entschieden. Natur meint

---

gen lassen, sondern einen Spielraum der Bedeutung offenhalten (vgl. M. Merleau-Ponty, Phänomenologie der Wahrnehmung, übersetzt und eingeführt von R. Boehm, Berlin 1966, S. 73 und S. 418). Dabei stützt er sich auf: E. Husserl, Erfahrung und Urteil. Untersuchungen zur Genealogie der Logik, ed. L. Landgrebe, Prag 1939, S. 428 Anm. 1.

5 Kwant, The Phenomenological Philosophy, S. 45.
6 M. Merleau-Ponty, Die Struktur des Verhaltens, übersetzt und eingeführt von B. Waldenfels, Berlin/New York 1976, S. 1.
7 A.a.O., S. 2.

hierbei »eine Mannigfaltigkeit von Ereignissen, die einander äußerlich und durch Kausalbeziehungen miteinander verknüpft sind«.[8]

Der »Naturalisierung« des Bewußtseins steht die kritizistische Lösung antinomisch gegenüber, »die aus jeglicher Natur eine objektive, für das Bewußtsein konstituierte Einheit macht«.[9] Man könnte von einer »Denaturalisierung« des Bewußtseins oder einer »Idealisierung« der Natur sprechen.

Beide Lösungen bewegen sich in der von Descartes vorgegebenen Zweiteilung der Welt in *res extensa* und *res cogitans*. Diese ontologische Aufteilung der Welt und ihre methodologischen und epistemologischen Konsequenzen sind es, die Merleau-Ponty zu unterlaufen sucht. Entscheidend dabei ist die von ihm eingeschlagene Strategie, die sich in Aufbau und Sprache seines ersten Werkes, »Die Struktur des Verhaltens«, deutlich widerspiegelt.

Naturalismus und Kritizismus wird ein jeweils partielles Recht zugestanden. Die Lösung wird jedoch nicht in einer Synthese der beiden Extreme gesucht. Die Begriffe der Natur und des Bewußtseins, der Welt und des Subjekts werden vielmehr von innen her aufgelöst. Das erfordert ein sich Einlassen auf den Diskurs der zitierten Positionen, auf die unreflektierten Voraussetzungen, Beobachtungen und Theorien der Wissenschaften, wie auf die philosophischen Positionen Anderer. »Man muß also«, so schreibt er, »einerseits der spontanen Entwicklung des positiven Wissens folgen, indem man sich fragt, ob hier wirklich der Mensch auf den Status eines Objekts reduziert wird, und man muß andererseits die reflexive und philosophische Einstellung überprüfen, indem man untersucht, ob sie uns wirklich das Recht gibt, uns als unbedingte und zeitlose Subjekte zu definieren. Vielleicht werden diese konvergierenden Untersuchungen am Ende dazu führen, daß wir ein Milieu vor uns sehen, das der Philosophie und dem positiven Wissen gemeinsam ist, und daß sich uns, diesseits des reinen Subjekts und des reinen Objekts, so etwas wie eine dritte Dimension eröffnet, wo unsere Aktivität und unsere Passivität, unsere Autonomie und unsere Abhängigkeit sich nicht mehr widersprechen«.[10]

Deutlich geht es Merleau-Ponty hier um ein neues Verständnis von Wissenschaft und Philosophie und dem Verhältnis der beiden Diskurse zueinander. Dieses neue Verständnis soll jedoch nicht *ex cathedra* eingeführt, sondern in der diskursiven Praxis entwickelt, das heißt in den herrschenden Diskursen hermeneutisch herausgelesen und zugleich vorgeführt werden. Die Strategie, von den – oft stilisierten – Extremen auszugehen, verfolgt dabei ein doppeltes Ziel: Zum einen beruhen die konkurrierenden Gegenpositionen auf motivierten Irrtümern, deren Gründe die Philosophie zu explizieren hat. Zum anderen betont Merleau-Ponty immer wieder den Vorzug eines »indirekten« Vorgehens in der Philosophie.[11]

---

8 A.a.O., S. 1.
9 A.a.O., S. 2.
10 Ders., Titres et travaux (1952, unveröffentlicht), zitiert nach: Merleau-Ponty, Struktur des Verhaltens (Vorwort des Übersetzers), S. IX.
11 Vgl. Merleau-Ponty, Struktur des Verhaltens, S. 3 und S. 143; ders., Phänomenologie der Wahrnehmung, S. 424 ff.; ders., Das Sichtbare und das Unsichtbare gefolgt von Arbeitsnotizen, ed. C. Lefort, übers. von R. Giuliani und B. Waldenfels, München 1986, S. 235 ff.

Interessant dabei ist es, daß die Philosophie nach Merleau-Ponty besonders auf den »Umweg« durch die Wissenschaften nicht verzichten kann. Gerade in den Wissenschaften findet Merleau-Ponty die besten Ansatzpunkte für das von ihm gesuchte neue Verständnis von Natur und Bewußtsein. So haben Behaviorismus, Gestaltpsychologie und Psychoanalyse nach Merleau-Ponty – neben der Phänomenologie Husserls – entscheidend an der Neufassung der Begriffe des Bewußtseins und der Bedeutung gearbeitet und damit den Boden bereitet für die Artikulation jenes neuen theoretischen Diskurses, an dem Wissenschaft und Philosophie auf neue und je eigene Weise partizipieren können. Zwar gilt es, sich von szientistischen Verkürzungen wie der letztlich doch reflex-reduktionistischen Betrachtung des Verhaltens im Behaviorismus, der physikalistischen Reduktion der Gestalten in der Berliner Schule oder den kausalistischen Erklärungen der Freudschen Theorie freizuhalten. Doch gegen die allzu rasche Aneignung der Phänomene seitens einer transzendentalen Reflexion betont Merleau-Ponty immer wieder und scheinbar im Widerspruch zu seiner Rolle als Philosoph den Vorzug eines wissenschaftlichen Zugangs zu den Problemen bzw. das Philosophische am distanzierenden Blick der Wissenschaften.[12]

Der Durchgang durch Positionen verschiedener Lager und insbesondere auch durch die philosophischen Voraussetzungen und Implikationen wissenschaftlicher Theorien hat daher nicht nur eine kritische, sondern auch eine konstruktive Funktion. Daraus entwickelt sich notwendigerweise eine oft sehr komplexe Argumentationsweise, die immer wieder aufnimmt und vergleicht, zurückweist und rettet. Merleau-Pontys Versuch, die von ihm postulierte »dritte Dimension« im »Diesseits der Extreme« oder »dazwischen«[13] zu suchen, birgt allerdings auch eine Gefahr in sich. Der Vorteil, tradierten Positionen soweit wie möglich nachzugehen und sie nicht vorschnell abzutun, kann auch umschlagen und dazu führen, daß zu keiner radikal neuen Lösung durchgedrungen wird. So endet »Die Struktur des Verhaltens« tatsächlich auch mit der Forderung einer Erneuerung des transzendentalen Ansatzes unter Berücksichtigung des wahrnehmenden Verhaltens zur Welt, eine Position die Merleau-Ponty später selber einer weiteren subjektkritischen Revision unterzieht. Das beschriebene Vorgehen schlägt sich in negativer Weise auch in der Begriffssprache nieder. Denn anders als etwa in seinem späteren ontologischen Entwurf entwickelt Merleau-Ponty in der »Struktur des Verhaltens« kein neues Vokabular, sondern versucht die vorgefundenen Begriffe durch differenzierende Adjektive (ideelle vs. inkarnierte Bedeutung), durch Kopplung antithetischer Begriffe (zugleich Idee und Existenz) oder Ausschließen von Alternativen (weder Ding noch Bewußtsein) intern umzuinterpretieren.[14] Die gleichen Termini können daher in verschiedenen Kontexten Verschiedenes meinen. Dies erfordert vom Leser eine besondere Aufmerksamkeit und kann zu den irritierten Reaktionen führen. Zugleich stellt sich der Verdacht, daß »Lösungen« bisweilen nur begriffsstrategisch suggeriert werden. Eine Schlüsselstellung nimmt hier der Begriff

---

12 Zur Frage des Zusammenhangs von Philosophie und Wissenschaft bei Merleau-Ponty vgl. ausführlicher S. de Chadarevian, Zwischen den Diskursen. Maurice Merleau-Ponty und die Wissenschaften, Würzburg (im Druck).
13 V. Descombes, Das Selbe und das Andere. Fünfundvierzig Jahre Philosophie in Frankreich. 1933–1978, Frankfurt 1981, S. 69.
14 Vgl. das Vorwort von B. Waldenfels, in: Merleau-Ponty, Struktur des Verhaltens, S. X.

des Leibes als *ne-utrum*, weder Subjekt noch Objekt, zugleich Körper und Bewußtsein ein. Wie der Begriff der Gestalt markiert er jenes Zwischenfeld, von dem Merleau-Ponty spricht, und ist in seiner kritischen Funktion gegen den cartesianischen Dualismus in seinen ontologischen, erkenntnis- und wissenschaftstheoretischen Konsequenzen am besten zu fassen. Die ambivalenten Bestimmungen jedoch bleiben der cartesianischen Begriffswelt verhaftet. Merleau-Ponty selbst bezeichnet dies später als eine schlechte Ambiguität, die nicht in der »Sache« liegt, sondern von den tradierten Denkmustern und Begriffsschemata herrührt.

»Gemischte Untersuchungen«

Die »Phänomenologie der Wahrnehmung« kreist um dieselben Probleme der Verhältnisse von Natur und Bewußtsein, Subjekt und Objekt.[15] Merleau-Pontys methodischer Zugang scheint jedoch – zumindest auf den ersten Blick – ein grundlegend anderer zu sein. Hier nähert er sich, seiner eigenen Aussage nach, dem Phänomen der leiblichen Existenz des Menschen nicht »von außen«, sondern versetzt sich von Anfang an »in das Innere des Subjekts«[16], um von dort aus »das Verhältnis von Subjekt, Leib und Geist gründlicher zu analysieren«.[17]

Anders als sich auch durch den programmatischen Titel der Arbeit anfangs vermuten läßt, beginnt Merleau-Ponty seine Analyse jedoch auch hier mit einer extensiven Diskussion empiristischer und intellektualistischer[18] Wahrnehmungstheorien. Dieses Vorgehen wiederholt sich in allen Einzelanalysen (zum Phänomen des Eigenleibes, des Raumes, der Zeit, des Bewußtseins, des Subjekts, der Sprache, der Freiheit) durch das Werk hindurch. Ebenso bezieht Merleau-Ponty weiterhin und extensiv wissenschaftliche Beobachtungen in seine Erörterungen mit ein. Zugleich ist die »Phänomenologie der Wahrnehmung« als das »kompromißhafteste« seiner Werke kritisiert[19], sowohl von idealistischer als auch von realistischer Seite angegriffen und als szientistisch abgetan worden.

---

15 Vgl. etwa Merleau-Ponty, Phänomenologie der Wahrnehmung, S. 487.
16 Ders., Titres et travaux, zitiert nach: T.F. Geraets, Vers une nouvelle philosophie transcendentale. La genèse de la philosophie de Maurice Merleau-Ponty jusqu'à la Phénoménologie de la perception, Den Haag 1971, S. 185.
17 M. Merleau-Ponty, Vorlesungen, Bd. I: Schrift für die Kandidatur am Collège de France, Lob der Philosophie, Vorlesungszusammenfassungen (Collège de France 1952–1960), Die Humanwissenschaften und die Phänomenologie, übersetzt und eingeführt von A. Métraux, Berlin/New York 1973, S. 4.
18 Als empiristisch bezeichnet Merleau-Ponty all diejenigen philosophischen und wissenschaftlichen Theorien zur Wahrnehmung, die sinnleere Daten (»Empfindungen«, »Reize«) als Grundelemente der Wahrnehmung annehmen. Unter dem Stichwort »intellektualistisch« faßt er alle philosophischen Positionen, die ihren Ausgang vom *cogito* nehmen, also sowohl Descartes' Rationalismus als auch Kants Kritizismus und Husserls Konstitutionstheorie. Bei all diesen Autoren bleibt nach Merleau-Ponty das Phänomen der Wahrnehmung unterbestimmt und wird fälschlicherweise den urteilenden Funktionen des Geistes untergeordnet. Empiristen und Intellektualisten gemeinsam ist das Vorurteil einer »fertigen Welt« und damit das Vergessen der Wahrnehmung als das primäre Verhältnis, in dem Subjekt und Welt allererst entstehen.
19 Vgl. B. Waldenfels, Phänomenologie in Frankreich, Frankfurt 1983, S. 176f.

Daß ein und dieselbe Arbeit von so vielen verschiedenen Seiten attackiert wird, gibt zu denken. Liegt die Schwierigkeit in der Unfähigkeit des irritierten Lesers, den »gemischten Untersuchungen«[20] auf unbefangene Weise zu folgen, und das bedeutet, gewohnte Denkschemata aufzubrechen, oder in Merleau-Pontys Unvermögen, den neuen Ort seiner Analysen tatsächlich überzeugend zu bestimmen?

Die Antwort lautet: wohl in beidem. In der Diskussion, die sich Merleau-Pontys Vorstellung seiner Thesen vor der *Société française de Philosophie* anschloß, bezeichnet Beaufret Merleau-Pontys Versuch, ein Problem der Tradition aufzugreifen, um es in einem Sinne zu lösen, der dieser Tradition und diesem Vokabular entgegensteht, als paradox.[21] Wie mir scheint, greift er damit jedoch nur Merleau-Pontys Verfahren und so auch die zur Diskussion stehende Form seiner Abhandlung an, gesteht aber seinen Thesen eine radikale Sprengkraft zu. Dieselbe Einstellung teilt etwa auch Madison, für den das Grundproblem der »Phänomenologie der Wahrnehmung« darin besteht, daß Merleau-Ponty am Husserlschen Begriff der Intentionalität festhält und somit trotz Abschwächung des subjektiven Standpunktes die Bewußtseinsphilosophie und die klassische Subjekt-Objekt-Spaltung nicht zu überwinden vermag.[22] Erst in der Ontologie des Spätwerks, die Madison nicht als Überschreitung, sondern als Vertiefung der phänomenologischen Fragestellung versteht, wird Merleau-Ponty nach diesem Interpreten der Radikalität seines Ansatzes gerecht und sprengt damit die idealistischen Grenzen der Phänomenologie. So weist auch Taminiaux in einer subtilen Analyse überzeugend nach, daß in der »Phänomenologie der Wahrnehmung«, und zwar bereits im Vorwort, eine Doppeldeutigkeit in der Bestimmung der phänomenologischen Reduktion auftritt, die auf eine Überschneidung tradierter und neuer Gedanken zurückzuführen ist. Er unterscheidet eine »positivistische« und eine »künstlerische« Auffassung der Reduktion bei Merleau-Ponty.[23] Die »positivistische« Version geht von der Husserlschen Vorstellung der Präexistenz einer Sphäre ursprünglichen Sinns aus, den es zu explizieren gilt. In der »künstlerischen« Variante dagegen gibt es keine Gründung durch einen primären Sinn, da wird Sinn allererst produziert. Diese zweite Auffassung impliziert ein neues Verständnis des Zusammenhangs von Erfahrung und Sprache, ein Problem, das später in das Zentrum von Merleau-Pontys Denken rücken und zu einer Auflösung der genannten Spannungen führen wird.

In der »Phänomenologie der Wahrnehmung« lassen sich ebensolche Unstimmigkeiten auch im Begriff der Wahrnehmung, der Sprache und des *cogito* nachweisen. Mehr als in allen anderen Werken Merleau-Pontys ist hier sein Weg der inneren Auflösung von traditionellen Begriffspaaren und Positionen nicht nur rhetorische Form, sondern Ausdruck sowohl seines systematischen und methodischen Ansatzes als auch seiner Schwierig-

---

20 M. Merleau-Ponty, Signes, Paris 1960, S. 125.
21 Vgl. ders., Le primat de la perception et ses conséquences philosophiques, Bulletin de la Société française de Philosophie 41 (1947), S. 152.
22 Vgl. G.B. Madison, La phénoménologie de Merleau-Ponty. Une recherche des limites de la conscience, Paris 1973, S. 52ff. und S. 238 Anm. 10.
23 Vgl. J. Taminiaux, Über Erfahrung, Ausdruck und Struktur. Ihre Entwicklung in der Phänomenologie Merleau-Pontys, in: R. Grathoff/W. Sprondel (eds.), Maurice Merleau-Ponty und das Problem der Struktur in den Sozialwissenschaften, Stuttgart 1976, S. 100.

keiten, die von ihm aufgeworfenen Probleme überzeugend in den Griff zu bekommen. Entschieden zurückzuweisen ist jedoch, wie es bereits Waelhens[24] in seiner frühen Interpretation getan hat, der Vorwurf des Szientismus an Merleau-Pontys Phänomenologie. Wenn Merleau-Ponty ohne Unterlaß auf wissenschaftliche Beobachtungen und Theorien rekurriert, so nicht, um diese unbesehen qua empirischer Daten in seine philosophischen Überlegungen zu übernehmen. Sein Anliegen ist es, die Phänomene, die die Wissenschaft selbst zutage fördert, mit den philosophischen Voraussetzungen dieser Wissenschaft zu konfrontieren und die Widersprüche aufzuzeigen, die sich auftun zwischen Theorie und Erfahrung.[25] Die Philosophie geht also nur soweit auf die Wissenschaft ein, als diese selbst philosophisch ist oder zu werden vermag.[26] Zugleich kann die Philosophie den wissenschaftlichen Zugang zu den Phänomenen nicht ignorieren. Sie hat keinen direkten oder privilegierten Zugang zu diesen. Sie mißt nur den Abstand zwischen unserer Erfahrung und der Wissenschaft.[27] Wie Merleau-Ponty es paradox ausdrückt, konnte die »Phänomenologie der Wahrnehmung« daher »nur psychologisch beginnen, und doch nicht nur psychologisch beginnen«.[28]

Zwischen den Zeichen. Die Poesie der Welt.

Auch in »Das Sichtbare und das Unsichtbare« stoßen wir auf die gewohnte Strategie Merleau-Pontys, Einsichten durch detaillierte Auseinandersetzung und interne Auflösung anderer Positionen (hier insbesondere derjenigen von Sartre und Husserl, aber auch die Auseinandersetzung mit dem wissenschaftlichen Standpunkt tritt erneut auf) positiv zu entwickeln. Auch seine Frage der Überwindung von Subjekt und Objekt ist in gewisser Weise dieselbe geblieben. In einem selbstkritischen Versuch, die bewußtseinsphilosophischen Grenzen seines eigenen Denkens zu überwinden, entwickelt er jedoch nun entschieden ein neues Vokabular, das sich in seinem neuen ontologischen Entwurf niederschlägt. Die Ausprägung dieser Ontologie und ihre Begrifflichkeit lassen sich ohne Rückgriff auf die vorausgegangene »Sprachwende« bei Merleau-Ponty und seine Rezeption der linguistischen Einsichten Saussures kaum verstehen. Gerade über seine eigenwillige Lektüre des »Cours de linguistique générale« läßt sich auch sein philosophischer Umgang mit Texten und sein Philosophieverständnis, das darin zum Ausdruck kommt, explizieren. In dem Maße, in dem die Sprache in das Zentrum seiner Aufmerksamkeit rückt, wird die Frage nach dem Bezug zwischen Texten und dem zwischen Texten und ihrem Leser auch bei

---

24 Vgl. Waelhens, Une philosophie de l'ambiguité, S. 13.
25 Waelhens Abwehr des Szientismusverdachtes bei Merleau-Ponty bleibt bei diesem wissenschaftskritischen Argument stehen. Damit droht er in das Gegenlager derjenigen Interpreten zu fallen, die Merleau-Ponty Wissenschaftsfeindlichkeit vorwerfen. Wie im folgenden ausgeführt, geht es jedoch darum zu erkennen, daß Merleau-Ponty einen neu zu denkenden, notwendigen Zusammenhang zwischen dem wissenschaftlichen und dem philosophischen Wissen fordert.
26 Vgl. Merleau-Ponty, Phänomenologie der Wahrnehmung, S. 88; auch ders., Das Auge und der Geist. Philosophische Essays, ed. H.W. Arndt, Hamburg 1984, S. 14.
27 Vgl. ders., Primat de la perception, S. 137.
28 Ders., Phänomenologie der Wahrnehmung, S. 88.

Die Auflösung der cartesianischen Begriffswelt 173

Merleau-Ponty selbst thematisch. Daraus ergeben sich wichtige Hinweise für die Lektüre seiner eigenen Texte.

Schon in der »Phänomenologie der Wahrnehmung« sah Merleau-Ponty in der Sprache die entscheidende Instanz »zur endgültigen Überwindung der klassischen Entgegensetzung von Subjekt und Objekt«.[29] Erst später jedoch wird der Sprache (und nicht mehr dem leiblich wahrnehmenden Verhalten des Menschen zur Welt) tatsächlich die entscheidende Rolle im Prozeß der Sinnbildung und damit in der Dekonstruktion der cartesianischen Begriffswelt zugesprochen. Entscheidend für diesen Schritt ist für Merleau-Ponty die Rezeption der linguistischen Schriften Saussures und vor allem dessen Definition des Zeichens als »diakritisches, gegensätzliches und negatives«.[30] Zwei Eigentümlichkeiten im Prozeß seiner Aneignung der Saussureschen Theorie scheinen mir dabei im Zusammenhang unserer Fragestellung interessant: Erstens die Eigenwilligkeit seiner Lektüre, die Saussure Einsichten zuschreibt, die gleichsam in Widerspruch zu dessen eigenen Aussagen, zumindest der traditionellen Interpretation nach, zu stehen scheinen, und zweitens die Art und Weise, in der der gestalttheoretische Diskurs seiner Wahrnehmungsanalysen in den neuen zeichentheoretischen Diskurs eingreift und unauffällig in ihn übergleitet.[31] Beide Gesichtspunkte sind eng mit der Schwierigkeit des Lesers verknüpft, Merleau-Pontys eigenen Gedankengang durch seine Texte hindurch klar verfolgen und fassen zu können, und dies um so mehr, als Merleau-Ponty den linguistischen Geltungsbereich des diakritischen Zeichenmodells aufhebt und dieses schließlich sein gesamtes philosophisches Denken bestimmt. Aus beiden Aspekten lassen sich zugleich interessante Einsichten ableiten zum Zusammenhang von systematischem Inhalt, methodischem Vorgehen und literarischer Form im Spätwerk Merleau-Pontys.

Auffällige »Umdeutungen« in Merleau-Pontys Wiedergabe des »Cours« betreffen die Rolle der *parole* und die zentralen Begriffe der Synchronie und Diachronie. Während Saussure die *parole*, also das konkrete und im Kommunikationsprozeß empirisch beobachtbare Ereignis der menschlichen Rede ausdrücklich als Gegenstand der Sprachwissenschaft, wie sie von ihm entworfen wird, ausschließt und Diachronie und Synchronie als zwei – unabhängige und scharf voneinander getrennte – Gesichtspunkte bestimmt, unter der die *langue* untersucht werden kann, hebt Merleau-Ponty bei Saussure die Unterscheidung zwischen einer »synchronischen Linguistik des Sprechens« (*linguistique synchronique de la parole*) und einer »diachronischen Linguistik der Sprache«(*linguistique diachronique de la langue*)[32] hervor. Damit unterläuft er die strikte Trennung von *langue* und *parole* einerseits und Diachronie und Synchronie andererseits. Denn die Rede aktualisiert nicht nur die von der *langue* bereitgestellten Redemittel, sondern entwickelt eine eigene Dynamik, die

---

29 A.a.O., S. 207.
30 Ders., Vorlesungen, Bd. I, S. 62.
31 Seine Auseinandersetzung mit Saussure ist in einer Reihe von Vorlesungen und Aufsätzen aus den frühen fünfziger Jahren dokumentiert. Vgl. insbesondere: Das Problem der Rede, in: Merleau-Ponty, Vorlesungen, Bd. I, S. 62–66;, Sur la phénoménologie du langage, in: ders., Signes, S. 105–122 und das erst posthum veröffentlichte, aber aus derselben Zeit stammende Fragmentwerk »Die Prosa der Welt«, ed. C. Lefort, übers. von R. Giuliani-Tagmann, mit einer Einleitung zur deutschen Ausgabe von B. Waldenfels, München 1984.
32 Ders., Signes, S. 107.

verändernd auf das System der Sprache übergreifen kann. Damit läßt sich das synchron realisierte System als ein Querschnitt durch die Diachronie verstehen und die Diachronie als die Geschichte aufeinanderfolgender Synchronien.

Merleau-Pontys unorthodoxe Rezeption des »Cours« ist unterschiedlich aufgenommen worden. Einige Interpreten erkennen darin nur den schlampigen Lesestil, den sie auch bei seinem Umgang mit Husserl und anderen Autoren wiederfinden, oder werfen ihm vor, Saussure Einsichten von Pos und Jakobson untergeschoben oder die Positionen schlicht verwechselt zu haben. Im Gegensatz dazu steht die Bemühung einiger Autoren, Merleau-Pontys Interpretation mit Saussures eigener Darlegung in Einklang zu bringen. All diese Versuche jedoch übergehen die Möglichkeit, Merleau-Pontys idiosynkratischen Umgang mit Saussure von seinen eigenen Fragestellungen her aufzuschlüsseln und damit als einen Prozeß kreativer Aneignung zu verstehen.

In eben dieser Weise beschreibt Merleau-Ponty selbst in einigen verstreuten Bemerkungen seinen philosophischen Umgang mit Texten. Diese sind, wie er ausführt, nicht als empirische Fakten zu behandeln, sondern ihrer »Intention« nach auszulegen.[33] Gemeint sind damit die Intentionen des Textes, die im Dialog, der sich zwischen den Fragen des Lesers und dem Text entwickelt, erst realisiert werden und immer über das ausdrücklich Geschriebene hinausreichen.[34] In der »schöpferischen Wiederaufnahme« des Geschriebenen verliert die Polarisierung von Leser und Autor an Bedeutung und etwas »Neues« entsteht. Für das Lesen entwickelt sich damit dieselbe Dynamik, die Merleau-Ponty in den Begriffen der Saussureschen Zeichentheorie für die lebendige Rede konstatiert hat. »De jure«, so hält er fest, »ist es unmöglich, in jedem Augenblick auseinanderzuhalten, was einem jeden zukommt«.[35] Merleau-Pontys Tendenz, die in Lektüren gewonnenen Einsichten trotzdem den gelesenen Autoren zuzusprechen und nicht etwa in kritischer Absetzung für sich selbst in Anspruch zu nehmen, entspringt der Überzeugung, daß das »Ungedachte«[36] eines Textes, »das heißt jenes, was erst und allein durch dieses Denkwerk als das noch nicht Gedachte heraufkommt«[37], diesem Text und diesem Denken wie ein Schatten den Dingen wesentlich zugehört. »Wie die wahrgenommene Welt nur durch die Widerspiegelungen, die Schatten, die Ebenen, die Horizonte zwischen den Dingen gebildet wird, [...] ebenso besteht auch das Werk und das Denken eines Philosophen aus bestimmten Bezügen zwischen den gesagten Dingen, die uns nicht vor das Dilemma von objektiver und willkürlicher Interpretation stellen, weil es sich ja dabei nicht um *Gegenstände* des Denkens handelt, weil man sie, wie die Schatten und die Widerspiegelungen zerstören würde, wenn man sie der analytischen Beobachtung oder dem isolierenden Denken unterwürfe, und weil man ihnen nur treu sein kann, indem man sie von neuem denkt«.[38]

Dieses Weiter- und Neudenken kann soweit gehen, daß es schließlich in Widerspruch

---

33 Vgl. ders., Vorlesungen, Bd. I, S. 133. Die problematische Unterscheidung zwischen Intention und Text (vgl. ebd.) wird später zurückgenommen und der Akt des Lesens als ein sprachinternes Geschehen beschrieben (vgl. ders., Die Prosa der Welt, S. 34 ff.).
34 Vgl. ders., Das Auge und der Geist, S. 45 ff.
35 A.a.O., S. 65.
36 A.a.O., S. 45.
37 A.a.O., S. 46.
38 Ebd.

Die Auflösung der cartesianischen Begriffswelt   175

gerät zu den explizit formulierten Absichten eines Autors oder eines Textes. So gesteht Merleau-Ponty in bezug auf Husserl, daß er ihn weitergetrieben hat, als dieser es selber wollte, und ihn »wohl oder übel, entgegen seinen Plänen und entsprechend seinem wesentlichen Wagnis«[39] Dinge hat sagen lassen, die dieser selbst nie hat sagen wollen.[40] Ähnliches läßt sich auch für seine Saussure-Interpretation feststellen. Doch was er Saussure zu sagen zwang, war ebenso wichtig wie alles, was Saussure wirklich gesagt hat, wie Schmidt seine Betrachtung kommentierend zusammenfaßt.[41]

Diese Aussagen Merleau-Pontys über seinen Umgang mit Texten sind wichtig, weil sie seine Auffassung von Philosophie und seinen Denk- und Darstellungsstil wesentlich prägen. Wenn der Text nicht bloß Träger positiver Bedeutungen ist, sondern stets wieder der schöpferischen Aneignung bedarf, dann muß auch das Denken stets von vorne beginnen. Dabei ist der Ansatz nicht beliebig. Der Rückgriff auf die Tradition ist entscheidend, denn sonst gäbe es nichts, was aktiv aufgenommen und umgearbeitet werden könnte. Die Tradition selbst aber ist nur die Sedimentation vorangegangener Denkakte. Sie bedarf ihrerseits, soll sie weiter bestehen, der jeweils neuen Aktualisierung. Die Philosophie stellt sich damit nicht als systematisches Wissen, sondern als Prozeß der Bildung, Verwandlung und Sedimentierung des Sinns dar.

Merleau-Pontys Umgang mit Texten und auch seine eigenen Texte scheinen damit eher literarischen (oder allgemeiner künstlerischen) als wissenschaftlich-philosophischen Kriterien gerecht zu werden. Tatsächlich fordert Merleau-Ponty mit Husserl selbst eine »Dichtung der Philosophiegeschichte«[42], in der das Implizite der tradierten Texte ebenso wichtig wie das Explizite ist und das Lesen immer eine Teilhabe am »operierenden« Denken bedeutet.[43] Trotzdem wäre es falsch, Merleau-Pontys Texte – wie auch andere Texte der neueren französischen Philosophie – , nur weil sie einen neuen Umgang mit Texten postulieren und selbst vorführen, als »literarisch« und damit nicht wissenschaftlich abzutun.[44] Merleau-Ponty selbst jedenfalls arbeitet genau gegen eine entsprechende Aufteilung der Diskurse. Er greift in seinem philosophischen Diskurs auf wissenschaftliche und literarische[45] Texte gleichermaßen zurück. Der Begriff der Poesie bezeichnet nach Merleau-Ponty das Durchbrechen einer bestimmten Ordnung und kann daher sowohl das literarische als auch das wissenschaftliche oder philosophische Denken meinen.[46]

Als zweiten im Zusammenhang unserer Fragestellung interessanten Aspekt von Merleau-Pontys Saussure-Lektüre hatte ich die Art und Weise genannt, in der gestalt- und

---

39 A.a.O., S. 67.
40 Vgl. auch ders., Vorlesungen, Bd. I, S. 163.
41 Vgl. J. Schmidt, Maurice Merleau-Ponty. Between Phenomenology and Structuralism, New York 1985, S. 11 und S. 162f.
42 Merleau-Ponty, Vorlesungen, Bd. I, S. 118.
43 Auch seinen Geschichtsbegriff expliziert Merleau-Ponty am Beispiel der Kunstgeschichte (vgl. ders., Das Auge und der Geist, S. 89ff. und S. 103). Zur Parallelisierung von Philosophie und Kunst vgl. auch ders., Das Sichtbare und das Unsichtbare, S. 253f., S. 256 und S. 317.
44 Vgl. etwa Bréhiers Einwand in: Merleau-Ponty, Primat de la perception, S. 139.
45 Vgl. hierzu die häufige Bezugnahme Merleau-Pontys auf Texte von Proust, Valéry u.a.. Zur Bedeutung des literarischen Diskurses für Merleau-Ponty vgl. Madison, La phénoménologie de Merleau-Ponty, S. 143ff.
46 Vgl. hierzu die Einleitung von B. Waldenfels in: Merleau-Ponty, Prosa der Welt, S. 10ff.

zeichentheoretischer Diskurs ineinandergreifen. Deutlich ereignet sich die Lektüre des »Cours« in der Wiederaufnahme struktúraler Gesichtspunkte aus der »Struktur des Verhaltens«. Dabei prägt zunächst das gestalttheoretische Denken in entscheidendem Maße die Art und Weise, in der der linguistische Strukturbegriff von Merleau-Ponty aufgenommen und weiterentwickelt wird. Daß im Saussureschen System den einzelnen Elementen einer Sprache nicht Punkt für Punkt eine Bedeutung zugeordnet wird, deutet Merleau-Ponty demnach anfänglich so, daß nicht jeder Teil, sondern nur das Ganze einen Sinn hat.[47] Zunehmend jedoch erfährt die Rede von »Gestalt« selbst eine tiefgreifende Veränderung. So wird die Struktur von Figur und Grund immer klarer entsprechend dem Saussureschen Paradigma als Abweichung oder Differenz gefaßt, die schließlich im Spätwerk ontologisch interpretiert wird. In dieser Überschneidung gestalt- und zeichentheoretischer Modelle und Interpretationen kommt die wiederholte Strategie Merleau-Pontys zum Tragen, Konvergenzen zwischen disparaten Diskursen (wie beispielsweise auch zwischen den Humanwissenschaften und der Phänomenologie oder Husserls Sprachphilosophie und Saussures Linguistik) aufzuweisen und diese produktiv miteinander zu verknüpfen und weiterzuentwickeln. Daß dies möglich ist, zeugt für den Zusammenhang alles philosophischen Fragens. Dieser Zusammenhang gilt in besonderem Maß auch für Merleau-Pontys Denken. Nach Merleau-Ponty sind alle Probleme »konzentrisch«.[48] Dies bedeutet zum einen, daß es keine Haupt- und Nebenprobleme gibt, die sich argumentativ auseinander ableiten und in einen architektonischen Zusammenhang bringen ließen. Es bedeutet zum anderen, daß das (metaphysische) »Zentrum«, um das es in diesem Fragen immer geht, sich einem direkten Zugriff entzieht. Eben dies macht den indirekten Charakter von Merleau-Pontys Philosophie aus. Auch dieser Zug läßt sich in Saussureschen Termini formulieren. Denn wenn der Sinn nur zwischen den Zeichen entsteht, so ist er immer indirekt, lateral, schräg, anspielend und zerrinnt, sobald man ihn zu fassen versucht.

Das Saussuresche Paradigma eines differentiellen Zeichensystems wird von Merleau-Ponty von der phonetischen Ebene, auf der es von Saussure nachgewiesen wurde, auf die Rede übertragen und schließlich auf die Strukturierungsleistung des Seins angewendet. Wie weit die Revision der traditionellen Denk- und Begriffsschemata an Hand der Saussureschen Begriffe der Differenz, der Abweichung, des Abstandes tatsächlich führen sollte, geht aus den Arbeitsnotizen hervor, die die Abfassung seines Spätwerkes, das er nicht mehr zu Ende führen konnte, begleiten.[49] »Das ganze Bauwerk von Begriffen der Psychologie (Wahrnehmung, Idee, Gefühl, Lust, Begehren, Liebe, Eros) all das, das ganze Durcheinander, klärt sich plötzlich auf, sobald man diese Begriffe nicht mehr als *Positives* (als »Geistiges«, das + oder – dicht ist) versteht, nicht um sie als etwas Negatives oder als Negativitäten zu denken (denn das führt uns wieder in dieselben Schwierigkeiten), sondern als *Differenzierungen* einer einzigen und *massiven* Verhaftetheit ans Sein, das Fleisch ist (eventuell als ›Zacken‹)«.[50] »Die Auffassungen von Begriff, Idee, Geist, Vorstellung durch die Begriffe *Dimension*, Artikulation, Ebene, Scharnier, Angeln, Konfiguration ersetzen. –

---

47 A.a.O., S. 50.
48 Ders., Phänomenologie der Wahrnehmung, S. 467.
49 Die stichpunktartige und elliptische Form der Arbeitsnotizen hat also keine systematische Bedeutung.
50 Ders., Das Sichtbare und das Unsichtbare, S. 339.

Der Ausgangspunkt = die Kritik am gebräuchlichen Begriff des *Dinges* und seiner *Eigenschaften* → Kritik am logischen Begriff des Subjekts und an der logischen Inhärenz → Kritik an der *positiven* Bedeutung (Differenzen von Bedeutungen), die Bedeutung als Abweichung, Theorie der Prädikation, gegründet auf diese diakritische Konzeption«.[51]

Mit diesem nicht zufällig dekonstruktiv anmutenden Programm[52] hat Merleau-Ponty seine ersten Versuche, durch die Zentrierung auf ein leiblich wahrnehmendes Subjekt die Beziehungen zwischen dem Subjekt und dem Objekt neu zu denken, weit hinter sich gelasssen. Zwar nimmt die Wahrnehmung auch in seiner neuen Ontologie, die auch als eine »Ontologie des Sichtbaren«[53] bezeichnet worden ist, eine Schlüsselstellung ein. Sie wird jedoch nicht mehr als *perception* gefaßt – ein Begriff, der die Trennung von Subjekt und Objekt in irgendeiner Weise immer schon voraussetzt[54] –, sondern als *vision*. Das Sehen (*la vision*) bezeichnet das umkehrbare Verhältnis zwischen dem Sehenden und dem Sichtbaren, die Grunddifferenzierung des Seins. Sie ist im Leib exemplarisch realisiert, aber nur insofern dieser Teil der *chair*, des »Fleisches« der Welt ist. Entscheidende Denkfiguren sind die der Zirkularität, der Reversibilität, des Chiasma. Sie alle stehen für den Versuch, die Beziehungen zwischen Polen (Leib und Welt, Sehender und Sichtbares) neu zu formulieren. Auffallend ist die Vielfalt von Metaphern, die Merleau-Ponty bewußt gegen eine scheinbar »fertige« Sprache einsetzt. Tatsächlich sind es nur der Bedeutungsreichtum der Begriffe[55] und die schöpferische Kraft der Sprache, die auch dort noch spricht, wo sie schweigt, die es dem Philosophen erlauben, für die Erfahrung der Welt offen zu sein.[56] Das linguistische Modell Saussures wirkt sich hier auf eine Theorie der Sprache (und der Wahrheit) aus, die Merleau-Pontys eigenen Schreibstil bestimmt.[57]

Trotz der Revolution der Begriffe und Denkschemata behält Merleau-Ponty auch in »Das Sichtbare und das Unsichtbare« die Form der philosophischen »Abhandlung« bei. Die Metaphorik und der Anspielungsreichtum seiner Beschreibungen verleihen jedoch seinen Texten zugleich literarische Züge im engeren Sinne und unterstreichen damit den internen Zusammenhang von Philosophie und Literatur.

---

51 A.a.O., S. 284; vgl. auch a.a.O., S. 246, S. 251 und S. 339.
52 Über den Einfluß des späten Merleau-Ponty auf Derrida vgl. R. Gasché, Deconstruction as Criticism, Glyph 6 (1979), S. 177–215.
53 X. Tilliette/A. Métraux, Maurice Merleau-Ponty: Das Problem des Sinns, in: J. Speck (ed.), Grundprobleme der großen Philosophen. Philosophie der Gegenwart, Bd. II, Göttingen 1973, S. 189.
54 Vgl. Merleau-Ponty, Das Sichtbare und das Unsichtbare, S. 206 und S. 257.
55 Zur inneren Dynamik philosophischer Begriffe vgl. a.a.O., S. 124.
56 Vgl. a.a.O., S. 138.
57 Zur Verbindung zwischen der Sprachtheorie in »Prosa der Welt« und Merleau-Pontys Spätstil vgl. ausführlich R. Giuliani-Tagmann, Sprache und Erfahrung in den Schriften von Maurice Merleau-Ponty, Bern/Frankfurt/New York 1983, S. 195 ff.

CHRISTIANE SCHILDKNECHT (Konstanz)

Bibliographie zur literarischen Form der Philosophie

Die vorliegende Bibliographie beruht auf der Sammlung von Literaturangaben zur literarischen Form über einen längeren Zeitraum hinweg sowie auf Datenbankrecherchen der Universitätsbibliothek Konstanz. Da bei einem Thema wie dem der literarischen Form die herkömmlichen Weisen systematischen Bibliographierens an ihre Grenzen gelangen, erhebt sie keinerlei Anspruch auf Vollständigkeit. Hinzu kommt, daß bei Autoren, die im engeren Sinne »literarisch« philosophieren, wie etwa Montaigne, Kierkegaard oder Nietzsche, beinahe jede Sekundärliteratur einschlägige Überlegungen zur literarischen Form aufweist. Diese Sekundärliteratur geht in die vorliegende Bibliographie *nicht* ein.

Zwei weitere Einschränkungen seien noch erwähnt: Auf einen Überblick über die dekonstruktivistische Literatur wurde verzichtet. Aufgenommen wurden nur solche Beiträge, die die literarische Form der Philosophie ausdrücklich thematisieren. Auch die Diskussion zur Darstellungsform der Metapher findet keinen vollständigen Eingang in die vorliegende Bibliographie; zu einschlägigen Abhandlungen hierzu cf. etwa die »Bibliographie zur Theorie der Metapher«, in: A. Haverkamp (ed.), Theorie der Metapher, Darmstadt 1983, S. 455–489.

Das Register schließlich stellt kein analytisches Register dar: Überwiegend nach den Titeln der Literaturangaben erstellt, gehen nur in den Fällen, in denen der Text über den Titel hinausgeht oder der Titel selbst den Inhalt nur in unzureichender Weise widerspiegelt, Zusatzinformationen in das Register ein.

Für die Mithilfe und Unterstützung bei der Sammlung und Sichtung des umfangreichen bibliographischen Materials möchte ich insbesondere Prof. Gottfried Gabriel, Dr. Karsten Wilkens und Dr. Brigitte Uhlemann sowie den Teilnehmern der Wolfenbütteler Tagung »Die literarische Form philosophischer Werke« vom März 1987, vor allem Prof. Harald Fricke, danken.

Actes du Colloque international de Louvain-la-Neuve, 25–27 mai 1981 (1982): Les Genres littéraires dans les Sources Théologiques et Philosophiques Médiévales. Définition, Critique et Exploitation, Louvain-La-Neuve 1982.
Adolph, R. (1968): The Rise of Modern Prose Style, Cambridge Mass. 1968.
Ahrens, R. (1974): Die Essays von Francis Bacon. Literarische Form und moralistische Aussage, Heidelberg 1974.
Alderman, H. (1972): Nietzsche's Masks, International Philosophical Quarterly 12 (1972), S. 365–388.
Baird, A.C. (1965): Rhetoric. A Philosophical Inquiry, New York 1965.
Bambrough, R. (1972): The Disunity of Plato's Thought or: What Plato Did Not Say, Philosophy 47 (1972), S. 295–307.
– (1974): Literature and Philosophy, in: ders. (ed.), Wisdom: Twelve Essays, Oxford 1974, S. 274–292.
Bauer, R. (1977): »Ein Sohn der Philosophie«: Über den Dialog als literarische Gattung, in: Jahrbuch der Deutschen Akademie für Sprache und Dichtung Darmstadt 1976, Heidelberg 1977, S. 29–44.
Baumann, G. (1976): Entwürfe. Zu Poetik und Poesie, München 1976 (zur Aphoristik: bes. S. 57–68).
Benda, W. (1982): Der Philosoph als literarischer Künstler. Esoterische und satirische Elemente bei Lord Shaftesbury, unter besonderer Berücksichtigung von »Soliloquy, or Advice to an Author«, Diss. Erlangen-Nürnberg 1982.
Benjamin, A.E. (1987): Descartes' fable: the *Discours de la Méthode*, in: ders./G.N. Cantor/J.R.R. Christie (eds.), The figural and the literal. Problems of language in the history of science and philosophy, 1630–1800, Manchester 1987, S. 10–30.
Besser, K. (1935): Die Problematik der aphoristischen Form bei Lichtenberg, Schlegel, Novalis und Nietzsche, Leipzig 1935.
Bindeman, S.L. (1981): Heidegger and Wittgenstein: The Poetics of Silence, Washington DC 1981.
Blanshard, B. (1954): On Philosophical Style, Bloomington, Manchester 1954, New York 1969.
Blessing, M. (1965): Der philosophische Dialog als literarische Kunstform von Renan bis Valéry, Diss. Tübingen 1965.
Blondel, E. (1971): Nietzsche: La Vie et la Métaphore, Revue Philosophie Française 96 (1971), S. 315–345.
Brandt, R. (1984): Die Interpretation philosophischer Werke. Eine Einführung in das Studium antiker und neuzeitlicher Philosophie, Stuttgart-Bad Cannstatt 1984 (bes. S. 103–136).
– (1985): Die literarische Form philosophischer Werke, Universitas 40 (1985), S. 545–556.
Brinkmann, H. (1971): Verhüllung (»integumentum«) als literarische Darstellungsform im Mittelalter, in: A. Zimmermann (ed.), Der Begriff der Repraesentatio im Mittelalter. Stellvertretung, Symbol, Zeichen, Bild, Berlin/New York 1971 [Miscellanea Mediaevalia 8], S. 314–339.
Brockmeier, P. (1981): La Raison en Marche. Über Form und Inhalt der Belehrung bei Montesquieu, Marivaux und Voltaire, in: H.-G. Rötzer/H. Walz (eds.), Europäische Lehrdichtung [Festschrift für Walter Naumann], Darmstadt 1981, S. 159–173.
Broekman, J.M. (1982): Darstellung und Diskurs, in: Zur Phänomenologie des philosophischen Textes, Freiburg/ München 1982, S. 77–97 [E.W. Orth (ed.), Phänomenologische Forschungen XII].
Brown, L.B. (1980): Philosophy, Rhetoric, and Style, Monist 63 (1980), S. 425–444.
Broyles, J.E. (1974): An Observation on Wittgenstein's Use of Fantasy, Metaphilosophy 5 (1974), S. 291–297.
Brumbaugh, R.S. (1988): Digression and Dialogue: The *Seventh Letter* and Plato's Literary Form, in: Griswold, C.L. (ed.) (1988), S. 84–92.
Brunner, H. (1985): Vom Nutzen des Scheiterns. Eine literaturwissenschaftliche Interpretation von L. Wittgensteins Philosophischen Untersuchungen, Bern/Frankfurt/ New York 1985.
Bruzina, R. (1973): Heidegger on the Metaphor and Philosophy, Cultural Hermeneutics 1 (1973), S. 305–324.
Buell, L. (1973): Literary Transcendentalism. Style and Vision in the American Renaissance, Ithaca/ London 1973.

Bukala, C.R. (1973): Sartre's Dramatic Philosophical Quest, Thought 48 (1973), S. 79–106.
Bunge, M. (1954): New Dialogues Between Hylas and Philonous, Philosophy and Phenomenological Research 15 (1954), S. 192–199.
Burks, D.M. (ed.) (1978): Rhetoric, Philosophy, and Literature: An Exploration, West Lafayette Ind. 1978.
Burrell, D. (1973): Analogy and Philosophical Language, New Haven/London 1973.
Cahné, P.-A. (1980): Un Autre Descartes. Le Philosophe et son Langage, Paris 1980.
Cambiano, G. (1968): Il Platone di Ryle, Rivista di Filosofia 59 (1968), S. 316–337.
Campbell, P.N. (1973): Poetic-Rhetorical, Philosophical, and Scientific Discourse, Philosophy and Rhetoric 6 (1973), S. 1–29.
Cascardi, A.J. (ed.) (1987): Literature and the Question of Philosophy, Baltimore/London 1987.
Charlton, W. (1974): Is Philosophy a Form of Literature?, The British Journal of Aesthetics 14 (1974), S. 3–16.
Chatterjee, M. (1981): The Language of Philosophy, The Hague/Boston/London 1981.
Clark, C. (1978): The Web of Metaphor. Studies in the Imagery of Montaigne's ›Essais‹, Lexington 1978.
Christensen, B.J. (1982): The Apple in the Vortex: Newton, Blake, and Descartes, Philosophy and Literature 6 (1982), S. 147–161.
Danto, A.C. (1985): Philosophy as/and/of Literature, in: J. Rajchman/C. West (eds.), Post-Analytic Philosophy, New York 1985, S. 63–83.
Davie, D.A. (1951): Berkeley's Style in ›Siris‹, Cambridge Journal 4 (1951), S. 427–433.
— (1952): Irony and Conciseness in Berkeley and in Swift, The Dublin Magazine N.S. 27, No.4 (1952), S. 20–29.
— (1963): The Language of Science and the Language of Literature 1700–1740, London/New York 1963.
— (1964): Berkeley and the Style of Dialogue, in: H.S. Davies/G. Watson (eds.), the English Mind. Studies in the English Moralists Presented to Basil Willey, Cambridge 1964, S. 90–106.
Devaux, P. (1972): Essais Romanesques de Bertrand Russell, Revue Internationale de Philosophie 26 (1972), S. 557–572.
Donnellan, B. (1982): Nietzsche and the French Moralists, Bonn 1982 [P. Heller/H.H. Schulte (eds.), Modern German Studies IX].
Dorter, K. (1971): Imagery and Philosophy in Plato's ›Phaedrus‹, Journal of the History of Philosophy 9 (1971), S. 279–288.
Dronke, P. (1974): Fabula. Explorations into the Uses of Myth in Medieval Platonism, Leiden/Köln 1974.
Edelman, N. (1950): The Mixed Metaphor in Descartes, The Romanic Review 41 (1950), S. 167–178.
Evans, G.R. (1978): Anselm and talking about God, Oxford 1978 (bes. Kap. 2: *Monologion* und *Proslogion*, S. 39–66).
Fisher, J. (1966): Plato on Writing and Doing Philosophy, Journal of the History of Ideas 27 (1966), S. 163–172.
Frank, M. (1989): Wittgensteins Gang in die Dichtung, in: ders./G. Soldati, Wittgenstein. Literat und Philosoph, Pfullingen 1989, S. 7–72.
Fricke, H. (1984): Aphorismus, Stuttgart 1984.
Friedman, J.A. (1979): The Nature of the Dialogue: Freud and Socrates, Human Studies 2 (1979), S. 229–246.
Fritz, K. von (1966): Philosophie und sprachlicher Ausdruck bei Demokrit, Plato und Aristoteles, Darmstadt 1966.
Gabriel, G. (1978): Logik als Literatur? Zur Bedeutung des Literarischen bei Wittgenstein, Merkur 32 (1978), S. 353–362.
— (1983): Über Bedeutung in der Literatur. Zur Möglichkeit ästhetischer Erkenntnis, Allgemeine Zeitschrift für Philosophie 8 (1983), H. 2, S. 7–21.
Gadamer, H.-G. (1981): Philosophie und Literatur, in: Was ist Literatur?, Freiburg/München 1981, S. 18–45 [E.W. Orth (ed.), Phänomenologische Forschungen XI].

Genova, J. (1978): A Map of the ›Philosophical Investigations‹, Philosophical Investigations 1 (1978), S. 41–56.
Gerhart, M. (1977): The Extent and Limits of Metaphor: Reply to Gary Madison's ›Reflections on Paul Ricœur's Philosophy of Metaphor‹, Philosophy Today 21 (1977), S. 431–436.
Gerl, H.-B. (1977): Die philosophische Bedeutung des Ornatus bei Leonardo Bruni. Zum Problem der Vermittlung von Scientia Rerum und Litterae, Tijdschrift voor Filosofie 39 (1977), S. 421–434.
Gigante, M. (1978): Le Orazioni di Vico: Lingua e Contenuti, Filosofia 29 (1978), S. 399–410.
Gill, J.H. (1979): Wittgenstein and Metaphor, Philosophy and Phenomenological Research 40 (1979), S. 272–284.
Gisel, P. (1977): Paul Ricœur: Discourse between Speech and Language, Philosophy Today 21 (1977), S. 446–456.
Goff, R.A. (1968): Wittgenstein's Tools and Heidegger's Implements, Man and World 1 (1968), S. 447–462.
  (1969): Aphorism as *Lebensform* in Wittgenstein's *Philosophical Investigations*, in: J.M. Edie (ed.), New Essays in Phenomenology. Studies in the Philosophy of Experience, Chicago 1969, S. 58–71.
Goodman, R. (1976): Style, Dialectic, and the Aim of Philosophy in Wittgenstein and the Taoists, Journal of Chinese Philosophy 3 (1976), S. 145–157.
Grassi, E. (1976): Rhetoric and Philosophy, Philosophy and Rhetoric 9 (1976), S. 200–216.
Gray, F. (1958): Le Style de Montaigne, Paris 1958.
Greisch, J. (1973): Les Mots et les Roses: La Métaphore chez Martin Heidegger, Revue des Sciences Philosophiques et Théologiques 57 (1973), S. 433–455.
Griffiths, A.P. (ed.) (1984): Philosophy and Literature, Cambridge 1984 [Supplement to: Philosophy (1983)].
Grimsley, R. (1966): Søren Kierkegaard and French Literature. Eight Comparative Studies, Cardiff 1966.
Griswold, C.L. (1980): Style and Philosophy. The Case of Plato's Dialogues, Monist 63 (1980), S. 530–546.
  (ed.) (1988): Platonic Writings – Platonic Readings, New York/London 1988.
Gumbrecht, H.U./Pfeiffer, K.L. (eds.) (1986): Stil. Geschichten und Funktionen eines kulturwissenschaftlichen Diskurselements, Frankfurt 1986.
Gundert, H. (1968): Der Platonische Dialog, Heidelberg 1968.
  (1971): Dialog und Dialektik. Zur Struktur des platonischen Dialogs, Amsterdam 1971 [zuerst veröffentlicht in: Studium Generale 21 (1968), S. 295–379, 387–449].
Habermas, J. (1985): Exkurs zur Einebnung des Gattungsunterschiedes zwischen Philosophie und Literatur, in: ders., Der philosophische Diskurs der Moderne. Zwölf Vorlesungen, Frankfurt 1985, S. 219–247.
  (1988): Philosophie und Wissenschaft als Literatur?, in: ders., Nachmetaphysisches Denken. Philosophische Aufsätze, Frankfurt 1988, S. 242–263.
Haddox, J.H. (1970): A Matter of Style, Southwestern Journal of Philosophy 1 (1970), S. 162–169.
Hadot, A. (1989): Artikel »Literarische Formen der Philosophie«, Historisches Wörterbuch der Philosophie, J. Ritter/K. Gründer (eds.), VII, Basel 1989, Sp. 848–858.
Hallie, P.P. (1966): The Scar of Montaigne. An Essay in Personal Philosophy, Middletown Conn. 1966 (bes. Part III: Language the Integument).
Hannay, A. (1975): A Kind of Philosopher: Comments in Connection with Some Recent Books on Kierkegaard, Inquiry 18 (1975), S. 354–365.
Häntzschel-Schlotke, H. (1967): Der Aphorismus als Stilform bei Nietzsche, Diss. Heidelberg 1967.
Hartland-Swann, J. (1951): Plato as Poet: A Critical Interpretation, Philosophy 26 (1951), S. 3–18, 131–141.
Heintz, G. (1982): Sprachreflexion als literarische Einbildungskraft: Arthur Schopenhauer, Literatur in Wissenschaft und Unterricht 15 (1982), S. 61–86.
Heller, E. (1980): The Poet in the Age of Prose: Reflections on Hegel's ›Aesthetics‹ and Rilke's ›Duino Elegies‹, Monist 63 (1980), S. 465–479.
Henze, D. (1980): The Style of Philosophy, Monist 63 (1980), S. 417–424.

Herzog, R. (1984): Non in sua voce. Augustins Gespräch mit Gott in den *Confessiones* — Voraussetzungen und Folgen, in: K. Stierle/R. Warning (eds.), Das Gespräch, München 1984 [Poetik und Hermeneutik XI], S. 213–250.
Hester, M. B. (1967): The Meaning of Poetic Metaphor. An Analysis in the Light of Wittgenstein's Claim that Meaning is Use, The Hague/Paris 1967.
Hinman, L. M. (1980): Philosophy and Style, Monist 63 (1980), S. 512–529.
Hirzel, R. (1963): Der Dialog. Ein literarhistorischer Versuch, I-II, Leipzig 1895 (repr. Hildesheim 1963).
Hoffmann, E. (1947/1948): Die literarischen Voraussetzungen des Platonverständnisses, Zeitschrift für philosophische Forschung 2 (1947/1948), S. 465–480.
Holdcroft, D. (1976): Forms of Indirect Communication: An Outline, Philosophy and Rhetoric 9 (1976), S. 147–161.
Holmer, P. L. (1971): Indirect Communication: Something About the Sermon (With References to Kierkegaard and Wittgenstein), Perkins Journal 1971, S. 14–24.
Holzman, D. (1956): The Conversational Tradition in Chinese Philosophy, Philosophy East and West 6 (1956), S. 223–230.
Hüskens-Hasselbeck, K. (1978): Stil und Kritik. Dialogische Argumentation in Lessings philosophischen Schriften, München 1978.
Hyland, D. A. (1968): Why Plato wrote Dialogues, Philosophy and Rhetoric 1 (1968), S. 38–50.
IJsseling, S. (1982): Philosophie und Textualität. Über eine rhetorische Lektüre philosophischer Texte, in: Zur Phänomenologie des philosophischen Textes, Freiburg/München 1982, S. 57–76 [E. W. Orth (ed.), Phänomenologische Forschungen XII].
Jameson, F. (1961): Sartre. The Origins of a Style, New Haven/London, Paris 1961.
Judovitz, D. (1981): Autobiographical Discourse and Critical Praxis in Descartes, Philosophy and Literature 5 (1981), S. 91–107.
— (1987): Philosophy and Poetry: The Difference between Them in Plato and Descartes, in: Cascardi, A. J. (ed.) (1987), S. 26–51.
Kalin, J. (1977): Philosophy Needs Literature: John Barth and Moral Nihilism, Philosophy and Literature 1 (1977), S. 170–182.
Kaufmann, W. (1980): Discovering the Mind, III: Freud versus Adler and Jung, New York 1980 (bes. Kap. 1: Freud and His Poetic Science, S. 9–172).
Kenshur, O. (1986): Open Form and the Shape of Ideas. Literary Structures as Representations of Philosophical Concepts in the Seventeenth and Eighteenth Centuries, Lewisburg, London/Toronto 1986.
King, G. H. (1986): Existenz, Denken, Stil: Perspektiven einer Grundbeziehung. Dargestellt am Werk Søren Kierkegaards, Berlin/New York 1986.
Kisro-Völker, S. (1981): Die unverantwortete Sprache. Esoterische Literatur und atheoretische Reflexion als Grenzfälle medialer Selbstreflexion. Eine Konfrontation von James Joyce *Finnegans Wake* und Ludwig Wittgensteins *Philosophischen Untersuchungen*, München 1981.
Koch, P. (1989): Hypotyposes, in: F. Amrine (ed.), Literature and Science as Modes of Expression, Dordrecht/Boston/London 1989, S. 81–98.
Kosman, L. A. (1986): The Naive Narrator: Meditation in Descartes' *Meditations*, in: Rorty, A. (ed.) (1986), S. 21–43.
Kreimendahl, L. (1989): Einheit des Werkes durch Vielfalt der Form. Über die Verflechtung von Stil und Ziel im Œuvre David Humes, Zeitschrift für philosophische Forschung 43 (1989), S. 5–31.
Krüger, H. (1988): Über den Aphorismus als philosophische Form. Mit einer Einführung von Theodor W. Adorno, Frankfurt 1957 (unter dem Titel: Studien über den Aphorismus als philosophische Form), München 1988.
Kuhns, R. (1971): Literature and Philosophy. Structures of Experience, London 1971 (bes. Kap. 6: Philosophy as a Form of Art, S. 215–272).
Kummer, I. E. (1978): Blaise Pascal. Das Heil im Widerspruch. Studien zu den Pensées im Aspekt philosophisch-theologischer Anschauungen, sprachlicher Gestaltung und Reflexion, Berlin/New York 1978.
Lang, B. (ed.) (1980): Philosophical Style. An Anthology about the Writing and Reading of Philosophy, Chicago 1980 (mit Bibliographie: S. 525–527).

(1983): Philosophy and the Art of Writing. Studies in Philosophical and Literary Style, Lewisburg, London/Toronto 1983 (mit Bibliographie: S. 238–243).
Lawry, E.G. (1980): Literature as Philosophy: ›The Moviegoer‹, Monist 63 (1980), S. 547–557.
Ledure, Y. (1975): L'Aphorisme Nietzschéen comme Composition du Texte, Revue des Sciences Philosophiques et Théologiques 59 (1975), S. 427–434.
Leiber, J. (1976): How J.L. Austin Does Things with Words, Philosophy and Literature 1 (1976), S. 54–65.
Lesser, H. (1982): Style and Pedagogy in Plato and Aristotle, Philosophy 57 (1982), S. 388–394.
Levi, A.W. (1976): Philosophy as Literature: The Dialogue, Philosophy and Rhetoric 9 (1976), S. 1–20.
Lloyd, G. (1986): The Self as Fiction: Philosophy and Autobiography, Philosophy and Literature 10 (1986), S. 168–185.
Lypp, B. (1984): Eine anticartesianische Version des Selbst. Zu Rousseaus Selbstgesprächen, in: K. Stierle/R. Warning (eds.), Das Gespräch, München 1984 [Poetik und Hermeneutik XI], S. 377–391.
MacCormac, E.R. (1972): Wittgenstein's Imagination, Southern Journal of Philosophy 10 (1972), S. 453–461.
(1985): A Cognitive Theory of Metaphor, Cambridge Mass./London 1985.
Mackey, L.H. (1967): On Philosophical Form: A Tear for Adonais, Thought 42 (1967), S. 238–260.
(1971): Kierkegaard: A Kind of Poet, Philadelphia 1971.
(1986): Points of View. Readings of Kierkegaard, Tallahassee 1986.
Mader, J. (1983): Zur Theorie des Dialogs bei Augustinus, in: P. Kampits/G. Pöltner/H. Vetter (eds.), Wahrheit und Wirklichkeit. Festgabe für Leo Gabriel zum 80. Geburtstag, Berlin 1983, S. 51–67.
Madison, G.B. (1977): Reflections on Paul Ricœur's Philosophy of Metaphor, Philosophy Today 21 (1977), S. 424–430.
Man, P. de (1978): The Epistemology of Metaphor, Critical Inquiry 5 (1978), S. 12–30 (dt. Epistemologie der Metapher, in: A. Haverkamp [ed.], Theorie der Metapher, Darmstadt 1983, S. 414–437).
Marías, J. (1960): Die literarische Ausdrucksform in der Philosophie und die Frage nach dem möglichen Sinn von Philosophie heute, in: Sinn und Sein. Ein philosophisches Symposion, R. Wisser (ed.), Tübingen 1960, S. 31–45.
(1971): Literary Genres in Philosophy, in: ders., Philosophy as Dramatic Theory, University Park/London 1971, S. 1–35.
(1971a): The Dramatic Structure of Philosophical Theory, in: ders., Philosophy as Dramatic Theory, University Park/London 1971, S. 37–58.
Marshall, D.G. (ed.) (1987): Literature as Philosophy – Philosophy as Literature, Iowa City 1987.
McClintock, R. (1969): Ortega, or the Stylist as Educator, Journal of Aesthetic Education 3 (1969), S. 59–79.
McCormick, P. (1972): Symposium on Saying and Showing in Heidegger and Wittgenstein, The Journal of the British Society for Phenomenology [JBSP] 3 (1972), S. 27–35.
Merkel, R. (1984): »Geistige Landschaft mit vereinzelter Figur im Vordergrund«: Ludwig Wittgenstein, Merkur 38 (1984), S. 659–671.
Mittelstraß, J. (1982): Versuch über den Sokratischen Dialog, in: ders., Wissenschaft als Lebensform. Reden über philosophische Orientierungen in Wissenschaft und Universität, Frankfurt 1982, S. 138–161.
(1986): Das philosophische Lehrgespräch, in: W.D. Rehfus/H. Becker (eds.), Handbuch des Philosophie-Unterrichts, Düsseldorf 1986, S. 242–248.
Monist, The (1980): General Topic: Philosophy as Style and Literature as Philosophy, The Monist 63 (1980), No. 4, S. 415–557.
Müller, K. (1983): Thomas von Aquins Theorie und Praxis der Analogie. Der Streit um das rechte Vorurteil und die Analyse einer aufschlußreichen Diskrepanz in der »Summa theologiae«, Frankfurt/Bern/New York 1983.
Natanson, M. (1978): The Arts of Indirection, in: Burks, D.M. (ed.) (1978), S. 35–47.
Nehamas, A. (1985): Nietzsche. Life as Literature, Cambridge Mass./London 1985.

Neumann, G. (1976): Ideenparadiese. Untersuchungen zur Aphoristik von Lichtenberg, Novalis, Friedrich Schlegel und Goethe, München 1976.
Norton, G.P. (1975): Montaigne and the Introspective Mind, The Hague/Paris 1975 (bes.: Introspective Expression, S. 85–126).
Norris, C. (1983): The Deconstructive Turn. Essays in the Rhetoric of Philosophy, London/New York 1983.
Orth, E.W. (1982): Zur Phänomenologie des philosophischen Textes, in: Zur Phänomenologie des philosophischen Textes, Freiburg/München 1982, S. 7–20 [ders. (ed.), Phänomenologische Forschungen XII].
Partee, M.H. (1974): Plato on the Rhetoric of Poetry, The Journal of Aesthetics and Art Criticism 33 (1974), S. 203–212.
Pellauer, D. (1977): A Response to Gary Madison's ›Reflections on Ricœur's Philosophy of Metaphor‹, Philosophy Today 21 (1977), S. 437–445.
Peperzak, A. (1982): Phänomenologische Notizen zum Unterschied zwischen Literatur und Philosophie, in: Zur Phänomenologie des philosophischen Textes, Freiburg/München 1982, S. 98–122 [E.W. Orth (ed.), Phänomenologische Forschungen XII].
Pfotenhauer, H. (1985): Die Kunst als Physiologie. Nietzsches ästhetische Theorie und literarische Produktion, Stuttgart 1985 (bes. Kap. D: Die Literarisierung der Mythen, S. 169–218).
Poser, H. (ed.) (1979): Philosophie und Mythos. Ein Kolloquium, Berlin/New York 1979.
Puster, R.W. (1983): Zur Argumentationsstruktur Platonischer Dialoge. Die »Was ist X?«-Frage in Laches, Charmides, Der größere Hippias und Euthyphron, Freiburg/München 1983.
Rauter, H. (1961): »The Veil of Words«. Sprachauffassung und Dialogform bei George Berkeley, Anglia 79 (1961), S. 378–404.
Rée, J. (1984): Descartes's Comedy, Philosophy and Literature 8 (1984), S. 151–166.
Rendall, S. (1977): Dialogue, Philosophy, and Rhetoric: The Example of Plato's ›Gorgias‹, Philosophy and Rhetoric 10 (1977), S. 165–178.
Richetti, J.J. (1983): Philosophical Writing: Locke, Berkeley, Hume, Cambridge Mass./London 1983.
Roelens, M. (1972): Le Dialogue Philosophique, Genre Impossible? L'Opinion des Siècles Classiques, Cahiers de l'Association Internationale des Études Françaises 24 (1972), S. 43–58.
Rorty, A. Oksenberg (1983): Experiments in Philosophic Genre: Descartes' *Meditations*, Critical Inquiry 9 (1983), S. 545–564.
— (ed.) (1986): Essays on Descartes' *Meditations*, Berkeley/Los Angeles/London 1986.
— (1986a): The Structure of Descartes' *Meditations*, in: dies. (ed.) (1986), S. 1–20.
Rose, G. (1978): The Melancholy Science. An Introduction to the Thought of Theodor W. Adorno, London/Basingstoke 1978 (bes.: The Search for Style, S. 11–26; A Changed Concept of Dialectic, S. 52–76).
Rupp, G. (1976): Rhetorische Strukturen und kommunikative Determinanz – Studien zur Textkonstitution des philosophischen Diskurses im Werk Friedrich Nietzsches, Frankfurt/München 1976.
Sayre, K.M. (1988): Plato's Dialogues in Light of the *Seventh Letter*, in: Griswold, C.L. (ed.) (1988), S. 93–109.
Schildknecht, C. (1989): Philosophische Masken. Studien zur literarischen Form der Philosophie bei Platon, Descartes, Wolff und Lichtenberg, Diss. Konstanz 1989.
Schlumberger, H. (1971): Der philosophische Dialog. Studien zu Voltaire, Diderot und Galiani, Göppingen 1971.
Schöne, A. (1982): Aufklärung aus dem Geist der Experimentalphysik. Lichtenbergsche Konjunktive, München 1982, ²1983.
Shaper, E. (1972): Symposium on Saying and Showing in Heidegger and Wittgenstein, The Journal of the British Society for Phenomenology [JBSP] 3 (1972), S. 36–41.
Sherman, D.J. (1980): Philosophical Dialogue and Tolstoi's ›War and Peace‹, Slavic and East European Journal 24 (1980), S. 14–24.
Shibles, W.A. (1969): Wittgenstein. Language and Philosophy, Dubuque Iowa 1969, ²1971, Whitewater Wisc. ³1974 (dt. Wittgenstein – Sprache und Philosophie, Bonn 1973).
— (1971): An Analysis of Metaphor in the Light of W.M. Urban's Theories, The Hague/Paris 1971.

(1971a): Metaphor. An Annotated Bibliography and History, Whitewater Wisc. 1971.
(ed.) (1972): Essays on Metaphor, Whitewater Wisc. 1972.
(1974): The Metaphorical Method, Journal of Aesthetic Education 8 (1974), S. 25–36.
(1976): Poetry and Philosophy, Philosophy Today 20 (1976), S. 31–34.
Shir, J. (1978): Wittgenstein's Aesthetics and the Theory of Literature, The British Journal of Aesthetics 18 (1978), S. 3–11.
Simpson, D. (1977): Putting One's House in Order: The Career of the Self in Descartes' Method, New Literary History 9 (1977), S. 83–101.
Snell, B. (1977): Der Beginn des literarischen Dialogs, in: Jahrbuch der Deutschen Akademie für Sprache und Dichtung Darmstadt 1976, Heidelberg 1977, S. 45–48.
Specht, R. (1988): Über den Stil der Disputationes Metaphysicae von Francisco Suárez, Allgemeine Zeitschrift für Philosophie 13 (1988), H. 3, S. 23–35.
Sprague, R.K. (1949): Must Philosophers be Obscure?, Personalist 30 (1949), S. 142–149.
Staten, H. (1985): Wittgenstein and Derrida, Oxford 1985.
Stenzel, J. (1917): Literarische Form und philosophischer Gehalt des platonischen Dialoges, in: ders., Studien zur Entwicklung der platonischen Dialektik von Sokrates zu Aristoteles. Arete und Diairesis, Breslau 1917, Leipzig/Berlin ²1931 (repr. Darmstadt 1961), S. 123–141.
Stephens, J. (1975): Francis Bacon and the Style of Science, Chicago/London 1975.
Stern, J.P. (1959): Lichtenberg. A Doctrine of Scattered Occasions, Reconstructed from his Aphorisms and Reflections, Bloomington Ind. 1959, London 1963.
(1974): Lichtenbergs Sprachspiele, in: Aufklärung über Lichtenberg. Mit Beiträgen von H. Heißenbüttel, A. Hermann, W. Promies, J.P. Stern, R. Vierhaus, Göttingen 1974, S. 60–75.
Sternfeld, R. (1979): Frege's Achievements and Literal Scientific Discourse, Revue Internationale de Philosophie 33 (1979), S. 723–738.
Stopczyk, A. (1982): Wittgenstein: Die deutschsprachige Tradition der Sprachkritik im Gegensatz zu Immanuel Kant, in: Sprache und Ontologie. Akten des sechsten Internationalen Wittgenstein-Symposiums. 23. bis 30. August 1981 – Kirchberg am Wechsel (Österreich), W. Leinfellner/E. Kraemer/J. Schank (eds.), Wien 1982, S. 524–529.
Szlezák, T.A. (1985): Platon und die Schriftlichkeit der Philosophie. Interpretationen zu den frühen und mittleren Dialogen, Berlin/New York 1985.
Tarbet, D.W. (1968): The Fabric of Metaphor in Kant's »Critique of Pure Reason«, Journal of the History of Philosophy 6 (1968), S. 257–270.
Thesleff, H. (1967): Studies in the Styles of Plato, Helsinki 1967 [Acta Philosophica Fennica XX].
Thompson, M.M. (1953): On Philosophical Writing and Speaking, Personalist 34 (1953), S. 46–49.
Turbayne, C.M. (1962): The Myth of Metaphor, New Haven/London 1962, ²1963, Columbia 1970.
Vendler, Z. (1989): Descartes' Exercises, Canadian Journal of Philosophy 19 (1989), S. 193–224.
Vickers, B. (1968): Francis Bacon and Renaissance Prose, Cambridge 1968.
Wentzlaff-Eggebert, H. (1986): Lesen als Dialog. Französische Moralistik in texttypologischer Sicht, Heidelberg 1986.
West, E.J. (1971): Nietzsche: Concepts Without Shrines, Journal of Critical Analysis 3 (1971), S. 72–84.
Whitney, C. (1986): Francis Bacon and Modernity, New Haven/London 1986 (bes. Kap. 7: Reading Bacon: The Pathos of Novelty, S. 173–193).
Wiehl, R. (1972): Dialog und philosophische Reflexion, in: R. Bubner/K. Cramer/R. Wiehl (eds.), Dialog als Methode, Göttingen 1972, S. 41–94 [Neue Hefte für Philosophie 2/3].
Wieland, W. (1982): Platon und die Formen des Wissens, Göttingen 1982.
(1987): Platons Schriftkritik und die Grenzen der Mitteilbarkeit, in: V. Bohn (ed.), Romantik. Literatur und Philosophie. Internationale Beiträge zur Poetik, Frankfurt 1987, S. 24–44.
Wolz, H.G. (1963): Philosophy as Drama: An Approach to Plato's Dialogues, International Philosophical Quarterly 3 (1963), S. 236–270.
Wood, D. (1980): Style and Strategy at the Limits of Philosophy: Heidegger and Derrida, Monist 63 (1980), S. 494–511.

Register zur Bibliographie

I. Personenregister

Adorno: *Rose* (1978).
Anselm von Canterbury: *Evans* (1978).
Aristoteles: *v. Fritz* (1966); *Herzog* (1984); *Lesser* (1982).
Augustin: *Mader* (1983).
Austin: *Leiber* (1976).
Bacon: *Ahrens* (1974); *Stephens* (1975); *Whitney* (1986); *Vickers* (1968).
Barth: *Kalin* (1977).
Berkeley: *Bunge* (1954); *Davie* (1951), (1952), (1964); *Rauter* (1961); *Richetti* (1983).
Bruni: *Gerl* (1977).
Chinesen: *Holzman* (1956).
Demokrit: *v. Fritz* (1966).
Derrida: *Staten* (1985); *Wood* (1980).
Descartes: *Benjamin* (1987); *Cahné* (1980); *Edelman* (1950); *Judovitz* (1981), (1987); *Kosman* (1986); *Rée* (1984); *Rorty* (1983), (1986), (1986a); *Schildknecht* (1989); *Simpson* (1977); *Vendler* (1989).
Diderot: *Schlumberger* (1971).
Emerson: *Buell* (1973).
Frege: *Sternfeld* (1979).
Freud: *Friedman* (1979); *Kaufmann* (1980).
Galiani: *Schlumberger* (1971).
Goethe: *Neumann* (1976).
Hegel: *Heller* (1980).
Heidegger: *Bindeman* (1981); *Bruzina* (1973); *Goff* (1968); *Greisch* (1973); *McCormick* (1972); *Shaper* (1972); *Wood* (1980).
Hume: *Kreimendahl* (1989); *Richetti* (1983).
Joyce: *Kisro-Völker* (1981).
Kant: *Tarbet* (1968).
Kierkegaard: *Grimsley* (1966); *Hannay* (1975); *King* (1986); *Mackey* (1971), (1986).
Lessing: *Hüskens-Hasselbeck* (1978).
Lichtenberg: *Besser* (1935); *Neumann* (1976); *Schildknecht* (1989); *Schöne* (1982); *Stern* (1959), (1974).
Locke: *Richetti* (1983).
Marivaux: *Brockmeier* (1981).
Montaigne: *Gray* (1958); *Hallie* (1966); *Norton* (1975).
Montesquieu: *Brockmeier* (1981).
Moralisten, französische: *Donnellan* (1982); *Wentzlaff-Eggebert* (1986).
Nietzsche: *Alderman* (1972); *Besser* (1935); *Blondel* (1971); *Donnellan* (1982); *Häntzschel-Schlotke* (1967); *Krüger* (1988); *Ledure* (1975); *Nehamas* (1985); *Pfotenhauer* (1985); *Rupp* (1976); *West* (1971).
Novalis: *Besser* (1935); *Frank* (1989); *Neumann* (1976).
Ortega: *McClintock* (1969).
Pascal: *Kummer* (1978).
Platon: *Bambrough* (1972); *Brumbaugh* (1988); *Cambiano* (1968); *Dorter* (1971); *Fisher* (1966); *v. Fritz* (1966); *Griswold* (1980), (ed.) (1988); *Gundert* (1968), (1971); *Hartland-Swann* (1951); *Hoffmann* (1947/1948); *Hyland* (1968); *Judovitz* (1987); *Lesser* (1982); *Mittelstraß* (1982); *Partee* (1974); *Puster* (1983); *Rendall* (1977); *Sayre* (1988); *Schildknecht* (1989); *Stenzel* (1917); *Szlezák* (1985); *Thesleff* (1967); *Wieland* (1982), (1987); *Wolz* (1963).
Platonismus: *Dronke* (1974).
Renaissance, amerikanische: *Buell* (1973).
Ricœur: *Gerhart* (1977); *Gisel* (1977); *Madison* (1977); *Pellauer* (1977).
Rilke: *Heller* (1980).
Rousseau: *Lypp* (1984).
Russell: *Devaux* (1972).

Sartre: *Bukala* (1973); *Jameson* (1961).
Schlegel: *Besser* (1935); *Neumann* (1976).
Schopenhauer: *Heintz* (1982).
Sokrates: *Friedman* (1979); *Mittelstraß* (1982).
Suárez: *Specht* (1988).
Swift: *Davie* (1952).
Taoisten: *Goodman* (1976).
Tolstoi: *Sherman* (1980).
Thomas von Aquin: *Müller* (1983).
Vico: *Gigante* (1978).
Voltaire: *Brockmeier* (1981); *Schlumberger* (1971).
Wolff: *Schildknecht* (1989).
Wittgenstein: *Bindeman* (1981); *Broyles* (1974); *Brunner* (1985); *Frank* (1989); *Gabriel* (1978); *Genova* (1978); *Gill* (1979); *Goff* (1968), (1969); *Goodman* (1976); *Hester* (1967); *Kisro-Völker* (1981); *McCormick* (1972); *Merkel* (1984); *Shaper* (1972); *Shibles* (1969); *Shir* (1978); *Staten* (1985); *Stopczyk* (1982).

II. Sachregister

Analogie: *Burrell* (1973); *Müller* (1983).
Aphorismus: *Baumann* (1976); *Besser* (1935); *Fricke* (1984); *Goff* (1969); *Häntzschel-Schlotke* (1967); *Krüger* (1988); *Neumann* (1976); *Schöne* (1982).
Autobiographie: *Judovitz* (1981); *Lloyd* (1986).
Dekonstruktivismus: *Norris* (1983).
Dialog: *Bauer* (1977); *Blessing* (1965); *Brumbaugh* (1988); *Bunge* (1954); *Friedman* (1979); *Griswold* (1980), (ed.) (1988); *Gundert* (1968), (1971); *Hirzel* (1963); *Levi* (1976); *Mader* (1983); *Mittelstraß* (1982); *Puster* (1983); *Rendall* (1977); *Roelens* (1972); *Sayre* (1988); *Schlumberger* (1971); *Sherman* (1980); *Snell* (1977); *Stenzel* (1917); *Wiehl* (1972).
Diskurs, philosophischer: *Campbell* (1973); *Sternfeld* (1979).
Disputationes: *Specht* (1988).
Essay: *Ahrens* (1974).
Fabel: *Benjamin* (1987); *Dronke* (1974).
Form, literarische (cf. auch: Literatur und Philosophie): *Charlton* (1974); *Hadot* (1989); *Kuhns* (1971); *Schildknecht* (1989).
Form, philosophische (cf. auch: Literatur und Philosophie): *Mackey* (1967).
Fragment: *Frank* (1989).
Integumentum (›Verhüllung‹): *Brinkmann* (1971).
Lehrbuch: *Schildknecht* (1989).
Lehrgespräch: *Mittelstraß* (1986).
Literatur und Philosophie: *Bambrough* (1974); *Brandt* (1984), (1985); *Burks* (ed.) (1978); *Cascardi* (ed.) (1987); *Charlton* (1974); *Danto* (1985); *Frank* (1989); *Gabriel* (1983); *Gadamer* (1981); *Griffiths* (1984); *Habermas* (1985), (1988); *Judovitz* (1987); *Kalin* (1977); *Kenshur* (1986); *Koch* (1989); *Kuhns* (1971); *Lang* (1983); *Lawry* (1980); *Levi* (1976); *Marias* (1960), (1971), (1971a); *Marshall* (ed.) (1987); *Mittelstraß* (1986); *The Monist* (1980); *Shibles* (1976); *Sprague* (1949); *Thompson* (1953).
Meditation: *Kosman* (1986); *Rorty* (1983), (1986), (1986a).
Metapher: *Bruzina* (1973); *Edelman* (1950); *Gerhart* (1977); *Gill* (1979); *Greisch* (1973); *Hester* (1967); *Madison* (1977); *de Man* (1978); *Pellauer* (1977); *Sheldon* (1974); *Shibles* (1971), (1971a), (ed.) (1972), (1974); *Tarbet* (1968); *Turbayne* (1962).
Mitteilung, indirekte: *Holdcroft* (1976); *Holmer* (1971); *Natanson* (1978); *Schildknecht* (1989); *Wieland* (1982).
Mythos: *Dronke* (1974); *Poser* (ed.) (1979).
Phänomenologie: *Orth* (1982).
Philosophie und Literatur: cf. Literatur und Philosophie.

Rhetorik: *Baird* (1965); *Brown* (1980); *Burks* (ed.) (1978); *Campbell* (1973); *Grassi* (1976); *Norris* (1983); *Partee* (1974); *Rendall* (1977); *Rupp* (1976).
Sprache: *Chatterjee* (1981); *Davie* (1963); *Kisro-Völker* (1981); *Leiber* (1976).
Stil: *Adolph* (1968); *Blanshard* (1954); *Brown* (1980); *Goodman* (1976); *Gray* (1958); *Griswold* (1980); *Gumbrecht/Pfeiffer* (eds.) (1986); *Haddox* (1970); *Henze* (1980); *Hinman* (1980); *King* (1986); *Lang* (ed.) (1980), (1983); *Lesser* (1982); *The Monist* (1980); *Stephens* (1975); *Wood* (1980).

Register

In das Personenregister wurden Herausgebernamen usw. nicht aufgenommen. Das Sachregister strebt keine Vollständigkeit an, sondern ist auf das Thema dieses Bandes zugeschnitten. Angaben wie 1ff. besagen, daß auf Seite 1 und mindestens den beiden folgenden Seiten das entsprechende Stichwort oder der entsprechende Name vorkommt; über die Grenzen einzelner Beiträge hinaus wird dabei nicht verwiesen. Angaben wie 1–3 geben dagegen zu vestehen, daß auf diesen Seiten ein eigener Abschnitt oder auch ein ganzer Beitrag zu dem Autor oder dem Stichwort zu finden ist.

Personenregister

Aarsleff, H. 155
Abaelard, P. 79, 81
Abegg, J.F. 147
Addison, J. 121
Adelard von Bath 76
Adorno, T.W. 6ff., 10ff., 25, 31, 33f.
Alanus von Lille 76
Albertini, E. 62
Albertus Magnus 76, 89
d'Alembert, J. le Rond 118
Alexander von Aphrodisias 29
Alexander von Hales 77
Allen, W. 121
Anselm von Canterbury 16, 98
Apel, K.-O. 90
Aristoteles 28f., 31, 37, 42, 52ff., 56f., 59, 76, 78, 80f., 85, 88, 103, 110, 116
Aristoxenos 42f.
Arntzen, H. 34
Arrian 30
Augustinus, A. 4, 9, 36, 73, 76, 78ff., 88, 91, 98, 109
Austin, J. 145

Bacon, F. 30
Baillet, A. 96, 101
Baudy, G.J. 43
Bayle, P. 4f.
Bazan, B.C. 83f., 86f.
Beaufret, J. 171
Beck, L.J. 97
Beeckman, I. 113
Beierwaltes, W. 104
Beiser, F.C. 146
Béranger, P.J. de 158
Berkeley, G. 17–24, 157
Bernhard von Clairvaux 81
Biermann, W. 26
Bloch, E. 38
Bloom, A. 58
Böhme, J. 92

Bonaventura 76
Booth, W.C. 130
Borst, A. 90
Boswell, J. 133, 135
Bouwsma, O.K. 137
Boyle, R. 89
Brandt, R. 2, 27, 32, 40, 104
Brecht, B. 28
Bréhier, E. 175
Breidert, W. 17f.
Brunner, H. 35
Bruno, G. 110
Buchegger, J. 130
Burger, R. 52, 58
Burley, W. 77
Burnyeat, M. 59
Burton, J.H. 124, 129
Butler, J. 133, 135

Cahné, P.-A. 99, 113
Campanella, T. 110
Cancik, H. 69, 71
Canetti, E. 31
Carnap, R. 28
Cassirer, E. 94, 98, 101, 104
Cato 67
Caton, H. 113
Chargaff, E. 35
Chenu, M.-D. 75, 77, 89
Cicero 77f., 100, 131
Clarke, S. 133
Colish, M.L. 63
Condillac, E.B. de 155f., 162
Couturat, L. 30
Crusius, C.A. 152f.
Cullen, W. 133f.

Damascius 78
Davenant, Sir W. 157
Demokrit 29
Dent, A. 129

Derrida, J. 177
Descartes, R. VII, 4f., 8f., 92–120, 139, 170
Descombes, V. 169
Diogenes Laertius 29, 128
Dionysios II. von Syrakus 44
Dondaine, A. 82
Druart, T.-A. 75
Dühring, I. 78
Duns Scotus, J. 87ff.

Edelman, N. 96
Elliot, G. 129, 135f.
Engfer, H.-J. 103ff.
Epiktet 30
Epikur 30, 130
Erasmus von Rotterdam 32
Eucken, R. 2

Fichte, J.G. 15, 30
Flew, A. 133
Foucault, M. 64, 67
Fraser, A.C. 18
Frege, G. 32, 35
Friedrich Wilhelm II. 147

Gabriel, G. 35, 37, 117, 122
Gadamer, H.-G. 45, 48, 78
Gaiser, K. 43, 57f.
Galen 29
Galilei, G. 110, 115
Gasché, R. 177
Gaskin, J.C.A. 130, 132
Gauß, C.F. 37
Gawlick, G. 133
Genicot, L. 73ff.
Geraets, T.F. 170
Gerhardt, V. 151
Gilbert de la Porrée 81
Gilson, E. 112
Giuliani-Tagmann, R. 177
Glorieux, P. 83, 89
Goodman, N. 122
Göschel, K.F. 30
Gottfried von Fontaines 88, 90
Grabmann, M. 77, 89
Gracián, B. 32
Gräfrath, B. 143
Griswold, Ch. 49, 52, 57
Grose, T.H. 124
Grosseteste, R. 77
Gummere, R.M. 62
Gunkel, H. 91
Guthrie, W.K.C. 46

Habermas, J. 33, 90
Hadot, I. 62, 64, 67f.
Hadot, P. 64, 77ff.
Hamann, J.G. 143, 155ff., 163
Häntzschel-Schlotke, H. 33
Harnack, A. von 155
Hartley, D. 157
Harvey, W. 113
Hatfield, G. 108
Hegel, G.W.F. 12, 30f., 34, 92
Heidegger, M. 28, 30, 35
Heimsoeth, H. 147, 149
Heinrich von Gent 77, 88, 90
Heitsch, E. 55, 59
Heraklit 29
Herde, H. 156
Herder, J.G. von VII, 155–165
Herodot 53
Hervaeus Natalis 85
Hintikka, J. 106
Hippokrates 29f.
Hobbes, T. 157
Hofe, G. vom 160
Hölderlin, F. 6f., 53
Hösle, V. 54
Hume, D. 19, 121–138, 139, 143f., 148ff., 153, 157
Husserl, E. 167, 169ff., 174ff.

Ignatius von Loyola 99
Iser, W. 97, 157ff.

Jacobi, F.H. 144
Jakob von Viterbo 90
Jakobson, R. 174
Jean Paul 30
Jessop, T.E. 18
Jesuiten 114
Johannes von Salisbury 77
Johnson, S. 18ff.
Jones, P. 124
Judovitz, D. 94, 117

Kamlah, W. 69, 90, 93, 112f.
Kant, I. VII, 2, 16, 28, 30, 88, 139–154, 160, 163, 170
Kapp, E. 78
Kemp Smith, N. 130f., 133
Kenny, A. 82, 85
Kidd, I.G. 62
Kierkegaard, S. 9ff., 16, 31
Kisro-Völker, S. 35
Klein, J. 58
Klemmt, A. 18f.

Kobusch, T. 107
Kondylis, P. 156
Kosman, L. A. 99
Koyré, A. 112, 115
Krämer, H. J. 52 ff., 58
Kraus, K. 34 f.
Krüger, G. 80
Kuhn, T. S. 22, 54
Kwant, R. C. 166 f.

La Mettrie, J. O. de 118
Lange, J. 141
Le Goff, J. 79
Leibniz, G. W. 30, 35, 118, 142, 158 f.
Lichtenberg, G.Chr. 10, 27, 31, 34
Little, A. G. 83
Livingston, D. W. 137
Locke, J. 2, 6, 35, 133, 155 ff.
Loewisch, D.-J. 143
Long, A. A. 62
Lorenz, K. 90, 100
Lorenzen, P. 90 f.
Luce, A. A. 18
Lullus, R. 30

Mach, E. 22
Madison, G. B. 171, 175
Mandonnet, P. 82 f., 85, 89
Mann, T. 2
Marcuse, H. 12
Marenbon, J. 83 f., 87 ff.
Mark Aurel 30
Matthias von Gubbio 85
Maurach, G. 71
Meggle, G. 161
Meister Eckhart 74
Meißner, H. 57
Mendelssohn, M. 146
Merleau-Ponty, M. VIII, 166–177
Mersenne, M. 94, 116
Merton, R. K. 56
Métraux, A. 177
Metz, R. 133
Mittelstraß, J. 51, 71, 90, 106 f., 151
Montaigne, M. de 4 ff., 9
Moore, G. E. 4
Moralisten 30
Mossner, E. C. 121 f., 124, 132 f., 135 f.
Müller, G. 124

Nancy, J.-L. 94, 114, 117
Nietzsche, F. 27, 31 ff., 38
Nisbet, H. 163

Norton, D. F. 127
Noxon, J. 132 f., 136

Ovid 117

Parmenides 29
Pascal, B. 112, 128, 139, 146
Patzig, G. 38
Pelster, F. 83
Percival, Sir J. 17
Peter von Poitiers 83
Petrus Lombardus 76, 85
Pfaff, P. 160
Pieper, J. 36
Pilz, G. 166
Pinborg, J. 82, 85
Platner, E. 30
Platon 1 ff., 18, 27, 35 ff., 40–61, 71, 76 ff., 80, 100, 102 f., 107, 109, 144, 151
Plotin 78
Plutarch 29
Popper, K. 35
Pos, H. J. 174
Price, J. V. 125, 130, 134
Proklos 77
Proust, M. 175

Rauter, H. 20
Reale, G. 54
Rée, J. 97, 103
Reinhold, K. L. 146
Rentsch, T. 14, 99
Rhees, R. 13
Riedweg, Chr. 44
Van Riet, S. 75
Ritter, J. 80
Röd, W. 111, 115
Roloff, D. 57
Rorty, A. Oksenberg 99 f., 114
Rosen, St. 58
Ross, G. M. 62
Rousseau, J.-J. 27, 156, 162
Russell, B. 2, 4, 34
Russell, D. A. 62, 71

Saine, T. P. 141
Sartre, J. P. 2, 172
Saße, G. 34
Saussure, F. de 172 ff.
Schelling, F. W. J. 15
Schenda, R. 36
Schlegel, F. 29
Schleiermacher, F. 52, 54, 56 ff.
Schmidt, J. 175

Schopenhauer, A. 2f., 12ff., 19, 31f., 117
Schulz, W. 50
Seneca, L.A. VII, 30, 62–72
Seume, J.G. 36
Siger von Brabant 86
Silver, B. 23f.
Simon von Tournai 83
Simpson, D. 111
Šklovskij, V.B. 28
Smith, A. 133
Snellius, W. 113
Sokrates 36, 40, 42, 46ff., 50, 55, 67, 77
Specht, R. 91, 110, 115
Spinoza, B. de 141
Sterne, L. 2, 157ff.
Stierle, K. 96
Stobaios 29
Strahan, W. 135
Strauss, L. 58f.
Süßmilch, J.P. 155f., 158
Swedenborg, E. 141

Taminiaux, J. 171
Tarski, A. 28
Thales von Milet 29
Theophrast 29, 54, 56f., 59
Thomas von Aquin 33, 76ff., 82f., 87f., 110
Thomassen, B. 75
Tilliette, X. 177
Tonelli, G. 140, 152

Ulrich von Straßburg 77
Untersteiner, M. 77

Valéry, P. 27, 38, 119, 175
Vatier, A. 114
Vieta, F. 113
Vincent von Beauvais 77
Viola, C. 80f.
Vlastos, G. 45f.
Vossenkuhl, W. 153
Vuarnet, J.N. 37

De Waelhens, A. 166, 172
Wagner, R. 32
Waismann, F. 21
Waldenfels, B. 169f., 175
Walser, M. 36
Warburton, W. 155
Wellmer, A. 15
White, T. 113
Wieland, W. 37, 45, 59ff.
Wilhelm von Auvergne 77
Wilhelm von Auxerre 77
Wilhelm von Ockham 73, 88, 90
Wilson, C. 108, 119
Wippel, J.F. 89f.
De Witt Thorpe, C. 157
Wittgenstein, L. 1, 3ff., 10ff., 20, 32, 34f., 82, 135, 139
Wizenmann, T. 146
Wolff, Chr. 141f., 151f., 156
Wundt, M. 141

Zenon von Elea 29

Sachregister

Abhandlung 4, 17ff., 28, 31, 33, 69, 94, 114, 139, 163, 171, 177
- bei Herder 155-165

Allegorie 28
Ambiguität 166f., 170
Anmerkung 3
Anschauung 8, 11, 14, 103f., 106f., 141, 156, 164
- intellektuelle 8, 10, 14ff.

Anthologie 32
Aphorismus (Aphoristik, Aphoristiker) 6, 10, 13, 26-39
Apophthegmata 29
Aporie 49f., 156
Argument (argumentativ) 7, 16ff., 21ff., 38, 42, 45f., 48, 51, 54, 82f., 85ff., 100, 107ff., 114, 123, 129ff., 134ff., 140, 142, 153, 163, 165, 167, 176
- skeptisches 135ff., 149

Argumentation 21, 24, 26, 31, 39, 41, 46f., 56, 69, 88f., 105f., 112, 116, 123, 126, 129, 131, 134, 145, 148, 155, 157, 159, 161, 163ff., 169
- Argumentationsstruktur VIII, 102

articulus (Artikel) 73, 77, 82f., 87
Ästhetik 14, 31
Aussparung 71f.
- Aussparungsstelle(n) 41, 46ff., 51, 53f., 56, 60

Autobiographie (autobiographisch) 98f., 102, 113, 118
- bei Descartes VII, 92ff., 102, 113f., 118, 139
- bei Nietzsche 32

Bericht 94
Bewußtsein 167f.
- Bewußtseinsphilosophie (bewußtseinsphilosophisch) 167, 171f.
- Natur und B. 167ff.

Brief VII, 30, 62-72, 80

collatio 73

Darstellung(sform) VII, VIII, 3, 6, 12, 14, 16, 52, 77, 83, 86, 92f., 95ff., 110ff., 116, 118f., 122, 125, 130, 132, 139, 141, 144f., 148, 151f., 166f., 175
- wissenschaftliche 3f.

Dekonstruktivismus VIII, 1
determinatio 86f., 89
Dialog(form) (dialogisch) 3, 6, 17, 27, 35f., 48, 66, 71f., 77f., 80, 92, 100, 102, 117, 124, 127, 139, 144, 149, 174
- bei Berkeley 17ff.
- bei Descartes VII, 92f., 99ff., 117
- bei Hume 121-138, 139, 144
- bei Platon (Platonischer Dialog) VII, 3, 40-61, 71, 93, 101

Diapsalmata 31
Diatribe 30, 78
Dichtung VII, 14, 27, 31f., 38, 53, 162
Diskursivität (diskursiv) 3, 21, 75, 77, 98f., 104, 107ff., 118, 141, 151ff.
disputatio (Disputation) 74ff., 79, 81ff., 89ff., 100, 103
Dissertation 3f., 6
Distinktion 73

editio 84f.
Einsicht(en) 17, 19ff., 43f., 64, 66, 97, 99, 101, 104ff., 109, 130, 140, 143f., 147, 174
Einstellung 64
- propositionale 21

Einübung 64f., 70ff., 82, 85, 96f., 99, 104, 124
Epigramm 28
Epikureismus 67
Erfahrung(en) VIIf., 45, 81, 108f., 122, 134f., 137, 140, 148f., 151, 156, 164, 171f., 177
- ästhetische 155
- sinnliche 156

Erkenntnis VIIf., 1, 15, 17, 19, 25, 28, 38f., 41, 48, 54, 60, 76f., 88, 93f., 96, 98ff., 102ff., 112, 117f., 121, 137, 140, 143f., 148, 152, 156f., 159ff.
- ästhetische 25
- kontemplative 12, 14ff.
- nicht-propositionale 1-25, 26, 37, 39, 108
- propositionale 1, 20f., 25, 26, 36, 38, 109
- Erkenntnisvermittlung 43f., 48, 57

Erleuchtung 92-120, 107
Esoterik (esoterisch) 53, 55ff., 61
Essay 4, 6ff., 28, 33ff., 69f., 99, 121ff., 126, 150, 153
Ethik (ethisch) 14, 63ff., 67, 69, 90, 142, 148
- Ethische, das 10f.

Exempla (Vorbilder) 64, 67
Exemplar 74
Exerzitienliteratur 99
Existenzphilosophie 31

Fabel 94
Fiktion (fiktional) 32f., 35f., 71, 155, 157
- Fiktionalisierung (fiktionalisiert) 28, 35f.

Florilegium 73, 75
Form (cf. auch Darstellungsform) VIIf., 4, 8f., 11f., 14ff., 25, 33, 35f., 39, 48, 71f., 73ff., 77,

Sachregister

81f., 84, 87, 91ff., 97ff., 102f., 118, 120, 122, 124, 139, 153f., 155, 159, 171
- apophantische 4f., 111
- didaktische 28
- diskursive 6, 27, 118
- poetische 27f., 37f.
- F. des Wissens 10, 60f.
- (literarische) F. und (philosophischer) Inhalt 5, 15ff., 24, 93, 102, 128, 139, 151, 173
- (literarische) F. und (philosophische) Methode VIIf., 1, 6, 16
- F.en des Als-ob 111, 117

Formel, philosophische 34
Fragment 12, 29, 160
Fußnote 22

Gattung (literarische) VII, 2, 6, 10, 27ff., 33ff., 70, 73f., 78f., 82f., 122, 124
Gebet 16, 36, 81, 99, 104
Gedicht VII, 33
Gehalt
- philosophischer 1, 16, 93, 118
- propositionaler VIII, 119

Gelassenheit 121-138
Gespräch 36, 40-61, 64f., 70, 94, 127, 129f.
Glosse 33, 73

Hilfe (für den Logos) (helfen) 43ff., 54ff., 59f.
Hinführung (Anagoge) 20ff., 24, 41, 47, 95f.

Ich-Erzählung 36
Illumination (illuminativ) 93, 104, 105-109, 117
Illuminismus 15, 117
impossibilia 86
Inhaltsverzeichnis 3
insolubilia 86
Inszenierung 155, 157, 159ff., 163f., 165
Intertextualität 5, 74
Intuition (intuitiv) 93, 98, 104, 105-109, 117f., 140f., 161
Ionier 44
Ironie (ironisch) 10, 28, 36, 52f., 111, 122, 127, 129, 134, 137, 143f.
- Platonische 57
- Sokratische 36

Kommentar (commentarius) 76, 78ff.
Können, das 10, 60, 64, 71
Kontemplation (kontemplativ) 11, 14, 75, 99, 104, 109
Kunst 7, 14f., 25
Kurzprotokoll 35
Kurzrezension 33

Lebensführung 63f., 67, 69, 72
lectio 73ff., 77f., 83f., 91
Leerstelle 28, 38, 97
Lehrbrief 28
Lehrbuch VII, 3f., 6, 92, 95, 101, 104
- bei Descartes VII, 94f., 113
- bei Wittgenstein 13
- L.wissen 97, 103

Lehre 21, 32, 146f., 152
- philosophische 41
- Lehren, das 49, 60
- Lehrender 72
- Lehrer 63
- Lehrmeinung 36, 53

Lehrgedicht 28
Lehrrede 48
Lehrschrift 52
Leib (leiblich) 170, 173, 177
Lernen VII, 39, 48f.
- nicht-propositionales 26, 39
- Lerneffekt, nicht-propositionaler 37ff.
- Lernender 48, 63, 72

Leser 19, 21f., 26, 38f., 48f., 51ff., 57, 70, 72, 97, 103f., 118, 136f., 143ff., 147, 148-151, 152ff., 165, 169, 171ff.
- Lesen 65f.

Literatur VIIf., 1f., 25
Logik 7, 19f., 22, 77ff., 83, 86
Lyrik 33

Maskierung (Maske) 28, 94, 111, 113, 115ff., 158f.
Meditation (meditativ) 64, 75, 98ff., 104, 108, 114, 118
- bei Descartes 5, 9, 92ff., 107f., 111, 113f., 118
- bei Seneca 68-69

Meinung 5, 101, 110
Metapher (Metaphorik) 28, 42, 44, 52f., 95f., 98, 108, 113, 118, 164, 177
- Arznei-Metapher 42
- Licht-M. 19, 109
- Medizin-Metaphorik 70
- Weg-M. 95f.

Methode (philosophische) (methodisch) VIIf., 1, 6f., 16, 18f., 21ff., 25, 31, 46, 49, 54, 59f., 77f., 81, 83f., 89, 91, 92ff., 102, 105ff., 110, 112, 114, 118, 132, 140f., 144, 147f., 170f., 173
- bei Descartes 99, 103-104, 105ff., 112f., 115ff.
- bei Kant 145ff., 150f.
- demonstrative 139f., 142, 152
- mathematische 142

Sachregister

Methodenlehre, transzendentale 139–154
Mitteilung (philosophische) 14f., 19f., 41ff., 48f., 51f., 58, 60, 94, 96, 139
– direkte (diskursive) 10
– indirekte 9ff., 25, 51, 84, 93, 95f.
Monolog (monologisch) 40, 48, 71f., 98ff., 102, 118, 163
– bei Descartes VII, 92f., 100ff., 118
Mündlichkeit (mündlich) 45ff., 52ff., 57ff., 60, 66, 74f., 77, 82, 84, 87, 89, 91
Mystik (mystisch) 75

Neuplatonismus 77, 80
Nicht-Propositionalität 21, 96, 118
Nichtwissen (Sokratisches) 42, 49f.

Ode 162
oratio 81
ordinatio 73, 82
Orientierung 100ff., 139, 148, 150f., 153f.

Parataxis 6, 8f., 12ff.
Philosophie, mittelalterliche 73–91
Philosophie und Literatur 1f., 177
Physik, Cartesische 112ff., 120
Poesie VII
Prinzipienlehre/-philosophie/-theorie 54f., 57ff.
Propositionalität 21
Prosa 33, 165
Pythagoreer 53

quaestio VII, 73–91

redactio 74, 84f.
Rede 32
Register 3
reportatio 73ff., 82, 85
resumptio 73
Rhetorik (rhetorisch) VIII, 20, 33, 37, 81, 153, 171
Roman, philosophischer 162

Sagen – Zeigen 10f., 15
Satire (satirisch) 125
Schau 14, 16, 99
– synoptische 11f., 14
Scholastik (scholastisch) 30, 95, 100f., 103, 106, 151
Schriftform 52
Schriftkritik 2, 42ff., 51ff., 59ff.
Schriftlichkeit 41, 66
Selbsterkenntnis 4f., 9, 96, 102, 107, 143
Selbstgespräch (soliloquium) 13, 34, 81, 150
Sentenz 33, 65, 76, 79, 83, 85f.

– Sentenzenkommentar 74
Sinnlichkeit VII, 164f.
Skepsis (skeptisch) 127, 135ff., 143, 145
– Pyrrhonische 4f., 16
Skeptizismus 16, 24, 122, 127, 133f., 136, 143
Sonatenform 33
Sophisma 73, 86
Sophisten 44, 77
Spinozismus 142
Sprache 5f., 11, 19f., 35, 38, 164f., 171ff., 176
– Sprachkritik 20
– Sprachstil 37
– Ursprung der S. 155–165
Sprichwort-Essay 32
Stil(mittel) (stilistisch) 7, 12f., 27, 32, 81, 102, 113, 122, 135, 137, 151, 175, 177
Stoa (Stoiker) 63, 68f., 98
Streitgespräch 35
Subjektivität 4, 9f., 93, 96, 98, 102, 107, 110, 117, 164
– bei Kant 139–154
Summe 33, 73, 77, 79, 87, 91
System (systematisch) 30, 59, 70f., 76, 78, 87, 89ff., 92f., 95, 98, 102, 109f., 115, 118f., 129, 132, 139, 141, 145, 148, 151f., 155, 157, 161, 167, 171, 173ff.
Szientismus VIII

Talmud 32
Tarnung 92–120
Text
– philosophischer 2, 11, 16, 26ff., 36, 38f., 93, 111, 119
– wissenschaftlicher 5, 111
– zetetischer 78
Theorem 51
These(nform) 29f., 33, 78, 82, 84, 86, 88, 100, 129
Tragödie, Sophokleische 53
Traktat 30, 51, 67, 70f., 73, 83, 97, 99, 136
Traktätchen-Literatur, pietistische 36

Übersichtliche Darstellung 11f.
Unsagbarkeit 6, 8ff., 16, 43
Unwissenheit 49f.

Vernunft (vernünftig) 9, 69, 71, 76f., 81, 84, 88, 90f., 93f., 98, 103f., 108, 112f., 121–138, 140, 142–144, 145f., 148ff., 152f., 155f., 158ff., 162, 165
– V.gründe 19, 98
Vorsokratiker 29f.

Wahrheit (veritas) (wahr) 1, 10, 20ff., 28, 55, 76f., 80f., 84, 86, 90, 98, 102, 104f., 107ff.,

112f., 115f., 126, 128, 132, 139f., 140, 144, 148, 150, 156f., 162f.
Wahrnehmung 170f., 176f.
Weisheit 42, 81, 153
Wissen 4f., 30, 48f., 51, 60, 65f., 95, 97, 99, 101ff., 105ff., 109f., 113, 118, 144f., 147, 151, 168, 175
- ethisches 64
- nicht-diskursives 99
- nicht-propositionales 60f., 93f., 96, 104, 109
- praktisches 10, 93, 97ff., 102, 105
- propositionales 10, 61, 93f., 96f., 108
- Wissender 45, 47f., 61
- W.sbildung 66, 93, 95ff., 99ff., 107, 110, 114, 118
Wissenschaft(en) (wissenschaftlich) VIIf., 1, 6f., 20, 22, 25, 31, 38, 56, 73, 75, 78f., 81, 83ff., 90f., 93ff., 102ff., 111f., 114, 139, 145, 158, 167ff., 172, 175
Wörterbuch 5f.

Zeitschriftenaufsatz 3
Zitat 3ff., 66
Zweifel, methodischer 5

MIX
Papier aus verantwortungsvollen Quellen
Paper from responsible sources
FSC® C105338

If you have any concerns about our products,
you can contact us on
ProductSafety@springernature.com

In case Publisher is established outside the EU,
the EU authorized representative is:
**Springer Nature Customer Service Center GmbH
Europaplatz 3, 69115 Heidelberg, Germany**

Printed by Libri Plureos GmbH
in Hamburg, Germany